W0035371

T. Kaiser · H. Kaiser · J. Kaiser │ Materielles Zivilrecht im Assessorexamen

Materielles Zivilrecht im Assessorexamen

Von
Torsten Kaiser
Rechtsanwalt
Wirtschaftsjurist (Univ. Bayreuth)
Mitherausgeber der Juristischen Arbeitsblätter
Seminarleiter bei den Kaiserseminaren

Horst Kaiser
Vorsitzender Richter am Landgericht Lübeck a. D.
Ehem. Arbeitsgemeinschaftsleiter für Referendare
Ehem. Mitglied des Gemeinsamen Prüfungsamtes Nord für das Assessorexamen
Seminarleiter bei den Kaiserseminaren

Jan Kaiser
Richter am Landgericht Lüneburg
Wirtschaftsjurist (Univ. Bayreuth)
Geschäftsführender Gesellschafter der Kaiserseminare
Seminarleiter bei den Kaiserseminaren

8., neu bearbeitete Auflage

Verlag Franz Vahlen München 2016

Zitierweise: *Kaiser/Kaiser/Kaiser* Materielles Zivilrecht

www.vahlen.de

ISBN 978 3 8006 5185 6

© 2016 Verlag Franz Vahlen GmbH
Wilhelmstraße 9, 80801 München
Druck: Druckerei C.H. Beck Nördlingen
(Adresse wie Verlag)

Satz: R. John + W. John GbR, Köln
Umschlaggestaltung: Martina Busch Grafikdesign, Homburg Saar

Gedruckt auf säurefreiem, alterungsbeständigem Papier
(hergestellt aus chlorfrei gebleichtem Zellstoff)

Vorwort und Gebrauchsanweisung: Sie sollten das lesen!

In den Ausbildungsstationen hat man genug damit zu tun, die Praxis kennenzulernen und sich das prozessuale Wissen anzueignen, sodass das materielle Recht meistens auf der Strecke bleibt. Und das erste Examen ist oft lange her, das materielle Wissen ist eingeschlummert! Das vorliegende Buch soll Ihnen aus dieser Klemme helfen. Es richtet sich in erster Linie an die Teilnehmer des entsprechenden **Kaiserseminars »Materielles Zivilrecht im Assessorexamen«** und dient vor allem der Nachbereitung und Vertiefung unseres Wochenendkurses, in dem wir knapp und bündig die häufigsten Examensprobleme des materiellen Zivilrechts (das nötige Assessor-Basiswissen) und die aktuellen Examensklausuren besprechen sowie Hinweise auf klausurgeeignete neue Entscheidungen geben.

Zur Vorbereitung auf die Klausuren steht Ihnen viel weniger Zeit zur Verfügung als vor dem ersten Examen, wo Sie wahrscheinlich mehrere Monate oder ein Jahr »getaucht« sind. Und genau deshalb sollten Sie sich von der Vorstellung verabschieden, sich wie vor dem ersten Examen einen riesigen Berg von Karteikarten zu machen und so viele Einzelprobleme wie möglich zu lernen. Das ist bei der immensen Fülle des materiellen Rechts nicht nur unmöglich, sondern auch dumm, da Sie sich – anders als im ersten Examen – bei Bedarf stets im Palandt schlau machen können. Zudem bestehen die Assessorklausuren nicht wie im ersten Examen aus Wissenschaftsdebatten, sondern aus einem schönen Mix prozessualer und oft relativ überschaubarer materieller praxistypischer Probleme, die praxisnah – dh orientiert an der Rspr. und begründet mit Argumenten aus der Praxis – gelöst werden sollen. Und das schafft man nur, wenn man auch noch genug Übungsklausuren schreibt und aktuelle Entscheidungen liest.

Was bedeutet das für Sie? **Sie sollten Schwerpunkte setzen und zumindest das als Basiswissen lernen, was am häufigsten in den Klausuren vorkommt.** Kann man das überhaupt sagen? Oder kann nicht vielmehr alles drankommen? Keinesfalls! Die von uns analysierten Examensklausuren der letzten 15 Jahre haben gezeigt, dass es immer wiederkehrende materielle Probleme gibt, die in die Klausuren eingebaut werden. Und auf deren komprimierter Darstellung basiert dieses Buch. Man kann eben in der Klausur nicht alles im Palandt nachschlagen. Ein gewisses Grundwissen über beliebte Themen ist nötig. Dieses Buch macht aus dem riesigen Berg materiellen Zivilrechts ein kleines bezwingbares Häufchen, Sie werden sehen! **An einigen Stellen haben wir Verweise auf den Palandt eingebaut,** um Sie davor zu bewahren, sich in Detailfragen zu verlieren, um Sie auf versteckte Super-Fundstellen hinzuweisen oder um Sie vor dem Palandt zu warnen, wenn man ihm nicht folgen sollte. Wir haben jedoch bewusst darauf verzichtet, jeden zweiten Satz im Skript mit einer Palandt-Fundstelle zu belegen. Unser Ziel ist es, die Kaiser-Skripten lesbar zu machen und schlank zu halten. Dass sich etwas zur Stellvertretung im Palandt bei §§ 164 ff. BGB und zum Verzug bei § 286 BGB findet, liegt auf der Hand. Sie sollen außerdem gar nicht alles, was im Skript steht, im Palandt nochmal nachschlagen, sonst werden Sie ja nie fertig! Nur dort, wo ein Verweis aus den oben genannten Gründen sinnvoll ist, haben wir diesen eingefügt. Die restlichen, nicht im Buch aufgenommenen Themen sollten Sie mit dem Kommentar und Ihrem durch das Schreiben von Klausuren erlernbaren juristischen Handwerkszeug lösen (Methodik, Argumentationsfähigkeit, Arbeit mit dem Sachverhalt etc.).

Die Verfasser erheben dabei weder den Anspruch auf Vollständigkeit noch auf wissenschaftliche Darstellung der Materie. Derartige Lehrbücher gibt es in Hülle und Fülle. Wir wollen Sie auf Ihr Examen vorbereiten und nicht Ihre Zeit stehlen! Dabei ist klar, dass dieses Buch nicht jedem gefallen kann. Der eine braucht möglichst viele Schaubilder, der andere Fließtext, noch ein anderer mehr Methodik und weniger Klausurprobleme und noch ein ganz anderer ganz viele Klausurprobleme und keine Methodik (das Buch richte sich ja an Referendare, die Methodik müsse also vorausgesetzt werden …). Da sowieso nicht der Geschmack aller getroffen werden kann, haben wir uns von vornherein nur von einem Ziel leiten lassen und die Darstellung diesem angepasst: Auf was kommt es in den Examensklausuren an? Diese Themen zeigen wir in der gebotenen Kürze auf und betten sie in die klassische Prüfungsreihenfolge des Zivilrechts: »Vertrag, Vertrauen, Gesetz« ein. Schaubilder und Ausführungen zur Methodik sind in einem in Anbetracht des Ziels dieses Buches gesunden Maße enthalten.

Wie ist dieses Buch entstanden, das mittlerweile als »Klassiker« der Referendarsliteratur gilt? Wir haben hier nicht die Bücher der Konkurrenz »umgeschrieben«, sondern eigenhändig die **Examensklausuren der letzten 15 Jahre** aus dem Ringtausch der LJPAs, aber auch die Bayerischen Examensklausuren analysiert und geschaut, was wichtig ist. Zusätzlich sind über 1.300 Berichte von mündlichen Prüfungen, die wir ebenfalls analysiert haben, in die Darstellung eingeflossen. Und wer bereits unsere Crash-Kurse besucht hat, der weiß, dass wir das nicht einfach behaupten, sondern dass wir uns wirklich diese Mühe gemacht haben! Zudem ist das Feedback von Teilnehmern unserer Kurse und von AG-Leitern eingeflossen, was ebenso hilfreich war. **Weil sich die Themen in den Klausuren ständig wiederholen, hat dieses Buch daher eine extrem hohe Trefferquote!** Sie sollten dieses Werk mit geöffnetem Gesetzestext und griffbereitem Palandt durcharbeiten. Das Buch kann seine eigentliche Aufgabe nämlich nur erfüllen, wenn Sie es »durcharbeiten«, mehrfach lesen, es sozusagen zu Ihrem Referendariatsbegleiter machen und nicht nur als Last-Minute-Lektüre in den letzten zwei Wochen vor Ihren Klausuren einmal durchhetzen. Klar ist, dass natürlich nicht alles hängen bleiben kann, was wir im Buch geschrieben haben. Aber je öfter Sie es durcharbeiten, desto mehr verinnerlichen Sie, bewusst und unbewusst. Also: Ärmel hoch und ran an die Arbeit!

In der vorliegenden achten Auflage dieses Lehrbuches haben die Verfasser wieder die in der Zwischenzeit ergangene examensrelevante Rechtsprechung aufgenommen, den Inhalt des Buches mit den seitdem gelaufenen Examensklausuren abgeglichen und – soweit erforderlich – um wichtige Hinweise zu neuen Tendenzen bei den LJPAs ergänzt. Die **große Besonderheit dieses Buches** ist, dass die wichtigen und daher unbedingt von Ihnen **nachzulesenden Gerichtsentscheidungen in Fettschrift** hervorgehoben worden sind. Sie haben damit nicht nur eine materielle Stoffsammlung aus den Klausuren, sondern auch eine **Rspr.-Auswertung in der Hand! Fast allen Assessorexamensklausuren liegen aktuelle Gerichtsentscheidungen zugrunde. Wussten Sie das?** Das ist anders als im ersten Examen, wo viele Klausuren »aus der Retorte«, dh von den Lehrstühlen kommen und ausgedacht sind. Sie dürfen daher nicht nur an den »Basics« kleben, sondern sollten auch ausreichend Kenntnis der aktuellen Rspr. besitzen. Wir haben durch die Analyse der Examensklausuren ein gutes Näschen dafür bekommen, welche Entscheidungen von den LJPAs favorisiert werden. Also meckern Sie bitte nicht, dass wir Ihnen im Buch immer wieder Heimlektüre aufgeben. Alleine das Lesen der Entscheidungen bildet, Sie lernen, wie sich die Praktiker ausdrücken und es ist ein gutes Gefühl, im Examen einen bekannten Rspr.-Fall zu bekommen. Die Urteile werden (wie viele Klausuren übrigens auch) oft in der Mündlichen recycelt, sie schlagen also zwei Fliegen mit einer Klappe. Und mit Lesen meinen wir am besten die Originalentscheidung! Nur so können Sie sich mit dem Praktiker-Stil vertraut machen. Die Referendare, die nur zu Hause über Skripten und Karteikarten sitzen, ohne Originalentscheidungen gelesen zu haben, sind praktisch immer die mit den schlechteren Noten. Glauben Sie uns, wir sehen das durch unsere Arbeit im Rahmen der Prüfungsanfechtung und Klausuranalyse fast jeden Tag! Es werden so vielen Kandidaten massiv Punkte wegen der nicht praxisnahen Formulierungen, der fehlenden oder unpräzisen Obersätze und der nicht praxistauglichen Formalia abgezogen. Das sind fast immer die »Einsiedler-Lern-Menschen«, die nur zu Hause hocken und keine Originalentscheidungen gelesen (und oft auch viel zu wenig Klausuren geschrieben) haben. Sondern fast ausschließlich Skripte lesen. Und Karteikarten oder Rep-Fälle mit Gliederungsorgien. Vor allem das Skripte-Lesen ist zwar auch wichtig, kann aber eben nur ein Teil der Vorbereitung auf das Zweite sein. Tennis lernt man auch nicht nur, indem man ein Tennisbuch liest, sondern indem man auf den Platz geht und Bälle schlägt.

Die heißen, ganz aktuellen Entscheidungen für Ihre Klausuren, die nach Drucklegung dieses Werkes erschienen sind, erhalten Sie als Handout in unserem Wochenendseminar zum materiellen Zivilrecht.

Um Sie zu mehr geistiger Mitarbeit anzuregen, haben wir zT **Fragen in den Fließtext eingebaut**, deren Antwort sich in der jeweiligen Fußnote befindet. Auch wenn es Sie vielleicht manchmal nervt, nicht alles gleich im Text präsentiert zu bekommen, werden Sie merken, dass sich das so »erarbeitete« Wissen bei Ihnen besser festsetzt.

Die von der Bundesregierung im März 2016 verkündeten geplanten **Änderungen im Kauf- u. Werkrecht** sind, soweit klausurrelevant, im Skript berücksichtigt (BGB-E).

Die Verfasser sind erfahrene Referendarausbilder. Torsten Kaiser, federführend im Autorenteam dieses Buches, hat zunächst als Anwalt bei Clifford Chance in Düsseldorf gearbeitet. Seit Anfang 2005 ist er Rechtsanwalt in Lübeck. Horst Kaiser ist Vorsitzender Richter einer Berufungszivilkammer am Landgericht Lübeck a.D. und leitete über 15 Jahre Zivilrechtsarbeitsgemeinschaften. Er war bis Ende 2004 Mitglied des Gemeinsamen Prüfungsamtes Nord für das Assessorexamen. Jan Kaiser ist Richter am Landgericht Lüneburg. Alle sind Dozenten der Kaiserseminare. Die Verfasser veranstalten an sieben Standorten bundesweit Wochenendseminare zur Vorbereitung auf die Examensklausuren und bieten dazu ergänzend ein umfangreiches Klausurenangebot sowie eine gezielte Vorbereitung auf die Mündliche Prüfung an. **Warum Kaiserseminare?** Für einen Erfolg im Assessorexamen brauchen Sie einerseits kein Dauer-Repetitorium, in dem Ihnen der Stoff aus dem ersten Examen monatelang noch einmal »aufgewärmt« wird. Andererseits haben Sie vor dem Assessorexamen wesentlich weniger Zeit für die Vorbereitung als noch zum ersten Examen. Sich selber alles »im stillen Kämmerlein« zusammenschreiben zu wollen, was man noch zu lernen hat, ist eine in dieser Zeit kaum lösbare Aufgabe. **Sie müssen so schnell wie möglich mit dem effektiven Lernen und dem Schreiben von Übungsklausuren beginnen! Unsere Seminare dienen dem schnellen Zusammentragen des relevanten Stoffes, der Klausurtechnik und der brandaktuellen Rspr. Danach können Sie gleich anfangen zu lernen!** Vertrauen Sie den Spezialisten für das Assessorexamen.

Nähere Informationen erhalten Sie unter www.kaiserseminare.com.

Lübeck, im Juni 2016

Inhaltsverzeichnis

Abkürzungsverzeichnis

aA . . . . anderer Ansicht
AB . . . . Anscheinsbeweis
Abs. . . . . Absatz
aE . . . . am Ende
aF . . . . alte Fassung
AG . . . . Amtsgericht oder Aktiengesellschaft, je nach Zusammenhang
AGB . . . . Allgemeine Geschäftsbedingung(en)
AGBG . . . . Gesetz zur Regelung des Rechts der Allgemeinen Geschäftsbedingungen
AGG . . . . Allgemeines Gleichstellungsgesetz
AGV . . . . außerhalb von Geschäftsräumen geschlossene Verträge
AKB . . . . Allgemeine Bedingungen für die Kraftfahrtversicherung
AktG . . . . Aktiengesetz
AKU . . . . Ankaufsuntersuchung beim Pferdekauf
Alt. . . . . Alternative
AnfG . . . . Gesetz betr. die Anfechtung von Rechtshandlungen außerhalb des Insolvenzverfahrens
AnwBl. . . . . Anwaltsblatt
APR . . . . Allgemeines Persönlichkeitsrecht
ArbGG . . . . Arbeitsgerichtsgesetz
ARGE . . . . Arbeitsgemeinschaft als Gesellschaftsform
Art. . . . . Artikel
ASGL . . . . Anspruchsgrundlage
AT . . . . Allgemeiner Teil (des Schuldrechts)
AVM . . . . Anscheinsvollmacht
AWR . . . . Anwartschaftsrecht

BAG . . . . Bundesarbeitsgericht
BauR . . . . Zeitschrift für das gesamte öffentliche und private Baurecht
BayObLG . . . . . . Bayerisches Oberstes Landesgericht
BB . . . . Betriebsberater
betr. . . . . betreffend
BeurkG . . . . Beurkundungsgesetz
BGB . . . . Bürgerliches Gesetzbuch
BGB-InfoV . . . . . . BGB-Informationspflichten-Verordnung
BGH . . . . Bundesgerichtshof
BGHZ . . . . Amtliche Sammlung des Bundesgerichtshofs in Zivilsachen
BMV . . . . Besitzmittlungsverhältnis
BNatSchG . . . . . . Bundesnaturschutzgesetz
BORA . . . . Berufsordnung für Rechtsanwälte
BRAO . . . . Bundesrechtsanwaltsordnung
BSG . . . . Bundessozialgericht
BT . . . . Besonderer/Besonderen Teil (des Schuldrechts)
BVerfG . . . . Bundesverfassungsgericht
BVerfGG . . . . Bundesverfassungsgerichtsgesetz
bzgl. . . . . bezüglich
bzw. . . . . beziehungsweise

c.i.c. . . . . culpa in contrahendo

DAR . . . . Deutsches Autorecht
DB . . . . Der Betrieb

DENIC	Domainverwaltungs- u. Betriebsgesellschaft e.G.
dh	das heißt
DOSB	Deutscher Olympischer Sportbund
DSL	Drittschadensliquidation
DVM	Duldungsvollmacht
eA	einer Ansicht
EBK	Einbauküche
EBV	Eigentümer-Besitzer-Verhältnis
EFZG	Entgeltfortzahlungsgesetz
EGBGB	Einführungsgesetz zum Bürgerlichen Gesetzbuch
EGRDG	Einführungsgesetz zum RDG
Einf v	Einführung vor
Einl v	Einleitung vor
EMRK	Europäische Menschenrechtskonvention
EStG	Einkommensteuergesetz
etc.	et cetera
EV	Eigentumsvorbehalt
evtl.	eventuell(e)
f./ff.	folgende/fortfolgende
FamFG	Gesetz über das Verfahren in Familiensachen und in den Angelegenheiten der freiwilligen Gerichtsbarkeit
FamRZ	Zeitschrift für das gesamte Familienrecht
FGW	Fremdgeschäftsführungswillen
GbR	Gesellschaft bürgerlichen Rechts
gem.	gemäß
GG	Grundgesetz
ggf.	gegebenenfalls
GH	Geschäftsherr
GKG	Gerichtskostengesetz
GmbH	Gesellschaft mit beschränkter Haftung
GmbHG	Gesetz betreffend die Gesellschaften mit beschränkter Haftung
GoA	Geschäftsführung ohne Auftrag
grds.	grundsätzlich
GV	Gerichtsvollzieher
GVG	Gerichtsverfassungsgesetz
h.	herrschende
HPflG	Haftpflichtgesetz
HausratsVO	Hausratsverordnung
HeimG	Heimgesetz
HGB	Handelsgesetzbuch
hL	herrschende Literatur
hM	herrschende Meinung
HOAI	Verordnung über die Honorare für Leistungen der Architekten und Ingenieure
hRspr	herrschende Rechtsprechung
Hs.	Halbsatz
idR	in der Regel
iHv/iHd	in Höhe von/in Höhe der/des
insbes.	insbesondere
InsO	Insolvenzordnung
iRd/iRe/iRv	im Rahmen der/des, im Rahmen einer/eines, im Rahmen von

iSd/iSv/iSe . . . . im Sinne der/des/von/einer/eines
iÜ . . . . im Übrigen
iVm . . . . in Verbindung mit

JA . . . . Juristische Arbeitsblätter
JURA . . . . Juristische Ausbildung
JuS . . . . Juristische Schulung

KBS . . . . Kaufmännisches Bestätigungsschreiben
KG . . . . Kammergericht oder Kommanditgesellschaft, je nach Zusammenhang
KunstUrhG . . . . . . Kunsturhebergesetz

LG . . . . Landgericht
Lit. . . . . Literatur
LJPA . . . . Landesjustizprüfungsamt
LK . . . . Leistungskondiktion/-en
LNatSchG . . . . . . Landesnaturschutzgesetz
LPartG . . . . Lebenspartnerschaftsgesetz

MaBV . . . . Makler- u. Bauträgerverordnung
MarkenG . . . . Markengesetz
MDR . . . . Monatsschrift für Deutsches Recht
MFS . . . . Mangelfolgeschaden
MMR . . . . MultiMedia und Recht
mwN . . . . mit weiteren Nachweisen

neLG . . . . nichteheliche Lebensgemeinschaft
nF . . . . neue Fassung
NJOZ . . . . Neue Juristische Online Zeitschrift
NJW . . . . Neue Juristische Wochenschrift
NJW-RR . . . . Neue Juristische Wochenschrift – Rechtsprechungs-Report
NLK . . . . Nichtleistungskondiktion
Nr. . . . . Nummer
NZA . . . . Neue Zeitschrift für Arbeitsrecht
NZM . . . . Neue Zeitschrift für Miet- u. Wohnungsrecht

obj. . . . . objektiv
OHG . . . . Offene Handelsgesellschaft
OLG . . . . Oberlandesgericht
OLGR . . . . OLG-Report (getrennt für jedes OLG)
OWi . . . . Ordnungswidrigkeit

PartGG . . . . Gesetz über Partnerschaftsgesellschaften Angehöriger Freier Berufe
PflVG . . . . Gesetz über die Pflichtversicherung für Kraftfahrzeughalter
PfÜB . . . . Pfändungs- u. Überweisungsbeschluss
Pkw . . . . Personenkraftwagen
ProdHaftG . . . . . . Produkthaftungsgesetz
pVV . . . . positive Vertragsverletzung/Forderungsverletzung = §§ 280, 241 II BGB

ReaG . . . . Recht am eingerichteten und ausgeübten Gewerbebetrieb
RBW . . . . Rechtsbindungswillen
RDG . . . . Rechtsdienstleistungsgesetz
RG . . . . Reichsgericht
RGZ . . . . Amtliche Sammlung in Zivilsachen/Strafsachen des Reichsgerichts
RiStBV . . . . Richtlinien für das Strafverfahren und das Bußgeldverfahren
Rn. . . . . Randnummer

Rspr. . . . . Rechtsprechung
RVG . . . . Gesetz über die Vergütung von Rechtsanwältinnen und Rechtsanwälten
RzB . . . . Recht zum Besitz

S. . . . . Seite/Satz/Siehe
s. . . . . siehe
SB . . . . Selbstbedienung
SchwarzArbG . . . Gesetz zur Bekämpfung der Schwarzarbeit
SGB . . . . Sozialgesetzbuch
sog. . . . . sogenannt(e/er)
st. . . . . ständige(r)
StGB . . . . Strafgesetzbuch
StBerG . . . . Steuerberatungsgesetz
stRspr . . . . ständige Rechtsprechung
StVG . . . . Straßenverkehrsgesetz
StVO . . . . Straßenverkehrsordnung

TAN . . . . Transaktionsnummer
TMG . . . . Telemediengesetz

uE . . . . unseres Erachtens
uU . . . . unter Umständen
UWG . . . . Gesetz gegen den unlauteren Wettbewerb

v.A.w. . . . . von Amts wegen
VersR . . . . Versicherungsrecht
vgl. . . . . vergleiche
VOB . . . . Vergabe- u. Vertragsordnung für Bauleistungen
Vor/Vorb . . . . . . Vorbemerkung
VSD . . . . Vertrag mit Schutzwirkung zugunsten Dritter
VSP . . . . Verkehrssicherungspflicht(en)
v.u.g. . . . . vorgelesen und genehmigt
VV . . . . Vergütungsverzeichnis
VVG . . . . Versicherungsvertragsgesetz
VzD . . . . Vertrag zugunsten Dritter

WBVG . . . . Wohn- und Betreuungsvertragsgesetz
WE . . . . Willenserklärung(en)
WEG . . . . Wohnungseigentumsgesetz oder Wohnungseigentümergemeinschaft, je nach Zusammenhang
wg. . . . . wegen
WM . . . . Wertpapiermitteilungen oder Weltmeisterschaft (je nach Zusammenhang)
WoVermG . . . . . . Gesetz zur Regelung der Wohnungsvermittlung
WuM . . . . Wohnungswirtschaft und Mietrecht

zB . . . . zum Beispiel
ZBR . . . . Zurückbehaltungsrecht
ZGS . . . . Zeitschrift für das gesamte Schuldrecht
ZIP . . . . Zeitschrift für Wirtschaftsrecht und Insolvenzpraxis
ZMR . . . . Zeitschrift für Miet- u. Raumrecht
ZPO . . . . Zivilprozessordnung
zT . . . . zum Teil
ZVG . . . . Zwangsversteigerungsgesetz
ZVS . . . . Zwangsvollstreckung

Literaturverzeichnis

Baumbach, Adolf/Hopt, Klaus J., HGB, 36. Aufl. 2014 (zit.: Baumbach/Hopt/*Bearbeiter*)

Bamberger, Heinz Georg/Roth, Herbert, BGB, 3. Aufl. 2012 (zit.: Bamberger/Roth/*Bearbeiter*)

Bamberger, Heinz Georg/Roth, Herbert, Beck'scher Online-Kommentar BGB, 37. Edition, 1.11.2015 (zit.: BeckOK BGB/*Bearbeiter*)

Baumgärtel, Gottfried, Handbuch der Beweislast im Privatrecht, Band 1, 2. Aufl. 1991 (zit.: *Baumgärtel* Beweislast)

Benner, Susanne A., Referendarklausurenkurs Zivilrecht, 2009 (zit.: *Benner* Referendarklausurenkurs)

Dauner-Lieb, Barbara/Heidel, Thomas/Ring, Gerhard, Nomos Kommentar BGB, 2. Aufl. 2012 (zit.: NK-BGB/*Bearbeiter*)

Herberger, Maximilian/Martinek, Michael/Rüßmann, Helmut/Weth, Stephan, juris Praxis-Kommentar BGB, 7. Aufl. 2014 (zit.: jurisPK/*Bearbeiter*)

Holbeck, Thomas/Schwindl, Ernst, Arbeitsrecht, 11. Aufl. 2012 (zit.: *Holbeck/Schwindl* ArbR)

Jauernig, Othmar, Kommentar zum BGB, 16. Aufl. 2015 (zit.: Jauernig/*Bearbeiter*)

Kaiser, Horst/Kaiser, Jan/Kaiser, Torsten, Die Zivilgerichtsklausur im Assessorexamen, Band I, 6. Aufl. 2014 (zit.: *Kaiser/Kaiser/Kaiser* Zivilgerichtsklausur I)

Kaiser, Torsten/Kaiser, Horst/Kaiser, Jan, Die Anwaltsklausur Zivilrecht, 6. Aufl. 2015 (zit.: *Kaiser/Kaiser/Kaiser* Anwaltsklausur)

Kaiser, Torsten/Kaiser, Horst/Kaiser, Jan, Die Zwangsvollstreckungsklausur im Assessorexamen, 6. Aufl. 2015 (zit.: *Kaiser/Kaiser/Kaiser* Zwangsvollstreckungsklausur)

Kaiser, Torsten/Köster, Thomas/Seegmüller, Robert, Materielles Öffentliches Recht im Assessorexamen, 3. Aufl. 2015 (zit.: *Kaiser/Köster/Seegmüller* Materielles Öffentliches Recht)

Looschelders, Dirk, Schuldrecht Allgemeiner Teil, 11. Aufl. 2013 (zit.: *Looschelders* SchuldR AT)

Looschelders, Dirk, Schuldrecht Besonderer Teil, 10. Aufl. 2015 (zit.: *Looschelders* SchuldR BT)

Medicus, Dieter/Petersen, Jens, Bürgerliches Recht, 24. Aufl. 2013 (zit.: *Medicus/Petersen* BürgerlR)

Muscheler, Karlheinz, Familienrecht, 3. Aufl. 2013 (zit.: *Muscheler* FamR)

Palandt, Otto, Kommentar zum Bürgerlichen Gesetzbuch, 75. Aufl. 2016 (zit.: Palandt/*Bearbeiter*)

Prütting, Hanns/Wegen, Gerhard/Weinreich, Gerd, BGB, 10. Aufl. 2015 (zit.: Prütting/Wegen/Weinreich/*Bearbeiter*)

Säcker, Franz Jürgen/Rixecker, Roland/Oetker, Hartmut, Münchener Kommentar zum BGB, 6. und 7. Aufl. 2012 bis 2016 (zit.: MüKoBGB/*Bearbeiter*)

Schulze, Reiner u.a., Handkommentar BGB, 8. Aufl. 2014 (zit.: Hk-BGB/*Bearbeiter*)

von Staudinger, Julius, Kommentar zum BGB, Bearb. 2013 (zit.: Staudinger/*Bearbeiter*)

Tempel, Otto/Graßnack, Christiana/Kosziol, Frank/Seyderhelm, Bernhard, Materielles Recht im Zivilprozess, 6. Aufl. 2014 (zit.: *Tempel/Graßnack/Kosziol/Seyderhelm* Materielles Recht)

Thomas, Heinz/Putzo, Hans, Kommentar zur ZPO, 36. Aufl. 2015 (zit.: Thomas/Putzo/*Bearbeiter*)

Die Autoren dieses Lehrbuches bieten auch Crash-Kurse zu allen Klausurtypen des Assessorexamens an.

Nähere Informationen unter

www.kaiserseminare.com

1. Teil. Die Prüfungsreihenfolge im Zivilrecht

§ 1 Die Rangfolge der Anspruchsgrundlagen

Ist die Ausgangsfrage (»**Wer will was von wem woraus**[1]?«) geklärt, sollten Sie bei der Suche   **1**
nach bzw. bei der Prüfung der möglichen Anspruchsgrundlagen stets nach dem folgenden
Schema vorgehen:

- **Vertragliche Ansprüche**, dh Primäransprüche und Sekundäransprüche aus Vertragsverletzungen
- **Vertragsähnliche Ansprüche (zT auch »Vertrauen« genannt)**, dh c.i.c., §§ 280, 241 II BGB/ pVV[2], GoA
- **Dingliche Ansprüche**, wichtig sind vor allem §§ 1004, 985 ff., 861 ff., 894 BGB
- **Ansprüche aus unerlaubter Handlung**, vor allem §§ 823 ff., 831, 833 f. BGB und Ansprüche aus dem StVG
- **Ansprüche aus ungerechtfertigter Bereicherung**, §§ 812 ff. BGB
- **Sonstige Ansprüche**, vor allem VSD, VzD, DSL und Regressansprüche

Die Beachtung dieses Schemas ist von grundlegender Bedeutung für das Gelingen Ihrer Klausur. Vor allem in den Fällen, in denen Sie nach dem ersten Lesen des Klausurtextes überhaupt nicht wissen, wo die Lösung liegen könnte, hilft die systematische Suche dabei, die ggf. passenden Anspruchsgrundlagen zu finden. Die aufgeführte Reihenfolge ist zudem zwingend, da zwischen den einzelnen Anspruchsgrundlagen ein **Konkurrenzverhältnis** bestehen kann. Ist eine Anspruchsgrundlage gefunden, ordnen Sie die weitere Prüfung nach dem sog. »juristischen Dreiklang«:

1. **Anspruch entstanden?**
   Tatbestandliche Voraussetzungen der Anspruchsnorm eingehalten? Beweislast: IdR Gläubiger.
   Bestehen rechtshindernde Einwendungen? Beweislast: Schuldner.
   Hier ist zB an §§ 116 ff., 125, 134, 138, 164 ff. BGB zu denken.
2. **Anspruch nicht untergegangen?**
   Bestehen rechtsvernichtende Einwendungen? Beweislast: Schuldner.
   Hier müssen Sie vor allem an Widerruf, Anfechtung, Kündigung, Rücktritt, Erfüllung/Erfüllungssurrogate sowie Gewährleistungsrechte und § 313 BGB denken. Auch ein Vergleich kann rechtsvernichtende Wirkung haben.
3. **Anspruch durchsetzbar?**
   Bestehen rechtshemmende Einwendungen = Einreden? Beweislast: Schuldner.
   Hier sind vor allem ZBR, Verjährung und § 242 BGB bedeutsam.

Vorweg ein kleiner Gruß aus der Küche: Bitte vergessen Sie nicht die zivilrechtliche Arbeitsmethode! Bilden Sie in der Klausur präzise Obersätze, nennen Sie die einschlägigen Normen und subsumieren Sie dann. Wir sehen iRd Prüfungsanfechtungen immer wieder, wie viele Referendare das ignorieren. Es werden nur allgemeine, nicht fallbezogene Ausführungen gemacht, statt nach einem chirurgisch genauen Obersatz mit den sich aus der Akte ergebenden Informationen die einzelnen Tatbestandsvoraussetzungen der Norm abzuarbeiten. Alle LJPAs wollen zudem, dass Sie an mehreren Stellen »ein Fass aufmachen«, also Problembewusstsein zeigen, Argumente und **Begründungen anbieten**. Examensklausuren sind nicht zum Runterprüfen da oder als Beweis dafür, dass Sie Gliederungsorgien wie in einer Rep-Lösungsskizze machen können. Es sind Denksportaufgaben aus aktuellen Entscheidun-

---

1 Das »woraus« meint hier nicht die Anspruchsgrundlage, sondern den Lebenssachverhalt!
2 Die pVV hier zu prüfen ist dogmatisch eigentlich Quatsch, weil sie idR bei Vertragsverhältnissen relevant wird. Es hat sich aber bei vielen so eingebürgert. Sie können das auch im ersten Schritt prüfen. Vgl. → Rn. 24 zur Bezeichnung »pVV«.

gen mit mehreren aufzuspürenden Problemschwerpunkten, bei denen Sie mit praxisnahen Formulierungen mit Minimum 25 Seiten (!) richtig abliefern müssen. »*Verfasser prüft ohne gebotenen Obersatz*«, »*Obersatz?*«, »*ohne normativen Bezug*«, »*nicht geprüft*«, »*äußerst knapp behandelt*«, »*Formulierung nicht praxisgerecht*«, »*nur behauptet*«, »*Anspruchsgrundlage nicht genannt*«, »*nicht sauber herausgearbeitet*«, »*reichlich apodiktisch*«, »*ohne juristische Verortung*«, »*Begründungstiefe fehlt*«, »*nicht präzise*«, »*zu dünn*«, »*ohne Eindringtiefe*«, »*bleiben rudimentär*«, »*den kargen Darlegungen fehlt die Substanz*« und 10 Mal »*fehlt*« (alles Originalkommentare aus der Anfechtung!) steht immer wieder am Rand von Klausuren. Wenn Sie merken, dass Sie methodische Probleme haben und damit bei Ihnen automatisch bei 4 Punkten Schluss ist, dann ist die Lektüre von Teil 1 und 2 bei *Diederichsen/Wagner/Thole*, Die Zwischenprüfung im Bürgerlichen Recht, 4. Aufl. 2011, empfehlenswert, bevor Sie dann mit diesem Buch weiterarbeiten.

§ 2 Vertragliche Primäransprüche

A. Entstehen eines vertraglichen Primäranspruchs

I. Die Vertragsarten

Neben den typischen (= typisierten, dh im BGB explizit geregelten) Verträgen wie Kauf- oder **2**
Mietvertrag ist es den Parteien wegen der Privatautonomie unbenommen, einen ==atypischen==
==Vertrag== zu schließen. Das sind Verträge, deren Charakter nicht ausschließlich einem der klassischen Vertragstypen zugeordnet werden kann, da sie zB Elemente verschiedener Vertragstypen aufweisen oder aus sonstigen Gründen nicht richtig zu einem geregelten Vertragstypus
passen. Auf Primärebene ist nicht fallentscheidend, welchem normierten Vertragstyp der geschlossene Vertrag zuzuordnen ist, da Anspruchsgrundlage die von Ihnen genau zu kenn-
zeichnende Vereinbarung selbst ist. Im Falle einer Pflichtverletzung muss aber herausgearbeitet werden, welche Vorschriften Anwendung finden, wenn die Parteien keine eigenen
Regelungen vereinbart haben. Nach hM sind die Vorschriften des jeweiligen BT heranzuzie-
hen, die kennzeichnend für den jeweils gestörten/betroffenen Vertragsteil sind.[3] Kommen
danach mehrere infrage, ist eine ==Schwerpunktbetrachtung== anzustellen.[4] Wenn kein BT passt,
gilt nur das allgemeine Schuldrecht, zB §§ 280 ff., 323 ff. BGB. Denken Sie daran, dass häufig
auch deliktische Ansprüche zu prüfen sind.

> **Beispiele aus Klausuren:** Personalvermittlung/Headhunter (idR Maklerdienstvertrag),
> Spielsperrvertrag mit einem Casino (nur allg. Schuldrecht)[5], Anwalt- u. Steuerberaterver-
> trag (idR Dienstvertrag iSv § 675 BGB), Opern-Abo (Werk- u. Mietrecht), Hochzeitsorga-
> nisation (»wedding planer«, idR Werkrecht), Bauträgervertrag (Werk- u. Kaufrecht), Taxi-
> beförderungsvertrag (Werkrecht), Heimvertrag (geregelt im WBVG – kommentiert im
> Palandt!), Freibadbenutzung (idR nur allg. Schuldrecht), Treuhandvertrag (§ 675 BGB,
> Auftrag bei Unentgeltlichkeit), Fitnessstudiovertrag[6] (idR Dienst-, Miet- u. allg. Schuld-
> recht), Behandlungsvertrag mit Arzt (idR Dienstrecht und §§ 630a ff. BGB), Veranstal-
> tungsvertrag mit Musikern (idR Werkrecht), Arbeitnehmerleihvertrag (idR Dienstrecht, oft
> kombiniert mit Mietvertrag über Kräne/Bagger etc., die der »geliehene« Arbeitnehmer be-
> dienen soll)[7], Unterrichtsvertrag wie zB Tennis- oder Reitunterricht (Dienstrecht), Zu-
> schauervertrag mit dem HSV (idR nur allg. Schuldrecht), Vermietungsvermittlung (§ 675
> BGB), Tiereinstellvertrag (Verwahrungsrecht), Stutendeckvertrag (Werkrecht), Vertrag
> über die Ausstellung von Bildern (Miete oder Leihe), Beherbergungsvertrag (Mischung aus
> Miet-, Kauf- und Dienstrecht, Teilregelung in §§ 701 ff. BGB), Bewirtungsvertrag (Mängel
> der Speise: Kaufrecht; Mängel im Bereich des Services: Dienstrecht; bei Abhandenkommen
> der Garderobe: PVV des Bewirtungsvertrages nur bei Überwachungsverpflichtung[8]),
> Wohnungsverwaltungsvertrag (§ 675 BGB), Internet-System-Vertrag (idR Werkrecht),
> DSL-Anschlussvertrag (Dienstrecht), Tätowierung und Frisör (Werkrecht), kosmetische
> Behandlung (Dienstrecht) und die Anlageberatung (Dienstvertrag iSv § 675 BGB – gute

---

3 Gibt es beim atypischen Vertrag nicht mehrere Vertragsteile oder geht es um eine Frage, die den gesamten
  Vertrag betrifft, oder ist aus anderem Grunde diese Kombinationstheorie nicht zielführend, so muss auf den
  Gesamtcharakter des Vertrages abgestellt werden (die Praxis ist flexibel!).
4 Palandt/*Grüneberg* BGB Überbl v § 311 Rn. 24 ff.; *Looschelders* SchuldR BT Rn. 12, 544; BGH NJW 2011,
  1674; 2008, 1072; 2002, 1336; KG NJOZ 2016, 441; OLG Jena NJW 2012, 2357; LG Verden Urt. v. 18.5.2012
  – 3 S 28/11, BeckRS 2013, 09320; OLG Karlsruhe NJW-RR 2004, 1610; OLG Köln NJW-RR 1994, 25.
5 Und zwar **§ 280 BGB für den Spielsüchtigen** bei Missachtung der Spielsperre durch das Casino, BGH NJW
  2008, 840 ff.; 2012, 48 ff.
6 Die ordentliche Kündigung eines **Fitnessstudiovertrages** wird idR auf § 621 BGB, die außerordentliche auf
  eine Gesamtschau der §§ 626 I, 543 I, 314 I BGB (wichtiger Grund?) gestützt, vgl. BGH in NJW 2012,
  1431 ff. Achtung: Der Wohnsitzwechsel berechtigt nach überwiegender Rspr. idR nicht zu einer außeror-
  dentlichen Kündigung des Fitnessstudiovertrages (eigene Risikosphäre).
7 Der Verleiher haftet idR nur für ein Auswahlverschulden bzgl. des Leiharbeiters, dieser ist nicht sein Erfüllungsgehilfe. Der Leiharbeiter ist im Verhältnis zum Verleiher grds. auch nicht Erfüllungsgehilfe des Ent-
  leihers, vgl. OLG München Urt. v. 12.01.2012 – 14 U 489/10, VersR 2012, 581.
8 Vgl. dazu Palandt/*Sprau* BGB § 688 Rn. 6; AG Bad Segeberg NJW-RR 2013, 1435 ff.

> Kommentierung zur Bankenhaftung im Palandt bei § 280 BGB!). **Das Thema hat enorme Klausurbedeutung!**

§§ 312, 312a BGB enthalten für alle **Verbraucherverträge** iSv § 312 I BGB geltende Vorschriften (zB Offenlegungs- u. Informationspflichten). In **§§ 312b ff. BGB** sind spezielle Normen für sog. **AGV** = »außerhalb von Geschäftsräumen geschlossene Verträge« (die Erweiterung des alten Haustürgeschäfts), **Fernabsatzverträge** (§ 312c BGB) und Verträge im elektronischen Geschäftsverkehr (§ 312i BGB) enthalten, die über das darin enthaltene **Widerrufsrecht** in §§ 312c, 312g, **355 ff. BGB** in eine Klausur rutschen können. Hinsichtlich des Inhalts der Widerrufsbelehrung und der sonstigen nach §§ 312d ff. BGB erforderlichen Belehrungen sind in der Anlage zu Art. 246a f. EGBGB Muster enthalten (diese stehen alle hinten im Palandt beim EGBGB!). Lesen Sie bei Bedarf *Förster* JA 2014, 721 ff. u. 801 ff. als Überblick über die Regelungen der §§ 312 ff. BGB. Spezialkenntnisse hierzu sind nicht nötig, es genügt Strukturwissen und der Palandt, da Klausuren hierzu im Zweiten selten sind.

II. Klausurprobleme zum Vertragsschluss

1. Angebot und Annahme, §§ 145 ff. BGB

3 Jetzt kommt ganz schweres Tennis: Ein Vertrag kommt idR durch Angebot und Annahme zustande. Peng! Im Ernst: Im Assessorexamen sind hier – wenn überhaupt – nur kleine Klausurprobleme versteckt. So spielen zuweilen die §§ 147 und 150 BGB (lesen!) eine Rolle. Haben sich die Parteien zu Nebenpunkten nicht geeinigt, so liegt ein Dissens nach §§ 154, 155 BGB vor. Bei fehlender Einigung zu den *essentialia negotii* dagegen liegt ein sog. Totaldissens vor, der ulkigerweise nicht im BGB geregelt ist. Ein missglückter Vertragsschluss (Folge: Rückabwicklung nach §§ 812 ff. BGB) liegt auch vor, wenn **Angebot oder Annahme nach § 308 Nr. 1 BGB (lesen!) unwirksam** sind. Dazu gab es in letzter Zeit mehrere BGH-Entscheidungen, daher ist mit dem Thema immer zu rechnen.

> **Klausurtipp:** In manchen Examensklausuren liegt bereits bei der Frage, wie der Vertrag zustande gekommen ist, ein Schwerpunkt, vor allem wenn die Parteien sich mehrfach getroffen oder telefoniert haben und/oder eine Auftragsbestätigung oder ein KBS vorliegt. Hier müssen Sie dann sauber darstellen, worin das Angebot und die Annahme liegen.

Ggf. macht der Anspruchsteller an ihn **abgetretene** vertragliche (oder außervertragliche) **Ansprüche** geltend. Dann prüfen Sie **§§ 398 ff. BGB**. Relevant werden können dann § 134 BGB (→ Rn. 10), die Schuldnerschutzvorschriften **§§ 404 ff. BGB** und §§ 305c, 307 ff. BGB (wenn Abtretungsklauseln in AGB enthalten sind). **Auch künftige Forderungen** können abgetreten werden, wenn die zukünftige Forderung bestimmbar ist. Überhaupt sollten Sie bei Abtretungen auf den Bestimmtheits- bzw. Bestimmbarkeitsgrundsatz achten. Die komplette **Vertragsübernahme** ist – anders als die Abtretung – nicht im BGB geregelt. Sie ist bei Zustimmung aller Beteiligten möglich. Das Gegenteil der Abtretung ist übrigens die in §§ 414 ff. BGB normierte Schuldübernahme, die bislang nicht klausurrelevant war.

Das regelmäßig im Assessorexamen vorkommende Problem zum Vertragsschluss sind die **»eBay-Fälle«** (kommentiert in **Palandt/***Ellenberger* BGB § 156 Rn. 3). In unserem **Crash-Kurs zum materiellen Zivilrecht im Assessorexamen** weisen wir stets auf die neuesten Einkleidungen der LJPAs hin, was für Sie enorm hilfreich ist!

Problem: Vertragsschluss per Internet (insbesondere »eBay-Fälle«)

- Bei Online-Shops gelten **§§ 145 ff. BGB.** Das Freischalten der Angebotsseite ist lediglich eine *invitatio ad offerendum.* Das Angebot kommt daher vom Besteller, die Annahme vom Verkäufer (zB Bestätigungsmail oder Warenlieferung). Anders bei Auktionsplattformen wie eBay: Dort ist gemäß den AGB von eBay von einem RBW des einstellenden Verkäufers (= Angebot) auszugehen. Die Annahme ist das Höchstgebot des Käufers bei Ende der Auktion. Es liegt **kein Fall von § 156 S. 1 BGB** vor, was Sie stets in der Klausur darzulegen haben!

- Wenn ein Dritter unter dem Benutzerkonto eines anderen agiert, handelt er nicht »in fremdem Namen« iSd § 164 BGB, weil er nicht nach außen seine Nichtidentität mit dem Namensträger deutlich macht, sondern **unter fremdem Namen** (→ Rn. 6). Weil er dabei idR eine Identitätstäuschung hervorruft, liegt ein Fremdgeschäft vor, das nur unter den Voraussetzungen der §§ 164 ff. BGB analog dem echten Inhaber zugerechnet wird. Fehlt die Vertretungsmacht, prüfen Sie die Duldungs- oder Anscheinsvollmacht, sonst gelten §§ 177 ff. BGB analog.

- Die von den Parteien akzeptierten **AGB** und §§ 305 ff. BGB gelten in den eBay-Fällen eigentlich nicht, da die AGB von keiner Vertragspartei, sondern von eBay gestellt werden. Sie sind aber **Auslegungsgrundlage** für Erklärungen der Parteien und spielen so »durch die Hintertür« doch eine (maßgebliche!) Rolle.

- Dem Käufer kann ein Widerrufsrecht nach **§§ 312c, 312g, 355 ff. BGB** zustehen. Dieses Widerrufsrecht ist nicht nach § 312g II Nr. 10 BGB ausgeschlossen, weil eben gerade keine Versteigerung vorliegt (s. oben).

- Wird die **Auktion vorzeitig abgebrochen**, kommt mit dem Höchstbietenden der Vertrag zustande. Ob man an seine WE gebunden ist, richtet sich zum einen nach den gesetzlichen Regeln der §§ 117, 119 ff., 130, 138, 313 BGB. Zum anderen steht per Auslegung jedes Gebot stets unter dem Vorbehalt, es zurücknehmen zu dürfen, wenn ein **berechtigter Rücknahmegrund nach den eBay-AGB**/Bedingungen gegeben ist. Das gilt auch, wenn eine Auktion noch 12 Stunden oder länger andauert. Selbst wenn sich der Käufer als »Abbruchjäger« an Auktionen beteiligt, um bei deren Abbruch durch den Verkäufer Schadensersatzansprüche zu generieren, ist sein Gebot wirksam. Auch der Einwand des Verkäufers, es liege ein besonders grobes Missverhältnis zwischen dem Kaufpreis und dem Wert der Kaufsache vor (1 EUR für ein Kfz), erfüllt nicht per se den Missbrauchseinwand (§ 242 BGB), weil ein ungünstiger Auktionsverlauf Risiko des Verkäufers ist. Auch die subjektive Seite von § 138 I BGB wird idR nicht ohne Weiteres vorliegen, denn es macht gerade den Reiz einer Auktion aus, zu einem »Schnäppchenpreis« zu erwerben.

> **Klausurtipp:** Das Bestehen/Nichtbestehen einer Forderung kann auch über die **materielle Rechtskraft iSv § 322 I ZPO** anzunehmen sein, nämlich wenn hierüber bereits ein Prozess zwischen den Parteien geführt wurde und die dort entschiedene Rechtsfolge für die jetzige Rechtsprüfung vorgreiflich (»präjudiziell«, dh als Vorfrage zu prüfen) ist. Arbeiten Sie in der Klausur mit der **Kommentierung zu § 322 ZPO**. Die Rechtskraft eines Vorprozesses kann auch dergestalt eine Rolle spielen, als im jetzigen Prozess eine Partei ein Gestaltungsrecht (Aufrechnung, Anfechtung) geltend macht, dessen zugrunde liegende Tatsachen bereits objektiv im Vorprozess vorlagen und daher dort auch hätten vorgebracht werden können. Zum Schutz der Rechtskraft ist der Kläger dann mit diesem Gestaltungsrecht in einem zweiten Prozess zwischen den Parteien ausgeschlossen, auch wenn er im ersten Prozess überhaupt nicht wusste, dass er zB anfechten oder kündigen konnte (**»Präklusion« außerhalb von § 767 II ZPO**).[9] Wichtig ist, dass Sie das Problem in der Klausur überhaupt erkennen. Typische Anmerkungen in den Lösungsretenten der Klausuren sind hier zB *»Tatsächlich haben sich nur wenige Kandidaten überhaupt mit dieser Fragestellung brauchbar auseinandergesetzt …«*[10] oder *»… wurde praktisch von keinem Kandidaten angesprochen …«*[11]. Hier können Sie also punkten!

2. Die Willenserklärung (WE)

Für eine WE muss ein für den objektiven Empfänger erkennbarer **RBW**[12] gegeben sein. **4** Schweigen ist grds keine WE (»rechtliches Nullum«), die einzig relevanten Ausnahmen sind die in Sonderfällen mögliche Konstruktion einer WE über § 242 BGB und das im Assessorexamen sehr selten vorkommende KBS (→ Rn. 105). Bei der *»offerta ad incertas personas«*

---

9 Vgl. zB BGH NJW 2004, 1252 ff.
10 Aus: Prüfungsaufgaben der Zweiten Juristischen Staatsprüfung in Baden-Württemberg, Bearbeiter: Rolf Renner, Herausgeber: Justizministerium Baden-Württemberg, 10.
11 Aus: Prüfungsaufgaben der Zweiten Juristischen Staatsprüfung in Baden-Württemberg, Bearbeiter: Wolfgang Clauß, Herausgeber: Justizministerium Baden-Württemberg, 105.
12 Fehlt mangels Erklärungswillen subjektiv der RBW, besteht er aber nach obj. Kriterien, ist die WE grds. wirksam, allerdings analog § 119 I BGB anfechtbar. Übrigens: Die Unterscheidung obj./subj. Tatbestand der WE ist im Assessorexamen idR nicht anzubringen.

(»Realofferte«) liegt eine WE vor, da sich das Angebot an einen unbestimmten, aber bestimmbaren Personenkreis richtet, zB Fahrkartenautomat, Ware im SB-Supermarkt, Zapfsäule an SB-Tankstelle, Zurverfügungstellung des Stroms durch das Versorgungsunternehmen an vertraglosen Abnehmer. Die Annahme erfolgt dann idR konkludent, wobei eine sog. »*protestatio facto contraria*« desjenigen, der die Leistung in Anspruch nimmt (»*Ich nehme die Leistung, will aber keinen Vertrag schließen*«), nach Treu und Glauben unbeachtlich ist. Die »*invitatio ad offerendum*« ist keine WE, sondern eine Aufforderung zur Abgabe eines Angebots (zB Zeitungsanzeigen, Speisekarten). Das sind die Basics, nun zu den Problemen in den Assessorklausuren.

a) Klausurprobleme zur WE
Problem: Abgrenzung Vertrag – reine Gefälligkeit des täglichen Lebens

- **RBW für Vertrag** oder Handeln im außervertraglichen Bereich? Anhand von objektiven Indizien festzustellen: Persönliche Nähe zwischen den Beteiligten, gleichwertige Entgeltlichkeit, wirtschaftliche und rechtliche Bedeutung, Art und Anlass der Tätigkeit, drohendes Risiko für die Beteiligten, Wert des anvertrauten Rechtsguts.
  - **Wenn RBW (+):** zB konkludente GbR, konkludenter Auftrag (zB bei Vermögensverwaltung durch Angehörigen über **Kontovollmacht**[13]), konkludenter Beratungsvertrag mit Bank, konkludente Verwahrung oder Leihe (→ Rn. 78). Liegt trotz RBW kein typisierter Vertrag vor, so ist auch ein sog. »Gefälligkeitsvertrag« möglich.
  - **Wenn RBW (–):** sog. »**reine Gefälligkeiten des täglichen Lebens**«. Es greifen bei Verletzungshandlungen **nur §§ 823 ff. BGB** und im Straßenverkehr Ansprüche aus **StVG**. Etwaige gesetzliche Haftungsregelungen zB aus §§ 521, 599, 603, 690 BGB sind nach der Rspr. hier nicht übertragbar, weil bei dem ebenfalls unentgeltlichen Auftrag eine solche gesetzliche Haftungsbeschränkung fehlt. Auch § 31a BGB ist nicht übertragbar. Im Innenverhältnis ist wg. des Wortlauts von § 311 II Nr. 3 BGB auch **weder die c.i.c.**[14] **noch** mangels Geschäftsübernahmewillens bzw. mangels »Geschäfts« die **GoA anwendbar (Februartermin 2014)**.[15]
- Der »Clou« ist dann Folgendes: Bei Gefälligkeiten ist zugunsten des Gefälligen bei gegen ihn gerichteten Schadensersatzansprüchen im Wege der ergänzenden Auslegung dann von einem **stillschweigend vereinbarten Haftungsverzicht für leichte Fahrlässigkeit** auszugehen, wenn »**besondere Umstände**«[16] dies gebieten. Die Rspr. bejaht die Haftungsbeschränkung dann idR auch für etwaige nichtdeliktische vertragliche Ansprüche gegen den Gefälligen (er ist insgesamt schutzwürdig!). Eine Haftungsbeschränkung wird von der hRspr nicht angenommen, wenn der gefällige Schädiger Regress bei seiner Haftpflichtversicherung nehmen kann, da dann letztlich nur die Versicherung des Schädigers profitieren würde, was idR nicht dem Willen der Parteien entspricht. Im letzteren Fall kann eine Haftungsbeschränkung unter Nachbarn auch nicht durch Übertragung der für das Dreieck Vermieter – Gebäudeversicherung – Mieter gebildeten Regressverzicht-Rspr. (vgl. dazu → Rn. 80) angenommen werden.

---

13 RBW für Auftrag idR (+), wenn sich nicht unerhebliche Werte auf dem Konto befinden, vgl. *Horn/Schnabel* NJW 2012, 3473 ff. mwN; *Roth* NJW-Spezial 2012, 615; OLG Schleswig Urt. v. 18.3.2014 – 3 U 50/13, BeckRS 2014, 12054 mwN. Bei Ehegatten eher restriktiv der BGH. Bei den wesentlich umfangreicheren **Vorsorgevollmachten** wird idR ein Auftrag zu bejahen sein, vgl. OLG Brandenburg Urt. v. 20.11.2013 – 4 U 130/12, BeckRS 2013, 21257.

14 Palandt/*Grüneberg* BGB Einl v § 241 Rn. 8; *Looschelders* SchuldR AT Rn. 97 f.; OLG Hamm NJW-RR 2016, 91 ff.; die hRspr prüft nach Vertrag sofort Delikt, vgl. BGH NJW 1992, 2474; OLG Celle VersR 2007, 1661; OLG Frankfurt a.M. VersR 2006, 918; OLG Koblenz MDR 2002, 519.

15 **BGH NJW 2015, 2880: Fußballturnier (lesen!);** OLG Stuttgart NJW 1971, 660; Palandt/*Sprau* BGB Einf v § 677 Rn. 2. **Umstr. bei Nothilfe**, zB wenn der Gefällige den betrunkenen Fahrer mit dem Auto des Betrunkenen nach Hause fährt (für GoA OLG Bamberg Urt. v. 28.10.1975 – 5 U 98/73, BeckRS 1975, 00684; BGH NJW 1972, 475; aA BGH MDR 1992, 555; 1978, 917).

16 Beispiele für besondere Umstände: unerträgliches Haftungsrisiko, besonderes Interesse des Gefälligkeitsempfängers an der Gefälligkeit.

Prüfungsreihenfolge bei Haftung in Gefälligkeitsverhältnissen

1. Stufe: Haftung aus einem Vertrag (idR § 280 BGB des ...)
zB Auftrag, Verwahrung, Leihe, Geschäftsbesorgung, GbR, atypischer Vertrag
→ RBW anhand von Indizien festzustellen und sorgfältig begründen!

↓

2. Stufe: Haftung aus Delikt und ggf. StVG, NICHT: c.i.c. und GoA

In beiden Fällen: → **Konkludente Haftungsbeschränkung** auf Vorsatz/grobe Fahrlässigkeit?

Klausurtipp: Im Palandt/*Grüneberg* ist die Thematik bei Einl v § 241 Rn. 7 ff. kommentiert!

---

* Die Gefälligkeit begründet – selbst wenn mangels RBW kein Vertragsschluss vorliegt – bis zu dessen Widerruf einen **Rechtsgrund für das Behaltendürfen** iSv § 812 BGB und ein **RzB iSv § 986 BGB**.[17]
* Beachte: Die oben genannte Haftungsbeschränkung wird wegen Wertung auch für den Anspruch des Kfz-Händlers aus c.i.c. und § 823 BGB gegen den Kaufinteressenten angenommen, wenn dieser bei einer **Probefahrt** (keine reine Gefälligkeit, sondern c.i.c.!) das Kfz beschädigt. Ausnahmsweise soll hier auch die kurze Verjährung aus § 606 BGB (analog) angewendet werden, obwohl die Überlassung zur Probefahrt idR keine Leihe darstellt (hM)!
* Beachte: Übernimmt ein **Architekt** aus Gefälligkeit kostenlos Architektenleistungen, haftet er auch ohne RBW aus Werkrecht (»**Haftung kraft faktischer Übernahme**«).[18] Ähnliches gilt bei vergleichbar sensiblen Gefälligkeiten wie zB bei kostenlosen Arztleistungen oder Handwerkerarbeiten eines Vereinsmitglieds für den Verein (jeweils Haftung aus Auftragsrecht).[19] Das kam auch schon mehrfach in Klausuren vor!

Problem: Auslegung von WE und Verträgen[20]

* Eine empfangsbedürftige WE ist nach §§ 133, 157 BGB so auszulegen, wie sie der Empfänger objektiv nach Treu und Glauben unter Berücksichtigung der Verkehrssitte verstehen musste (**objektive Auslegung**, Ausnahme: Testamente → Rn. 97). Wenn Wille und Auslegung auseinanderfallen, so bleibt der Partei die Anfechtung nach § 119 BGB. Drei Besonderheiten im Rahmen der Auslegung sollten bekannt sein:
* »*Falsa demonstratio non nocet*«: Die übereinstimmende versehentlich falsche Bezeichnung des Gewollten (der Klassiker: Haagjøringskød-Fall des RG!) schadet nicht. Es gilt nicht das Gesagte, sondern das Gewollte.[21]
* **Vertragsbestimmungen:** Hier ist der wirkliche Wille nicht wie bei WE nach dem obj. Empfängerhorizont, sondern nach Treu und Glauben mit Rücksicht auf die Verkehrssitte zu erforschen (Kriterien: Wortlaut, Interessenlage und Wille der Parteien, Vertragszweck, Verkehrsauffassung).
* Wenn ein Vertrag eine unbewusste, nicht durch das Gesetz zu schließende Regelungslücke aufweist, dient die sog. **ergänzende Vertragsauslegung** dazu, diese Lücke zu füllen. Die

---

17 Palandt/*Grüneberg* BGB Einl v § 241 Rn. 8; Bamberger/Roth/*Fritzsche* BGB § 986 Rn. 5 mwN.
18 OLG Frankfurt a.M. NJW-RR 2011, 459 ff.; Argument: hohe wirtschaftliche Bedeutung einer solchen Tätigkeit.
19 Bei Hilfe durch Arzt aber umstr. (nach aA GoA). Im Verhältnis Verein – Vereinsmitglied gelten zugunsten des Mitglieds die Besonderheiten des innerbetr. Schadensausgleichs (vgl. → Rn. 116).
20 Davon zu unterscheiden ist die **Auslegung von Gesetzen**: Hier sind die 4 Auslegungsmethoden Wortlaut, Systematik, Historie und Sinn und Zweck maßgeblich. Für die Mündliche: Diese Auslegungsmethoden gehen auf *Friedrich Carl von Savigny* (1779–1861) zurück.
21 Anders aber bei Grundbucheintragungen, vgl. OLG Hamm NJW-RR 2016, 27 ff.; *Bergermann* DNotZ 2002, 557 ff. Es gilt das Eingetragene, man muss sich schließlich auf das Grundbuch verlassen können.

Lücke wird dann nach Maßgabe des hypothetischen Parteiwillens geschlossen, der insbesondere aus dem Zweck des Vertrages zu ermitteln ist.

> **Merke:** Bei der Auslegung geht es um die Frage »*Was haben die Parteien gewollt?*«, bei der ergänzenden Vertragsauslegung dagegen um die Frage »*Was hätten die Parteien gewollt?*«.

b) Das Wirksamwerden von Willenserklärungen

Eine empfangsbedürftige WE wird nach §§ 130 ff. BGB durch **Abgabe** und **Zugang** wirksam (Ausnahme: § 151 BGB). Zur **Abgabe einer WE** gibt es das Problem der abhanden gekommenen WE, vor allem wenn Briefe versehentlich abgeschickt werden (meistens durch die Putzfrau). Wenn der Erklärende das Inverkehrbringen der WE durch eine Sorgfaltspflichtverletzung zu vertreten hat, so gilt die WE als abgegeben.[22] Ggf. müssen Sie den **Zugang einer WE** nach § 130 BGB genauer begründen (dann hinein in die Kommentierung zu § 130 BGB im Palandt!).

> **Beachte:** Auch der bloße Zugang einer Erklärung kann ausnahmsweise ein gesetzliches Schuldverhältnis begründen, so zB bei einer **Gewinnzusage** nach § 661a BGB.

3. Die Geschäftsfähigkeit, §§ 104 ff. BGB

5 Anders als in der Ersten Prüfung, wo permanent einjährige Kinder ulkige Gesellschaften gründen und jede Menge Grundstücksgeschäfte tätigen, tauchen im Assessorexamen fast nie Klausuren mit Minderjährigen auf.

Exkurs:

Außerhalb von Bayern und Hessen kommt es nur ganz selten zu insolvenzrechtlichen Fragestellungen in Klausuren. In einigen Klausuren wendet zB der Schuldner ein, der Vertrag sei deshalb unwirksam, weil im Zeitpunkt des Vertragsschlusses bereits das **Insolvenzverfahren über ihn eröffnet** und er daher »geschäftsunfähig« war. Dieser Einwand geht ins Leere, durch die Beschlagnahme iSv § 80 InsO verliert der Schuldner weder seine Geschäfts- noch Rechtsfähigkeit. §§ 21, 24, 81 InsO schränken lediglich seine Verfügungsbefugnis über Gegenstände der Insolvenzmasse iSv §§ 35 f. InsO ein. Diese Beschränkungen sind aber nur für das dingliche Rechtsgeschäft relevant. Ggf. kommt es in der Klausur zu einem Vertragsschluss und der anschließenden Eröffnung des Insolvenzverfahrens (Erlass des Eröffnungsbeschluss, §§ 30 ff. InsO). Dies hat – anders als die oben dargestellte Situation – Einfluss auf die schuldrechtlichen Verhältnisse. Die maßgeblichen Aspekte ergeben sich hier aus **§§ 80, 103 ff. InsO** (und § 240 ZPO in prozessualer Hinsicht).

4. Die Stellvertretung, §§ 164 ff. BGB

6 Die WE des Vertreters wirkt gem. § 164 I 1 BGB für und gegen den Vertretenen, wenn der Vertreter eine

- eigene WE (anders Bote: Übermittlung einer fremden WE)
- mit Vertretungsmacht (gesetzlich oder durch Vollmachtserteilung iSv §§ 167 ff. BGB oder durch Rechtsschein)
- im fremden Namen (sog. Offenkundigkeitsprinzip) abgegeben hat.

Fälle der **gesetzlichen Vertretungsmacht** sind § 1357 I BGB (Ehegatten), §§ 1629 I, 1687 BGB (Eltern für Kind, hier konkludente wechselseitige Bevollmächtigung zur Alleinvertretung bei geringfügigen Alltagsgeschäften möglich), §§ 744 II, 745 BGB (Miteigentümer) oder § 27 III WEG (Verwalter). Einen Sonderfall stellt der **Betreuer** dar. In der Klausur (zuletzt jeweils **Februartermin 2012 und 2014** im Ringtausch der LJPAs und **November 2013** in Bayern) reicht dann die Lektüre des Gesetzes zu §§ 1896 ff. BGB und des Palandt. Wichtig sind hier § 1902 BGB (lesen! im Prozess iVm § 51 I ZPO) und § 1903 BGB. Die **Vollmachts-**

---

22 WE ist allerdings analog § 119 I BGB anfechtbar (fehlendes Erklärungsbewusstsein); zudem Haftung aus c.i.c. möglich.

erteilung nach §§ 167 ff. BGB kann auch konkludent erfolgen, ein Formerfordernis gibt es nach § 167 II BGB grds. nicht (Ausnahme teleologische Reduktion wg. Warnfunktion zB bei unwiderruflicher Vollmacht für einen Grundstückskaufvertrag: § 311b I BGB). Die Vollmachtserteilung ist vom zugrunde liegenden **Innenverhältnis** zwischen Vertreter und Vollmachtgeber (idR Auftrag oder § 675 BGB) zu trennen. Wann die Vollmacht erlischt, regelt § 168 BGB (lesen!), wann das Innenverhältnis erlischt, ergibt sich aus §§ 675, 671 ff. BGB.

§ 181 BGB verbietet Insichgeschäfte. Wichtig ist auch das **Zurückweisungsrecht aus § 174 BGB (lesen!)**. Bei der **Anfechtung** des Vertretergeschäfts wg. Willensmängeln wird nach § 166 I BGB auf den Vertreter abgestellt. Die Erteilung der Vollmacht ist als WE auch anfechtbar (Palandt bei § 167 BGB, das Thema ist im Assessorexamen nicht wichtig!). Auch DVM und AVM sind nach hM anfechtbar, weil sie nicht stärker binden können als echte WE.

→ Anfechtung d. ausgeübte Innenvollmacht nicht möglich [handschriftliche Notiz]

In Klausuren gibt es einige typische Problempunkte zu §§ 164 ff. BGB, die Sie kennen sollten:

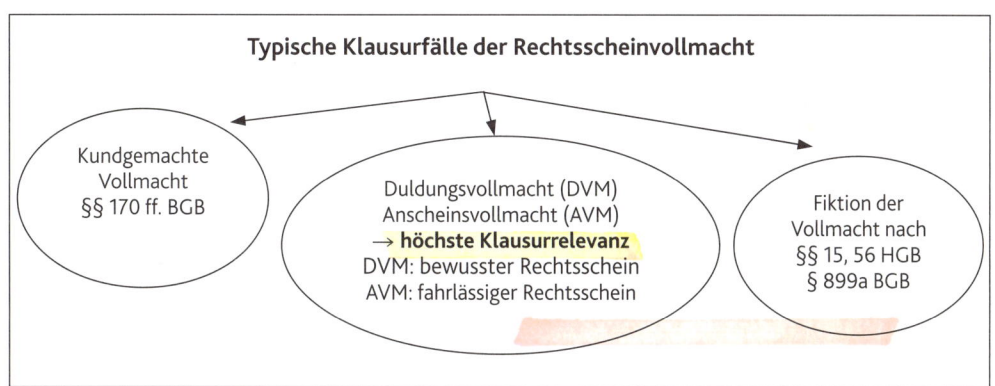

Typische Klausurfälle der Rechtsscheinvollmacht

Kundgemachte Vollmacht §§ 170 ff. BGB

Duldungsvollmacht (DVM) Anscheinsvollmacht (AVM) → **höchste Klausurrelevanz** DVM: bewusster Rechtsschein AVM: fahrlässiger Rechtsschein

Fiktion der Vollmacht nach §§ 15, 56 HGB § 899a BGB

Problem: Vertretungsmacht kraft Rechtsschein

* Bei der nach außen kundgemachten Vollmacht greifen §§ 170 ff. BGB. **§§ 170 ff. BGB gelten nicht für die sog. Prozessvollmacht.** Dies ist zB eine Vollmacht zum Abschluss einer notariellen **Unterwerfungserklärung** oder die dem Anwalt erteilte Vollmacht zur Führung eines Prozesses. Diese unterliegt nur den Regeln von §§ 78 ff. ZPO und nicht den §§ 164 ff. BGB. Die Prozessvollmacht wird allerdings auch durch einseitige empfangsbedürftige WE erteilt und bedarf keiner besonderen Form (§ 80 ZPO ist keine Formvorschrift, sondern regelt als Ordnungsvorschrift allein den Nachweis der Prozessvollmacht). Die Prozessvollmacht hat **große Bedeutung im Rahmen der Zwangsvollstreckungsklausur!** Lesen Sie unbedingt *Kaiser/Kaiser/Kaiser* Zwangsvollstreckungsklausur Rn. 9.
* Auch aus dem HGB kann sich eine Rechtsscheinvollmacht ergeben, §§ 15 I, 56 HGB (vgl. → Rn. 103 f.).
* Wenn §§ 170 ff. BGB (–): **Duldungs- u. Anscheinsvollmacht?** Eine DVM liegt vor, wenn der Vertretene duldet, dass ein anderer für ihn wie ein Vertreter auftritt, und der Geschäftsgegner dies nach Treu und Glauben so versteht und verstehen darf, dass der Dritte Vertretungsmacht hat. Bei der AVM weiß der Vertretene nicht, dass der Handelnde wie sein Vertreter auftritt. Bei pflichtgemäßer Sorgfalt hätte er dies aber erkennen können. Zudem muss das Auftreten idR »von einer gewissen Dauer und Häufigkeit« (Vertrauenstatbestand geschaffen?) und der Geschäftsgegner gutgläubig sein. Die Grundsätze zur DVM und AVM gelten auch für die Prozessvollmacht, nicht aber für die Erbausschlagung nach § 1945 BGB (Nachlassgericht braucht keinen Vertrauensschutz).
* Einen Sonderfall regelt **§ 899a BGB**: Wenn diejenigen, die im Grundbuch als Gesellschafter der GbR eingetragen sind, über das Grundstück der GbR im Namen der GbR verfügen, wird nicht nur die Existenz der GbR (str.), sondern auch die ordnungsgemäße Vertretung der GbR vermutet bzw. zugunsten des gutgläubigen Erwerbers fingiert. Dies gilt allerdings nur für das dingliche Rechtsgeschäft (dh die Auflassung), sodass bei Unwirksamkeit des schuldrechtlichen Geschäfts das Eigentum nicht kondiktionsfest ist.

Problem: Handeln im eigenen Namen für Rechnung eines Hintermanns (sog. mittelbare Stellvertretung)

• Das vom Handelnden abgeschlossene Geschäft ist sein eigenes, er wird selbst verpflichtet. §§ 164 ff. BGB gelten nicht. Im Innenverhältnis zum Hintermann greifen §§ 383 ff. HGB (Kommission) oder § 675 oder § 662 BGB.

> **Beispiel:** Vermietung eines Hauses für den Eigentümer (Z IV-Klausur **Apriltermin 2012!**), Verkauf eines Pferdes für den Eigentümer (Z I-Klausur **Apriltermin 2012** und Z IV-Klausur **Apriltermin 2013!**), Verkauf eines Gemäldes für den Eigentümer (Z IV-Klausur **Dezembertermin 2013**), häufig auch bei Kunstauktion.

• Denken Sie hier an die Drittschadensliquidation (vgl. → Rn. 67).

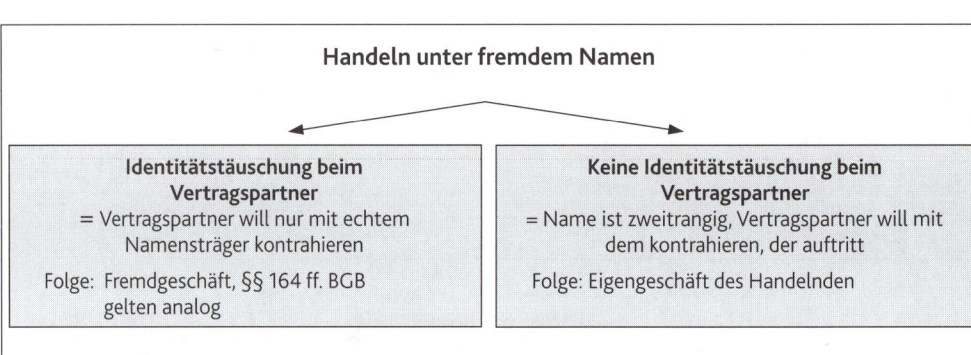

Handeln unter fremdem Namen

Identitätstäuschung beim Vertragspartner	Keine Identitätstäuschung beim Vertragspartner
= Vertragspartner will nur mit echtem Namensträger kontrahieren	= Name ist zweitrangig, Vertragspartner will mit dem kontrahieren, der auftritt
Folge: Fremdgeschäft, §§ 164 ff. BGB gelten analog	Folge: Eigengeschäft des Handelnden

Problem: Handeln unter fremdem Namen

• Ist der Name dem Erklärungsempfänger so wichtig, dass er nur mit dem echten Namensträger abschließen will (**Identitätstäuschung**): Vertrag kommt nach §§ 164 ff. BGB analog (nur) mit dem echten Namensträger zustande, wenn der unter fremdem Namen Handelnde Vertretungsmacht hat oder das Geschäft vom Namensträger nachträglich genehmigt wird (→ Rn. 3: so idR bei Erklärungen unter Abwesenden wie zB der Benutzung eines fremden Userkontos bei **Internetbestellungen**), ansonsten haftet der Handelnde analog § 179 BGB.

• Ist der Namensträger dem Vertragspartner nicht so wichtig, will er vielmehr mit dem kontrahieren, der vor ihm steht/der tatsächlich auftritt (**keine Identitätstäuschung**): Eigengeschäft des unter fremdem Namen Handelnden, kein Vertreterhandeln.

> **Beispiel:** Hotelbuchung unter Fantasienamen, **Veräußerer eines Kfz** gibt sich als der im Kfz-Brief stehende Eigentümer aus (nach BGH[23] zumindest bei sofortigem Leistungsaustausch Eigengeschäft des Handelnden; ist der Handelnde nicht der Eigentümer, kommt es für den Eigentumserwerb dann auf §§ 185, 932 ff. BGB an).

Problem: Ausnahmen vom Offenkundigkeitsprinzip

• Es reicht nach § 164 I 2 BGB, wenn sich **aus den Umständen ergibt**, dass für einen anderen gehandelt werden soll, so zB bei **unternehmensbezogenen Geschäften** (zB Bestellung auf Geschäftspapier, Anmietung von Geschäftsräumen durch den auch so auftretenden Geschäftsführer). Hier wird der wirkliche Unternehmensinhaber Vertragspartei, wenn der Handelnde Vertretungsmacht hatte.

• Offenkundigkeit ist kraft teleologischer Reduktion von § 164 I 2 BGB auch beim sog. »**Geschäft für den, den es angeht**« nicht erforderlich: Hier ist es dem Vertragspartner gleichgültig, ob der andere Teil für sich oder für einen anderen handelt (idR bei Bargeschäften des täglichen Lebens). Hat der Handelnde in diesen Fällen Vertretungsmacht

---

23 Argument: Die vollständige Abwicklung vor Ort spricht dafür, dass die Identität des Veräußerers keine wesentliche Rolle spielt. **AA die bislang hM und jetzt immer noch auch Palandt:** Vgl. Palandt/*Ellenberger* BGB § 164 Rn. 11 mwN.

→ anders aber bei nicht sofortigem (kreditorischen) Leistungsaustausch

und Vertretungswillen, kommt das Geschäft mit dem zustande, den es angeht, hier also mit dem Vertretenen (»verdeckte Stellvertretung«). Dies gilt **auch und gerade auf dinglicher Ebene**, nämlich für die Vertretung des Erwerbers bei der Einigung iSv § 929 BGB (»Übereignung an den, den es angeht«: der Veräußerer, dem die Person des Erwerbenden gleichgültig ist, gibt eine Übereignungsofferte »an den, den es angeht« ab; derjenige, den es angeht, kann bei der dinglichen Einigung nach den obigen Voraussetzungen vertreten werden).

- Auch bei Geschäften nach § 1357 I BGB (sog. Schlüsselgewalt der Ehegatten) tritt automatisch eine Bindungswirkung für den anderen Ehegatten ein. Gleiches gilt nach § 8 II LPartG für Lebenspartner.
- Liegt keine Ausnahme vor, so wird der Handelnde selbst aus dem Geschäft berechtigt/verpflichtet, wenn sein Vertreterhandeln nicht erkennbar ist, **§ 164 II BGB** (»im Zweifel **Eigengeschäft**«).

Unbefugtes Handeln eines (angeblichen) Vertreters

Missbrauch der Vertretungsmacht	**falsus procurator**
= Grenzen aus Innenverhältnis werden überschritten, Vertretungsmacht nach außen besteht aber	= Handeln ohne Vertretungsmacht, dh Vertretungsmacht nach außen besteht nicht
Folge: Vertretene gebunden Ausnahme: Kollusion, Evidenz	Folge: §§ 177 ff. BGB ggf. Haftung des angeblich Vertretenen

---

Problem: Vertreter ohne Vertretungsmacht (falsus procurator), §§ 177 ff. BGB

- Kurzformel: »Überschreitung des rechtlichen Könnens« ohne Vertretungsmacht
- Folge: Das Geschäft ist schwebend unwirksam, §§ 177 ff. BGB, kann (ggf. konkludent) genehmigt werden.
- **Eigene Haftung des** *falsus procurator* nach § 179 BGB, ggf. zusätzlich nach § 823 II BGB iVm § 263 StGB und § 311 III BGB. Dem *falsus procurator* stehen bei § 179 BGB die Einwendungen des eigentlichen Vertragspartners zu. Wäre der Anspruch gegen diesen wg. dessen Vermögenslosigkeit nicht realisierbar, entfällt nach dessen Sinn und Zweck auch ein Anspruch aus § 179 BGB.
- **Daneben Haftung des unwirksam Vertretenen** aus §§ 311 II, 278, 812 BGB und GoA möglich.
- § 179 BGB gilt analog, wenn der Vertreter einen Vertrag namens einer nicht, noch nicht oder nicht mehr existenten Person oder namens einer noch zu benennenden, aber später nicht benannten Person abschließt.
- §§ 177 ff. BGB gelten analog für den Boten ohne Botenmacht.

Problem: Missbrauch der Vertretungsmacht

- Kurzformel: »Überschreitung des rechtlichen Dürfens im Rahmen des rechtlichen Könnens«
- Abgrenzung zum *falsus procurator*: **Beim Missbrauch besteht nach außen eine Vollmacht, der Verstoß liegt nur im Innenverhältnis.** Dies kommt vor allem in den Fällen vor, in denen das Gesetz die umfassende Vollmacht im Außenverhältnis normiert (§ 1902 BGB bei Betreuer, §§ 48 ff. HGB bei Prokurist, §§ 126 II, 161 HGB bei Gesellschafter/Komplementär der OHG/KG, § 37 II GmbHG bei GmbH-Geschäftsführer), weil hier interne Beschränkungen der Vertretungsmacht (durch Weisungen, Beschlüsse) nicht auf das Außenverhältnis ausstrahlen.
- Folge: Bindung des Vertretenen – er trägt das Missbrauchsrisiko (im Innenverhältnis Regress möglich)
- **Ausnahmen:** Kollusives Zusammenwirken (**Kollusion**) von Vertreter und Vertragspartner (dann ist das vom Vertreter abgeschlossene Rechtsgeschäft nach § 138 I BGB nichtig)

oder **Evidenz** des Missbrauchs (dann: nach der Rspr. für den Vertretenen Einrede aus § 242 BGB).[24]

> **Klausurtipp:** Wenn im Gesellschaftsvertrag nichts zur Vertretungsmacht geregelt ist, wird **bei der GbR** nach § 714 BGB die Vertretungsmacht (Außenverhältnis) an die Geschäftsführungsbefugnis iSv § 709 BGB (Innenverhältnis) geknüpft (daher im Zweifel Gesamtvertretung). Interne Beschränkungen der Geschäftsführungsbefugnis schlagen dann immer auch auf das Außenverhältnis/die Vertretungsmacht durch, sodass gerade kein Missbrauch der Vertretungsmacht (sondern §§ 177 ff. BGB!) vorliegen kann.[25] Anders ist dies, wenn der Gesellschaftsvertrag klar zwischen Geschäftsführungsbefugnis und Vertretungsmacht unterscheidet. Hier haben Beschränkungen im Innenverhältnis (dazu zählt nach hM auch der Widerspruch nach § 711 BGB) grds. keine Auswirkung auf das Außenverhältnis.

Bei Unklarheiten über die Wirksamkeit einer Stellvertretung wird der Sachverhalt in den Examensklausuren oft um Probleme der **Streitverkündung nach §§ 72 ff. ZPO** angereichert. IdR wird der Geschäftsgegner erst gegen den vermeintlich Vertretenen geklagt und dabei dem vermeintlichen Vertreter den Streit verkündet haben. Bei Misserfolg im Vorprozess wird dieser sich dann in einem Folgeprozess an den vermeintlichen Vertreter halten und diesen nach § 179 I BGB in Anspruch nehmen. Denken Sie in diesen Fällen an die **Interventionswirkung der §§ 74 III, 68 ZPO**.

5. Die Einbeziehung von AGB in den Vertrag

7 Hier gehen Sie folgendermaßen vor:

> 1. Prüfen Sie, welche Klausel für die Klausurlösung überhaupt eine Rolle spielt.
> 2. Dann konkrete Überprüfung der relevanten Klausel:
>   a) **Ist die Klausel überhaupt eine AGB iSd §§ 305 ff. BGB?** Vgl. Legaldefinition in § 305 I 1 BGB.
>   b) **Ist die Klausel wirksam einbezogen worden?** Vgl. §§ 305 II, 305c I BGB.
>   c) **Ist die Klausel wirksam? Reihenfolge der Prüfung: §§ 309, 308, 307 BGB** (»vom Speziellen zum Generellen«, »von hinten nach vorn«). Die Unwirksamkeit kann sich auch aus §§ 134, 138 BGB oder einer zwingenden Norm aus dem BGB (zB § 551 IV BGB) ergeben.
>
> **Achten Sie stets auf die Sonderregeln von § 310 BGB!**
>
> §§ 305 ff. BGB sind zwingendes Recht und können auch zwischen Unternehmern nicht abbedungen werden!

Vorweg: Aus § 307 III BGB ergibt sich, dass Klauseln, die die vertraglichen **Hauptpflichten** festlegen, von der Inhaltskontrolle nach §§ 307 ff. BGB ausgenommen sind. Leistung und Gegenleistung können von den Vertragsparteien wg. der Privatautonomie frei bestimmt werden. Mitunter kann es also zu der schwierigen Abgrenzung kommen, ob noch eine nicht kontrollfähige Hauptleistungsvereinbarung oder eine kontrollfähige periphere Pflichtenbestimmung vorliegt (vgl. die Kommentierung Palandt/*Grüneberg* BGB § 307 Rn. 41 ff.).

Die Einbeziehung von **AGB zwischen Unternehmen** erfolgt wg. § 310 I BGB nicht nach dem strengen § 305 II BGB, sondern über die allgemeine Rechtsgeschäftslehre: Der Verwender muss auf seine AGB hinweisen plus dem Vertragspartner eine Kenntnisnahme derselben ermöglichen. Der Vertragspartner stimmt ausdrücklich zu oder widerspricht zumindest nicht (das reicht nach der Rspr.). Zudem ist für die Inhaltskontrolle allein § 307 I, II BGB maßgeblich.

24 BGH NJW-RR 2008, 977; 2004, 247; OLG Oldenburg MDR 2010, 1065; OLG Brandenburg Urt. v. 20.3.2008 – 5 U 77/06, BeckRS 2008, 07319; **verwirrend hier** Palandt/*Ellenberger* BGB § 164 Rn. 14b, wonach die Rspr. angeblich §§ 177 ff. BGB anwendet. Dies hat sie aber nur vereinzelt gemacht, um die »Alles-oder-nichts-Lösung« über § 242 BGB zu korrigieren. **Falsch ist der Palandt auch bei § 164 Rn. 14, wonach bei gesetzlich unbeschränkter Vertretungsmacht der Vertreter bewusst zum Nachteil des Vertretenen gehandelt haben muss. Das hat der BGH längst gekippt, NJW 2006, 2776.**

25 Palandt/*Sprau* BGB § 714 Rn. 3, 5; BGH NJW 2010, 861 ff.; NJW-RR 2008, 1484 ff. Zuletzt wieder **Augusttermin 2015!**

Die Unwirksamkeit nach §§ 308, 309 BGB hat jedoch über § 307 BGB idR **Indizwirkung** für die Unwirksamkeit der AGB auch gegenüber Unternehmern (trotzdem stets Abwägung im Einzelfall erforderlich!).

Bei der **Analyse der Examensklausuren** mit AGB haben wir festgestellt, dass sich die Lösung zu Sonderfragen zB zum Vorliegen einer AGB, zum »Stellen« oder zur Inhaltskontrolle nach §§ 307 ff. BGB stets nach kurzer Zeit im Palandt finden ließ. Hier gibt es also nichts, was Sie vor Ihren Klausuren lernen müssten. Bei **Unwirksamkeit** einer Formulierung ist idR die gesamte Klausel unwirksam, zudem kommt eine Schadensersatzhaftung des AGB-Stellers aus **c.i.c. wegen Verwendens unwirksamer AGB** in Betracht. Nur wenn die Klausel sprachlich und inhaltlich teilbar ist, kann der trennbare wirksame Teil aufrechterhalten werden.[26] Die weitere Konsequenz ergibt sich aus § 306 II BGB: Lückenfüllung durch passende gesetzliche Vorschriften, hilfsweise durch ergänzende Vertragsauslegung. Der Zusatz in AGB »... *soweit das gesetzlich zulässig ist*« beseitigt die Unwirksamkeitsfolge einer Klausel nicht, da derartige salvatorische Zusätze ihrerseits unwirksam sind, weil sie gegen das Verständlichkeitsgebot verstoßen. Beachten Sie das **Verbot geltungserhaltender Reduktion**: Unwirksame Klauseln dürfen nicht teilweise so aufrechterhalten werden, dass sie in gerade noch erträglichem Maße zulässig sind.[27] Ansonsten könnten AGB-Verwender gefahrlos »gemeine« Klauseln stellen, die dann vom Richter »gerade gebogen« würden. Nach **§ 305b BGB** genießen Individualabreden Vorrang vor AGB. Unklarheiten bei der Auslegung von AGB gehen nach **§ 305c II BGB** zulasten des Verwenders (»kundenfreundlichste Auslegung«).

Klausurtipp: Die Überprüfung von AGB kommt **vor allem in der Kautelarklausur vor**, vgl. *Kaiser/Kaiser/Kaiser* Anwaltsklausur Rn. 122 ff. Zudem können Praktiker in der **Mündlichen** fragen, vor was ein Unternehmer noch »Angst« haben muss, wenn seine AGB unwirksam sind. Antwort: Vor Abmahnungen/Klagen von unentspannten Wettbewerbern auf Grundlage von §§ 8 ff. UWG und vor Klagen bestimmter Verbände nach dem UKlaG.

B. Einwendungen und Einreden gegen den Anspruch

I. Klausurprobleme zu rechtshindernden Einwendungen

1. Das Scheingeschäft, § 117 BGB

§ 117 I BGB liegt zB vor, wenn beide Parteien nur den Schein eines Rechtsgeschäftes hervorrufen, dessen Rechtsfolgen aber nicht eintreten lassen wollen. Wenn sie dagegen die Wirksamkeit des Geschäfts für ihre »bösen« Ziele brauchen, liegt kein Fall von § 117 I BGB vor. Beispiel: Strohmanngeschäfte (lesen Sie dazu **OLG Düsseldorf NJW 2015, 2043 ff.**), Übertragung von Gegenständen auf einen Freund, um diese der ZVS Dritter zu entziehen (hier idR auch kein § 138 I BGB, da die Regelungen der Gläubigeranfechtung nach dem AnfG vorrangig sind, solange das Rechtsgeschäft keine besonderen, über die Gläubigerbenachteiligung hinausgehenden sittenwidrigen Umstände aufweist!). Unwirksamkeit nach § 117 I BGB liegt dagegen zB vor, wenn der Anbieter oder sein Freund bei **eBay** nur mitbietet, um den Preis hochzutreiben (aA: Fall von § 162 BGB). Das lief im **Juni- u. Novembertermin 2015!**[28]

Sie kennen aus dem Rep zur Ersten Prüfung bestimmt noch den **Schwarzkauf**: Die Parteien des Grundstückskaufvertrages geben vor dem Notar einen geringeren als den vereinbarten Kaufpreis an, um Steuern und Notargebühren zu sparen. Die Differenz zum wirklich gewollten Preis wird dem Verkäufer bar – »schwarz« genannt – übergeben. Lösung: Der vor dem Notar abgeschlossene Vertrag ist nicht nach § 134 BGB iVm AO/§ 263 StGB nichtig, da dies nur dann anzunehmen ist, wenn die Steuerhinterziehung Hauptzweck des Vertrags ist. Es

8

---

26 Sog. »Blue-Pencil-Test«. Vom BGH vor allem bei Schönheitsreparaturklauseln idR verneint – idR gesamte Klausel unwirksam.

27 Ausnahme: Laufzeiten bei **Bierlieferungsverträgen**, vgl. Palandt/*Ellenberger* BGB § 138 Rn. 81. Das lief schon mehrfach in Klausuren!

28 OLG Stuttgart NJW-RR 2015, 1363 ff. u. OLG Frankfurt a.M. Urt. v. 27.6.2014 – 12 U 51/13, BeckRS 2015, 07929 = **Fundstellen der beiden Klausuren.**

liegt jedoch ein Scheingeschäft nach § 117 I BGB vor. Der unterverbriefte (= wirklich gewollte) Vertrag ist zwar grds. nach § 117 II BGB wirksam, wegen § 311b I 1 BGB aber mangels Einhaltung der Form nach § 125 S. 2 BGB nichtig. Eine Heilung nach § 311b I 2 BGB ist aber möglich.[29] Im Assessorexamen wird dies gern wie folgt variiert: Die Parteien geben vor dem Notar einen geringeren Kaufpreis an, weil – was sie ohne Steuerhinterziehungswillen verschweigen – ein Teil des vereinbarten höheren Kaufpreises durch **Verrechnung mit einer anderen Forderung** bereits getilgt sein soll. Lösung identisch wie eben. Wie ist dagegen der Fall zu lösen, bei dem die Parteien vor dem Notar den gewollten Kaufpreis angeben und dem Notar die Verrechnung verschweigen? Erst selbst nachdenken, dann die Fußnote lesen.[30]

> **Klausurtipp:** Beachten Sie auch die häufige **Einschlägigkeit von § 117 BGB im Rahmen der Klage nach § 771 ZPO**. Lesen Sie dazu *Kaiser/Kaiser/Kaiser* Zwangsvollstreckungsklausur Rn. 44!

2. Die Nichtbeachtung der Form, § 125 BGB

9 Formvorschriften haben Beweisfunktion, Warn-/Übereilungsschutz- und Beratungsfunktion. Wichtige Formvorschriften sind §§ 311b I 1, 128, 152 BGB (Grundstück), § 550 BGB (Mietvertrag), § 766 BGB (Bürgschaft), § 518 I BGB (Schenkung), § 2247 BGB (Testament), §§ 2301 II, 2276 BGB (Schenkungsversprechen von Todes wegen) und §§ 780 f. BGB (abstraktes Schuldanerkenntnis). Schriftformklauseln der Gemeindeordnungen werden dagegen nicht als Formerfordernis, sondern als Regelung der Vertretungsmacht angesehen (zuletzt **Mai 2014!**).

Am wichtigsten ist neben § 550 BGB (→ Rn. 78) der § 311b I BGB. Das Formerfordernis von § 311b BGB erstreckt sich auf alle **Nebenabreden**, aus denen sich nach dem Parteiwillen der Grundstückskaufvertrag zusammensetzen soll. Abreden, von denen anzunehmen ist, dass die Parteien auch ohne sie den Vertrag abgeschlossen hätten, sind formfrei (Zweifelsfragen immer mit dem Palandt lösen, die Rspr. ist hier Flickwerk!). Bei der Formnichtigkeit der Nebenabrede stellt sich dann immer die Frage, ob wegen **§ 139 BGB** der ganze Vertrag nichtig ist, wenn der Formmangel nicht nach **§ 311b I 2 BGB geheilt** wurde. Vertragsänderungen nach der Auflassung sind nicht formbedürftig, weil dann der (Übereilungs-)Schutzzweck von § 311b BGB nicht mehr greift.

> **Klausurtipp:** Wegen seines weiten Schutzzwecks gilt der § 311b BGB auch für Verträge, bei denen ein **mittelbarer Zwang** zum Erwerb/zur Veräußerung eines Grundstücks besteht, so zB bei Grundstücksvorverträgen, bei bestimmten Maklerverträgen (→ Rn. 74), ggf. bei Reservierungsvereinbarungen bzgl. Grundstücken[31] oder bei Mietkaufoptionen (gute Übungsklausur dazu von *Brede* JA 2013, 209 ff.!).

Die gemeinsame Aufhebung einer durch Schriftformklausel vereinbarten Form ist jederzeit formlos (auch konkludent) möglich. Anders bei der »**doppelten/qualifizierten Schriftformklausel**«: Hier haben die Parteien vereinbart, dass Änderungen der Schriftform bedürfen und diese Schriftformklausel ihrerseits nur schriftlich aufgehoben werden kann (deshalb doppelt!). Einfache und doppelte Schriftformklauseln können nicht durch AGB wirksam vereinbart werden, die entsprechende Klausel ist nach §§ 305b, 307 I 1, II Nr. 1 BGB unwirksam.

---

29 Beachte: Die Heilung klappt nur bei Formmängeln und nicht, wenn (ggf. daneben) noch andere Unwirksamkeitsgründe vorliegen!

30 Dann liegt kein Fall von § 117 I BGB vor, weil der gewollte Kaufpreis beurkundet wird. Hier kommt es allerdings zu der Formproblematik, ob Verrechnungs(neben)abreden unter § 311b BGB fallen, und – wenn bzw. weil dies zu bejahen ist – zur weiteren Prüfung von § 139 BGB, vgl. → Rn. 9 und Palandt/*Grüneberg* BGB § 311b Rn. 28. Bei ausreichend Zeit sollten Sie auch *Keim* NJW 2012, 119 ff. lesen.

31 Palandt/*Grüneberg* BGB § 311b Rn. 13 (nur bei Erwerbsdruck); bei Reservierungsabreden in AGB greift zusätzlich idR § 307 BGB.

Wenn ein gesetzliches Formerfordernis nicht beachtet wurde, prüfen Sie nach folgender Systematik:

1. Gibt es eine **Heilungsvorschrift**?
   - zB §§ 311b I 2, 518 II, 766 S. 3 BGB, § 15 IV 2 GmbHG
2. Ist die Nichtbeachtung der Form **aus sonstigen Gründen unbeachtlich**?
   - zB bei **§ 550 BGB**
3. **Verstößt das Berufen auf die Formnichtigkeit gegen Treu und Glauben?**
   - (restriktiv) dann, wenn die Nichtigkeitsfolge für eine Partei »schlechthin untragbar« wäre[32]
4. Wenn Punkte 1. bis 3. (–): WE bzw. Rechtsgeschäft unwirksam.

Beim **Verstoß gegen ein vereinbartes und konkludent auch nicht aufgehobenes Formerfordernis** ist stets zu ermitteln, ob das Rechtsgeschäft ohne Beachtung der Form unwirksam ist oder ob die Formvereinbarung nur der Beweissicherung dienen soll (mit der Kommentierung zu § 125 BGB arbeiten!).

3. Der Verstoß gegen ein gesetzliches Verbot, § 134 BGB

Unter § 134 BGB fallen eine ganze Reihe von Gesetzen, sodass Zweifelsfälle in der Klausur   10
immer mit dem Palandt zu lösen sind. Ein aktueller Fall zu § 1 III 2 BauGB (**Koppelungsverbot**) als Verbotsgesetz iSv § 134 BGB ist **BGH MDR 2016, 79 f.** Eine tolle Vorlage! Die examensrelevantesten Beispiele von § 134 BGB waren bislang

- die »**Ohne-Rechnung-Abrede**« mit dem Handwerker bei Werkverträgen (s. unten),
- der Verstoß gegen **§ 203 StGB bei Berufen mit Schweigepflicht** (Abtretung von Arzt-, Steuerberater- oder Rechtsanwaltshonoraransprüchen an Dritte, auch Verkauf der Patientenkartei bei Arztpraxisübernahmevertrag, Ausnahme: vorherige schriftliche Einwilligung und ausdrücklich §§ 49b IV, 64 II BRAO/StBerG),
- der Verstoß gegen die **MaBV** (vgl. zu dieser Klausur *Kaiser/Kaiser/Kaiser* Zwangsvollstreckungsklausur Rn. 9) und
- der Verstoß gegen das **RDG** (unerlaubte Rechtsberatung/Inkassodienste), wobei hier § 5 RDG wichtig wird (lesen!). Für gewerbsmäßige Inkassodienste (§ 2 II RDG) gelten die strengen Pflichten nach §§ 10 ff. RDG.

Die neue Rspr. zur »**Ohne-Rechnung-Abrede**« war bislang der häufigste Klausurfall zu § 134 BGB (kommentiert **bei Palandt/*Ellenberger* BGB § 134 Rn. 22 und Palandt/*Sprau* BGB § 817 Rn. 18!**). Vor allem drei Fragen stellen sich hier:

1. Gewährleistungsrechte des Bestellers ggü. dem Schwarzarbeiter bei Mängeln?

Ansprüche aus §§ 634 ff. BGB?

Nach **bisheriger Rspr.** war nur die Ohne-Rechnung-Abrede nach § 134 BGB iVm § 1 II Nr. 2 SchwarzArbG unwirksam (Verbotsgesetz wg. Sinn und Zweck von §§ 1 ff. SchwarzArbG; es reicht hier nach der Rspr. aus, dass der Unternehmer vorsätzlich gegen das Verbotsgesetz verstößt und der Besteller dies weiß), da die Steuerhinterziehung nicht der Hauptzweck des Vertrages ist (wenn dies Hauptzweck, dann ganzer Vertrag nach § 134 BGB iVm § 370 AO unwirksam). Dies führte aber idR über § 139 BGB zur Gesamtunwirksamkeit des Werkvertrages. Bzgl. der gegen ihn erhobenen Gewährleistungsansprüche aus Werkvertrag konnte sich der Schwarzarbeiter aber nach der 2008 vom BGH entwickelten Rspr. wegen § 242 BGB nicht auf die Gesamtnichtigkeit des Werkvertrages über § 139 BGB berufen (»*wer leistet, muss auch gut leisten*«). Gewährleistungsrechte wurden also bejaht, da eine mangelhafte Werkleistung nicht ohne Folgen bleiben könne. Dies hat der BGH nunmehr gekippt: Die Ohne-Rechnung-Abrede ist nach § 134 BGB iVm § 1 II Nr. 2 SchwarzArbG unwirksam. Dies führt nach **neuer Rspr.** grds. zur **automatischen Gesamtunwirksamkeit des kompletten Werkvertrages nach § 134 BGB**, ohne dass es auf § 139 BGB ankommt. Wesentliches Argument ist der durch die Änderungen im SchwarzArbG und UStG zum 1.8.2004 zum Ausdruck gekommene eindeutige Wille des Gesetzgebers, die Schwarzarbeit stärker zu bekämpfen, was

---

32 Palandt/*Ellenberger* BGB § 125 Rn. 22 ff. ZB Existenzgefährdung und besonders schwere Treuepflichtverletzung einer Partei. Das gilt nicht für formmangelhafte Verfügungen! In dem Zusammenhang Formmangel und vorvertragliches Verhalten ist auch an die c.i.c. zu denken.

durch die Komplettunwirksamkeit des Vertrages nach § 134 BGB erreicht werden kann. Die notwendige Abschreckungswirkung des SchwarzArbG würde sonst auch entfallen. Wer bewusst gegen das SchwarzArbG verstößt, soll nach der Intention des Gesetzgebers schutzlos bleiben und veranlasst werden, das verbotene Geschäft nicht abzuschließen. Nach dem BGH können die Rechtsfolgen einer Gesamtunwirksamkeit nach § 134 BGB (anders als bei § 139 BGB) nur in – idR nicht vorliegenden – engen Grenzen von § 242 BGB überwunden werden. **Gewährleistungsansprüche bestehen also nicht.**[33]

2. Folgefrage: Was ist mit dem Lohnanspruch des Schwarzarbeiters?

a) Vertraglicher Anspruch aus § 631 BGB? Nein, da der Werkvertrag nach alter und neuer Rspr. unwirksam ist (s. oben).

b) GoA auch (–), da Aufwendungen bei sittenwidrigem/gesetzeswidrigem Grundgeschäft nicht erforderlich iSv § 670 BGB sind, vgl. → Rn. 34.

c) Aber nach bisheriger Rspr. (ggf. zu kürzender) Anspruch auf Werklohn aus **§§ 812 I 1 Alt. 1, 818 II BGB.** Einem etwaigen Anspruchsausschluss nach § 817 S. 2 BGB stand § 242 BGB entgegen, da die Sanktionierung durch das SchwarzArbG nicht dazu führen könne, dass der Schwarzarbeiter als die wirtschaftlich schwächere Partei umsonst arbeiten müsse (dasselbe galt für einen etwaigen Ausschluss nach § 814 BGB). Und jetzt? **Ansprüche des Schwarzarbeiters aus Bereicherungsrecht sind nach neuer Rspr. wegen § 817 S. 2 BGB ausgeschlossen,** ohne dass jedenfalls hier § 817 S. 2 BGB durch § 242 BGB überwunden wird. Die Zubilligung eines Bereicherungsanspruches widerspricht der Missbilligung der Schwarzarbeit. Die Durchsetzung der vom Gesetzgeber mit den Änderungen des SchwarzArbG verfolgten Ziele, die Schwarzarbeit effektiv einzudämmen und ein neues Unrechtsbewusstsein gegenüber der Schwarzarbeit zu schaffen, erfordert zumindest in den Schwarzarbeiterfällen eine **strikte Anwendung von § 817 S. 2 BGB.** Gleiches gilt für etwaige Ansprüche nach §§ 951, 812 BGB.

3. Folgefrage: Wenn der Besteller trotzdem den Lohn gezahlt hat, bekommt er ihn zurück?

Nein, natürlich nicht. Die Rückforderung über die LK dürfte oft schon an § 814 BGB scheitern, zumindest aber an § 817 S. 2 BGB. Nach BGH ist auch hier eine »**strikte Anwendung**« von **§ 817 S. 2 BGB** geboten. § 817 S. 2 stünde dann auch § 817 S. 1 BGB entgegen. Ansprüche aus GoA scheitern entweder am fremden Geschäft, am FGW oder an der fehlenden Erforderlichkeit.

Die Ohne-Rechnung-Problematik ist seit Jahren ein Klassiker im Assessorexamen. Die jeweils aktuellen Einkleidungen der LJPAs und brandheißen Urteile dazu besprechen wir im BGB Crash-Kurs!

In **mehrere Examensklausuren** wurden jüngst zusätzlich folgende Problematiken eingebaut:

- Was ist, wenn neben den Schwarzarbeiter ein regulär beauftragter Überwachungs-Architekt tritt, der von der Ohne-Rechnung-Abrede nichts weiß und der eigentlich bei Mängeln gesamtschuldnerisch neben dem Werkunternehmer haftet? Der steht jetzt alleine im Regen. Haftet er wirklich alleine?[34]
- Was ist, wenn der Schwarzarbeiter iRd Arbeiten eine Sorgfaltspflicht verletzt und das Tor vom Besteller beschädigt. Haftet er? Und wenn ja, aus welcher Norm?[35]

---

33 Im Falle der **Selbstvornahme der Mängelbeseitigung** durch den Besteller bestehen natürlich auch keine Ersatzansprüche. Wenn es vorher nichts gibt, dann gibt es nachher auch nichts, sonst würden die Nichtigkeit des Vertrages wg. SchwarzArbG u. die Missbilligung jener Abrede leer laufen. Daher Vertrag, GoA, c.i.c., §§ 823, 812 BGB: alles (–).

34 Greifen die Grundsätze der gestörten Gesamtschuld? Nein, vgl. OLG Frankfurt a.M. NJW 2011, 862. Hat der Architekt wenigstens einen Gegenanspruch oder eine Einrede aus § 242 BGB ggü. dem Besteller wg. des nicht möglichen Regresses? Wohl ja, vgl. Palandt/*Sprau* BGB § 634 Rn. 20.

35 Natürlich, das sagt einem schon das Judiz. Mögliche Anspruchsgrundlagen sind c.i.c. (aber umstr.), Delikt und StVG, nicht EBV (RzB besteht!). Die pVV der GoA dürfte aus Wertungsgründen ausscheiden (aA vertretbar).

4. Die Sittenwidrigkeit, § 138 BGB

Wucher nach § 138 II BGB ist kaum beweisbar, sodass in den Klausuren § 138 I BGB relevanter ist. Wichtig ist dann, dass Sie sowohl den **obj. als auch den subj. Tatbestand der Sittenwidrigkeit prüfen**. Beachten Sie, dass Sittenwidrigkeit nach § 138 I BGB idR nur das Verpflichtungsgeschäft betrifft (Verfügungsgeschäft ist idR »sittlich neutral«). Nur wenn der Sittenverstoß gerade in der sachenrechtlichen Änderung liegt, ist auch das dingliche Geschäft sittenwidrig (zB Übersicherung). Klausuren zu § 138 BGB sind im Assessorexamen selten. Die typischen Fallgruppen aus dem Rep zum Ersten (zB **Übersicherung** bei Sicherungsübereignung) kommen im Zweiten kaum jemals vor, bei Bedarf kann man das dann auch schnell im Kommentar zu § 138 und § 930 BGB nachschlagen.[36] Meistens handelte es sich um neuere Entscheidungen, deren Kenntnis von den LJPAs abgeprüft wurde (Vertu-Handy, Kartenlegerin, Radarwarngerät, Schenkkreis).[37] Hier sollten Sie vor Ihren Klausuren **up to date mit der aktuellen Rspr.** aus den Fachzeitschriften zu § 138 BGB sein.

> **Klausurtipp:** Hin und wieder macht eine Partei Ansprüche aus einem **Vertragsstrafenversprechen nach §§ 339 ff. BGB** geltend. Bei solchen Klausuren geht es oft um die Fälligkeit des Anspruchs (idR nur bei Verschulden!), um die evtl. Sittenwidrigkeit, um die Herabsetzung nach § 343 BGB (§ 348 HGB beachten!) und um den Dolo-agit-Einwand. Alles machbar mit Palandt bei § 339 BGB! Ggf. ist eine Vertragsstrafe abzugrenzen von einer **Schadenspauschalierung**, vgl. dazu Palandt/*Grüneberg* BGB § 276 Rn. 26.

Liegen zugleich die Voraussetzungen von § 123 BGB vor, so ist **§ 123 BGB neben § 138 BGB** anwendbar.

5. Bedingungen, §§ 158 ff. BGB

Auch der Nichteintritt/Eintritt einer zwischen den Parteien vereinbarten Bedingung ist eine mögliche Einwendung. Hier erfreut sich **§ 162 BGB** einer gewissen Beliebtheit in Klausuren und Aktenvorträgen (lesen!).

II. Klausurprobleme zu rechtsvernichtenden Einwendungen

1. Die Anfechtung, §§ 119 ff. BGB

In der Klausur kann sich eine Vertragspartei bei einem **Loslösungsverlangen** konkludent auf ein Widerrufsrecht, eine Anfechtung, auf Gewährleistungsrechte, auf ein Kündigungsrecht oder auf §§ 313 f. BGB stützen (Loslösungserklärung auslegbar!). Dann ist zu klären, welche dieser Einwendungen durchgreift. Im Folgenden steht die Anfechtung im Fokus.

> **Prüfungsschema Anfechtung**
>
> 1. **Ist eine Anfechtung überhaupt möglich?**
>   - Liegt eine WE vor?
>   - Greifen vorrangige Sonderregeln wie vor allem Gewährleistungsrechte?
> 2. **Liegt ein Anfechtungsgrund vor?**
>   - §§ 119, 120, 123 BGB prüfen, unbeachtlicher Motivirrtum? Hier idR Schwerpunkt der Prüfung.
> 3. **Liegt eine Anfechtungserklärung vor?**
>   - Ggf. durch Auslegung/Umdeutung zu ermitteln.
> 4. **Ist die Anfechtungsfrist eingehalten?**
>   - §§ 121 II, 124 I BGB prüfen.
> 5. **Rechtsfolge**
>   - § 142 I BGB, für Rückabwicklung §§ 812 ff. BGB und ggf. sogar EBV bei Irrtumsidentität.

---

36 Palandt/*Ellenberger* ist bei BGB § 138 Rn. 34a unkorrekt! Dort steht »Ein auffälliges MissVerh liegt vor, wenn der Wert der Leistg rund doppelt so hoch ist wie der Wert der GgLeistg«. Das ist Quatsch. Die Rspr. sagt, dass in diesen Fällen ein »besonders grobes Missverhältnis« vorliegt, welches (jedenfalls außerhalb des kaufmännischen Verkehrs, von eBay-Auktionen und von spekulativen Geschäften) eine Vermutung für die verwerfliche Gesinnung auslöst. Ein nur »auffälliges MissVerh« liegt unter dieser Schwelle vor, die stets erforderliche subjektive Seite der Sittenwidrigkeit wird dann gerade nicht vermutet. Hier werden im Palandt also das besonders grobe und das auffällige Missverhältnis verwechselt.

37 BGH NJW 2012, 2723 ff.; 2011, 756 ff.; 2010, 610 ff.; 2012, 3366 ff. und 2006, 45 ff.

a) Ist eine Anfechtung überhaupt möglich?

Zu verneinen, wenn ein Realakt und keine WE vorliegt, nach Bestätigung des Rechtsgeschäftes iSv § 144 BGB oder wenn Regelungen wie zB §§ 2078 ff. BGB bei letztwilligen Verfügungen, § 313 BGB bei beidseitigem Irrtum (hM: Vorrang von § 313 BGB) oder das **Gewährleistungsrecht vorrangig** sind. §§ 119 ff. BGB gelten analog für geschäftsähnliche Handlungen (Mahnung, Fristsetzung, Rüge iSv § 377 HGB, Gewinnzusage iSv § 661a BGB).

b) Liegt ein Anfechtungsgrund vor?

Hier sind §§ 119, 120, 123 BGB zu prüfen. Bloße **Motivirrtümer** (Erwartungsirrtümer) berechtigen grds. nicht zur Anfechtung nach § 119 I BGB.[38] Beispiele für einen idR unbeachtlichen Motivirrtum sind der Irrtum über die Rechtslage und der Kalkulationsirrtum (hier aber ggf. Auslegung möglich).[39]

Problem: Erklärungsirrtum als relevanter Irrtum iSd § 119 I BGB

- Neuerdings haben die LJPAs immer wieder Klausuren (zuletzt **Dezember 2011 und April 2013 mit praktisch identischem Sachverhalt und ab dann in zig mündlichen Prüfungen!**) gestellt, in der sich eine Verkäuferin vergreift und den falschen Kaufgegenstand übergibt (meistens ein Ring oder Collier). Vergreifen fällt wie Verschreiben und Versprechen unter § 119 I Alt. 2 BGB. Ist es zwar der richtige Ring, irrt sich die Verkäuferin aber über den Wert des Colliers (»Platin statt Weißgold«), ist § 119 II BGB zu problematisieren (s. unten). Lesen Sie → Rn. 47 zu den damit zusammenhängenden Fragen aus dem EBV (Dolo-agit-Einwand des Verkäufers).

Problem: Anfechtung nach § 119 II BGB bei Eigenschaftsirrtum

- »Eigenschaften« der Sache sind nach hM nur dauerhafte Faktoren, die den Wert der Sache unmittelbar bestimmen. Daher ist der **Wert einer Sache keine Eigenschaft** (anders als die wertbildenden Merkmale wie zB Material eines Rings, Herkunft eines Pferdes), da die richtige Einschätzung des Wertes eigenes Risiko sein muss.
- **Verhältnis § 119 II zu §§ 434 ff. BGB:** Nach hM wird eine Anfechtung nach § 119 II BGB für den Käufer **nach Gefahrübergang** (anders Palandt/*Ellenberger* BGB § 119 Rn. 28!) durch §§ 434 ff. BGB verdrängt, wenn sich der Irrtum auf die Mängeleigenschaft der Kaufsache bezieht (Argument: keine Umgehung der erst ab dann greifenden Gewährleistungsregeln durch »plumpen« § 119 II BGB). Der Verkäufer dagegen kann auch nach Gefahrübergang nach § 119 II BGB anfechten, es sei denn, er entzieht sich dadurch Gewährleistungsansprüchen des Käufers. Warum denn?[40] Dieselben Grundsätze gelten auch für das Verhältnis § 119 II BGB zu anderen explizit geregelten Gewährleistungsrechten (zB Mietrecht, Werkrecht – **»BT schlägt AT«**). § 123 BGB ist dagegen nie gesperrt.

Problem: Anfechtung nach § 123 BGB

- Die Täuschung durch Verschweigen kommt in Assessorklausuren häufiger vor als die Täuschung durch Tun. Verschweigen berechtigt nur zur Anfechtung, wenn im konkreten Fall **»nach Treu und Glauben und der Verkehrsanschauung eine Aufklärungspflicht besteht«**, was dann von Ihnen sauber herauszuarbeiten ist. Bei Zweifelsfällen: Palandt! Der Anfechtende trägt die Beweislast für die unterbliebene Aufklärung, wobei – wie grds. bezüglich des Beweises von negativen Tatsachen – der Gegner die sog. sekundäre Darlegungslast trägt.

---

38 Anders die Fälle von §§ 119 II, 123, 2078 f. BGB.

39 Palandt/*Ellenberger* BGB § 119 Rn. 15 ff. auch zu den Ausnahmen. Der Rechtsirrtum muss grds. unbeachtlich sein, denn sonst gewinnt immer der Dümmste und Juristen könnten nie anfechten. Auch beim Kalkulationsirrtum wäre eine Anfechtung ungerecht. Letzte Hilfe bei Kalkulationsirrtum in Extremfällen nach BGH: **Gegenanspruch des Irrenden aus c.i.c. bei von Gegenseite erkanntem Irrtum** (Palandt/*Ellenberger* BGB § 119 Rn. 15 ff.).

40 Dies wird mit § 242 BGB begründet. Dabei ist wohl darauf abzustellen, ob der Käufer tatsächlich Mängelrechte geltend machen will und nicht, ob abstrakt Gewährleistungsrechte bestehen (BGH NJW 1988, 2597 ff., der »Leibl-Fall«: ein Klassiker im Mündlichen, vor allem im Ersten).

- Verübt ein Dritter die Täuschung, so kommt es auf § 123 II BGB an. Drohungen Dritter berechtigen immer zur Anfechtung. § 123 II BGB gilt hier nicht.
- Die LJPAs nehmen – wie immer – gerne aktuelle Entscheidungen für Klausuren und Aktenvorträge, sodass Sie die aktuelle Rspr. beobachten müssen (das müssen Sie für die Assessorklausuren sowieso!). Besonders beliebt, stets aktuell und **ständig in Klausuren mit Varianten recycelt ist BGH NJW 2010, 3362 ff.** (»Thor Steinar«).

> **Merke:** Häufig ist neben § 123 BGB auch an die c.i.c. und Gewährleistung zu denken (vgl. → Rn. 33)!

c) Liegt eine wirksame Anfechtungserklärung vor, § 143 II BGB?

Die Anfechtungserklärung ist – wie bei jedem Gestaltungsrecht – grds. bedingungsfeindlich. Jedoch wird eine **Eventualanfechtung** dann für zulässig erachtet, wenn die Partei die Anfechtung für den Fall erklärt, dass die primär vorgetragene Rechtsansicht nicht durchgreift (Argument: dann zulässige innerprozessuale Rechtsbedingung).

d) Ist die Anfechtungsfrist eingehalten worden?

Bzgl. der Fristen prüfen Sie § 121 II BGB (unverzüglich) und § 124 I BGB (binnen Jahresfrist). Der Ablauf der Frist von § 124 BGB schließt sonstige Ansprüche des Getäuschten/Bedrohten nicht aus, zB aus §§ 823 ff. BGB oder c.i.c. Zudem ist an § 853 BGB zu denken (lesen!).

e) Was sind die Rechtsfolgen der erfolgreichen Anfechtung?

Nach § 142 I BGB die anfängliche (*ex tunc*) Unwirksamkeit der WE/des Rechtsgeschäfts (Ausnahme: vollzogene Arbeits-, Dienst- u. Gesellschaftsverträge – hier *ex nunc*, da Rückabwicklung schwierig wäre; im Mietrecht normal *ex tunc*!) mit der Folge eines Rückaustausches der Leistungen über die LK und die Schadensersatzpflicht nach **§ 122 I BGB**. Nur wenn der Irrtum auch das Erfüllungsgeschäft betrifft (bei sog. **Fehleridentität** = auch die WE iRd dinglichen Rechtsgeschäfts leidet an demselben Irrtum und ist daher anfechtbar, was idR nur bei einem einheitlichen Geschehen von Verpflichtungs- u. Verfügungsgeschäft vorkommt; idR zu bejahen bei § 123 BGB, umstr. bei § 119 II BGB[41]), landen Sie auch im EBV. Wurde vom Anfechtungsgegner bereits über die Sache verfügt, handelt es sich bei Fehleridentität um die Verfügung eines Nichtberechtigten (Folge: §§ 932 ff., 142 II, 816 I BGB).

> **Merke:** Anfechtung ist keine Anspruchsgrundlage! Es gibt Referendare, die schreiben in ihren Klausuren Obersätze wie zB »*Dem Mandanten könnte ein Anspruch aus § 119 II BGB zustehen*«. Das ist der Knock-Out!

2. Die Erfüllung und Erfüllungssurrogate

14 Das Schuldverhältnis erlischt, wenn der Gläubiger die geschuldete Leistung bewirkt, **§ 362 I BGB**. Beachten Sie § 270 I BGB bei der Erfüllung von Geldschulden (Geldschulden sind qualifizierte Schickschulden, bei denen der Schuldner die Übermittlungsgefahr trägt, Ausnahme: § 300 II BGB).[42] Die Anrechnung der Zahlung bei mehreren offenen Forderungen regelt **§ 366 BGB** (Tilgungsbestimmung). Die Änderung einer Tilgungsbestimmung ist in den Grenzen von § 242 BGB aus Billigkeitsgründen zulässig, zB Änderung irrtümliche Zahlung auf eigene Schuld in Zahlung auf fremde Schuld. Die Quittung ist in §§ 368 ff. BGB geregelt. § 371 BGB wird in der Zwangsvollstreckungsklausur relevant.[43] Nach hM stellt auch die **Banküberweisung** Erfüllung dar, wenn der Gläubiger sich (ggf. stillschweigend) damit einverstanden erklärt hat.

---

41 Dafür MüKoBGB/*Armbrüster* § 119 Rn. 144 mwN; Palandt/*Ellenberger* BGB § 142 Rn. 2; dagegen Palandt/*Bassenge* BGB Einl v § 854 Rn. 13 mwN mit dem Argument, dass Gegenstand der dinglichen WE nur die Herbeiführung der Rechtsänderung ist, nicht aber konkrete Eigenschaften der Sache.

42 Nachdem bislang der Eingang des Überweisungsauftrages bei der eigenen Bank genügt hat, **muss nunmehr zur Vermeidung eines Verzuges die Zahlung innerhalb der Frist auf dem Gläubigerkonto eingegangen sein,** vgl. Palandt/*Grüneberg* BGB § 270 Rn. 5.

43 Antrag auf Titelherausgabe, vgl. *Kaiser/Kaiser/Kaiser* Zwangsvollstreckungsklausur Rn. 12.

Die Leistung kann auch **durch einen Dritten** erfolgen, § 267 BGB (Folge: Rückgriff beim Schuldner → Rn. 64).[44] Die Zahlung durch die eigene Haftpflichtversicherung/Teilkaskoversicherung an den Versicherungsnehmer (Geschädigten) ist natürlich keine Erfüllung durch den Schuldner (Schädiger), weil der Anspruch nach § 86 VVG lediglich auf die Versicherung übergeht. Die Leistung **an einen Dritten** hat nur ausnahmsweise Erfüllungswirkung, zB §§ 362 II, **407**, 808 BGB, §§ 354a I 2, 56 HGB, §§ 829, 835 ZPO (Pfändung des Anspruchs durch einen Dritten).

Die **Überweisung auf ein falsches Konto** des Gläubigers ist keine Erfüllung, allerdings kann der Schuldner gegenüber dem erneuten Zahlungsverlangen nach hM mit seinem Rückzahlungsanspruch aus LK aufrechnen.[45] Bei einer **Leistung unter Vorbehalt** kommt es auf die Art des Vorbehaltes an: Will der Schuldner lediglich die Wirkung des § 814 BGB ausschließen und sich die Rückforderung vorbehalten (»*Unter Vorbehalt einer Rückforderung zahle ich hiermit …*«), so liegt Erfüllung vor. Anders ist dies, wenn der Schuldner nur unter der Bedingung des Bestehens der Forderung zahlt und dem Gläubiger weiterhin die Beweislast des Bestehens auferlegt (»*Ohne Anerkennung einer Rechtspflicht zahle ich hiermit …*«). Die Zahlung des Schuldners **zur Abwendung der ZVS** aus einem noch nicht rechtskräftigen Titel (idR Versäumnisurteil) hat bis zur Rechtskraft ebenso keine Erfüllungswirkung.

> **Klausurtipp:** Die Erfüllung durch den Beklagten bietet den LJPAs die Möglichkeit, prozessuale Stolpersteine einzubauen.[46] Bei der **Erfüllung zwischen An- und Rechtshängigkeit** müssen Sie an § 269 III 3 ZPO denken. Die **Erfüllung nach Rechtshängigkeit** führt zu der ganzen Bandbreite der möglichen Erledigungserklärungen. Die **Erfüllung nach Beendigung des Prozesses** während der Zwangsvollstreckung spielt bei Vollstreckungsgegenklagen nach § 767 ZPO eine Rolle.

Wenn eine (seltene!) **Gläubigermehrheit** besteht, so hängt die Erfüllungswirkung der Leistung (oder zB der Aufrechnung) davon ab, ob eine Teil-, Gesamt- oder Mitgläubigerschaft vorliegt. Wann was vorliegt können Sie dann bei Bedarf der Kommentierung im Palandt bei §§ 420 ff. BGB entnehmen.

Problem: <mark>Leistung an Erfüllungs statt, § 364 I BGB</mark>

- Die Forderung erlischt in Höhe der hingegebenen Leistung, § 365 BGB regelt die Haftung des Schuldners.
- Bei der **Inzahlungnahme eines Gebrauchtwagens** besteht Streit über die rechtliche Einordnung in diesen Fällen (zwei Kaufverträge? Kauf und Tausch?). Die Rspr. geht grds. von einem einheitlichen Gesamtkaufvertrag mit einer sog. Ersetzungsbefugnis des Neuwagenkäufers nach § 364 I BGB aus. Wenn der Neuwagen mangelhaft ist, beziehen sich die Käuferrechte auf den gesamten Vertrag. Im Fall des Rücktritts erhält er dann den gezahlten Kaufpreis und den hingegebenen Altwagen zurück, nicht aber den für seinen Altwagen angerechneten Geldbetrag. Muss der Verkäufer wegen Unmöglichkeit der Rückgabe des Altwagens nach § 346 II 1 Nr. 2 BGB Wertersatz leisten, richtet sich dieser nach dessen Verkehrswert im Zeitpunkt der Inzahlungnahme, § 346 II 2 Hs. 1 BGB ist nicht anwendbar. Bei Mängeln des in Zahlung gegebenen Altwagens haftet der Neuwagenkäufer wie ein echter Verkäufer nach §§ 434 ff. BGB, vgl. § 365 BGB. Die Rspr. nimmt aber aus Wertungsgründen idR zu seinen Gunsten einen stillschweigenden Haftungsausschluss für Verschleißmängel an. Erklärt der Verkäufer bzgl. des Altwagens den Rücktritt, erhöht sich der Kaufpreis des Neuwagens um den angerechneten Betrag. Eine schöne Übung zum gesamten Thema ist BGH NJW 2013, 1733 ff. (**Apriltermin 2014!**).
- Möglich ist auch das Vorliegen eines **Agenturgeschäfts**, dann gelten §§ 364 f. BGB nicht (→ Rn. 30).

---

[44] Dritter iSv § 267 BGB ist nur, wer aus eigenem Antrieb, dh unabhängig von einer Veranlassung des Schuldners, leistet. Daher fallen insbesondere die Anweisungsfälle nicht unter § 267 BGB.

[45] OLG Hamburg NJW 2011, 3524 ff. Die Entscheidung wird seit Jahren in Klausuren eingebaut!

[46] Vgl. zu allen diesen Themen: *Kaiser/Kaiser/Kaiser* Zivilgerichtsklausur I Rn. 420 ff., Rn. 416 ff., Rn. 15.

Problem: <mark>Leistung erfüllungshalber</mark> (wird aus § 364 II BGB herausgelesen)

- Die Forderung erlischt nicht, solange sich der Gläubiger nicht aus dem Geleisteten befriedigt hat. Beispiele: Hingabe eines Schecks, idR Abtretung einer Forderung statt Erfüllung, idR Pfändungs- und Überweisungsbeschluss.
- In Fällen von § 364 II BGB ist idR eine konkludente Stundung der ursprünglichen Forderung gegeben.

Problem: <mark>Hinterlegung und Aufrechnung als Erfüllungssurrogate, §§ 372 ff., 387 ff. BGB</mark>

- Eine **Hinterlegung nach §§ 372 ff. BGB** befreit nur, wenn der Schuldner nach § 372 BGB zur Hinterlegung befugt ist und nach §§ 376 ff. BGB auf die Rücknahme der hinterlegten Sache verzichtet hat. Ein prozessuales Pendant zur Hinterlegung ist **§ 75 ZPO** (lesen! zuletzt Z II-Klausur **Augusttermin 2013**).
- Die Aufrechnung ist ein Standardproblem im Assessorexamen, bei dem vor allem die Beherrschung der **prozessualen Auswirkungen notenprägend** ist.[47] Beachten Sie **§ 215 BGB**, der die Aufrechnung mit verjährten Forderungen zulässt. Die Parteien sprechen in Klausuren zT von »*Verrechnung*«, meinen damit die Aufrechnung.
- **Rechtsfolgen** der Aufrechnung: Vgl. § 389 BGB. Verzugsfolgen entfallen rückwirkend.
- Die Aufrechnung setzt nicht Konnexität, sondern **Gleichartigkeit** der Ansprüche voraus (Geld gegen Geld).
- Die Aufrechnung mit einem Anspruch, der **nur zum Zweck der Aufrechnung** von einem Dritten erworben wurde, ist grds. zulässig (grds. kein *dolo agit*, kein § 138 BGB; das wird dann gern vom Gegner vorgetragen!).
- Bei Klausuren mit Aufrechnungen ist oft eine Abtretung enthalten, dann wird **§ 406 BGB** (lesen!) relevant.
- Eine Aufrechnung mit Ansprüchen gegen den Rechtsinhaber ist bei einer Klage eines **gewillkürten Prozessstandschafters** möglich, da dieser die Forderung des Rechtsinhabers geltend macht. Mit Forderungen gegen den Prozessstandschafter kann idR nicht aufgerechnet werden, da es an der Gegenseitigkeit iSv § 387 BGB fehlt. Handelt es sich bei der Klageforderung allerdings um die ehemalige Forderung des Prozessstandschafters (dh er ist Zedent und wurde vom Zessionar zur Klage rückermächtigt), ist eine Aufrechnung doch möglich. Warum?[48]
- Aufrechnungsbeschränkungen enthalten §§ 390 ff. BGB (lesen!), **§§ 94 ff. InsO** für Insolvenzgläubiger.[49] Insbesondere nach **§ 393 BGB** wird gern in der Mündlichen gefragt. Die Norm soll eine »Privatrache« verhindern und gilt nach der Rspr. auch, wenn beide Forderungen aus unerlaubter Handlung resultieren.
- Erkennt der Beklagte im Prozess zB einen Teil der Klageforderung nach § 307 ZPO an und kann sich dann von diesem Anerkenntnis zB über Anfechtung oder Widerruf (bei Anerkenntnis ausgeschlossen!) nicht mehr lösen, kann er den anerkannten Teil der Klage auch nicht durch Aufrechnung zu Fall bringen. Im Fall eines **Anerkenntnisses** hat das Gericht den Beklagten ohne Prüfung der zugrunde liegenden Forderung entsprechend zu verurteilen, ohne dass eine Aufrechnung gegen den anerkannten Betrag möglich ist.[50]
- Die Zurückweisung der Aufrechnungserklärung **im Prozess als präkludiert** führt nicht zur rechtskräftigen Aberkennung der Aufrechnungsforderung iSv § 322 II ZPO. Anders aber,

---

47 *Kaiser/Kaiser/Kaiser* Zivilgerichtsklausur I Rn. 32 ff., 202 ff., 263 f. zu den Auswirkungen auf Rubrum, Tatbestand und Entscheidungsgründe eines Urteils.

48 Bei einer Klage des Zessionars könnte diesem ggü. nach § 406 BGB eine Aufrechnung mit Ansprüchen gg. den Zedenten erfolgen. Da der Beklagte durch die Prozessstandschaft des Zedenten nicht schlechter stehen darf als bei einer direkten Klage des Zessionars, muss in diesen Fällen eine Aufrechnung mit Ansprüchen gg. den Prozessstandschafter unter den Voraussetzungen von § 406 BGB möglich sein, so BGH NJW 1990, 2544 ff.; **anders** Palandt/*Grüneberg* BGB § 398 Rn. 35! Vgl. Thomas/Putzo/*Hüßtege* ZPO § 51 Rn. 43 zu einem weiteren Fall der zulässigen Aufrechnung.

49 Insolvenzgläubiger sind nach § 38 InsO diejenigen Gläubiger, die gegen den Insolvenzschuldner eine Forderung haben, die schon vor dem Zeitpunkt der Eröffnung des Insolvenzverfahrens begründet war (anders: Massegläubiger nach §§ 53 ff. InsO).

50 LAG Nds Urt. v. 29.5.2008 – 5 Sa 1890/07, BeckRS 2008, 55470. Das folgt schon aus dem Wortlaut von § 307 I ZPO. Die Konsequenz »Anerkenntnisurteil« ist zwingend. Wenn der Beklagte das nicht will, soll er unbedingt aufrechnen, ohne anzuerkennen.

wenn nicht die Aufrechnungserklärung, sondern die für die Aufrechnungsforderung vorgebrachten Tatsachen nach § 296 ZPO zurückgewiesen werden.
- Die Prozessaufrechnung kann nach der Rspr. zurückgenommen werden, wodurch analog § 139 BGB auch die materiell-rechtliche Wirkung der Aufrechnung wegfällt.
- **Aufrechnungsverbote in AGB** regelt § 309 Nr. 3 BGB. Die hM sägt diese aber idR schon mit § 307 I BGB ab, wenn die Gegenforderung aus demselben Vertragsverhältnis herrührt.[51] Bei der Wohnraummiete gilt § 556b II 2 BGB. **Abtretungsverbote** iSv § 399 Alt. 2 BGB sind in AGB idR zulässig (Details bei § 399 BGB kommentiert!).
- Die Ausübung eines ZBR ist bei gegenüberstehenden Geldforderungen in eine Aufrechnungserklärung umzudeuten, weil die **Aufrechnung gegenüber dem ZBR** vorrangig ist.

> **Klausurtipp:** In Klausuren kommt ab und zu der **Einwand des Klägers, er rechne seinerseits auf** gegen die vom Beklagten erklärte Aufrechnung, sodass die Aufrechnung durch den Beklagten scheitere. Geht das?[52]

Eine ähnliche Wirkung wie Erfüllung hat der **Erlass nach § 397 BGB** (die Parteien sprechen in Klausuren zT von »*Freistellung*«, meinen aber oft den Erlass). In Klausuren geht es dann häufig um allgemeine Fragen (zB Vertretung, RBW für Erlass, § 158 BGB). Beachten Sie, dass die widerspruchslose Einlösung eines Schecks über einen Teilbetrag der Forderung, der mit dem Vorschlag eines Teilerlasses vom Schuldner geschickt wurde, ggf. die konkludente Annahme dieses Angebots bedeuten kann, welche nach § 151 S. 2 BGB (dort ist das im Palandt auch kommentiert!) nicht zugehen muss (»Erlassfalle«), zuletzt **September 2013 und November 2014!** Beachten Sie auch § 423 BGB, der die Wirkung eines Erlasses bei Gesamtschuldnern regelt (im Zweifel keine Gesamtwirkung, aber Auslegung erforderlich!). Beruft sich der »reuige« Gläubiger ggü. dem von ihm ausgesprochenen Erlass auf den Kondiktionseinwand nach §§ 821, 812 BGB, so hat er damit idR nicht Erfolg: Wurde der Erlass schenkweise erteilt, stellt der Erlass den Vollzug iSv § 518 II BGB dar, sonst greift jedenfalls § 814 BGB.

3. Rücktritt und Störung der Geschäftsgrundlage

15

```
┌─────────────────────────────────────────────────────────────────────────┐
│              Klausurproblem Rücktritt und Störung der Geschäftsgrundlage   │
│  ┌──────────────────────────────┐    ┌──────────────────────────────────┐ │
│  │ Rücktrittsgründe:            │    │ Störung der Geschäftsgrundlage   │ │
│  │ • Gesetz: §§ 323 ff. BGB     │    │ • § 313 I BGB: Wegfall der       │ │
│  │ • Vertrag/Vereinbarung       │    │   Geschäftsgrundlage             │ │
│  │                              │    │ • § 313 II BGB: Fehlen der       │ │
│  │                              │    │   Geschäftsgrundlage             │ │
│  │ Rücktrittserklärung          │    │ Erklärung der Geltendmachung     │ │
│  │ (ggf. per Auslegung)         │    │ (ggf. per Auslegung)             │ │
│  └──────────────┬───────────────┘    └────────────────┬─────────────────┘ │
│                 ▼                                      ▼                   │
│  ┌──────────────────────────────┐    ┌──────────────────────────────────┐ │
│  │ Rücktrittsfolgen:            │    │ Folgen der Störung der           │ │
│  │ • Rückabwicklung nach        │    │ Geschäftsgrundlage:              │ │
│  │   §§ 346 ff. BGB             │    │ • Anpassung des Vertrages oder   │ │
│  │                              │    │ • Rücktritt oder Kündigung       │ │
│  └──────────────────────────────┘    └──────────────────────────────────┘ │
│                                                                           │
│     Bei Dauerschuldverhältnissen: IdR Kündigung statt Rücktritt,          │
│                 vgl. zB §§ 314, 621 ff., 543 BGB.                          │
└─────────────────────────────────────────────────────────────────────────┘
```

Die Parteien können vertraglich Rücktrittsrechte vereinbaren (bei LJPAs beliebt: »Umtauschrecht« beim Kauf – idR auszulegen als vertragliches Rücktrittsrecht), dann gelten – falls nicht abweichend vereinbart – für die Rechtsfolgen wie beim gesetzlichen Rücktritt die §§ 346 ff. BGB (*ex nunc* Umwandlung in **Rückgewährschuldverhältnis** – keine automatische Saldierung[53]). Die wichtigsten gesetzlichen Rücktrittsrechte finden Sie in §§ 323 ff. BGB. Der Zurücktretende (zB Käufer) hat – spiegelbildlich zum Anspruch des Verkäufers auf Rückgabe – einen **Anspruch auf Abholung/Rücknahme** (und nach hM ggf. Demontage) der Kaufsache aus §§ 346, 242 BGB (Verkäufer kann mit dieser Pflicht daher sowohl in Gläubigerverzug

---

51 Palandt/*Grüneberg* BGB § 309 Rn. 20 mwN.

52 Nein. Kommt es nämlich zu einer Entscheidung über die Aufrechnungsforderung, so erlischt diese bei Erfolg der Aufrechnung nach § 389 BGB. Die Gegenaufrechnung des Klägers geht dann ins Leere.

53 OLG Frankfurt a.M. Urt. v. 17.9.2013 – 15 U 42/13, BeckRS 2013, 18447; LG Freiburg NJW-RR 2013, 688 ff.

nach §§ 293 ff. BGB als auch in Schuldnerverzug nach § 286 BGB kommen!), wenn ein berechtigtes Interesse besteht, was bis auf »Kleinteile« idR zu bejahen ist. Der örtliche Gerichtsstand für die Pflichten aus § 346 BGB ergibt sich aus § 29 ZPO iVm § 269 I BGB und ist der Ort, an dem sich die zurückzugewährende Sache zur Zeit des Rücktritts vertragsgemäß befindet, also idR der Wohnort des Käufers (»Rückabwicklung zu Hause«). Dieser Gerichtsstand gilt auch für die weiteren Sekundäransprüche (Rückzahlung Kaufpreis, Schadensersatz). Bzgl. der weiteren Rechtsfolgen lesen Sie bitte §§ 346 II–IV, 347 BGB, zu diesem Rückgewährschuldverhältnis werden gern in Klausuren Spezialfragen eingebaut (zuletzt wieder Juli- u. Dezembertermin 2015). Hier ist Arbeit mit dem Kommentar angesagt, für sowas haben Sie ihn!

Auch die **Störung der Geschäftsgrundlage** normiert ein Rücktritts- bzw. Kündigungsrecht, wenn eine Anpassung des Vertrags nicht zielführend ist, § 313 III BGB. § 313 BGB ist **grds. subsidiär** (warum? die »Unzumutbarkeits-Keule« des § 313 BGB würde sonst die speziellen Gestaltungsrechte leerlaufen lassen), zB zur ergänzenden Vertragsauslegung, zur Gewährleistung, zur Anfechtung, zu speziellen Kündigungs- u. Widerrufsvorschriften, zu § 275 BGB oder zu § 779 BGB. Neben § 313 BGB ist bei Dauerschuldverhältnissen auch § 314 BGB anwendbar, wenn keine spezielle Kündigungsnorm greift.

> Bei § 313 I, II BGB prüfen Sie:
>
> 1. Ist betroffener Umstand **überhaupt Geschäftsgrundlage** des Vertrages geworden?
>   - Jeder gemeinsam vorgestellte außervertragliche Umstand, der für die Parteien hinsichtlich des Vertrages kausal und so wichtig war, dass die Parteien bei Kenntnis des Fehlens/Wegfalls den Vertrag nicht/anders abgeschlossen hätten
>   - Einseitige Erwartungen nur, wenn diese erkennbar waren, die andere Partei diese nicht zurückgewiesen hat und die Maßgeblichkeit der Erwartung Treu und Glauben entspricht
> 2. Schwerwiegende **Veränderung oder anfängliches Fehlen der Geschäftsgrundlage?**
> 3. Ist das **Festhalten am Vertrag unzumutbar?** Festhalten ist grds. Regelfall (*pacta sunt servanda*) Interessenabwägung – Kriterien: Risikoverteilung, Vorhersehbarkeit, sonstige »krasse Unbilligkeit«

Die Fallgruppen von § 313 BGB sind gut im Palandt kommentiert. Es bringt hier nichts, das alles auswendig zu lernen, da es bei § 313 BGB ohnehin weniger auf Ihr Ergebnis, sondern eher auf Ihre Argumentation und darauf ankommt, § 313 BGB überhaupt als subsidiären Lückenfüller der Rspr. in der Klausur zu erkennen. Der häufigste Fall war bislang immer die **Zweckstörung**, dh, der Leistungserfolg ist noch möglich, der Gläubiger hat aber daran kein Interesse mehr. Grds. fällt die vor allem wirtschaftliche Verwendbarkeit des Vertragsgegenstandes in den Risikobereich des Leistungsempfängers. Anders ist es nur, wenn sich der andere Teil die geplante Verwendung soweit zu eigen gemacht hat, dass sein Erfüllungsverlangen treuwidrig wäre oder sonstwie ein extremer Ausnahmefall vorliegt (unvorhergesehene Entwicklung u. Existenzgefährdung). **Häufige Einkleidung für die LJPAs sind die »Einkaufszentrum-Fälle« aus unserem BGB-Wochenendseminar.** Weitere Anwendungsfälle von § 313 BGB: Leasingrecht (→ Rn. 87) und Zuwendungen unter Ehegatten/bei der neLG/von Schwiegereltern (→ Rn. 95). Eine tolle Übung zu § 313 BGB ist **BGH NJW 2012, 373. Diese Entscheidung kam als Z I-Klausur in NRW im Februar 2013, nachdem wir sie im Crash-Kurs vorher besprochen hatten! Kommen Sie in unsere Seminare, es hilft!**

4. Sonstige examensrelevante rechtsvernichtende Einwendungen

Die **Unmöglichkeit** der eigenen Leistung nach **§ 275 BGB** befreit von der Leistungspflicht (der Vertrag bleibt aber wirksam, § 311a I BGB). Hat der Schuldner die geschuldete Sache veräußert, ist die Leistung erst dann unmöglich, wenn feststeht, dass er die Verfügungsmacht nicht mehr zurückerlangen und zur Erfüllung des geltend gemachten Anspruchs auch nicht auf den neuen Eigentümer einwirken kann. Bei Gattungsschulden kommt Unmöglichkeit nur bei Untergang nach Konkretisierung iSd § 243 II BGB (hier Unterscheidung relevant: Bring-/Hol- o. Schickschuld? in der Klausur Kommentierung zu § 269 BGB benutzen!) oder im Annahmeverzug nach § 300 II BGB infrage. Bei Zahlungsansprüchen ist § 275 BGB überhaupt nicht anwendbar (»Geld hat man zu haben«). Die Leistungsbefreiung nach § 275 I BGB tritt automatisch ein, § 275 II und III BGB sind Einreden. Unter § 275 II BGB fällt dabei vor allem die faktische Unmöglichkeit (Schulbeispiel: Ring auf Meeresboden), in Fällen sog. wirtschaftlicher Unmöglichkeit sucht die hM eine Lösung über den flexiblen § 313 BGB.

16

Die Geltendmachung einiger **Gewährleistungsrechte** kann ebenso rechtsvernichtend sein, so zB Schadensersatz nach § 281 I 1, 3, IV BGB, Rücktritt oder Minderung. Auch die Ausübung des **Verbraucherwiderrufsrechts** nach § 355 BGB ist eine rechtsvernichtende Einwendung. Auch eine **Aufhebungsvereinbarung** hat rechtsvernichtenden Charakter. Dieser unterscheidet sich vom **Erlass** iSd § 397 BGB dadurch, dass die Aufhebung nicht nur eine Forderung, sondern das gesamte Schuldverhältnis betrifft.

III. Klausurprobleme zu rechtshemmenden Einwendungen

17 Folgende rechtshemmende Einwendungen – auch Einreden genannt – sind die gängigsten:

- Einrede der Verjährung nach § 214 BGB
- Einreden aus Treu und Glauben, § 242 BGB
- Bereicherungseinrede nach § 821 BGB (oft als »Gegenangriff« gegen §§ 780 f. BGB → Rn. 88)
- Einreden nach §§ 320, 273 BGB (= ZBR bei einem Gegenanspruch)

§ 273 BGB ist die allgemeine **Einrede des ZBR** und setzt Konnexität voraus (grds. weit ausgelegt; keine Konnexität nötig bei Kaufleuten, § 369 HGB), § 320 BGB ist *lex specialis* für synallagmatische Pflichten bei gegenseitigen Verträgen (Kaufvertrag, Werkvertrag). Beim ZBR kommt es vorwiegend auf die saubere Prüfung der Gegenansprüche an, ggf. auf **Ausschlussgründe** (zB Ausschluss aus der Natur des Gegenstandes wie zB bei Hunden/Pferdepässen oder Ausschluss nach § 242 BGB) und auf **§ 215 BGB (lesen!)**. Nun zu §§ 214, 242 BGB:

1. Die Einrede der Verjährung, § 214 BGB

18 Die Verjährungsfrist beträgt nach **§ 195 BGB** idR drei Jahre, §§ 196 f. BGB und die Gewährleistungsregeln (vor allem §§ 438, 634a BGB) enthalten zT abweichende Fristen. Manchmal gibt es auch gar keine Verjährung (zB **§§ 898, 902 BGB**). Der **Beginn der Verjährung** ist in § 199 I BGB (»Silvesterverjährung«) und §§ 200 f. BGB, die Fälligkeit von Ansprüchen in § 271 BGB geregelt. Die absoluten Fristen der Verjährung sind in § 199 II, III BGB enthalten. § 202 BGB erfasst Vereinbarungen über die Verjährung (zB Verjährungsverzichtsvereinbarung).

Die **Hemmung** ist in §§ 203 ff. BGB geregelt und bedeutet Stillstand der Verjährung (»*Die Uhr wird angehalten*«). Bei der **Unterbrechung** iSv § 212 BGB wird eine neue Verjährung in Gang gesetzt (»*Die Uhr wird wieder auf Null zurück gestellt*«). Wenn Verjährung in der Klausur eine Rolle spielt, dann müssen Sie fast immer auch Hemmung und/oder Unterbrechung prüfen, Spezialfragen sind mit dem Kommentar zu lösen. Lesen Sie bitte einmal vor Ihrem Examenstermin **§§ 203, 204, 212, 213 BGB!** Beachten Sie auch **§ 167 ZPO (demnächstige Zustellung)**, der bei § 204 I Nr. 1, Nr. 3 und Nr. 6 BGB öfters in Klausuren auftaucht. Die Verjährungseinrede ist rechtlich unbeachtlich, wenn ihre Erhebung **treuwidrig** ist (§ 242 BGB). Es gilt grds. ein strenger Maßstab.

2. Die Einreden aus § 242 BGB

19 Treu und Glauben nach § 242 BGB spielt in Assessorklausuren eine riesige Rolle.

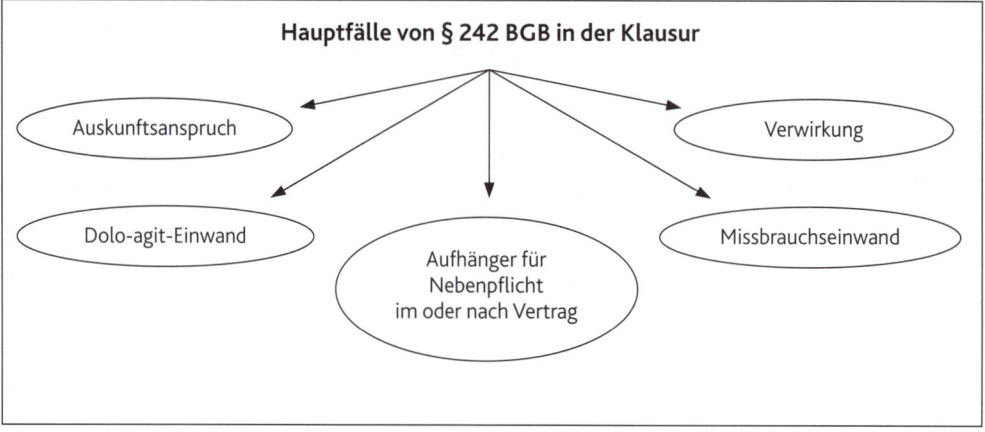

Hauptfälle von § 242 BGB in der Klausur

- Auskunftsanspruch
- Verwirkung
- Dolo-agit-Einwand
- Aufhänger für Nebenpflicht im oder nach Vertrag
- Missbrauchseinwand

Sie sehen, dass § 242 BGB in mehreren Spielarten vorkommen kann:

- Als echte Anspruchsgrundlage für **Auskünfte**. Prozessuale Einkleidung ist idR die **Stufenklage (§ 254 ZPO)**. Auskunftsansprüche lassen sich verstreut im gesamten BGB finden, subsidiär greift die Praxis im Falle einer sog. »Sonderverbindung« auf § 242 BGB zurück (alles kommentiert im Palandt bei § 260 BGB!). IdR werden die Klausuren mit Auskunftsbegehren dann noch mit ein paar Einzelfragen aufgepeppt, die im Palandt bei §§ 259, 260 BGB kommentiert sind. Wichtig ist, dass Sie das überhaupt kennen und die Stufenklage beherrschen!
- Als **Dolo-agit-Einwand**: Es besteht die Pflicht des Klägers zur alsbaldigen Rückgewähr des eingeforderten Gegenstandes, zB als Schadensersatz, aus c.i.c. oder aus § 812 BGB. Auch dann ist sein Vorgehen treuwidrig.
- Als Begründung für das Bestehen irgendwelcher **Nebenpflichten in oder nach einem Vertrag**.
- Als Einwand der **Verwirkung**. Voraussetzungen: Zeitmoment = Untätigbleiben des Berechtigten für eine längere Zeitspanne plus Umstandsmoment = Hervorrufen von schutzwürdigem Vertrauen der Gegenpartei darauf, dass der Anspruch oder das Recht nicht mehr geltend gemacht werde. **Häufig fehlt es an dem Umstandsmoment!**
- Als **Missbrauchseinwand** (»*venire contra factum proprium*«) = der generelle Unbilligkeitseinwand. Dann ist zu prüfen, ob dem Anspruchsteller treuwidriges Verhalten vorzuwerfen ist (zB unredlicher Erwerb der eigenen Rechtsposition, fehlende eigene Vertragstreue, fehlendes Eigeninteresse, Unverhältnismäßigkeit etc.).

Zwei besondere Anwendungsfälle des Missbrauchseinwandes sind der **Mithaftungseinwand bei § 771 ZPO**[54] und das »*Handeln auf eigene Gefahr*«. Letzteres führt idR nur zu einer Mitverschuldensberücksichtigung nach § 254 BGB. Allerdings hat die Rspr. bei Teilnahme an **Sportwettkämpfen** mit erheblichem Gefahrenpotential und festen Regeln über den Missbrauchseinwand einen **Haftungsausschluss** unter den Teilnehmern bejaht, wenn dem Schädiger kein vorsätzlicher/grob fahrlässiger/gewichtiger Regelverstoß vorzuwerfen und der Schaden nicht versichert ist, da ja auch der Geschädigte ebenso in die Lage des Schädigers hätte kommen können (zB Fußball, Boxen, Autorennen, Trabrennen – Rspr. hat dies mittlerweile auch auf andere Fälle gemeinsamer sportartiger Betätigung/»*Gefahrengemeinschaft*« übertragen, Beispiele im **Palandt/*Sprau* bei BGB § 823 Rn. 215 ff.!** zB Motorradpulk).

---

[54] *Kaiser/Kaiser/Kaiser* Zwangsvollstreckungsklausur Rn. 45. **Unbedingt lesen,** das kommt ständig als Z III-Klausur im Ringtausch der LJPAs!

§ 3 Vertragliche Sekundäransprüche

A. Grundsätzliches zum allgemeinen Leistungsstörungsrecht

20 Das allgemeine Leistungsstörungsrecht **gilt für alle Verträge**, wenn nicht vorrangige Regeln existieren. So sehen das Reise- und Mietrecht in §§ 651c ff., 536 ff. BGB abschließende Gewährleistungsregeln vor, wohingegen im Kauf- und Werkvertragsrecht nur Sonderregeln zur Schlechtleistung bestehen. §§ 280 ff. BGB gelten dabei auch außerhalb von Verträgen bei gesetzlichen Schuldverhältnissen (GoA, Wegerecht, zT auch im Sachenrecht). Beim Recht der Leistungsstörungen müssen Sie zunächst einmal folgende **drei Weichenstellungen** beachten:

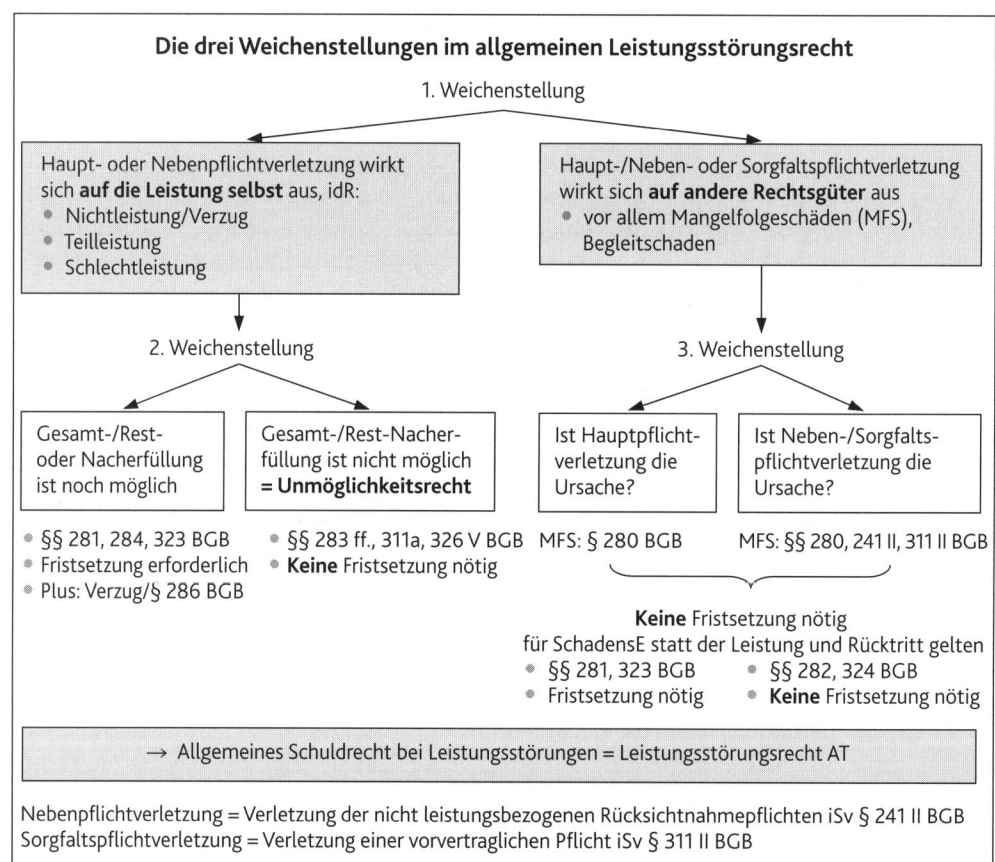

I. Die erste Weichenstellung

Hier müssen Sie sich folgende Frage stellen: Wirkt sich die Pflichtverletzung auf die Leistung selbst aus (und geht es um die diesbezüglichen Rechtsfolgen) oder wirkt sie sich auf andere Rechtsgüter als die Leistung aus (und geht es um die diesbezüglichen Rechtsfolgen)? Im ersten Fall kommen Sie zur zweiten, andernfalls zur dritten Weichenstellung. Die Pflichtverletzung, die sich auf die Leistung selbst auswirkt, wird idR eine Hauptpflichtverletzung sein, nämlich die Nichtleistung, Teilleistung oder Schlechtleistung.

II. Die zweite Weichenstellung

Wenn Sie bei der ersten Weichenstellung zu dem Ergebnis gelangt sind, dass sich die Pflichtverletzung auf die Leistung selbst auswirkt, so müssen Sie zur Auffindung der einschlägigen Anspruchsgrundlagen folgende weitere Frage stellen: Ist die Leistung des Schuldners unmöglich oder nicht? Davon hängen die anwendbaren Normen ab.

1. Leistung ist möglich

Wenn die Leistung/Pflichterfüllung des Schuldners weiter möglich ist, ergibt sich folgendes Anspruchsschema:

- Vertraglicher Erfüllungsanspruch
- **Fristsetzung und fruchtloser Fristablauf**
- Erfüllungsanspruch besteht fort u. (unabhängig von Fristsetzung) Anspruch auf Ersatz des Verzögerungsschadens aus Verzug (§ 286 BGB)
- Wahlrecht (beachte § 325 BGB!):
  - Schadensersatz statt der Leistung (§ 281 BGB)
  - Aufwendungsersatz (§ 284 BGB) anstelle von Schadensersatz statt der Leistung iSv § 281 BGB
  - Rücktritt (§ 323 BGB)

Um die weiteren Leistungsstörungsansprüche geltend zu machen, muss der Gläubiger dem Schuldner nach Fälligkeit von dessen Leistung grds. eine **angemessene Frist setzen und ihren fruchtlosen Ablauf abwarten** (Kehrseite aus Sicht des Schuldners: ihm muss die Möglichkeit gegeben werden, sich durch Nacherfüllung seinen Geldanspruch zu verdienen – »**Recht zur zweiten Andienung**«). Dies ergibt sich aus §§ 281 I, 323 I, 284 BGB, konkretisiert im Kauf- u. Werkrecht durch §§ 439, 635 BGB (»Vorrang der Nacherfüllung«). Ob der Käufer die Sache dabei zum Verkäufer bringen muss oder nicht, hängt vom umstrittenen Ort der Nacherfüllung ab (→ vgl. Rn. 25a, 32b). In jedem Fall muss der Gläubiger dem Schuldner die Sache zur Untersuchung im Vorfeld der Nacherfüllung zur Verfügung stellen und darf diese Mitwirkung nicht von einer vorherigen Nacherfüllungszusage abhängig machen.

> **Klausurtipp:** In § 323 II Nr. 2 BGB ist für das **relative Fixgeschäft (Juli- u. Oktobertermin 2015!)** geregelt, dass bzgl. des Rücktritts keine Fristsetzung erforderlich ist. Für den Schadensersatz gibt es diese Ausnahme nicht, sodass hier bei einem relativen Fixgeschäft grds. eine Frist gesetzt werden muss. Liegt ein **absolutes Fixgeschäft** vor, dann muss für nichts eine Frist gesetzt werden, weil dann mit Zeitablauf Unmöglichkeit vorliegt (es gelten §§ 275, 283, 326 V BGB). Für Details: Palandt/*Grüneberg* BGB § 323 Rn. 19 ff.!

Bei der **Fristsetzung ist die Rspr. locker.** Es genügt, wenn der Gläubiger deutlich macht, dass dem Schuldner für die Erfüllung nur ein begrenzter Zeitraum zur Verfügung steht (»*... entweder das Pferd wird ausgetauscht oder wir gehen rechtlich gegen euch vor!*« reicht nach BGH). Der Angabe eines bestimmten Zeitraums bedarf es nicht. Der Gläubiger kann nach fruchtlosem Fristablauf wählen, ob er den Erfüllungsanspruch oder die oben genannten Sekundärrechte geltend macht. Wählt der Gläubiger Schadensersatz statt der ganzen Leistung oder erklärt er wirksam den Rücktritt,[55] erlischt sein Anspruch auf die ursprüngliche Leistung, §§ 281 IV, 323, 346 ff. BGB. Dies gilt aber nicht für den umgekehrten Fall: Verlangt der Gläubiger nach Fristablauf zunächst weiter Erfüllung, so gehen seine Sekundäransprüche dadurch nicht unter. Solange der Schuldner noch nicht erfüllt hat, kann der Gläubiger dann wieder zu seinen Sekundäransprüchen »rüberwechseln«, ohne dass er nochmals eine Frist setzen muss.[56]

> **Klausurtipp:** Problematisch ist, ob der Schuldner nach Ablauf der Nacherfüllungsfrist noch erfüllen kann, wenn der Gläubiger noch nicht eines der oben genannten Rechte ausgeübt hat (»**Schwebelage nach Fristablauf**«). Die wohl hM[57] gibt dem Schuldner ein Recht zur Erfüllung (Argument: er tut nur das, was das Schuldverhältnis von ihm verlangt). Im Werkrecht hat der BGH in NJW 2003, 1526 ff. entschieden, dass der Besteller ein nachträgliches Angebot des Unternehmers zur Mängelbeseitigung nicht mehr annehmen muss.

---

55 Die Rücktrittserklärung kann auch bereits vorsorglich bei der Fristsetzung nach § 323 I BGB erklärt werden.

56 Es liegt nämlich eine sog. elektive Konkurrenz vor und keine Wahlschuld nach §§ 262 ff. BGB, BGH NJW 2013, 2959 ff.; 2006, 1198 ff.

57 MüKoBGB/*Ernst* § 323 Rn. 171; Jauernig/*Stadler* BGB § 281 Rn. 15; wohl auch Palandt/*Grüneberg* BGB § 281 Rn. 49.

F lorhel rann uchen!

Abgrenzung ezilet rich aus Pal 280/18

Insbesondere die **Abgrenzung von § 281 zu § 280 BGB ist wichtig** und umstritten.[58] Anstatt die verschiedenen Meinungen darzustellen, sollten Sie in der Klausur mit den in der Praxis üblichen Formulierungen arbeiten: § 281 BGB gewährt »Schadensersatz statt der Leistung« und tritt an die Stelle der ursprünglich geschuldeten Leistung (zB Reparaturkosten, Mehrkosten des Käufers aus einem Deckungskauf – bei **Deckungskauf** nach BGH § 281 BGB und nicht §§ 280 II, 286 BGB! das war das Leitmotiv der Z IV-Klausur vieler Bundesländer im **Oktobertermin 2015**). Unter § 281 BGB fallen also die **Schäden**, die bei einer Pflichtenerfüllung spätestens während der tatsächlich gesetzten oder hypothetisch gesetzten Frist nicht entstanden wären bzw. durch eine **gedachte Nacherfüllung entfielen**. § 280 BGB (keine Fristsetzung nötig!) dagegen tritt neben die weiterhin geschuldete Hauptleistung und ersetzt den Schaden vor allem an anderen Rechtsgütern, der auch durch eine Nacherfüllung nicht entfiele (Begleitschäden wie Mangelermittlungskosten, Nutzungs-/Betriebsausfall aufgrund des Mangels bis zur Reparatur,[59] idR auch entgangener Gewinn, Gesundheitsschaden, Beeinträchtigung des sonstigen Eigentums). Deshalb spricht man auch vom **»Schadensersatz neben der Leistung«**. § 280 BGB greift also immer dann, wenn eine Fristsetzung keinen Sinn macht, weil eine **zweite Andienung am Schaden nichts ändern würde**, da dieser idR schon unmittelbar durch die Pflichtverletzung entstanden ist.

Vereinfachte Eselsbrücke: § 281 BGB betrifft den Mangelschaden, § 280 I BGB den Mangelfolgeschaden. Andere Eselsbrücke: § 281 BGB betrifft den Nichterfüllungsschaden, § 280 BGB den Begleitschaden.

Nach § 280 I 2 BGB (auf den §§ 281, 283, 311a II 2 BGB verweisen) wird das **Verschulden (oder genauer: Vertretenmüssen) des Schuldners bzgl. der Pflichtverletzung vermutet.** Ggf. kann sich die Beweislastumkehr sogar auf die Pflichtverletzung beziehen, wenn die Schadensursache allein aus dem Verantwortungsbereich des Schuldners herrühren kann oder es sich um erfolgsbezogene Pflichten handelt.[60] Der **Bezugspunkt für das Vertretenmüssen bei § 281 BGB in den Fällen der Schlechtleistung** ist nach hM entweder die Übergabe der mangelhaften Sache oder die nicht erfolgte Nacherfüllung.[61]

2. Leistung ist nicht möglich (»Unmöglichkeitsrecht«)

Wenn die Leistung dem Schuldner nach § 275 BGB nicht möglich ist, ergibt sich Folgendes:

- (Vertraglicher) Erfüllungsanspruch geht unter, § 275 BGB
- **Fristsetzung entbehrlich** (in §§ 283, 311a II, 326 V BGB steht keine Frist!)
- **Sogleich Wahlrecht des Gläubigers** (beachte § 325 BGB!):
  - Schadensersatz statt der Leistung (§§ 283, 311a II BGB, ggf. zusätzlich Herausgabe des Surrogates nach § 285 BGB)
  - Aufwendungsersatz (§§ 311a II, 284 BGB) anstelle von Schadensersatz
  - Rücktritt (§§ 326 V, 323 BGB)

Merke: § 311a II BGB betrifft die anfängliche, § 283 BGB die nachträgliche Unmöglichkeit. Der maßgebliche Zeitpunkt ist dabei der Vertragsschluss. Jeweils ist Verschulden erforderlich.

Wenn bei einem gegenseitigen Vertrag die Leistung dem Schuldner unmöglich wird, regelt § 326 BGB die Frage, ob der Gläubiger seinerseits noch zur Gegenleistung (idR Geldzahlung) verpflichtet ist (»Preisgefahr«): Die Antwort ist logisch, nämlich: nein, vgl. **§ 326 I 1 BGB** (»*Wer nichts leisten kann, bekommt auch nichts*«). Anders ist es in Fällen von § 326 II BGB (Annahmeverzug iSv §§ 293 ff. BGB; Hauptbeispiel: Verkäufer fährt zum vereinbarten Zeitpunkt zum Käufer, der aber nicht da ist; auf dem Rückweg geht die Kaufsache wg. eines Unfalls/Unwetters

---

58 Palandt/*Grüneberg* BGB § 280 Rn. 18; BGH NJW 2013, 2959 ff.; NJW-RR 2012, 268; OLG Düsseldorf Urt. v. 28.3.2013 – I-10 U 72/12, BeckRS 2013, 15351.
59 Den Nutzungsausfall, der infolge des Rücktritts bis zur Zeit der Ersatzbeschaffung entsteht, ordnet die Rspr. dagegen als Schadensersatz statt der Leistung iSv §§ 281, 283, 311a II BGB ein, vgl. BGH NJW 2010, 2426 ff.
60 Palandt/*Grüneberg* BGB § 280 Rn. 35 ff. mit vielen Beispielen, **so zB in den Autowaschanlagenfällen**.
61 BGH MDR 2015, 645; NJW 2013, 220; OLG Düsseldorf NJW-RR 2008, 1199 ff.; Palandt/*Weidenkaff* BGB § 437 Rn. 37; *Looschelders* SchuldR BT Rn. 124.

unter – hier ist dann auch § 300 I BGB relevant), wenn die Parteien § 326 I 1 BGB abbedungen haben oder wenn die Sonderregelungen der Preisgefahr aus §§ 446 f., 615 f., 644 f. BGB greifen. Die im ersten Examen wichtige Versendungskaufproblematik von § 447 BGB spielt im Assessorexamen mangels Praxisrelevanz (vgl. § 474 IV, V 2 BGB[62]!) keine Rolle. Hat der Gläubiger trotz Wegfalls seiner Gegenleistungspflicht gem. § 326 I 1 BGB bereits gezahlt, besteht nach **§ 326 IV** iVm §§ 346 ff. BGB ein Rückforderungsanspruch (nicht § 812 BGB!).

> **Merke:** In §§ 326, 323 VI BGB nicht geregelt ist die beidseitig zu vertretende Unmöglichkeit, die im Assessorexamen bislang keine Rolle gespielt hat. Im Notfall: Palandt/*Grüneberg* BGB § 326 Rn. 15. BGH Beschl. v. 11.11.2014 – VIII ZR 37/14, BeckRS 2015, 01272 ist eine aktuelle sagenhafte Übungsmöglichkeit dafür!

III. Die dritte Weichenstellung

Wenn Sie bei der ersten Weichenstellung hingegen zu dem Ergebnis gelangt sind, dass sich die Pflichtverletzung auf andere Rechtsgüter als auf die Leistung auswirkt und es um die diesbezüglichen Rechtsfolgen geht, so müssen Sie weiter differenzieren: Handelt es sich bei der Pflichtverletzung um eine Hauptpflichtverletzung oder um eine Neben- bzw. Sorgfaltspflichtverletzung? Denn hiervon hängen die Rechtsfolgen ab, vgl. Einzelheiten dazu bei → Rn. 24.

B. Hinweise zu den einzelnen Leistungsstörungen

I. Pflichtverletzungen mit Auswirkung auf die Leistung

1. Die Nichtleistung als Pflichtverletzung

Die Rechte des Gläubigers ergeben sich aus der bei → Rn. 20 dargestellten Systematik. Die **gesteigerte Form der Nichtleistung ist der Verzug**, also die schuldhafte (anders bei Geld, hier gilt »*Geld hat man zu haben*«!) Nichtleistung trotz Möglichkeit, Fälligkeit und Mahnung. Aus Verzug folgt ein Anspruch aus §§ 280 II, 286 BGB auf **Ersatz des Verzögerungsschadens**. § 286 BGB ist auch bei der Verzögerung einer leistungsbezogenen Nebenpflicht (zB § 433 II BGB: Abnahme) und bei dinglichen Ansprüchen anwendbar, so zB auf §§ 1004, 894 BGB, bei § 985 BGB aber nur unter den Voraussetzungen von § 990 BGB. Zu § 286 BGB noch Folgendes:

21

- **Bei fast jeder Klausur mit Verzugsprüfung muss problematisiert werden, ob der Beklagte eine den Verzug hindernde Einrede hat.** Lesen Sie dazu mal Palandt/*Grüneberg* BGB § 286 Rn. 9–11, das reicht.
- Eine Mahnung gegenüber einem Gesamtschuldner wirkt nur gegenüber diesem, vgl. § 425 BGB. Anders ist dies bei der Mahnung gegenüber der Kfz-Haftpflichtversicherung, die nach § 115 II VVG Gesamtwirkung hat.
- Die Entbehrlichkeit der Mahnung ist in § 286 II, III BGB geregelt. Der BGH-Klassiker zu § 286 II Nr. 4 BGB ist die **SB-Tankstelle**: Der Kunde tankt und fährt, ohne zu bezahlen, einfach davon.
- **Typischer Verzögerungsschaden**: Zahlung höherer Zinsen als der gesetzliche Zinssatz, entgangener Gewinn oder Schadenspauschale (§ 288 V BGB). Auch vorprozessual entstandene **Anwaltskosten** sind erfasst (»**Gebührenschaden**«)[63], wobei die Obergrenze wegen § 254 BGB grds. die Sätze des RVG sind. Bei der gebührenauslösenden Tätigkeit des Anwalts muss der Schuldner bereits im Verzug sein, sonst sind die Anwaltskosten kein Verzögerungsschaden! Alternativ zu Anwaltskosten können **Inkassokosten** verlangt werden.[64] Der Schuldner muss aber nicht immer Rechtsanwaltskosten ersetzen, sondern (wg. Schadensminderungspflicht des Gläubigers!) nur solche, die aus Ex-ante-Sicht des Gläubigers

---

62 Es ist vom Gesetzgeber geplant, diese Regelung nach § 475 BGB-E zu verschieben.

63 Vgl. zur Gebührenschadenproblematik umfassend *Kaiser/Kaiser/Kaiser* Anwaltsklausur Rn. 29 mwN. Vgl. zuletzt BGH NJW 2015, 3793 f.

64 Umstr., aber hM Vgl. BVerfG NJOZ 2012, 996 f. und Palandt/*Grüneberg* BGB § 286 Rn. 46 mwN. Die Inkassokosten sind gedeckt auf die Höhe der entsprechenden (alternativen) Rechtsanwaltskosten, vgl. § 4 V EGRDG nF.

zur Wahrnehmung seiner Rechte erforderlich und zweckmäßig waren. Jedoch ist der BGH auch bei einfach gelagerten Fällen idR milde; man darf zum Anwalt!

- Der gesetzliche Verzugszinssatz beträgt nach §§ 288 I 2, 247 BGB fünf Prozentpunkte über Basiszinssatz, bei Kaufleuten gilt § 288 II BGB (und §§ 352 f. HGB). Gleiches gilt über § 291 BGB auch für Prozesszinsen.

- Für die Geltendmachung von Verzugs- und Prozesszinsen gilt **§ 187 I BGB analog,** dh, es können Zinsen erst einen Tag nach Verzugseintritt bzw. Klagezustellung verlangt werden. Wenn Sie dem Kläger weniger Zinsen als beantragt zusprechen, müssen Sie die Klage im Übrigen mit der Kostenfolge des § 92 ZPO abweisen.

- Denken Sie an die verschärfte Haftung im Verzug nach § 287 S. 2 BGB.

2. Die Teilleistung als Pflichtverletzung

22 Eine – in Klausuren seltene – Teilleistung kann nur vorliegen, wenn die **Leistung überhaupt teilbar** ist (zB Kauf von 20 Flaschen Wein; wenn dagegen zB bei der Lieferung eines gekauften Schrankes ein Bord fehlt, liegt nicht eine Teil-, sondern eine Schlechtleistung vor!). Die Rechte des Gläubigers ergeben sich aus der oben bei → Rn. 20 dargestellten Systematik. Die jeweiligen Schadensersatz- oder Rücktrittsvorschriften bestimmen, wann bei einer Teilleistung Schadensersatz statt der ganzen Leistung und nicht nur wg. des fehlenden Teils geltend gemacht werden kann, §§ 281 I 2, 323 V 1 BGB (iVm §§ 283, 311a II, 326 V BGB bei Unmöglichkeit). **Wie grenzt man die AT-Teilleistung von der BT-Minderlieferung iSd § 434 III BGB ab?** § 434 III BGB soll nach hM nur bei der verdeckten Minderlieferung gelten, eine Teilleistung, wenn für den Käufer offensichtlich zu wenig geliefert wird.

3. Die Schlechtleistung als Pflichtverletzung

23 Bei Anwendung der allgemeinen Vorschriften hat der Gläubiger im Falle der Schlechtleistung die oben bei → Rn. 20 aufgezeigten Rechte. Folgende Besonderheiten sind bei der Schlechtleistung zu beachten: Bei gegenseitigen Verträgen (zB Kaufvertrag, Werkvertrag) gibt es beim Schadensersatz statt der Leistung nach § 281 I 1, 3 BGB grds. zwei Möglichkeiten der Schadensberechnung: Wählt der Gläubiger den **kleinen Schadensersatz** nach § 281 I 1 BGB, so kann er die mangelhafte Sache behalten und verlangen, so gestellt zu werden, wie er bei gehöriger Erfüllung stehen würde (vor allem – **auch geschätzt/fiktiv**[65] – **Reparaturkosten** oder mangelbedingter Minderwert). Der Verkäufer/Unternehmer behält dann grds. seinen Anspruch auf die Gegenleistung. Wählt der Gläubiger den **großen Schadensersatz/Schadensersatz statt der ganzen Leistung** nach § 281 I 1, 3 BGB, so gibt er die Kaufsache/Werksache wieder zurück (§ 281 V BGB) und rechnet seinen Schaden idR nach der sog. Differenzmethode ab: Der Gläubiger erbringt die ihm obliegende Gegenleistung nicht, auch der Schuldner ist von seiner Leistung frei, § 281 IV BGB. Der Schaden besteht in der Differenz zwischen dem Wert der (mangelfreien) Leistung des Schuldners zuzüglich etwaiger Folgeschäden beim Gläubiger und der ersparten Gegenleistung des Gläubigers.[66] Wenn der Gläubiger die Gegenleistung bereits erbracht hat, wird er idR nach der sog. Surrogationsmethode abrechnen: Er verzichtet auf die Rückforderung seiner Gegenleistung und der Schuldner hat den Wert seiner ausgebliebenen Leistung (mindestens iHd Kaufpreises) zuzüglich aller Folgeschäden zu ersetzen.

§§ 281 I 3, 323 V 2 BGB enthalten notwendige Anspruchsbeschränkungen bei **unerheblicher Pflichtverletzung**. Bei arglistiger Täuschung des Verkäufers über den Mangel oder bei Abweichen von einer Beschaffenheitsgarantie liegt nie Unerheblichkeit vor, bei Verstoß gegen eine Beschaffenheitsvereinbarung ist die Erheblichkeit zumindest indiziert, im Übrigen ist stets eine Interessenabwägung im Einzelfall (und Arbeit mit Palandt!) erforderlich.

Problem: § 284 BGB bei frustrierten Aufwendungen des Käufers auf die Kaufsache

- Begriffe: Schaden = unfreiwilliges Vermögensopfer, dann nur §§ 280–283 BGB. Aufwendungen = freiwillige Vermögensopfer, dann § 284 BGB (gilt auch bei kommerziellen Ver-

---

[65] Palandt/*Weidenkaff* BGB § 437 Rn. 40 mwN. Dann aber ohne MwSt., vgl. § 249 II 2 BGB.

[66] Gleichermaßen nach einem Rücktritt, der nach § 325 BGB mit Schadensersatz gekoppelt werden kann. Der Käufer bekommt über den Rücktritt den Kaufpreis zurück und rechnet im Übrigen nach der Differenzmethode ab.

trägen). Unter § 284 BGB fallen alle Vermögensdispositionen, die der Gläubiger nach Vertragsschluss im Vertrauen auf den Erhalt der Leistung gemacht hat und billigerweise tätigen durfte (zB Fahrtkosten, Vertragskosten, Mäklerkosten, in Pkw eingebaute Teile, Unterstellkosten bei Pferden). Bei zeitweiliger Nutzung der Kaufsache mindert sich der Anspruch nach dem Gedanken der Vorteilsanrechnung entsprechend.

- Nach § 284 BGB ist dieser nur »anstelle« von Schadensersatz statt der Leistung möglich. Das heißt, dass bzgl. ein und derselben Vermögensposition nicht über § 281 BGB und § 284 BGB abgerechnet werden darf. Daraus wird zudem abgeleitet, dass § 284 BGB nur möglich ist, wenn gleichzeitig die (theoretischen) Voraussetzungen eines Schadensersatzanspruches statt der Leistung nach §§ 281, 282 f., 311a II BGB vorliegen (**vor allem schuldhafte Pflichtverletzung!**). Daher ist stets eine Inzidentprüfung nötig.
- Im Falle des Rücktritts tritt § 347 II BGB neben § 284 BGB (im Gutachten beides prüfen!).
- Eine Übertragung der für das Schadensrecht entwickelten Grundsätze der »Sowieso-Kosten« (→ Rn. 56) auf §§ 347 II, 284 BGB scheidet aus, da ansonsten der Aufwendungsersatzanspruch praktisch leerliefe.[67]

Beachten Sie, dass bei Schlechtleistung im Kaufrecht die Anwendung von **Unmöglichkeitsrecht** in Situationen infrage kommt, in denen man nicht sofort daran denkt, so vor allem beim **Stückkauf**: Eine Nachbesserung iSv § 439 I BGB ist unmöglich, wenn zB der gekaufte Pkw nicht wie vereinbart unfallfrei ist oder der Dackel einen Gendefekt hat. Auch eine Nachlieferung ist nach BGH dann unmöglich, wenn die Kaufsache – wie idR bei gebrauchten Sachen – nicht durch eine »gleichartige und gleichwertige Sache ersetzt werden kann«.[68] Diese Formulierung bitte merken!

II. Pflichtverletzungen mit Auswirkung auf andere Rechtsgüter

Liegt ein Fall der **Hauptpflichtverletzung**[69] vor (Beispiel: der gekaufte Pkw hat mangelhafte Bremsen; beim Parkversuch fährt der Käufer daher gegen sein Garagentor), ergeben sich folgende Ansprüche: **24**

- Schadensersatz an dem anderen betroffenen Rechtsgut sofort ohne Fristsetzung, § 280 I BGB (hier Schaden an dem Garagentor)
- Schadensersatz statt der Leistung (hier etwa Erstattung des Kaufpreises und ggf. der Mehrkosten einer vergleichbaren Sache) nach § 281 BGB und Rücktritt iSv § 323 BGB jeweils nur nach erfolgloser Fristsetzung (bei Unmöglichkeit gelten §§ 283, 311a II BGB)

Handelt es sich um eine (nicht leistungsbezogene) **Neben- o. Sorgfaltspflichtverletzung**, gilt Folgendes:

- Schadensersatz an dem anderen Rechtsgut sofort ohne Fristsetzung, §§ 280 I, 241 II, 311 II BGB
- Schadensersatz statt der Leistung (zB Rückerstattung des Werklohns/Kaufpreises und ggf. Ersatz der Mehrkosten eines anderen Malers/anderen Gerätes) nach §§ **282**, 241 II, 311 II BGB und Rücktritt nach §§ **324**, 241 II, 311 II BGB jeweils ohne Fristsetzung, jedoch nur bei Unzumutbarkeit bzgl. der Hauptleistung bzw. des Festhaltens am Vertrag (bei Unmöglichkeit: §§ 283, 311a II BGB)

Rücksichtnahmepflichten (dh Neben- o. Sorgfaltspflichten) hängen vom Vertragszweck, von der Verkehrssitte und von Treu und Glauben ab, sind also von Fall zu Fall unterschiedlich. Wenn es auf diese in der Klausur ankommt, so ist es Ihre Aufgabe, unter konkreter Arbeit mit dem Akteninhalt die »Blankettnorm« § 241 II BGB mit Leben zu füllen (dh Argumentation!). Ein gute Hilfestellung ist dafür der Palandt bei § 280 Rn. 30 f. und § 311 Rn. 22 ff. sowie beim jeweiligen Hauptvertrag (zB bei § 433 oder § 631 BGB etc.). Ohne Schuldverhältnis nennt man ggf. entstehende Rücksichtnahmepflichten »Sorgfaltspflichten«

---

67 Vgl. zuletzt OLG Celle MDR 2014, 765 f.
68 Die Parteien können aber vereinbaren, dass die Nach- bzw. Ersatzlieferung mit einem anderen Kfz-Modell erfolgt (so gelaufen in der **Augustkampagne 2010** und **Aprilkampagne im Ringtausch der LJPAs 2012!**).
69 Dies gilt auch für leistungsbezogene Nebenpflichtverletzungen iSv § 241 I BGB.

und lässt sie der c.i.c./§ 311 II BGB unterfallen, im Schuldverhältnis nennt man sie »Nebenpflichten« iSv § 241 II BGB (dann pVV!).

> **Merke:** Wenn der Schaden an anderen Rechtsgütern durch eine Nebenpflichtverletzung nach § 241 II BGB verursacht wurde, handelt es sich um die Hauptfallgruppe der vor der großen Schuldrechtsreform noch nicht kodifizierten sog. »pVV« (= positive Vertragsverletzung). In der Klausur wäre die Anspruchsgrundlage dann §§ 280, 241 II BGB, wobei Sie zusätzlich zu den Normen auch noch »pVV des …« schreiben können, da dies auch in der Rspr. zT noch so praktiziert wird.[70] Wurde der Schaden durch eine Sorgfaltspflichtverletzung iSd § 311 II BGB verursacht, handelt es sich um die c.i.c. (→ Rn. 33). Denken Sie bei Schäden an anderen Rechtsgütern auch an weitere (nicht durch pVV/c.i.c. gesperrte!) Ansprüche aus §§ 823 ff. BGB!

Wirkt sich die Neben- oder Sorgfaltspflichtverletzung dergestalt aus, dass bei Gefahrübergang die Sache mangelhaft ist, ergeben sich die Rechtsfolgen ausschließlich aus dem jeweiligen Gewährleistungsrecht.

C. Das Wichtigste zu den Leistungsstörungen im Kauf- und Werkvertragsrecht

I. Leistungsstörungen im Kaufvertrag

1. Allgemeines

25   Sobald eine der bei → Rn. 20 aufgeführten Pflichtverletzungen vorliegt, gelten die oben genannten Ansprüche auch im Kaufrecht. Das Leistungsstörungsrecht AT ist selbstverständlich auch hier anwendbar. Zum Auffinden der richtigen Norm gehen Sie also die oben genannten drei Weichenstellungen durch und schauen, wo Sie landen. § 480 BGB verweist für den Fall eines Tauschvertrages auf die Kaufrechtsvorschriften. Das kann dann auch mal Klausureinstieg sein. Die besonderen Arten des Kaufs wie Kauf auf Probe, Vorkauf und Wiederkauf sind dagegen nicht klausurrelevant.

> **Beachte:** Die Bundesregierung hat am im März 2016 eine **Reform des Kauf-u. Bauvertragsrechts** beschlossen, bei der im Kaufrecht vor allem die EuGH-Rspr. zur Nacherfüllung beim Verbrauchsgüterkauf gesetzlich implementiert werden soll. Zudem »verrutschen« einige Vorschriften. Zur Zeit der Drucklegung dieses Skriptes stand die endgültige Fassung noch nicht fest, daher informieren Sie sich bitte in den einschlägigen Ausbildungszeitschriften! Soweit klausurrelevant, haben wir die geplanten Änderungen bereits im Skript angedeutet (**BGB-E**).

> **Beachte:** Der **Käufer kann natürlich auch eine Pflicht verletzen**, zB unberechtigt die Abnahme (Nebenpflicht) oder Zahlung nach § 433 II BGB (Hauptpflicht) verweigern. Dann gelten §§ 323 ff., 280 ff. BGB, ohne dass §§ 437 ff. BGB Sonderregelungen enthalten.

Bei einer Schlechtleistung des Verkäufers ergeben sich aus den **§§ 437 ff. BGB Besonderheiten** ggü. den Rechten des Käufers aus dem Leistungsstörungsrecht AT. Voraussetzung für die Anwendung der §§ 437 ff. BGB ist, dass die gekaufte Sache **bei Gefahrübergang**[71] **mangelhaft** oder zumindest mit einem Grundmangel behaftet war. Ohne Gefahrübergang gilt im Fall einer Schlechtleistung nur das Leistungsstörungsrecht AT, also §§ 280 ff., 323 ff. BGB und nicht §§ 437 ff. BGB.[72] Liegt Gefahrübergang vor, verweist **§ 437 BGB als Brückennorm**

---

70   BGH NJW 2011, 610; 2010, 3087; 2007, 1458; OLG Hamm NJOZ 2013, 944; OLG Frankfurt a.M. Urt. v. 4.2.2013 – 23 U 2/12, BeckRS 2013, 03574, Urt. v. 6.6.2011 – 23 U 101/10, BeckRS 2012, 10117 und Urt. 10.2.2010 – 7 U 204/08, BeckRS 2011, 17165; OLG München Beschl. v. 1.2.2012 – 28 U 3345/11, BeckRS 2013, 12830; OLG Koblenz Urt. v. 17.1.2013 – 1 U 215/12, BeckRS 2013, 11568 und Urt. v. 21.10.2011 – 3 U 1008/10, BeckRS 2012, 11415; OLG Düsseldorf Urt. v. 26.4.2012 – I-2 U 24/11, BeckRS 2013, 11916; AG Bonn NJW-RR 2014, 207; Palandt/*Grüneberg* BGB § 280 Rn. 3 mwN; es gibt also Fundstellen, bei denen die Praxis noch »pVV« prüft und damit §§ 280, 241 II BGB meint! Die übliche Abkürzung pVV ist eigentlich Quatsch, da die pVV auch bei gesetzlichen Schuldverhältnissen greift. Zudem fragt man sich, was an einer Nebenpflichtverletzung positiv sein soll. Aber es hat sich so eingebürgert!

71   Übergabe der Kaufsache oder §§ 446, 447 BGB; bei Rechtsmängeln ist auf den Zeitpunkt des Eigentumserwerbs abzustellen.

72   Nach der Rspr. vor der Schuldrechtsreform konnten ausnahmsweise vor Gefahrübergang die speziellen kaufrechtlichen Gewährleistungsrechte geltend gemacht werden, wenn der Mangel unbehebbar oder der

bzgl. der wesentlichen Gewährleistungsrechte »zurück nach vorn« auf das Leistungsstörungsrecht AT (die drei Weichenstellungen), sodass die dortigen Rechte iVm § 437 Nr. 2 oder 3 BGB auch nach Gefahrübergang anwendbar sind, dazu kommen einige BT-Besonderheiten in §§ 438 ff. BGB.

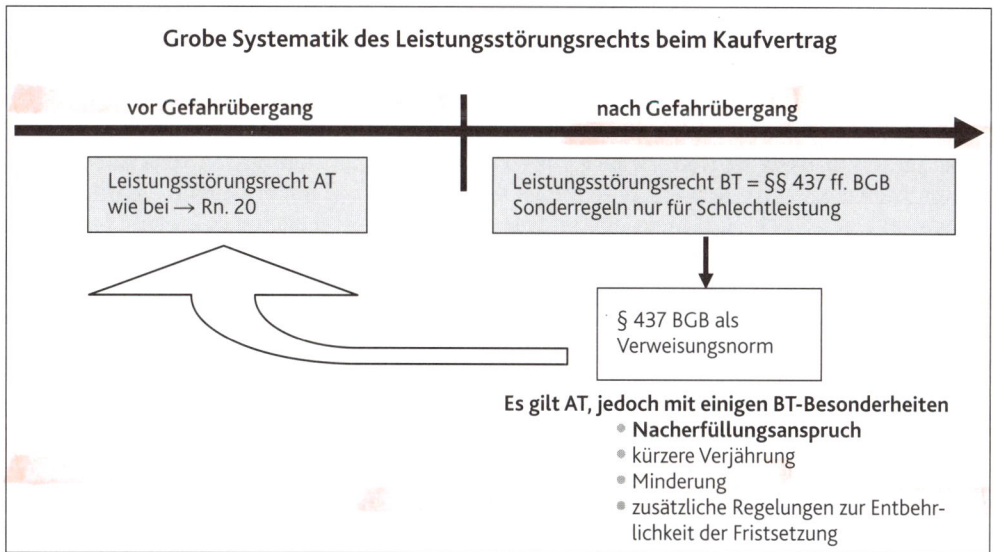

Grobe Systematik des Leistungsstörungsrechts beim Kaufvertrag

vor Gefahrübergang — nach Gefahrübergang

Leistungsstörungsrecht AT wie bei → Rn. 20

Leistungsstörungsrecht BT = §§ 437 ff. BGB Sonderregeln nur für Schlechtleistung

§ 437 BGB als Verweisungsnorm

Es gilt AT, jedoch mit einigen BT-Besonderheiten
- **Nacherfüllungsanspruch**
- kürzere Verjährung
- Minderung
- zusätzliche Regelungen zur Entbehrlichkeit der Fristsetzung

Merke: Ab Gefahrübergang sind §§ 437 ff. BGB für den Käufer auch gegenüber § 119 II BGB *leges speciales*, wenn es um einen Irrtum über die Mangelhaftigkeit geht (→ Rn. 13; §§ 119 I, 123 BGB sind nicht gesperrt!). Auch gegenüber der c.i.c. bei Verletzung einer vorvertraglichen Aufklärungspflicht durch den Verkäufer bzgl. der Mangelhaftigkeit der Sache sind §§ 437 ff. BGB ab Gefahrübergang vorrangig (»BT schlägt AT«; Ausnahme: c.i.c. nicht gesperrt bei Arglist/Vorsatz des Verkäufers wg. Schutzunwürdigkeit des Verkäufers; c.i.c. zudem möglich, wenn es nicht um Mangelfragen geht oder der Verkäufer besondere Beratungspflichten übernommen hat). Das problematische Verhältnis c.i.c. – Mängelrechte wird in Klausuren oft übersehen![73]

Dies ergibt zB für das Verlangen des Käufers nach Schadensersatz statt der Leistung wg. einer Schlechtleistung – ohne Vorliegen von Unmöglichkeit – nach §§ 433 I, 434 I, 437 I Nr. 3, 281, 280 BGB folgende Prüfungsreihenfolge:

- Kaufvertrag, § 433 BGB
- Mangel iSd § 434 BGB
- bei Gefahrübergang (= Übergabe oder Annahmeverzug)
- kein Ausschluss der Gewährleistung (siehe dazu sogleich)
- fruchtlose Fristsetzung iSv § 281 I BGB (Ausnahme: §§ 281 II, 440 BGB)
- kausaler Schaden (kleiner/großer Schadensersatz iSv § 281 I BGB)
- Rechtswidrigkeit (wird vermutet)
- Vertretenmüssen des Verkäufers (wird vermutet, vgl. § 280 I 2 BGB)
- keine Verjährung, § 438 BGB

In Klausuren muss so gut wie immer ein Gewährleistungsausschluss geprüft werden. Möglich ist ein vertraglicher (§ 444 BGB) oder gesetzlicher Ausschluss (§ 442 I BGB, § 377 HGB: → Rn. 105). Vertragliche Ausschlüsse sind auslegungsfähig. »Verkauft ohne Garantie« wird zB als ein kompletter Gewährleistungsausschluss ausgelegt. Bei getrennter Beurkundung von

---

Verkäufer nicht zur Behebung des Mangels bereit ist, vgl. BGH NJW 1995, 1737 f.; BGHZ 34, 32 ff. Ob dies weiter gilt, muss die Rspr. klären.

73 Korrekturbemerkung zu einer Examensklausur dazu aus 2003 (aus: Prüfungsaufgaben der Zweiten Juristischen Staatsprüfung in Baden-Württemberg, Bearbeiter: Wolfgang Clauß, Herausgeber: Justizministerium Baden-Württemberg, 69): »... *die Problematik, insbesondere auch die Abgrenzung zur Mängelgewährleistung, wurde meist nicht durchschaut.*«

Angebot und Annahme iRe Grundstückkaufvertrages (»gestreckter Vertragsschluss«) ist nach dem BGH ein vertraglicher Ausschluss einschränkend dahingehend auszulegen, dass er solche Mängel nicht erfasst, die dem Verkäufer bei Annahme des Käufers-Angebots bekannt waren (die Entscheidung des BGH kam im **Septembertermin 2014 und nochmal im Januartermin 2015**, stand vorher hier schon im Skript!).[74] Ein vertraglicher Ausschluss erfasst zudem idR nicht solche Mängel, die zwischen Vertragsschluss und Gefahrübergang entstehen,[75] und idR auch nicht die Fälle der kompletten Nichterfüllung.

Oft ist dann die Überprüfung der **Wirksamkeit des vereinbarten Gewährleistungsausschlusses** ein Schwerpunkt der Klausur. Relevant werden hier §§ 307, 309 Nr. 7, 8b, 444, 475 (bald ggf. § 476 BGB-E) BGB, wobei **§ 444 BGB (lesen!) am häufigsten in Klausuren zu prüfen ist**. Zu § 444 BGB lesen Sie BGH MDR 2016, 576 ff. (Holzbock-Fall). Ist die Garantie-Schwelle des § 444 BGB nicht überschritten, sondern liegt lediglich eine bloße (ggf. konkludente) Beschaffenheitsvereinbarung vor (zB Angabe der Farbe des Kfz, oder »scheckheftgepflegt«), haftet der Verkäufer trotz vereinbarten Gewährleistungsausschlusses auch für das Fehlen dieser Beschaffenheit. Der Gewährleistungsausschluss ist dann nämlich dahingehend auszulegen, dass er jedenfalls nicht für die vereinbarte Beschaffenheit gilt.[76] Allgemeine Redewendungen, Wissensmitteilungen oder Anpreisungen wie »Unfallschaden: laut Vorbesitzer nein«, »Zustand: gut/einwandfrei«, bei Pferden »im Umgang lieb« etc. sind aber weder eine Beschaffenheitsgarantie noch eine Beschaffenheitsvereinbarung. Streng jüngst der BGH iRv § 311b BGB: Eine Beschreibung von Eigenschaften vor Vertragsschluss durch den Verkäufer, die in der notariellen Urkunde keinen Niederschlag findet, führt idR nicht zu einer Beschaffenheitsvereinbarung bzgl. des Grundstücks. Der Käufer kann nicht davon ausgehen, dass der Verkäufer mit ihm eine bestimmte Beschaffenheit vereinbaren will, wenn die geschuldete Beschaffenheit im notariellen Kaufvertrag nicht erwähnt wird.

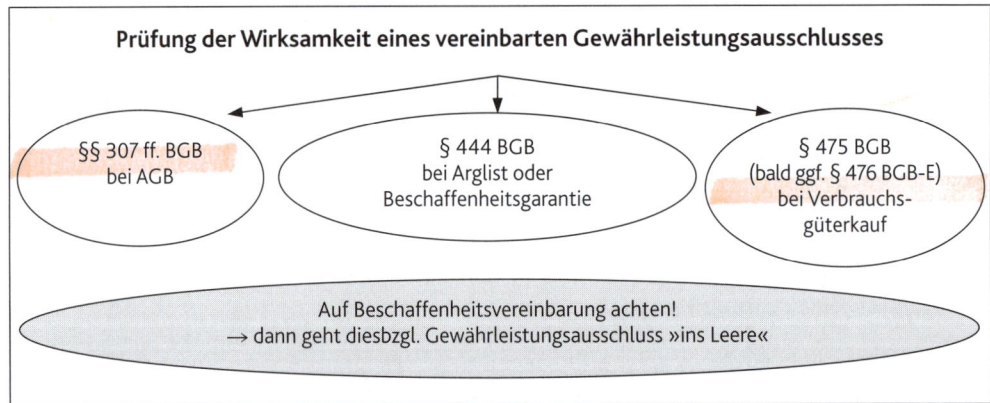

Bei wirksamem vertraglichem Gewährleistungsausschluss ist der Verkäufer idR **zur Abtretung seiner Gewährleistungsansprüche** gegen seinen Lieferanten im Wege ergänzender Vertragsauslegung verpflichtet.[77]

2. Der Nacherfüllungsanspruch, § 439 BGB

25a Das Recht zur zweiten Andienung ist im Kaufrecht durch § 439 BGB zusätzlich spezifiziert. Nach **§ 439 I BGB** hat der **Käufer die Wahl** zwischen Nachlieferung und Nachbesserung und zwar iSe sog. »elektiven Konkurrenz«, sodass der Käufer – in den Grenzen von § 242 BGB – von der einen zur anderen Nacherfüllungsart wechseln kann. § 439 I BGB gibt dem Käufer ein ZBR iSv § 320 BGB (in der Urteilsklausur muss eine Zug-um-Zug-Verurteilung erfolgen). Das gilt aber nicht umgekehrt! Dh, der Verkäufer darf die Nachbesserung nicht mit dem Ar-

---

74 BGH NJW 2012, 2793 ff. Bzgl. der Kenntnis bei § 442 BGB stellt der BGH dann auf den Zeitpunkt der Beurkundung des Käufer-Angebots ab.

75 BGH NJW 2003, 1316 f.

76 Palandt/*Weidenkaff* BGB § 444 Rn. 8. Argument: § 242 BGB.

77 BGH NJW 2004, 1873 f.

gument verweigern, der Käufer habe unter Berufung auf die angeblichen Mängel noch nicht bezahlt.[78]

Nach **§ 439 II BGB** hat der Verkäufer die Nacherfüllungskosten zu tragen. § 439 II BGB ist aufgrund seiner Entstehungsgeschichte nicht nur eine Kostenzuweisungsnorm, sondern nach hM auch eine Anspruchsgrundlage des Käufers vor allem für Mangelermittlungskosten (zB Gutachter- oder Rechtsanwaltskosten), was dann für den Käufer günstig ist, wenn das nach § 280 BGB erforderliche Vertretenmüssen des Verkäufers fehlt. Natürlich muss die Sache sich auch als mangelhaft herausstellen. Für Schäden des Käufers, die als Schadensersatz statt der Leistung unter § 281 BGB fallen, dürfte § 439 II BGB allerdings nicht gelten, da ansonsten das Fristsetzungserfordernis des § 281 BGB leerlaufen würde. Die Rechtsfolgen der Nachlieferung regeln **§§ 439 IV, 346 ff. BGB (Rückgewähranspruch des Verkäufers)**. Achten Sie auf § 474 V 1 BGB (bald ggf. § 475 III BGB-E), der schon nach seinem Wortlaut Nutzungsersatz durch den Käufer nur für die Nacherfüllung und nicht im Falle des Rücktritts ausschließt. Eine analoge Anwendung auf die Fälle des Rücktritts ist mangels planwidriger Regelungslücke zu verneinen.

Problem: Umfang des Nacherfüllungsanspruches, § 439 BGB

- **Erfüllungsort iSv § 269 BGB** war bislang da, »wo sich die Sache bestimmungsgemäß befindet«, also beim Käufer.[79] Differenzierend neuerdings BGH NJW 2013, 1074 ff. und 2011, 2278 ff. (»Camping-Faltanhänger«): Es kommt auf die Umstände des Einzelfalls an, insbesondere die Art der Nacherfüllung sowie das Ausmaß der Unannehmlichkeiten für den Käufer (im Zweifel beim Verkäufer). Die neue Rspr. des BGH dürfte jedoch im Lichte der EuGH-Entscheidung zu den Aus- u. Einbaukosten beim Verbrauchsgüterkauf (s. unten; EuGH: »*Die Nachbesserung … soll im Allgemeinen an diesem Verbrauchsgut in der Situation erfolgen, in der es sich zum Zeitpunkt des Auftretens des Mangels befand*«; Nachbesserung muss für den Verbraucher »*ohne erhebliche Unannehmlichkeiten erfolgen*«) nur außerhalb von §§ 474 ff. BGB gelten (umstr.).[80] Die Frage des richtigen Erfüllungsortes ist vor allem für die wirksame Formulierung der Fristsetzung iSv §§ 281 I, 323 I, 284 BGB wichtig.

- **Gigantisch wichtig sind die »Parkett-Fälle«/Einbau-Fälle** bei Einbau der Sache durch den Käufer:

  - Liegt **kein Verbrauchsgüterkauf** vor, so fällt der **Einbau** der neuen/nachzuliefernden Sache nach bisheriger Rspr. nicht unter die Pflicht des Verkäufers aus § 439 I BGB, sodass auch eine daraus resultierende Kostentragungspflicht über §§ 281, 284, 439 II BGB ausscheidet. Hauptargument ist, dass der Verkäufer ursprünglich auch nicht einbauen musste und die Abhilfe iRd Nacherfüllung nicht weiter gehen kann als die Primärpflicht. Auch unter dem Gesichtspunkt eines Schadensersatzes neben der Leistung nach §§ 437 Nr. 3, 280 BGB kann idR kein Ersatz verlangt werden, da der Verkäufer bei Fremdprodukten keine generelle Untersuchungspflicht hat und das Herstellerverschulden ihm auch nicht nach § 278 BGB zugerechnet wird. Dasselbe gilt mit gleicher Begründung für den **Ausbau** der mangelhaften Sache. Diesen schuldet der Verkäufer grds. nicht.

  - Nach dem **EuGH in »Weber/Putz«** (und dem folgend **BGH**) gilt dies aber nicht für den **Verbrauchsgüterkauf**.[81] Aus der einschlägigen Richtlinie 1999/44/EG ergebe sich, dass die Nachbesserung für den Verbraucher »*ohne erhebliche Unannehmlichkeiten erfolgen*« muss und die »*Unentgeltlichkeit der Herstellung des vertragsgemäßen Zustands*«

78 BGH NJW 2013, 1431 ff.; OLG Oldenburg NJW-RR 2011, 480 f.
79 BGH NJW-RR 2008, 724; OLG Celle MDR 2010, 172; OLG München NJW 2006, 449; OLG Köln NJW-RR 2006, 677; Argumente: Gleichlauf mit Erfüllungsort bei Rücktritt, Rechtsgedanke § 439 II BGB, Käuferschutz.
80 Vgl. Nachweise bei Palandt/*Weidenkaff* BGB § 439 Rn. 3a; *Brors* NJW 2013, 3329 ff. mwN; *Medicus/Petersen* BürgerlR Rn. 291c; Folge: Nacherfüllungsort wäre dann zumindest beim Verbrauchsgüterkauf – wie vorher – grds. beim Käufer.
81 Palandt/*Weidenkaff* BGB § 439 Rn. 11. Nach der Rspr. gilt die EuGH-Entscheidung nur für den Verbrauchsgüterkauf (»gespaltene Auslegung«), Argument: keine europarechtliche Pflicht zur richtlinienkonformen überschießenden Anwendungen bei Sachverhalten, die nicht in den Anwendungsbereich einer Richtlinie fallen.

vom Verkäufer geschuldet ist. Daher sei als wesentlicher Bestandteil des Verbraucherschutzes der **Verkäufer unabhängig vom Verschulden verpflichtet, die mangelhafte Sache aus- und die neue Sache einzubauen oder die entsprechenden Kosten zu übernehmen.** Daher geht die Rspr. bislang davon aus, dass beim Verbrauchsgüterkauf § 439 I BGB richtlinienkonform dahingehend auszulegen sei, dass der Verkäufer den Ausbau sowie Abtransport der mangelhaften Sache und den Einbau als Gewährleistung unabhängig vom Vertretenmüssen schuldet. Erst nach Ablauf einer Frist kann der Käufer dann nach § 281 BGB Schadensersatz statt der Leistung (Kosten des Aus- u. Einbaus inklusive Vorschuss) verlangen.[82] Bzgl. des Verschuldens iSv § 281 I 1 BGB reicht der nicht erfolgte Aus- u. Einbau, auf die Verursachung des Mangels kommt es nicht an.

– Hier ist vom Gesetzgeber eine **gesetzliche Neuregelung in §§ 439, 475, 309 Nr. 8 BGB-E geplant,** die zur Zeit der Drucklegung dieses Werkes noch nicht endgültig feststand. Bitte informieren Sie sich in den einschlägigen Ausbildungszeitschriften! Es sieht danach so aus, dass die EuGH-Rspr. für alle Kaufverträge gelten soll. Abwarten!

– **Erstmontage-Kosten** sind grds. nicht zu ersetzen (»Sowieso-Kosten«). Nur über die Rentabilitätsvermutung wären solche Aufwendungen ein Schaden iSv § 280 BGB (vgl. → Rn. 62).

● Einrede des Verkäufers bei Unverhältnismäßigkeit aus **§ 439 III BGB** (bald ggf. § 439 IV BGB-E): Relative Unverhältnismäßigkeit (+), wenn gewählte Nacherfüllungsart unverhältnismäßig teurer ist als die jeweils andere Art der Nacherfüllung (Richtwert: ab 10%), absolute Unverhältnismäßigkeit (+), wenn die Nacherfüllung insgesamt für den Verkäufer unzumutbar ist (Obergrenze wohl ab 100% des Verkehrswertes im mangelfreien Zustand, nach BGH ist dies aber nur ein Anhaltspunkt). Die Rechtsfolgen im Falle der Unverhältnismäßigkeit sind gut im Palandt/*Weidenkaff* BGB § 439 Rn. 20 ff. kommentiert. Der EuGH hat auch dies für den Verbrauchsgüterkauf in den Einbaufällen eingeschränkt: Der Verbraucherschutz schließt des Recht des Verkäufers aus, sich bzgl. des Aus- u. Einbaus auf absolute Unverhältnismäßigkeit zu berufen. Stattdessen hat er in diesen Fällen einen angemessenen Mangelbeseitigungsbetrag zu zahlen.[83] Der Gesetzgeber plant hierzu einen neuen § 475 IV, V BGB-E.

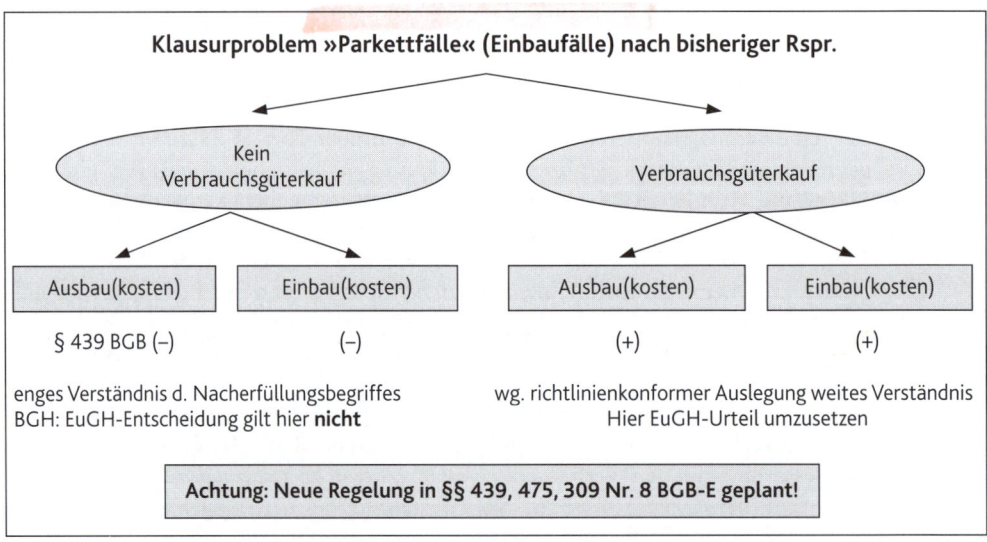

Klausurproblem »Parkettfälle« (Einbaufälle) nach bisheriger Rspr.

Kein Verbrauchsgüterkauf		Verbrauchsgüterkauf	
Ausbau(kosten)	Einbau(kosten)	Ausbau(kosten)	Einbau(kosten)
§ 439 BGB (–)	(–)	(+)	(+)
enges Verständnis d. Nacherfüllungsbegriffes BGH: EuGH-Entscheidung gilt hier **nicht**		wg. richtlinienkonformer Auslegung weites Verständnis Hier EuGH-Urteil umzusetzen	

Achtung: Neue Regelung in §§ 439, 475, 309 Nr. 8 BGB-E geplant!

---

82 Der **Unternehmer-Verkäufer kann dann Regress bei seinem Lieferanten** nehmen, vgl. § 478 II BGB. Das galt bislang nicht, wenn kein Verbrauchsgüterkauf mit dem Letztverbraucher vorliegt, sondern zB ein Werkvertrag. **Das soll jetzt auch gesetzgeberisch geändert werden,** geplant sind neue Regressvorschriften in **§§ 445a, 445b, 478 BGB-E.**

83 Palandt/*Weidenkaff* BGB § 439 Rn. 21a.

3. Examensrelevante Klausurkonstellationen

Wie kommt Kaufrecht denn nun in der Klausur vor? Ein möglicher Klausureinstieg ist die **25b** **Zahlungsklage des Verkäufers, der Käufer wendet Mängelrechte ein,** zB Rücktritt, Schadensersatz, Minderung etc.

> **Klausurtipp:** In den letzten Jahren kam in Klausuren komischerweise vermehrt der Einwand, der Kaufpreis sei noch nicht fällig, da die Rechnung nach **§ 14 UStG** noch nicht ordnungsgemäß erteilt wurde. Der Einwand geht ins Leere, weil die **Fälligkeit von der Rechnungsstellung unabhängig** ist. Ist der Käufer Unternehmer und hat er einen Anspruch auf Rechnungserteilung nach § 14 UStG, steht ihm nur ein ZBR zu.[84]

Die mittlerweile weitaus häufigere Konstellation ist die **Klage des Käufers,** mit der er nach erklärtem Rücktritt den Kaufpreis zurückverlangt (idR **Zug um Zug** gegen Rückübereignung der gekauften Sache), diverse Schadenspositionen und Aufwendungsersatz geltend macht (die Aufwendungen oft beziffert und für die Zukunft als Feststellungsantrag), den **Annahmeverzug des Verkäufers nach §§ 293 ff. BGB feststellen lassen will** und zusätzlich die Verurteilung des Beklagten zur Abholung/Rücknahme der Kaufsache begehrt. Es wird also aus allen Rohren geschossen. In der Zulässigkeit der Klage sind §§ 260, 256 ZPO anzusprechen.[85] Das Feststellungsinteresse bzgl. des Annahmeverzuges ergibt sich aus der erleichterten Zwangsvollstreckung nach §§ 756 I, 765 ZPO. Die Anspruchsgrundlage für die Abholung der Kaufsache beim Kläger ist §§ 346 I, 242 BGB (→ Rn. 15). Oft macht der Käufer auch noch **Lagerkosten** geltend, dann sind §§ 286, 304, 347 II BGB zu prüfen. Auch eine Widerklage lässt sich gut einbauen, mit der der Verkäufer zB den Restkaufpreis geltend macht. Vgl. zur Widerklage: *Kaiser/Kaiser/Kaiser* Zivilgerichtsklausur I Rn. 453 ff. Lesen Sie sich diesen Absatz jetzt bitte nochmal durch, das ist wichtig!

Eine weitere Konstellation ist die **Selbstvornahme der Reparatur durch den Käufer** ohne **vorherige Fristsetzung** an den Verkäufer, sodass eine Nacherfüllung durch diesen unmöglich wird. Die Rspr. verneint dann – wenn eine Fristsetzung nicht ausnahmsweise entbehrlich war (→ Rn. 27) – jedweden Anspruch des Käufers auf Kostenersatz – Schadensersatz, Minderung, GoA, § 812 BGB und § 326 II 2 BGB analog – wegen des Vorrangs der Fristsetzung/»Recht zur zweiten Andienung«. Kommentiert ist dies in Palandt/*Grüneberg* BGB § 326 Rn. 13.

> **Klausurtipp:** Das identisch zu lösende Problem der **Selbstvornahme** kann sich auch bei anderen Verträgen ergeben, deren Sekundäransprüche eine vorherige Fristsetzung vorsehen, so zB im **Werk-**[86], **Reise- u. Mietrecht** (→ Rn. 77, 80).

4. Das Vorliegen eines Mangels, §§ 434 f. BGB

Der Mangelbegriff ist in §§ 434 f. BGB geregelt. Der auf konkrete Tatsachen gestützte Man- **26** gelverdacht kann ausreichen. Die **Beweislast** für den Mangel trägt analog § 363 BGB nach Übergabe der Käufer (anders § 476 BGB). Ggf. liegen auch zwei Mängel vor, sodass Sie nicht nur von »dem Mangel« sprechen dürfen. Bei der Begründung der Mangelhaftigkeit argumentieren Sie bitte unter **genauer Zitierung der Alternativen des § 434 I BGB:** Fehlt die vereinbarte – vertraglich vorausgesetzte – gewöhnliche Beschaffenheit?

> **Klausurtipp:** Das **Mängelobjekt ändert sich in Wellenbewegungen.** So gab es Monate, da kamen in so gut wie jedem Durchgang Kfz vor, danach Pferde, dann Grundstücke, dann Felgen, dann Bunker unter dem Grundstück, dann wieder Kfz, dann Öfen, mittlerweile sind es wieder die Pferde. Arbeiten Sie mit dem Gesetz, dem Klausursachverhalt und dem Palandt, hier gibt es nix, was man im Voraus lernen könnte.

In **§ 434 II, III BGB** sind weitere Mangelfallgruppen geregelt (Montagemangel, *aliud*, Minderlieferung), die keine große Bedeutung haben. **§ 435 BGB** regelt den Rechtsmangel (zB Widmung eines Grundstücks als öff. Straßenland, Eingriffe der Strafverfolgungsbehörden zwecks Verfall

---

84 BGH MDR 2014, 1064 f.; LG Frankfurt a.M. NJW-RR 2014, 86 f.; Palandt/*Grüneberg* BGB § 271 Rn. 7. Dies gilt nicht nur für den Kaufvertrag!
85 *Kaiser/Kaiser/Kaiser* Zivilgerichtsklausur I Rn. 403; *Kaiser/Kaiser/Kaiser* Anwaltsklausur Rn. 38.
86 Vgl. dazu OLG Düsseldorf NJW 2014, 1115; NJW-RR 2008, 331; BGH NJW 2005, 1348 ff.

und Einziehung der Sache – Beschlagnahme eines Kfz, **Januartermin 2016!**). Beachte: Kann schon der Verkäufer das Eigentum an der Kaufsache nicht übertragen, zB weil die Sache einem Dritten nach § 935 BGB abhandengekommen ist oder sie bereits dem Käufer gehört, liegt kein Rechtsmangel, sondern Nichtleistung vor. Es gilt das Leistungsstörungsrecht AT, §§ 275, 326, 283, 311a BGB.[87] Im Falle eines Rechtskaufs (Kauf von Forderungen, GmbH-Anteilen) haftet der Verkäufer wie beim Sachkauf, § 453 BGB (**Bayern-Termin II 2013**).

5. Sonderregelungen zur Fristsetzung, § 440 BGB

27 § 440 BGB normiert zusätzlich zu §§ 281 II, 323 II, IV BGB Fälle, in denen es für die Sekundärrechte des Käufers keiner Fristsetzung bedarf, wobei von § 440 BGB oft die »**Unzumutbarkeit**« in Fällen der **Montagsauto-Rspr.** zu prüfen ist.[88] Bei §§ 281 II, 323 II BGB werden oft die »besonderen Umstände« (zB arglistige Täuschung des Verkäufers) oder die ernsthafte und endgültige Erfüllungsverweigerung (streng zu sehen, vor allem Bestreiten des Mangels reicht idR noch nicht – »letztes Wort des Schuldners«?) relevant. Auch bei Unmöglichkeit (→ Rn. 20) ist eine Fristsetzung entbehrlich.

> **Beachte: Auch beim Verbrauchsgüterkauf** gilt nach der Rspr. für den Rücktritt und die Minderung **das Fristsetzungserfordernis** aus §§ 437, 323 I, 441 BGB, wenn keine der obigen Ausnahmen greift.[89]

6. Die Minderung, § 441 BGB

28 Statt zurückzutreten (dann inzidente Prüfung der Rücktrittsvoraussetzungen) kann der Käufer nach § 441 BGB mindern (idR konkludent ausgeübtes Gestaltungsrecht). Der Anspruch auf (teilweise) Rückzahlung des bereits gezahlten Kaufpreises ergibt sich aus §§ 441 IV, 346 BGB, der § 812 BGB ist daneben gesperrt. Kann der Käufer eigentlich mindern und gleichzeitig Schadensersatz verlangen? Erst selbst nachdenken, dann Fußnote lesen![90]

7. Die Garantieerklärung des Verkäufers/eines Dritten

29 § 443 BGB (geplant ist noch zusätzlich ein flankierender § 476 BGB-E) regelt die Garantie des Verkäufers oder eines Dritten. Bei einer Verkäufergarantie kann entweder eine unselbstständige Garantie (nur Modifizierung der gesetzlichen Mängelhaftung, vgl. §§ 442, 444 BGB, ggf. sogar Haftung ohne Verschulden nach § 276 I 1 BGB) oder eine selbstständige Garantie iSv §§ 311 I, 241 I BGB als eigene Anspruchsgrundlage, die neben §§ 437 ff. BGB tritt, vorliegen. Abgrenzungskriterium: RBW. Bei einer Drittgarantie kann nur eine selbstständige Garantie vorliegen, die neben die Haftung des Verkäufers tritt. Der BGH hat mehrfach die Garantie einschränkende Inspektionspflichtklauseln bei Kfz an § 307 BGB scheitern lassen.[91] Dies war zuletzt Thema im **April 2014!**

8. Der Verbrauchsgüterkauf, §§ 474 ff. BGB

30 Erstmal lesen Sie bitte die §§ 474 ff. BGB (zur Zeit der Drucklegung dieses Werkes hier gesetzgeberische Änderungen geplant!). Die Begriffe des Verbrauchers und Unternehmers sind in **§§ 13, 14 BGB** geregelt und gut im Palandt kommentiert. Ein Verbraucher kann sich nach § 242 BGB nicht auf §§ 474 ff. BGB berufen, wenn er dem Verkäufer seine Unternehmereigenschaft vortäuscht.

Wichtig ist **§ 476 BGB** (bald ggf. »umgetopft« in § 477 BGB-E), der eine Beweislastumkehr bzgl. der Voraussetzung »Mangel bei Gefahrübergang« beinhaltet. Im Geltungsbereich des

---

87 BGH NJW 2007, 3777 ff.; OLG Schleswig NJW-RR 2011, 1233 ff. § 438 I Nr. 1a) BGB soll dann allerdings nach hM analog gelten.

88 Generelle Fehleranfälligkeit als Mangel, Palandt/*Weidenkaff* BGB § 440 Rn. 8. Das gilt natürlich nicht nur bei Autos! Weitere Fallgruppe: Aufgrund der krassen Mängel ist Vertrauen in die Kompetenz des Verkäufers nachhaltig zerstört (**Zafira-Fall** des BGH in NJW 2015, 1669 ff.).

89 BGH NJW 2015, 3455; 2011, 2278; 2011, 3435; ZGS 2011, 406; NJW 2006, 1195 ff. und 2005, 1348 ff.; **bemüht aA ist zT die Literatur** wie auch leider Palandt/*Weidenkaff* BGB § 439 Rn. 7 mwN. Durch das ohnehin lockere Verständnis der Rspr. zur Frage der Formulierung der Fristsetzung (→ Rn. 20) ist das Fristsetzungserfordernis aber eh keine große Hürde für den Verbraucher.

90 Nach hM schließt eine Minderung zumindest die zusätzliche Geltendmachung des Schadensersatzes statt der ganzen Leistung nach § 281 I 1, 3 BGB aus, da dieser von einem Rückaustausch ausgeht und daher nicht mit der Minderung vereinbar ist. Minderung und kleiner Schadensersatz sind aber kombinierbar. Der Schadensersatz ist dann um den bereits durch die Minderung erfassten Betrag zu reduzieren (BGH NJW 2011, 2953).

91 *Steimle* NJW 2014, 192 ff. mwN zur Rspr.

§ 476 BGB muss also der Verkäufer die Mangelfreiheit der Sache bei Übergabe beweisen. Der typische Anwendungsfall von § 476 BGB ist, dass **unklar** ist, ob der später aufgetretene Mangel bei Gefahrübergang vorlag oder die Sache erst danach defekt ging. Die Norm greift grds. **auch beim Tierkauf**[92] **und bei gebrauchten Sachen.** Steht allerdings fest, dass der Mangel **erst nach Gefahrübergang** aufgetreten ist (zB plötzlich auftretender Motorschaden bei Kfz) und daher bei Übergabe noch nicht vorlag, griff § 476 BGB nach bisheriger Rspr. nur, wenn der Käufer einen **Grundmangel** (dh die vertragswidriger Ursache für den späteren Folgemangel) bewiesen hat. Gelingt ihm dies, wird vermutet, dass dieser schon bei Gefahrübergang vorgelegen hat. Blieb aber unklar, ob stattdessen ein Fahrfehler oder hinnehmbarer Verschleiß zu dem Folgemangel geführt hatte, so konnte er sich nicht auf § 476 BGB berufen. **Dies hat der EuGH (»Faber«) endlich gekippt:** Der Verbraucher muss nur das Vorliegen des Folgemangels innerhalb der Frist des § 476 BGB beweisen, nicht aber den Grund für die Vertragswidrigkeit. Der Grundmangel bei Gefahrübergang wird vielmehr vermutet (Argument: Verbraucherschutz), zuletzt lief das im **Junitermin 2016!**[93]

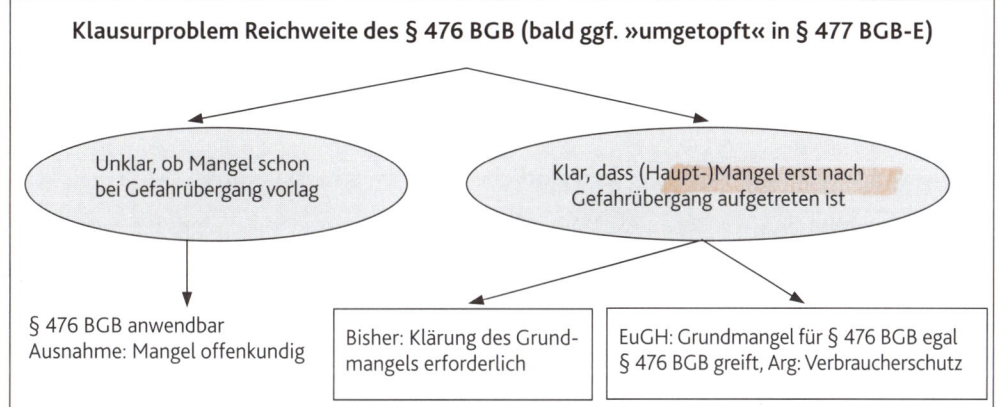

§ 475 I 2 BGB (bald ggf. § 476 BGB-E) sanktioniert **Umgehungsgeschäfte** durch den Unternehmer (zB Verkauf eines gebrauchstauglichen Kfz mit der Sollbeschaffenheit »*Bastlerfahrzeug*«, Verkauf eines Fahrzeuges mit der pauschalen Klausel »*Mängel sind dem Käufer bekannt*«). Auch bei **Agenturgeschäften** der Autohändler – der Autohändler nimmt das Kfz des Kunden dergestalt in Zahlung, dass er dieses als Vertreter für den Kunden unter Gewährleistungsausschluss an einen Dritten verkauft und den Kaufpreis auf den von ihm verkauften Neuwagen anrechnet – kann es sich um Umgehungsgeschäfte handeln, wenn bei wirtschaftlicher Betrachtungsweise der Autohändler das eigentliche Geschäftsrisiko trägt (zB durch seine Mindestpreisgarantie). Rechtsfolge ist, dass sich der Händler beim Weiterverkauf des Kfz gemäß § 475 I 2 BGB so behandeln lassen muss, als hätte er selbst das Fahrzeug an den Dritten verkauft. Die Haftung des Händlers tritt dann ggf. neben die Haftung des von ihm vertretenen Kunden.

§§ 478 f. BGB regeln den **Regress des Verkäufers** gegenüber seinem Lieferanten, der bislang in Klausuren keine große Rolle gespielt hat. Hier ist eine **gesetzgeberische Änderung** der §§ 478 f. BGB (unter anderem Flankierung durch §§ 445a, 445b BGB-E) geplant, die bei Drucklegung dieses Werkes noch nicht endgültig feststanden!

9. Die Verjährung, § 438 BGB
§ 438 BGB regelt die Verjährung der Mängelansprüche. In Klausuren beruft sich der Verkäufer ggf. darauf, dass der **Rücktritt oder die Minderung »verjährt« seien**. Geht das? Erst nachdenken, dann Fußnote lesen![94]   **31**

---

92 Vgl. dazu bei Interesse *Wertenbruch* NJW 2012, 2065 ff. Hier ist die Inkubationszeit ein wichtiger Faktor.

93 Palandt/*Weidenkaff* BGB § 476 Rn. 8. Außerdem hat der EuGH entschieden, dass die Vereinbarung einer zweiwöchigen Unterrichtspflicht des Käufers nach Entdeckung des Mangels europarechtskonform wäre.

94 Rücktritt und Minderung sind Gestaltungsrechte und verjähren daher nicht. Nach §§ 438 IV 1, V, **218 BGB sind sie aber unwirksam, wenn** der Anspruch auf die Leistung oder der Nacherfüllungsanspruch verjährt ist und der Verkäufer die Einrede der Verjährung erhebt.

II. Leistungsstörungen im Werkvertrag

1. Allgemeines

32 Beim Werkvertrag verpflichtet sich der Unternehmer zur Herstellung eines Werkes, es ist also ein **Erfolg geschuldet**. In der Praxis spielt bei Bauverträgen die **VOB** (Vergabe- u. Vertragsordnung für Bauleistungen) eine große Rolle. Bei der VOB handelt es sich um AGB iSv §§ 305 ff. BGB.

> **Beachte:** Die Bundesregierung hat im März 2016 eine **Reform des Werkrechts/Bauvertragsrechts beschlossen**, bei der unter anderem umfassende Dokumentationspflichten des Unternehmers, neue Kündigungs- u. Verbraucherwiderrufsrechte, eigene Regeln zum Bauvertrag (§§ 650a ff. BGB-E), zum Verbraucherbauvertrag (§§ 650h ff. BGB-E) und zum Architekten- u. Ingenieurvertrag (§§ 650o ff. BGB-E) und neue Lohnregelungen implementiert werden sollen. Zudem »verrutschen« einige Vorschriften. Zur Zeit der Drucklegung dieses Skriptes stand die endgültige Fassung noch nicht fest, daher informieren Sie sich bitte in den einschlägigen Ausbildungszeitschriften! Soweit klausurrelevant, haben wir die geplanten Änderungen bereits im Skript angedeutet.

> **Klausurtipp:** Ist der Werkvertrag nicht bewiesen oder unwirksam, können sich (»auch fremdes Geschäft«) Ersatzansprüche des Unternehmers für seine Arbeiten aus GoA oder subsidiär aus § 812 BGB ergeben.

Problem: **Abgrenzungsfragen** in (vermeintlichen) Werkvertragsklausuren

- **Bauträgervertrag:** Werkrecht bei Mängeln des Bauwerks und für Vergütung, ansonsten Kaufrecht (und § 311b BGB!). Der Bauträgervertrag ist gut im Palandt bei § 675 BGB und bei Vorb v § 633 BGB kommentiert und soll bald als § 650t BGB-E frisch im Werkrecht geregelt werden.
- Verkäufer verpflichtet sich vor Übergabe des Kfz zu dessen **Umrüstung** (Benzin zu Autogas): bleibt reiner Kaufvertrag, Umrüstung ist nicht prägend. Bei späterer separater Umrüstung durch Werkstatt: Werkvertrag.
- Kaufvertrag mit Montagepflicht: bleibt reiner Kaufvertrag, wenn Montage nicht der Schwerpunkt ist (arg. ex. § 434 II 1 BGB). So auch bei Erwerb einer vom Verkäufer zu installierenden **Photovoltaikanlage (beliebt!)**.[95]
- Herstellung eines **Bauwerks** oder bei **geistigen Werken** (Musikaufführung, Architekt): Werkvertrag.
- Vertrag mit Herstellungspflicht des Vertragspartners bei beweglichen Sachen (zB Bestellung einer noch anzufertigenden Torte oder von Werbemappen nach Designvorlage des Kunden, Bestellung von erst anzufertigenden speziellen Fenstern oder Türen,[96] einer einfachen EBK[97] oder einer Markise mit Montage): nach **§ 651 BGB Werklieferungsvertrag** (bald ggf. »umgetopft« in § 650 BGB-E!). Beachte: Die genaue Einordnung Kaufvertrag – Werklieferungsvertrag – Werkvertrag ist fast unmöglich, weil hier vieles Einzelfall-Rspr. ist. Sobald nicht unproblematisch ein reiner Werkvertrag vorliegt, sollten Sie **zur Sicherheit immer einen Check im Palandt/*Sprau* bei § 651 Rn. 2 ff.** machen, um nicht falsch abzubiegen!

> **Merke:** Achten Sie in vermeintlichen Werkrechtsklausuren genau darauf, ob nicht ein Werklieferungsvertrag vorliegt (Kaufrecht: dann ggf. auch § 377 HGB wegen § 381 II HGB! – Werkrecht: kein § 377 HGB!).

> **Klausurtipp:** Der **Generalunternehmer** schließt den Werkvertrag mit dem Besteller ab und vergibt dann die einzelnen Gewerke an **Subunternehmer** (sog. »werkvertragliche Leistungskette«). Ein Vertrag besteht dann nur zwischen Generalunternehmer und Besteller und zwischen Generalunter-

---

95 Umstr., vgl. Palandt/*Sprau* BGB § 651 Rn. 5; OLG Saarbrücken Urt. v. 11.11.2015 - 1 U 51/15; Urt. v. 23.4.2014 - 1 U 18/13; OLG Naumburg NJW-RR 2014, 842 mwN. Zuletzt wieder **Februartermin 2016!**

96 OLG Köln NJW-RR 2015, 859; reiner Kaufvertrag aber, wenn Vertragspartner nur als Zwischenhändler anzusehen ist, weil es sich um listenmäßig angebotene Standardware handelt, so BGH NJW 2014, 2183 ff.

97 Werkvertrag aber, wenn die Montage der Schwerpunkt ist, Palandt/*Sprau* BGB § 651 Rn. 4 f.; Einf v § 631 Rn. 26. Vgl. zur einzupassenden EBK BGH NJW 2013, 1431 ff.; OLG Karlsruhe BauR 2012, 1691; OLG Frankfurt a.M. NJOZ 2008, 2280.

nehmer und Subunternehmer (ebenfalls Werkvertrag, kein VzD für Besteller! keine Gesamtschuld mit Generalunternehmer!). Das Verschulden des Subunternehmers wird dem Generalunternehmer über § 278 BGB zugerechnet. **Mehrere separat vom Besteller beauftragte Unternehmer** haften diesem gegenüber bei Mängeln **idR auch nicht gesamtschuldnerisch. Ausnahmen** davon finden Sie in Palandt/*Sprau* BGB § 634 Rn. 18 ff. (»Zweckgemeinschaft/Erfüllungsgemeinschaft«)? Dann ist sogar bei Kausalitätszweifeln die Anwendung von § 830 I 2 BGB analog möglich, so aktuell OLG Düsseldorf MDR 2015, 1291.

Vorausgeschickt noch Folgendes: Was ist der **typische Einstieg** in Werkrechtsklausuren? IdR die Lohnzahlungsklage des Werkunternehmers. Der Besteller setzt dann die unten dargestellten Leistungsstörungsrechte oder sonstige Lösungsrechte entgegen, die Sie dann inzident zu prüfen haben. Umgedreht: Der Besteller klagt seine Mängelrechte ein, der Werkunternehmer wehrt sich und bestreitet alles. Dieser Fall ist auch möglich.

2. Leistungsstörungen im Werkvertrag

Sobald eine der bei → Rn. 20 aufgeführten Pflichtverletzungen vorliegt, gelten die oben genannten Ansprüche auch im Werkrecht. Das Leistungsstörungsrecht AT ist auch hier anwendbar. Liegt die Pflichtverletzung des Werkunternehmers hingegen in einer Schlechtleistung (Werkmangel), ergeben sich aus **§§ 634 ff. BGB** Besonderheiten für die Rechte des Bestellers, die erst **ab Gefahrübergang (= Abnahme** des Werkes) greifen. Liegt Gefahrübergang vor, verweist **§ 634 BGB als Brückennorm** bzgl. der wesentlichen Gewährleistungsrechte »zurück nach vorn« auf das Leistungsstörungsrecht AT (die drei Weichenstellungen), sodass die dortigen Rechte iVm § 634 Nr. 2, 3, 4 BGB auch nach Gefahrübergang anwendbar sind, dazu kommen einige BT-Besonderheiten in §§ 634a ff. BGB. **Ausnahmsweise** gelten die §§ 634 ff. BGB auch **schon vor Abnahme**, vor allem wenn eine Erfüllung des Vertrages nicht mehr in Betracht kommt (zB wenn der Unternehmer sein Werk als fertig ansieht und eine Mängelbeseitigung ablehnt oder wenn das Werk zwischenzeitlich von einem anderen Unternehmer ausgeführt worden ist).[98]

32a

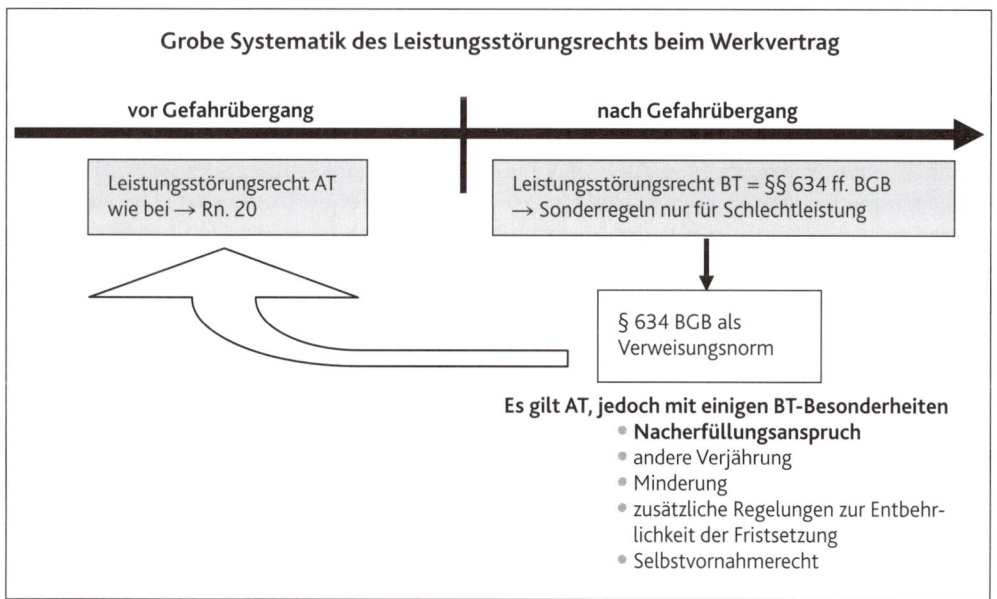

Merke: Durch die jeweiligen Verweisungsnormen sind die Gewährleistungsrechte im Kauf- u. Werkrecht ähnlich. Auch hinsichtlich des Verhältnisses der allgemeinen Regeln der §§ 119, 123, 280 ff. BGB und c.i.c. zu §§ 634 ff. BGB gilt dasselbe wie im Kaufrecht (»BT schlägt AT« → Rn. 25 auch zu den Ausnahmen).

---

98 Palandt/*Sprau* BGB Vorb v § 633 Rn. 6 ff.; OLG Hamm NJW 2015, 2970 ff.; MDR 2015, 150; OLG Brandenburg NJW 2015, 1611; OLG Koblenz OLGR Koblenz 2008, 175.

Beachte: Auch der Besteller kann eine Pflicht verletzen. Besonders relevant ist die Verletzung einer **Nebenpflicht** durch den Besteller, die eine Haftung aus pVV und § 823 BGB auslösen kann.

Klausurtipp: Wenn im Werkvertrag die **Gewährleistung ausgeschlossen** wurde, so ist der Ausschluss an §§ 639, 305 ff. und 242 BGB zu messen. Denken Sie auch an § 640 II BGB (lesen!).

Die Vorschrift des **§ 633 II BGB** regelt den **Werkmangel.** Faustregel: Ein Mangel liegt vor, wenn die anerkannten Regeln der Technik nicht eingehalten wurden (»*nicht fachgerecht*«) oder selbst bei Einhaltung der Regeln das Werk nicht wie vereinbart oder vorausgesetzt funktioniert. Eine Haftung scheidet aus, wenn die Mangelursache komplett beim Besteller liegt oder wenn der Mangel auf seine Vorgaben zurückzuführen ist und der Unternehmer seine Prüfungs- und Hinweispflicht erfüllt hat. Bei bloßer Mitverursachung durch den Besteller ist dieser an den Nachbesserungskosten zu beteiligen,[99] bei Minderungs-, Schadensersatz- oder Vorschussverlangen des Bestellers wird der Anspruch wg. § 254 BGB entsprechend gekürzt.

§ 634 BGB zählt die Rechtsfolgen einer mangelhaften Werkleistung auf und verweist auf §§ 280 ff., 323 ff. BGB. Daher ist für die Geltendmachung der Gewährleistungsrechte **grds. eine Fristsetzung erforderlich** (Ausnahme: §§ 636, 281 II, 323 II BGB, Unmöglichkeit). IdR verlangt der Besteller **Schadensersatz statt der Leistung** nach §§ 633, 634 Nr. 4, 281 I 1, 280 BGB: Hier behält er die mangelhafte Bauleistung und verlangt Ersatz der Mängelbeseitigungskosten (kleiner Schadensersatz). Beim Schadensersatz statt der ganzen Leistung nach §§ 633, 634 Nr. 4, 281 I 1, 3, 280 BGB entfällt nach der im Regelfall vorzunehmenden Abrechnung iSd Differenzmethode der Werklohnanspruch. Der Besteller kann vom Unternehmer die Rücknahme des Werkes (Abriss), die Rückzahlung etwaiger Vergütungsleistungen und seinen sonstigen Nichterfüllungsschaden verlangen (großer Schadensersatz). Klassische Mangelfolgeschäden/Begleitschäden sind – ohne Fristsetzung – nach §§ 633, 634 Nr. 4, 280 BGB zu ersetzen (**Schadensersatz neben der Leistung**). Es ist also alles mehr oder weniger genau wie im Kaufrecht!

3. Klausurtipps zu den wichtigsten Einzelproblemen

32b Der **Nacherfüllungsanspruch** ergibt sich aus **§§ 634 Nr. 1, 635 BGB**. Im Gegensatz zum Kaufrecht hat der Unternehmer die Wahl zwischen Nachbesserung und Neuherstellung. Die kaufrechtliche Problematik der Aus- und Einbaukosten ergibt sich wg. dessen Erfolgsbezogenheit beim Werkvertrag nicht. Der Unternehmer schuldet die komplette Herstellung des mangelfreien Werks.[100] Der **Ort der Nacherfüllung** iSv § 269 BGB, § 29 ZPO ist der Ort, wo sich das nachzubessernde Werk vertragsgemäß befindet.[101]

Merke: Denken Sie an § 641 III BGB als Sondervorschrift zu § 320 BGB, wenn der Besteller nach der Abnahme (oder in den Fällen, in denen eine Abnahme entbehrlich ist) den Nacherfüllungsanspruch als ZBR geltend macht. Besteht das ZBR, kommt es zu einer Zug-um-Zug-Verurteilung.

Neben der Minderung in § 638 BGB ist in **§ 637 I BGB** speziell das **Selbstvornahmerecht** des Bestellers bzgl. einer Mängelbeseitigung geregelt, das der GoA, § 812 BGB oder § 326 II 2 BGB analog vorgeht. Rücktritt und § 637 BGB schließen sich gegenseitig aus, weil der Rücktritt ein Abwicklungsverhältnis zustande bringt, neben dem § 637 BGB systemfremd wäre. **§ 637 III BGB** gewährt einen **Anspruch auf Kostenvorschuss** für die Selbstvornahme, wenn ein Aufwendungsersatzanspruch nach § 637 I BGB besteht (Abs. 1 im Abs. 3 prüfen!). Der Anspruch ist – anders als § 281 BGB – wie jeder Vorschussanspruch zweckgebunden, sodass er

---

99 BGH NJW 2010, 2571 ff.: Zuschusszahlungsanspruch des Unternehmers aus vertraglicher Nebenpflicht iVm § 242 BGB.

100 Palandt/*Sprau* BGB § 635 Rn. 6; MüKoBGB/*Busche* § 635 Rn. 16. Dh, der Parkett-Verleger, der sich vertraglich zu Beschaffung und Einbau des Parketts verpflichtet hat, schuldet als Nacherfüllung Neulieferung u. Ausbau des alten u. Einbau des neuen Parketts.

101 BGH NJW 2011, 2278 ff.; MDR 2008, 552 f.

bei nicht zweckentsprechender Verwendung zurückzugewähren ist.[102] Nach neuer Rspr. steht der Vorschussanspruch aus § 637 III BGB neben der Möglichkeit, den noch nicht bezahlten Werklohn einzubehalten.[103] Neben § 637 BGB kann über §§ 634 Nr. 4, 281, 280 BGB ein (in wirtschaftlicher Hinsicht uU sogar identischer) Schadensersatzanspruch treten (»637 sperrt 281 nicht«). Das alles kam zuletzt im **September 2015 im Ringtausch und November 2015 in Bayern und wurde vorher im BGB-Wochenendkurs besprochen!**

In § 634a BGB ist die **Verjährung** der Gewährleistungsansprüche geregelt. Beachten Sie §§ 634a IV, V, 218 BGB.

Denken Sie an Folgendes, wenn **der Werklohnanspruch des Unternehmers** aus § 631 I BGB zu prüfen ist:

Die Voraussetzungen für einen Werklohnanspruch des Werkunternehmers sind:

1. Wirksamer Vertragsschluss
2. **Fälligkeit**: grds. erst mit Abnahme, § 641 BGB. Wichtige gesetzliche Ausnahmen sind hier §§ 632a I, 640 I 3 (bald ggf. § 640 II BGB-E), 641 II 1, 645, 646 BGB. Eine Rechnungsstellung ist für Fälligkeit nach hM idR nicht erforderlich (anders § 15 I HOAI beim Architekten)
3. Werklohnhöhe unstreitig/bewiesen (hierzu §§ 650b, 650c BGB-E – nachträgl. Änderung des Werklohns geplant!)

Denken Sie an die Prüfung der Abnahme! Diese ist nicht nur für den Werklohnanspruch wichtig. Sie stellt den Beginn der Verjährung für die Gewährleistungsrechte des Bestellers dar, § 634a II BGB, und führt dazu, dass die Gewährleistungsvorschriften des Werkrechts BT (= §§ 634 ff. BGB) Anwendung finden. Nach § 644 BGB geht die Vergütungsgefahr auf den Besteller über. Zudem verliert der Besteller ggf. nach § 640 II BGB das Recht auf Mängelbeseitigung, wenn er sich dieses nicht vorbehält. Die Abnahme hat auch Einfluss auf die Beweislast hinsichtlich von Mängeln (s. unten). Abnahme liegt vor, wenn der Besteller zum Ausdruck bringt, dass er die Werkleistung als im Wesentlichen vertragsgemäß betrachtet. Es kann auch zu einer **konkludenten Abnahme** kommen, zB durch längere anstandslose Ingebrauchnahme des Werkes oder durch vorbehaltlose (Teil-)Zahlung des Werklohns. **Wann ist ausnahmsweise für den Werklohn keine Abnahme nötig?**[104]

1. Wenn der Besteller nicht mehr Erfüllung verlangt, sondern allein auf Geldzahlung gerichtete Gewährleistungsansprüche entgegensetzt. Den Parteien geht es dann »nur« um die Abrechnung der offenen Posten.
2. Wenn der Besteller unberechtigt die Abnahme verweigert (dh Werk ist mangelfrei oder Mängel sind unwesentlich, § 640 I 1, 2 BGB). Der Werkunternehmer muss dabei die Abnahmereife seines Werkes beweisen.
3. Bei endgültiger unberechtigter Verweigerung von Mitwirkungshandlungen durch den Besteller (beachten Sie dann auch § 642 BGB!).

---

102 Anspruchsgrundlage auf Rückgewähr: ergänzende Vertragsauslegung des Werkvertrages. Der Werkunternehmer kann analog § 666 BGB Auskunft über die Verwendung des Vorschusses verlangen. Gegen den Rückzahlungsanspruch kann der Besteller mit einem Schadensersatzanspruch wg. der Mängel aufrechnen, vgl. zuletzt OLG Celle NJW 2013, 475 ff. u. Palandt/*Sprau* BGB § 637 Rn. 11.

103 Vgl. nur OLG Düsseldorf NJW-RR 2015, 341; OLG Hamm Urt. v. 28.2.2013 – 21 U 86/12, BeckRS 2013, 16795; BeckOK BGB/*Voit* § 637 Rn. 13; MüKoBGB/*Busche* § 637 Rn. 20; **anders Palandt/*Sprau* BGB § 637 Rn. 8.**

104 Palandt/*Sprau* BGB § 641 Rn. 4 f.; Palandt/*Sprau* BGB Vorb v § 633 Rn. 7; OLG Karlsruhe NJW-RR 2010, 1609 ff.; OLG Düsseldorf NJW 2014, 115 ff.

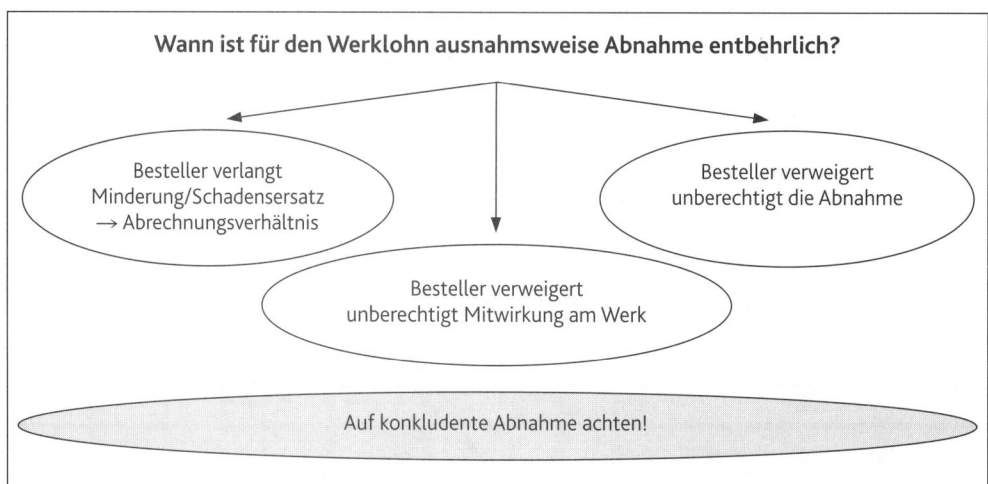

In **§ 645 BGB** ist der Werklohnanspruch ohne Abnahme bei Untergang/Unausführbarkeit des Werkes wegen »Verantwortlichkeit des Bestellers« geregelt. § 645 BGB gilt analog für Ursachen, die in der Person des Bestellers begründet sind oder auf seine Handlung zurückgehen (jedoch keine allgemeine Sphärenhaftung). Zur Abrechnung nach § 645 BGB kommt man auch in Fällen von **§ 643 BGB** (Kündigung bei unterlassener Mitwirkung des Bestellers; **Augusttermin 2015, Januar und April 2016!**) und **§ 650 I BGB** (Kündigung wegen Überschreitung des **Kostenvoranschlags**; bald ggf. »umgetopft« in § 649 BGB-E). Ansonsten trägt der Unternehmer bis zur Abnahme die Vergütungsgefahr, **§ 644 I BGB**. Wie kann § 644 I BGB relevant werden? So: Aufgrund einer Schädigungshandlung eines anderen Handwerkers wird das mangelfreie noch nicht abgenommene Werk eines Unternehmers unbrauchbar. Dieser erleidet einen Schaden, weil er vor Abnahme nach § 644 I BGB die Vergütungsgefahr trägt und daher sein Werk nachbessern/wiederholen muss, er selbst hat aber keinen Anspruch gegen den Schädiger, weil seine Baustoffe idR nach § 946 BGB mit den Einbau in das Eigentum des Bestellers übergangen sind. Dieser Konflikt ist über die Grundsätze der DSL zu lösen (→ Rn. 67).

Eine **weitere Anspruchsgrundlage für Werklohn ist § 649 S. 2, 3 BGB** (bald ggf. »umgetopft« in § 648 BGB-E), wenn der Besteller nach S. 1 BGB (**»freies Kündigungsrecht«**) gekündigt hat, was nur vor Abnahme/Vollendung zulässig ist. Hier muss in Klausuren oft zu § 313 BGB (→ Rn. 15) und zur Kündigung aus wichtigem Grund nach § 314 BGB analog abgegrenzt werden (Details in Palandt/*Sprau* BGB § 649 Rn. 13 f.; nichts auswendig lernen!). Die bislang aus § 314 BGB analog entnommene, für beide Seiten mögliche **Kündigung aus wichtigem Grund** inklusive der Rechtsfolgen soll nach dem Willen der Bundesregierung bald in **§ 648a BGB-E** normiert werden.

> **Klausurtipp:** Wenn der Besteller sich vom Vertrag lösen will, so ist sein Vortrag **auszulegen**, ob er die Gewährleistungsrechte oder die Vertragslösungsrechte nach §§ 649 (bald ggf. § 648 BGB-E), 650 (bald ggf. § 649 BGB-E), 313, 314 (bald ggf. § 648a BGB-E) BGB geltend macht. Auch der Werkunternehmer kann sich von dem Vertrag lösen, vgl. §§ 643, 323 ff., 313, 314 (bald ggf. § 648a BGB-E) BGB.

In einigen Klausuren geht es um über §§ 632a, 648 f. BGB hinausgehende **Sicherheiten** des Bestellers.[105] Die Parteien können zB vereinbaren, dass der Besteller eine Bürgschaft stellt oder einen Vorschuss zahlt (zu viel gezahlter Vorschuss ist als Nebenpflicht des Werkvertrages zurückzuzahlen, nicht über § 812 BGB!). Die in §§ 648, 648a BGB geregelten gesetzlichen Sicherheiten für den Unternehmer (unter anderem **Bauhandwerkersicherungshypothek** – idR über einstweiligen Rechtsschutz als Einstieg von den LJPAs geprüft[106]) haben nur geringe

---

105 Vereinbart werden kann auch, dass der Unternehmer Sicherheit leisten muss, zB durch eine Gewährleistungsbürgschaft, Einbehalt von Werklohn oder eine Kombination von beidem. Hier steht vieles in Palandt/*Sprau* BGB § 641 Rn. 12 und Einf v § 765 Rn. 13.
106 Vgl. dazu unbedingt *Kaiser/Kaiser/Kaiser* Anwaltsklausur Rn. 76 ff.

Klausurrelevanz, Details konnten hier stets mit dem Kommentar gelöst werden. Es ist von der Regierung geplant, diese Sicherheiten in §§ 650d, 650e BGB-E umzutopfen, also in die Regelungen zum Bauvertrag.

Das **Werkunternehmerpfandrecht an Sachen des Bestellers** findet sich in § 647 BGB. Der Unternehmer hat dann ein Problem, wenn das Kfz nicht dem Besteller gehört (bei Ehegatten auf § 1357 BGB achten – ggf. Mitverpflichtung des nicht handelnden Eigentümer-Ehegatten!). Denn das gesetzliche Werkunternehmerpfandrecht kann **nicht gutgläubig erworben** werden, da der auf die Gutglaubensvorschrift § 1207 BGB verweisende § 1257 BGB ein bereits entstandenes Pfandrecht voraussetzt und daher bzgl. des Ersterwerbs nicht eingreifen kann. Da der Wortlaut eindeutig ist, scheidet auch eine analoge Anwendung von § 1207 BGB aus. Gleichfalls vermag eine von dem Eigentümer dem Besteller erteilte Ermächtigung, die Sache reparieren zu lassen, nach § 185 BGB analog das gesetzliche Werkunternehmerpfandrecht nicht entstehen lassen.[107] Auch die jüngsten Gesetzesänderungen im HGB zu dortigen Pfandrechten ändern daran nichts, da es sich um nicht analogiefähige Sonderkonstellationen des Handelsrechts handelt. In Betracht kommt aber die Vereinbarung eines vertraglichen Pfandrechts (häufig und zulässig auch in AGB), welches nach § 1207 BGB gutgläubig erworben werden kann. Beachten Sie die Erlöschensgründe von §§ 1257, 1252, 1253 BGB (Zahlung des Werklohns, Rückgabe der Pfandsache). **§ 647 BGB spielt in § 771 ZPO-Klausuren[108] und vor allem im EBV-Werkunternehmerfall (→ Rn. 46) eine Rolle.**

> **Klausurtipp:** Hat der Besteller wegen eines EV nur ein AWR, **entsteht am AWR des Bestellers das Werkunternehmerpfandrecht** (AWR als »wesensgleiches Minus« zum Eigentum, → Rn. 40) und setzt sich mit Eigentumserwerb des Bestellers analog § 1247 S. 2 BGB am Vollrecht fort (dingliche Surrogation).

4. Prozessuale Besonderheiten für die Klausur

Achten Sie beim **Abfassen des Tatbestandes** auf den richtigen Aufbau. Die streitigen Behauptungen zur Abnahme gehören idR in den Vortrag des Werkunternehmers, die zu den Mängeln idR in den Vortrag des Bestellers. Ggf. müssen Sie dann eine Replik des klagenden Werkunternehmers bzgl. der behaupteten Mängel anfügen.[109]   **32c**

Der Werkunternehmer trägt grds. die **Beweislast** für die Höhe der **Vergütung**. Wenn der Unternehmer nach § 632 II BGB die übliche Vergütung (nach Stundensätzen[110]) verlangt und der Besteller eine niedrigere Festpreisvereinbarung behauptet, muss der Unternehmer nach der Rspr. die Unrichtigkeit dieser Darlegung beweisen. Als notwendiges Korrektiv hat dafür allerdings erstmal der Besteller die Umstände der von ihm behaupteten Vereinbarung substantiiert darzulegen. Dies gilt auch andersherum: Verlangt der Unternehmer eine bestimmte Vergütung und behauptet der Besteller eine (im Ergebnis niedrigere) Abrechnung auf Stundenbasis, so muss der Unternehmer die Festpreisabrede beweisen. Bitte merken Sie sich das. Gelingt dem Unternehmer jeweils nicht der entsprechende Beweis, kann er den höheren Lohn auch nicht unter dem Gesichtspunkt verlangen, der Besteller sei jedenfalls iSv § 812 BGB durch die Reparatur bereichert. Warum denn? Erst nachdenken, dann Fußnote lesen![111]

Bei der **Beweislast** hinsichtlich von **Werkmängeln** gilt Folgendes: Vor Abnahme muss der Werkunternehmer die Mangelfreiheit, nach Abnahme der Besteller die Mangelhaftigkeit darlegen und beweisen. Zugunsten des Bestellers reicht es aber aus, wenn er die Mangelauswirkungen (Symptome) darstellt.

---

107 Palandt/*Sprau* BGB § 647 Rn. 3, Argumente: Die Anwendung des auf einen Verfügungsakt zugeschnittenen § 185 BGB auf die Entstehung eines gesetzlichen Pfandrechts wäre systemwidrig; Verpflichtungsermächtigung bei Handeln im eigenen Namen ist dem BGB fremd.

108 Vgl. dazu unbedingt *Kaiser/Kaiser/Kaiser* Zwangsvollstreckungsklausur Rn. 45.

109 *Kaiser/Kaiser/Kaiser* Zivilgerichtsklausur I Rn. 23 ff.

110 Ist die Abrechnung auf Stundenlohnbasis unstreitig, hat der **Unternehmer aber »getrödelt«** und rechnet unverhältnismäßig viele Stunden ab, dann wird sein Anspruch per Aufrechnung auf das erforderliche Maß reduziert (Gegenanspruch des Bestellers aus pVV), **Septembertermin 2015!**

111 Weil der Werkvertrag der Rechtsgrund ist! Lesen Sie OLG Karlsruhe NJW-RR 2014, 313, wenn Sie die Antwort nicht sofort wussten.

§ 4 Vertragsähnliche Ansprüche

A. Culpa in contrahendo (c.i.c.) und positive Vertragsverletzung (pVV)

33 Die pVV und die c.i.c. sind im Wesentlichen in §§ 241 II, 311 II BGB gesetzlich normiert.

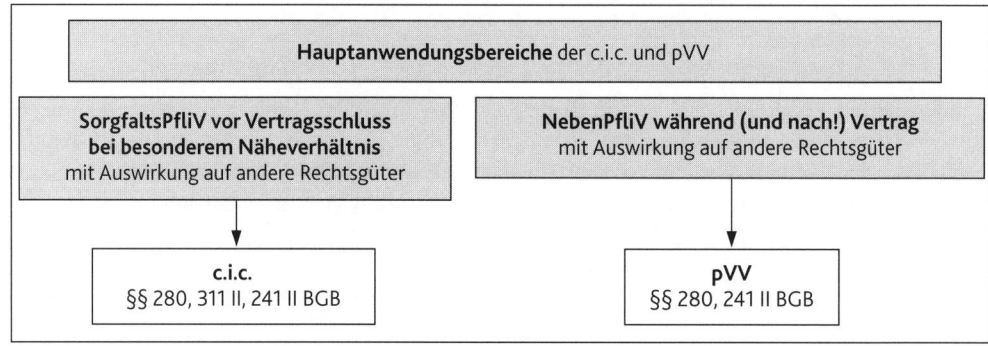

I. Die pVV (= Haftung für Nebenpflichtverletzungen)

§ 241 II BGB regelt die Nebenpflichten in einem Schuldverhältnis (Vertrag oder gesetzliches Schuldverhältnis), bei deren Verletzung ein Anspruch aus §§ 280, 241 II BGB besteht (= Hauptanwendungsbereich der früheren und heutigen pVV). Zwei beliebte Standardfälle zur pVV sollten Ihnen bekannt sein:

Der Käufer verletzt eine Nebenpflicht iSv § 241 II BGB, wenn er bei einer **Verkäuferbewertung nach einem Internetkauf** unrichtige Tatsachen behauptet oder Schmähkritik äußert (Beispiel aus einer Original-Klausur: *»Kauft nicht bei diesem Drecksack!«*). Der Verkäufer hat einen Anspruch auf Löschung aus pVV iVm § 242 BGB in Form der *»culpa post contractum finitum«* (**nachvertragliche pVV**) und aus § 823 I, II BGB iVm §§ 185 f. StGB, § 824 BGB und § 1004 BGB analog. Der durch die Pflichtverletzung entstandene Schaden liegt hier in den negativen Auswirkungen der Bewertung bei anderen eBay-Nutzern.[112] Dieselbe Problematik ergibt sich bei Schmähbewertungen nach einem Hotelaufenthalt. Kurz zwei weitere Beispiele nachvertraglicher Pflichten: Vermieter schmeißt nach Beendigung des Mietvertrages die noch an die alte Adresse des Mieters adressierte Post weg (darf er nicht).[113] Vermieter will nach Vertragsende die Anbringung von Hinweisschildern bei Verlegung der Anwaltspraxis nicht dulden (muss er aber für idR ein halbes Jahr).

Die pVV spielt auch eine Rolle, wenn **zur aktiven Anspruchsverfolgung** vorgerichtliche Anwaltskosten entstehen (»**Gebührenschaden**«; sog. »**Aktiv-Anwalt**«). Hier kommen Ansprüche (»materieller Kostenerstattungsanspruch« im Gegensatz zu dem in §§ 91 ff. ZPO geregelten »prozessualen Kostenerstattungsanspruch«) aus Verzug (→ Rn. 21), aus §§ 280 ff. BGB, pVV, c.i.c. oder Delikt (zB bei Verkehrsunfällen, → Rn. 63) in Betracht. Die Anwaltskosten stellen dann einen kausalen Vermögensfolgeschaden der jeweiligen vorherigen Pflichtverletzung dar. Über §§ 91 ff. ZPO dagegen kann weder direkt noch analog bei vorgerichtlichen Anwaltskosten Erstattung verlangt werden. Kostenerstattung bei **außergerichtlicher anwaltlicher Verteidigung** gegen eine unberechtigte Inanspruchnahme (sog. »**Passiv-Anwalt**«) kann idR nicht verlangt werden. Ansprüche aus § 823 I BGB (keine Rechtsgutsverletzung) und GoA (Zuhilfenahme des Anwalts = eigenes Geschäft ohne FGW) fallen aus, übrig bleibt neben § 823 II BGB (dann Schutzgesetzverstoß des Gegners durch vorprozessuales Handeln nötig → selten!) nach der Rspr. allein die pVV, wenn der vermeintliche Anspruch des (Schein-)Gläubigers iRe tatsächlichen vertraglichen Verbindung der Parteien geltend gemacht wird. Die unberechtigte Geltendmachung einer Forderung aus einem Schuldverhältnis stellt nämlich eine (nach-)vertragliche Nebenpflichtverletzung iSv § 241 II BGB dar. Allerdings ist ein Verschulden dann zu verneinen,

---

112 Palandt/*Ellenberger* BGB § 156 Rn. 3; AG Erlangen NJW 2004, 3720 ff.

113 Der Vermieter hat nachwirkende vertragliche Nebenpflichten bzgl. von nicht offensichtlich wertlosen Gegenständen und Einrichtungen, die der Mieter bei seinem Auszug aus Versehen zurücklässt. Gleiches gilt für Postsendungen nach dem Auszug, vgl. LG Darmstadt NJW-RR 2014, 454 f.

wenn der Anspruch des (Schein-)Gläubigers ihm »plausibel« erscheinen darf. Ähnliches gilt für die Kosten des Verkäufers, die durch ein *ex post* **unberechtigtes Mängelbeseitigungsverlangen** des Käufers ausgelöst wurden (identisch: unberechtigtes Mängelbeseitigungsverlangen des Bestellers, des Reisenden, des Mieters etc.). Generell können Sie sich merken: Die unberechtigte Geltendmachung von Rechten oder Ansprüchen iRe Vertrages ist eine Nebenpflichtverletzung iSv § 241 II BGB, wobei stets der Filter der »Plausibilität« gilt.[114]

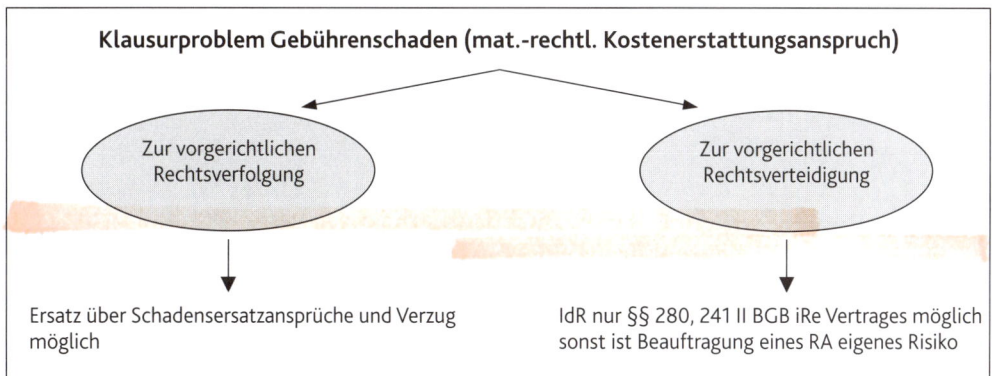

Klausurproblem Gebührenschaden (mat.-rechtl. Kostenerstattungsanspruch)

Zur vorgerichtlichen Rechtsverfolgung

Zur vorgerichtlichen Rechtsverteidigung

Ersatz über Schadensersatzansprüche und Verzug möglich

IdR nur §§ 280, 241 II BGB iRe Vertrages möglich sonst ist Beauftragung eines RA eigenes Risiko

II. Die c.i.c. (= Haftung für Sorgfaltspflichtverletzungen)

Veranlasst unter anderem durch den Linoleumrollen-Fall, hat die Rspr. die c.i.c. erfunden, da der Kaufhausbetreiber sonst »nur« aus §§ 823 I, 831 BGB haften würde (Gefahr der Exkulpation, Verschulden ggf. schwer beweisbar – »Schwächen des Deliktsrechts«, bei c.i.c. wegen §§ 280 I 2, 278 BGB alles anders!). **§ 311 II BGB** regelt nunmehr (nicht abschließend) die besonderen Näheverhältnisse mit Rücksichtnahmepflichten iSv § 241 II BGB, bei deren Verletzung neben Delikt ein Anspruch aus § 280 BGB besteht. Die Normenkette ist dann §§ 280, 311 II, 241 II BGB (= c.i.c.), Drittverschulden wird nach § 278 BGB zugerechnet. Die in Klausuren häufigsten Fälle sind Sorgfalts- oder Aufklärungspflichtverletzung bei Vertragsanbahnung/sonstigen Näheverhältnissen und der treuwidrige Abbruch von Vertragsverhandlungen ohne triftigen Grund (»qualifiziertes Vertrauen« geweckt? bei formbedürftigen Verträgen wie iRv § 311b I BGB zusätzlich schwerwiegende Treupflichtverletzung nötig, da sonst Übereilungsschutzzweck von § 311b I BGB leer liefe). Zusätzlich regelt **§ 311 III BGB** die Eigenhaftung von Dritten (**»Sachwalterhaftung«** vor allem von Vertretern) aus c.i.c. bei Inanspruchnahme besonderen Vertrauens oder eigenem unmittelbaren wirtschaftlichen Interesse (restriktiv auszulegen).

Klausurtipp: Achten Sie auf die c.i.c. auch in unbekannteren Situationen. So ist in Klausuren und Aktenvorträgen schon mehrfach die **Absage von Tischreservierungen** in Restaurants gelaufen.[115] Die **Hotelreservierung** wird dagegen – anders als die Tischreservierung – bereits als Abschluss eines (Beherbergungs-)Vertrages angesehen.[116] Aktuell: Anspruch von **Charles Friedek gegen DOSB** aus c.i.c. (+), wenn vom DOSB die Nominierungsrichtlinien verletzt wurden und er nicht nach Peking durfte (so BGH).

Umfang des Schadensersatzanspruchs bei c.i.c.: Der Geschädigte ist nach § 249 I BGB so zu stellen, wie er ohne das schädigende Verhalten stehen würde. Der Anspruch umfasst idR den Vertrauensschaden (negatives Interesse), kann aber auch darüber hinausgehen. Arbeiten Sie hier im Ernstfall mit dem Palandt. Ggf. kommt auch ein Anspruch auf Rückgängigmachung des Vertrages in Betracht (Rückabwicklung dann über §§ 346 ff. BGB analog), der im Falle einer vertraglichen Inanspruchnahme einredeweise über § 242 BGB (*dolo agit*) geltend ge-

---

114 Palandt/*Grüneberg* BGB § 280 Rn. 27. Der BGH prüft in diesen Fällen nur §§ 280, 241 II BGB. ZT wird daneben auf die GoA zurückgegriffen (vgl. Palandt/*Sprau* BGB Vorb v § 633 Rn. 16 mwN; aA mangels FGW OLG Düsseldorf NJW-RR 1999, 746; *Schwarze* NJW 2015, 3601 ff. mwN).

115 Umstr., ob Vorvertrag oder »nur« c.i.c. **Lesen Sie dazu** *Kaiser* JA 2007, 291 ff. **mit vielen weiteren Beispielen aus Original-Klausuren!**

116 LG Frankfurt a.M. NJW-RR 2006, 54 f.; OLG Düsseldorf NJW-RR 1991, 1143 f. Argument: Hier größere inhaltliche Bestimmtheit des Vertragsinhaltes als bei bloßer Tischreservierung, sodass Anfrage bei Hotel als echtes Angebot angesehen werden kann.

macht werden kann. **Die c.i.c. ist nicht durch** die gleichzeitige Anfechtbarkeit nach **§ 123 BGB ausgeschlossen** (Argument: c.i.c. schützt Vermögen, § 123 BGB freie Willensbildung), wohl aber ggf. durch das **Gewährleistungsrecht** (→ Rn. 25, 32a).

> **Merke:** Im Falle einer vorvertraglichen Aufklärungspflichtverletzung oder Drohung ist idR neben § 123 BGB auch die c.i.c. einschlägig, was vor allem für etwaige Schäden des Anfechtenden oder bei Ablauf der Anfechtungsfrist wichtig ist. Denken Sie an diese »connection« zwischen c.i.c. und § 123 BGB. Zudem ist häufig noch Gewährleistungsrecht zu prüfen.

B. Geschäftsführung ohne Auftrag (GoA)

34 Ansprüche aus GoA müssen im Examen vor allem dann angesprochen werden, wenn – salopp gesagt – der Anspruchsteller für den Anspruchsgegner »etwas gemacht hat«, ohne dazu berechtigt zu sein. **Klausuren und Aktenvorträge, in denen die GoA eine Rolle spielt, kommen im Assessorexamen gigantisch häufig vor!**

> **Echte GoA** (Kenntnis von Fremdheit des Geschäfts und FGW)
> - Berechtigte GoA (Übereinstimmung mit Interesse und Willen des GH)
> - Unberechtigte GoA (keine Übereinstimmung mit Interesse und Willen des GH)
>
> **Unechte GoA** (kein FGW)
> - Vermeintliche Eigengeschäftsführung (keine Kenntnis von Fremdheit des Geschäfts)
> - Angemaßte Eigengeschäftsführung (Kenntnis von Fremdheit des Geschäfts)

> **Prüfungsschema Voraussetzungen der echten GoA**
> 1. Besorgung eines fremden Geschäfts
>   - Auch-fremdes Geschäft ausreichend
> 2. Fremdgeschäftsführungswille (FGW)
>   - Wird grds. vermutet, Ausnahmen aber möglich; Probleme: unwirksamer Vertrag, Verpflichtung ggü. Dritten
> 3. Ohne Auftrag oder sonstige Berechtigung
> 4. Berechtigung (oder keine Berechtigung: dann unberechtigte GoA)
>   - Geschäftsführung mit Willen und Interesse des Geschäftsherrn? Auf § 679 BGB achten!
> 5. Rechtsfolgen: Je nachdem, ob berechtigte oder unberechtigte GoA vorliegt
>   - Insbesondere §§ 683 S. 1, 670 BGB und §§ 684 S. 1, 812, 818 BGB wichtig

I. Besorgen eines fremden Geschäfts, § 677 BGB

Geschäftsbesorgung wird weit ausgelegt und erfasst jede Handlung auch rein tatsächlicher Art (außer reine Gefälligkeiten des täglichen Lebens, → Rn. 4). Fremd ist das Geschäft, wenn es objektiv einen fremden Interessenkreis betrifft, also »der Sorge eines anderen obliegt«. Kommt das Geschäft seiner äußeren Erscheinung nach nicht nur dem Geschäftsführer, sondern auch einem Dritten zugute, liegt ein »auch-fremdes Geschäft« vor, welches für die GoA ausreicht. Bei eigenen und neutralen Geschäften liegt nur dann ein fremdes Geschäft vor, wenn der Handelnde FGW hat. Die Selbstaufopferung im Straßenverkehr (Fahrer weicht aus, um einen anderen Verkehrsteilnehmer nicht zu schädigen und erleidet dabei einen Unfall) ist zB idR ein eigenes Geschäft, weil durch das Ausweichen die eigene Haftung aus § 7 StVG vermieden werden soll. Klausurrelevant ist dieser Fall aber nicht.

> **Merke:** Bei Zahlung eines Gesamtschuldners greift die GoA nicht, da § 426 BGB vorrangig ist (umstr.).[117]

---

117 So OLG Rostock OLGR 2009, 41 ff.; OLG München OLGZ 1983, 446 ff.; BGH NJW 1965, 1175 ff.; 1963, 2067 f.; jurisPK/*Lange* BGB § 677 Rn. 41; Jauernig/*Mansel* BGB Vor § 677 Rn. 7; *Medicus/Petersen* BürgerlR Rn. 415; *Looschelders* SchuldR BT Rn. 854 mwN; MüKoBGB/*Bydlinski* § 421 Rn. 67; *Voit/Wolff* JuS 2002, 44 ff.; gegen Sperrwirkung Palandt/*Sprau* BGB § 677 Rn. 7a mwN. Selbst ohne Sperrwirkung wäre GoA neben § 426 BGB im Ergebnis aber (–), da der andere Gesamtschuldner wegen § 426 II BGB nicht frei wird und

II. Fremdgeschäftsführungswille (FGW) als ungeschriebenes Tatbestandsmerkmal

Der FGW wird beim objektiv fremden und nach der Rspr. idR auch beim »auch-fremden Geschäft« (widerleglich) vermutet. Bei eigenen oder neutralen Geschäften muss er hinreichend deutlich nach außen in Erscheinung treten. Zwei Probleme treten zum FGW öfter auf, die leider nur rudimentär bei § 677 BGB im Palandt kommentiert sind:

Problem: GoA/FGW bei unwirksamen Verträgen

- Nach Rspr. **GoA für Rückabwicklung unwirksamer Verträge** zwischen den Vertragsparteien über die Figur des »auch-fremden Geschäfts« möglich und daher **vorrangig vor §§ 812 ff. BGB zu prüfen**, FGW wird vermutet (aA Literatur: §§ 812 ff. BGB). Die irrige Annahme, zur Leistung verpflichtet zu sein, hindert also nach der Rspr. den FGW nicht. Im Assessorexamen folgen Sie natürlich der Rspr., ohne zu murren!
- Bei Unbilligkeit korrigiert die Rspr. dieses Ergebnis zB, indem sie die Aufwendungen des (bösen) Geschäftsführers bei sittenwidrigen oder verbotswidrigen Verträgen als nicht »erforderlich« iSd § 670 BGB einstuft (so zB bei Verstoß gegen das RDG oder SchwarzArbG[118]) oder – wie in den sog. »Erbensucherfällen« – gleich die GoA »dem Grunde nach« ablehnt (Argument: keine Umgehung der Privatautonomie, Akquiseanstrengungen sind eigenes Risiko). Sie merken: Wegen Wertung knickt die Rspr. dann manchmal wieder ein.

Problem: GoA/FGW bei Verpflichtung ggü. einem Dritten (vor allem im Gewand der Abschlepp-Fälle)

- Selbst wenn der Geschäftsführer einem Dritten zur Tätigkeit verpflichtet ist, kann eine GoA ggü. einem von der Geschäftsführung Profitierenden (»auch-fremdes Geschäft«) vorliegen, vgl. Beispiel bei Palandt/*Sprau* BGB § 677 Rn. 6 ff. Allerdings schränkt die Rspr. die typischerweise damit gemeinten Fallgruppen erheblich ein, da entweder Sonderregeln im öffentlichen Recht idR der GoA vorgehen (zB bei Gefahrenabwehr durch Staat) oder der FGW doch verneint wird, wenn der Vertrag mit dem Dritten die Entgeltfrage abschließend regelt, was idR der Fall ist (dann will man sich ja nur seinen Lohn verdienen!).
- Beliebte Einkleidung sind die **Abschlepp-Fälle**: Besteht **Anspruch des Abschleppunternehmers**, der vom zugeparkten Grundstückseigentümer beauftragt wurde, gegen den Halter des abgeschleppten Kfz auf Zahlung der Abschleppkosten aus GoA? (–), da Abschleppvertrag die Entgeltfrage abschließend regelt. Identisch: Gemeinde beauftragt per Werkvertrag eine Firma mit Reinigung ihrer durch eine Traktorfahrt verschmutzten Straße. Keine GoA der Firma ggü. traktorfahrenden Bauern. Die Gemeinde wird dann ihre (anders als die GoA der Gemeinde) nicht durch öffentlich-rechtliche Kostenerstattungsansprüche gesperrten zivilrechtlichen Ansprüche aus StVG und § 823 BGB gegen den Verursacher (Bauer) an die Reinigungsfirma abtreten.[119]
- Bzgl. etwaiger Verwahrungskosten (Abschleppunternehmer verlangt »Standgeld«) ist GoA aber möglich.[120]
- **1. Abwandlung: Anspruch des zugeparkten Grundstückseigentümers** ggü. Abgeschlepptem aus GoA auf Ersatz der (ortsüblichen) Abschleppkosten? Ja![121] Das Abschleppenlassen ist ein »auch-fremdes Geschäft«, da der Störer von § 1004 BGB befreit wird, jedoch dürfte idR der nach § 679 BGB nicht unbeachtliche Wille des Abgeschleppten entgegenstehen.

---

daher ein eigenes Geschäft des zahlenden Gesamtschuldners vorliegt. Auch der FGW wäre fraglich, da er ja selbst verpflichtet ist. Darüber hinaus dürfte sich aus § 426 BGB eine »Berechtigung« bzw. Verpflichtung zur Geschäftsführung aus dem Innenverhältnis ergeben, sodass spätestens daran ein Anspruch aus GoA scheitert (so BAG NJW 1958, 1460 ff.; NK-BGB/*Schwab* § 677 Rn. 19, 54).

118 Auch aus § 812 BGB kann der Geschäftsführer in diesen Fällen keinen Anspruch herleiten, da die grds. bestehende berechtigte GoA den Rechtsgrund iSv § 812 BGB darstellt und zudem § 817 S. 2 BGB den Bereicherungsanspruch sperrt (wobei auch hier wiederum Ausnahmen zugelassen werden, vor allem in den RDG-Fällen; dort wird oft eine Rückabwicklung bei Vollzug des Vertrages nach §§ 812 ff. BGB zugelassen).

119 BGH NJOZ 2014, 976 mwN; NVwZ-RR 2011, 925 ff. mwN. § 812 BGB scheitert in diesen Fällen am Vorrang der Leistungsbeziehung.

120 AG Dortmund Urt. v. 8.11.1988 – 132 C 291/88, BeckRS 2013, 16742; LG Braunschweig NJW 1966, 1820.

121 Palandt/*Sprau* BGB § 677 Rn. 6; *Koch* NJW 2014, 3696; AG Buxtehude DAR 2014, 148; AG Essen DAR 2002, 131; AG Frankfurt a.M. NJW 1990, 917.

Jedenfalls aber bislang Anspruch aus unberechtigter GoA – §§ 677, 684 S. 1, 812, 818 II BGB – auf Erstattung der Kosten.[122] Ansprüche ergeben sich zudem aus § 823 I, II iVm § 858 BGB (→ Rn. 57). Selbst nach Beendigung der Störung hat der ehemals zugeparkte Gestörte einen Anspruch auf zukünftige Unterlassung aus §§ 1004, 861 f. BGB. Der Halter muss sich als Zustandsstörer das Falschparken des Fahrers zurechnen lassen. Die Kosten der strategischen Parkraumüberwachung sind nach der Rspr. aber mangels Kausalität der Besitzstörung für diese Schadensposition nicht zu ersetzen. Für die Kosten der Halterermittlung verneint der BGH neuerdings in den Zupark-Fällen die GoA, möglich bleibt aber Delikt.[123]

- **2. Abwandlung: Anspruch des Störers** gegen den von ihm zugeparkten Grundstückseigentümer aus § 812 I 1 Alt. 1 BGB (GoA scheitert mangels FGW) auf Ersatz der an den Abschleppunternehmer zur Auslösung seines Kfz gezahlten Abschleppkosten? Der Abschleppunternehmer ist lediglich Zahlstelle, sodass die Zahlung an diesen eine Leistung an den Grundstückseigentümer darstellt. Letzterer hat aber einen Rechtsgrund, wenn er selbst vom Störer Ersatz der Abschleppkosten verlangen kann (Gegenansprüche als Rechtsgrund iSv § 812 BGB prüfen – von diesem Kniff sollten Sie auch mal gehört haben!).[124] Eine weitere Version wäre die **Klage des Störers auf Herausgabe des Kfz gegen den Abschleppunternehmer** (dieser macht dann ein ZBR wegen der an ihn abgetretenen Abschleppkosten geltend) oder auf Freigabeerklärung nach Hinterlegung des geforderten Betrages.[125] Im Prinzip geht es immer um dieselben Fragen nur in einer anderen Verpackung. Alter Wein in neuen Schläuchen.

> **Klausurtipp: Beschädigt der Abschleppunternehmer das Kfz** beim Abschleppvorgang, so kommen Ansprüche des Kfz-Eigentümers gegen ihn nur aus §§ 823, 831 BGB infrage. §§ 7, 18 StVG scheitern idR an § 8 Nr. 3 StVG und daran, dass bei Schäden an dem transportierten Kfz eine »Betriebseinheit« zwischen dem abschleppenden und dem abgeschleppten Kfz angenommen wird, bei dem eine Binnenhaftung hin wie her aus dem StVG ausscheidet. Deliktsrecht ist durch das EBV nicht gesperrt, da keine Vindikationslage vorliegt.[126] Ein Anspruch aus dem Abschleppvertrag (Frachtvertrag nach §§ 407 ff. HGB) als VSD ist zwar grds. möglich, dürfte hier aber an der fehlenden Gläubigernähe scheitern. Ansprüche gegen den Eigentümer, der das Abschleppunternehmen beauftragt hat, scheiden idR aus: § 823 BGB (–) mangels eigener Verletzungshandlung, § 831 BGB (–), da Abschleppunternehmer kein Verrichtungsgehilfe, § 678 BGB oder pVV der GoA (–) mangels Wertung (bei Gesetzesverstoß durch den Geschäftsherrn ist dieser schutzunwürdig).
>
> Erteilt die **Polizei den Abschleppauftrag**, ist der Abschleppunternehmer »Werkzeug« der Verwaltung. Es erfolgt eine Haftungsüberleitung auf die Anstellungskörperschaft nach **§ 839 BGB iVm Art. 34 GG** (→ Rn. 56). Zudem kommt die Amtshaftung aus einem durch die Sicherstellung begründeten öffentlich-rechtlichen Verwahrungsvertrag iSv §§ 688 ff., 278 BGB analog infrage (**Novembertermin 2015 in NRW!**).

---

122 BGH NJW 2005, 1366 ff. Dieser Rückgriff wäre auch nicht aufgedrängt, da dies bei Befreiung von einer Verbindlichkeit immer nur dann bejaht wird, wenn der Schuldner gegen den erfüllten Anspruch Einreden gehabt hätte, vgl. → Rn. 64 (aufgedrängter Rückgriff) und MüKoBGB/*Schwab* § 818 Rn. 195; Palandt/*Sprau* BGB § 683 Rn. 6. Der BGH geht in einem kurz vor Drucklegung dieses Werkes veröffentlichten Urteil sogar über berechtigte GoA, der mutmaßliche Wille des Abgeschleppten soll nicht entgegenstehen (Urt. v. 11.3.2016 – V ZR 102/15, BeckRS 2016, 08451).

123 Hier aber Verschulden problematisch, wenn der Halter nicht selbst gefahren ist, so **BGH NJW 2016, 863 ff.** In NJW 2012, 3781 wird in diesen Fällen übrigens ein Anspruch gegen den Halter aus GoA für die dem Gestörten entstandenen Anwaltskosten zugelassen.

124 BGH NJW 2012, 3373 f. und 2009, 2530 ff. Dabei ist es nach dem BGH egal, ob der Grundstückseigentümer den Anspruch auf Ersatz der Abschleppkosten an das Abschleppunternehmen abgetreten hat oder dieses nur reine Geldempfangsstelle ist.

125 BGH NJW 2012, 528 ff. und 2014, 3727 ff.

126 Wenn der Grundstückseigentümer dem Unternehmer – was oft passiert – seine Ansprüche gg. den Störer abgetreten hat, dann hat dieser ein eigenes RzB aus einem ZBR (→ Rn. 47; OLG Karlsruhe OLGZ 78, 206). Zudem ergibt sich idR ein vom gestörten Grundstückseigentümer abgeleitetes RzB iSv § 986 I 1 Alt. 2 BGB (vgl. Staudinger/*Gursky* BGB § 986 Rn. 20 mwN). Die Rspr. prüft daher gleich deliktische Ansprüche und nie EBV, vgl. zB OLG Saarbrücken NJW-RR 2007, 681 ff. und BGH NJW 2014, 2577 ff.

Merke: Die Abschlepp-Thematik hat gigantische Bedeutung für Klausuren und die Mündliche. Das müssen Sie in- und auswendig können! Im Palandt ist das leider nicht kompakt an einer Stelle kommentiert. Lesen Sie bei ausreichend Zeit unsere Zusammenfassung in *Kaiser* JA 2015, 534 ff.!

III. Ohne Auftrag oder sonstige Berechtigung

Mit »sonst dazu berechtigt« iSv § 677 BGB ist nach hM auch »sonst dazu verpflichtet« gemeint. Ist der Geschäftsführer also ggü. dem Geschäftsherrn aus Vertrag oder Gesetz zur Geschäftsführung verpflichtet, entfällt die GoA. Die Hilfepflicht aus § 323c StGB ist aber keine Verpflichtung iSv § 677 BGB.

IV. Berechtigung der Geschäftsführung, § 683 BGB

Diese Berechtigung liegt vor, wenn die Geschäftsübernahme dem objektivem Interesse des Geschäftsherrn und dem wirklichen oder – subsidiär – mutmaßlichen Willen entspricht. Der Wille bezieht sich inhaltlich auf die Geschäftsbesorgung einschließlich der Kosten. Nach **§ 679 BGB** ist der entgegenstehende Wille aber unbeachtlich, wenn das Geschäft im öffentlichen Interesse liegt, wozu ein **gesteigertes öffentliches Interesse** erforderlich ist. Daher greift § 679 BGB in den **Abschlepp-Fällen** nur, wenn das Falschparken ordnungsrechtlich verboten ist oder sonstwie eine gesteigerte Gefahrensituation gegeben ist (hM).

Klausurtipp: Ein **weiterer Fall zu § 679 BGB sind die Bestattungs-Klausuren**: Wenn ein Dritter (auch Behörden!) fremde Beerdigungskosten zahlt, kann er beim Totenfürsorgeberechtigten (wer ist das denn? lesen Sie jetzt Palandt/*Weidlich* BGB Einl v § 1922 Rn. 9 ff.!) Aufwendungsersatz aus GoA verlangen, ohne dass dessen entgegenstehender Wille relevant wäre.[127] Ist der Bestattete aufgrund eines deliktischen Ereignisses gestorben, so liegt auch eine GoA des Dritten ggü. dem nach § 844 BGB erstattungspflichtigen Schädiger vor.

V. Klausurrelevante Rechtsfolgen der berechtigten GoA

Die Rechtsfolgen regeln im Wesentlichen §§ 681, 683 BGB mit ihrem Verweis auf das Auftragsrecht. Zwei Positionen sind wichtig: zum einen der Anspruch des Geschäftsführers auf **Aufwendungsersatz aus §§ 677, 683 S. 1, 670 BGB**, der analog **auch für typische Begleitschäden** (Argument: mit Übernahme des Geschäft wird auch Begleitschadensrisiko freiwillig übernommen, Rechtsgedanke § 110 HGB) inklusive Schmerzensgeld gilt und der iVm § 1835 III BGB analog auch einen Anspruch auf Vergütung zum Marktpreis für die eigene Arbeitsleistung ergibt, sofern die Tätigkeit zum Beruf des Geschäftsführers gehört. Im letzteren Fall scheidet aber ein zusätzlicher Anspruch auf Ersatz von Begleitschäden aus, da der Schaden dann eigenes Betriebsrisiko ist. Bei Mitverschulden reduziert sich der Anspruch auf Schadensersatz analog § 254 BGB. Zum anderen kann der Anspruch des Geschäftsherrn gegen den Geschäftsführer wegen dessen Pflichtverletzung während der GoA aus §§ 280, 241 II BGB = **pVV der berechtigten GoA** zu prüfen sein, wobei auf das Privileg des **§ 680 BGB** zu achten ist. Ansprüche des Geschäftsherrn aus EBV, Delikt und § 812 BGB scheiden idR aus: Ist die Inbesitznahme der Sache eine berechtigte GoA, stellt diese ein RzB, einen Rechtfertigungsgrund und einen Rechtsgrund dar.

VI. Klausurrelevante Rechtsfolgen der unberechtigten GoA

Die Rechtsfolgen regelt § 684 BGB, der – weil lückenhaft – durch die Rspr. ergänzt wurde. Wichtig war hier bislang der (**unechte**) **Aufwendungsersatzanspruch** des Geschäftsführers aus **§§ 677, 684 S. 1, 812 I, 818 II BGB** (Unterschied zum echten Aufwendungsersatzanspruch des § 670 BGB: nur Bereicherungsabschöpfung[128], Gefahr der Entreicherung nach § 818 III BGB,

---

127 BGH MDR 2016, 201 ff. Ist der Totenfürsorgeberechtigte nicht mit dem Erben identisch, kann sich der Dritte über GoA nur an den Totenfürsorgeberechtigten halten. Letzterer kann dann nach § 1968 BGB wiederum beim Erben Regress nehmen.

128 Die Bereicherung wird idR die Ersparnis eigener – später unausweichlicher – Aufwendungen oder die Befreiung von einer Verbindlichkeit sein.

Grundsätze der aufgedrängten Bereicherung gelten; obwohl nur Rechtsfolgenverweisung, gelten nach wohl hM auch die Einwendungen der §§ 814, 815, 817 S. 2 BGB; insgesamt ist dieser Anspruch also »gefährlicher« als § 670 BGB). Zudem kann bei Übernahmeverschulden des Geschäftsführers ein Anspruch aus **§ 678 BGB** und bei reinem **Ausführungsverschulden** ein Anspruch aus §§ 280 I, 241 II BGB = **pVV der unberechtigten GoA** (auch die unberechtigte GoA ist ein gesetzliches Schuldverhältnis) und § 823 BGB zu prüfen sein. Auch in diesen Fällen ist § 680 BGB anwendbar. Wenn die unberechtigte GoA und die Inbesitznahme einer Sache zusammenfallen, dann geht EBV aber der GoA vor (unberechtigte GoA ist kein RzB!).

VII. Unechte GoA und weitere Klausurtipps zur GoA

Bei der **vermeintlichen Eigengeschäftsführung** iSd § 687 I BGB glaubt der Geschäftsführer irrtümlich, es läge ein eigenes Geschäft vor. Dann ist die GoA nicht anwendbar, es greifen nur EBV, Delikts- u. Bereicherungsrecht.

Bei der **angemaßten Eigengeschäftsführung** fehlt dem Geschäftsführer der FGW. Er führt ein fremdes Geschäft (zB Verletzung fremder Patent- o. Markenrechte, Veräußerung fremder Sachen, der »Weltreise-Housesitter« vermietet die Villa, statt die Blumen zu gießen) – ein auch-fremdes Geschäft reicht nicht! – als ein eigenes, obwohl er **positive Kenntnis von der Fremdheit** hat. Die Rechtsfolgen regelt § 687 II BGB. Macht danach der Geschäftsherr die Ansprüche aus § 687 II 1 BGB geltend, hat der Geschäftsführer nach §§ 687 II 2, 684 S. 1 BGB gegen ihn einen Anspruch auf Ersatz der ersparten Aufwendungen.[129] Für den Geschäftsherrn sind neben § 687 II 1 BGB die allgemeinen Regelungen der §§ 987 ff., 823, 812 ff. BGB nicht gesperrt (Argument: Geschäftsführer ist nicht schutzwürdig). Anders für den Geschäftsführer: Kann er nach § 687 II 2 BGB nichts verlangen, scheiden für ihn andere Aufwendungsersatzansprüche aus §§ 994 ff., 812 ff. BGB aus Wertungsgesichtspunkten aus.

Eine der GoA ähnelnde Situation ergibt sich, wenn ein **Miteigentümer** Aufwendungen auf das gemeinsame Eigentum macht. Ein Aufwendungsersatzanspruch ergibt sich hier vorrangig aus **§ 748 BGB**, subsidiär[130] greifen die GoA und – wenn GoA verneint wird – § 812 BGB. Beachten Sie bei **gemeinsamen Grenzanlagen** iSv § 921 BGB aber die vorrangige Regelung in § 922 S. 2 BGB.

Letzter Akt: Die GoA kann auch analog anzuwenden sein, wenn die Geschäftsführung hoheitliches Gepräge hat, zB bei Handeln von Behörden für andere Behörden/für Private oder bei Handeln von Privaten für Behörden (**öffentlich-rechtliche GoA**). Lesen Sie hierzu *Kaiser/Köster/Seegmüller* Materielles Öffentliches Recht Rn. 71 ff.

---

129 So wird der Verweis in § 687 II 2 BGB auf § 684 S. 1 BGB verstanden. Würde man § 687 II 2 BGB wörtlich nehmen, müsste der Geschäftsherr das vom Geschäftsführer Erlangte sofort wieder an diesen zurückgeben (»Herausgabekarussell«). Das wäre ja total bekloppt!

130 So die wohl hM, zT wendet die Rspr. allerdings auch GoA neben § 748 BGB an (zB BGH NJW 2005, 894 ff.; 1955, 257).

§ 5 Dingliche Ansprüche

A. Eigentumserwerb

Es gibt im Wesentlichen folgende Fälle des dinglichen Erwerbes im Zivilrecht: **35**

Erwerb durch Rechtsgeschäft:

- §§ 398 ff. BGB: Forderungen (Abtretung), gilt nach § 413 BGB auch für sonstige Rechte
- Forderungserwerb durch Vertragsübernahme
- §§ 873, 925 BGB: Grundstücke
- §§ 929 ff. BGB: Bewegliche Sachen
- § 926 BGB: Zubehör

Erwerb durch Gesetz:

- § 937 BGB: Ersitzung
- §§ 946 ff. BGB: Vermischung/Vermengung/Verarbeitung/Einbau in Grundstück
- § 952 BGB: Erwerb bestimmter Urkunden
- §§ 953 ff. BGB: Erwerb von Erzeugnissen/Bestandteilen einer Sache
- §§ 958 ff. BGB: Aneignung herrenloser Sachen (zB nach deren Dereliktion)
- §§ 965 ff. BGB: Gefundene nicht herrenlose Sachen
- § 984 BGB: Schatzfund
- § 1922 BGB: Gesamtrechtsnachfolge

Erwerb durch Hoheitsakt:

- §§ 90, 55, 20 ZVG iVm §§ 1120 ff. BGB: Erwerb durch Zwangsversteigerung nach ZVG
- §§ 814 ff. ZPO: Erwerb durch Zwangsversteigerung nach ZPO
- §§ 73 ff., 74 ff. StGB: Erwerb durch Einziehung/Verfall

Zum Erwerb in der **Grundstückszwangsversteigerung** durch den Zuschlag Folgendes: Nach § 90 I ZVG erwirbt der Ersteigerer durch den Zuschlag kraft Hoheitsakt das Eigentum am Grundstück. Nach **§§ 90 II, 55 I, 20 II ZVG iVm §§ 1120 ff. BGB** wird zusätzlich alles das vom Zuschlag erfasst, was auch im Hypothekenhaftungsverband ist. Neben den Grundstücksbestandteilen ist daher auch das Zubehör (nicht Scheinzubehör und Scheinbestandteile!), welches im Eigentum des Versteigerungsschuldners steht, erfasst. Nach § 55 II ZVG erfasst der Zuschlag sogar schuldnerfremdes Zubehör, welches sich im Besitz des Schuldners befindet. Sie müssen dann genau prüfen, was der in Streit stehende Gegenstand ist. Hier ist saubere Arbeit mit Freund Palandt ab §§ 93 ff. BGB gefragt![131] Auch das AWR am Zubehör ist vom Zuschlag erfasst. Ggf. kann es zur Prüfung der Enthaftung von Zubehörgegenständen nach §§ 1121 f. BGB kommen. Die **Thematik kommt nahezu jährlich in Klausuren vor.** Lesen Sie *Graja* JA 2013, 525 ff. (Original-Klausur von Januar 2010!) und unsere Basics dazu in *Kaiser* JA 2015, 208 ff.

> **Klausurtipp:** Der Haftungsverband und die Enthaftung spielten auch in Zwangsvollstreckungsklausuren eine Rolle. **Lesen Sie dazu *Kaiser/Kaiser/Kaiser* Zwangsvollstreckungsklausur Rn. 37 und 82.**

I. Eigentumserwerb an beweglichen Sachen – Klausurtipps

1. Der Eigentumserwerb nach §§ 929 ff. BGB

Die Prüfung des Eigentumsüberganges iSd §§ 929 ff. BGB nehmen Sie nach der bekannten   **36**
Systematik vor:

1. Einigung
2. Übergabe oder Übergabesurrogat nach §§ 930 f. BGB
3. Einigsein im Zeitpunkt der Übergabe (wird grds. vermutet, daher idR nicht gesondert ansprechen!)

---

131 **Klausurrelevant vor allem Einbauküchen**, vgl. Palandt/*Ellenberger* BGB § 97 Rn. 11: idR kein wesentlicher Bestandteil, umstr. ob wenigstens Zubehör (vor allem im norddeutschem Raum: ja, in NRW – im süddeutschem Raum: nein wg. § 97 I 2 BGB).

> 4. Berechtigung des Veräußerers oder greifen §§ 185, 932 ff. BGB (gutgläubiger Erwerb)?
> 5. Verfügungsbefugnis des Veräußerers (ungeschriebenes Tatbestandsmerkmal)
> Bei Streit um Eigentum: Feststellungsklage nach § 256 I ZPO möglich.

a) Einigung über den Eigentumsübergang

37 Die Einigung ist ein dinglicher Vertrag, auf den die allgemeinen Regelungen über WE grds. anwendbar sind, insbesondere §§ 119 ff., 138, 164 ff. BGB (→ Rn. 6: zB Übereignung an den, den es angeht). Ein aktueller Fall zur Übereignung an den, den es angeht, ist die **Altpapier-Entscheidung vom BGH** MDR 2016, 11. In der Praxis erfolgt die Einigung idR konkludent. Ggf. ist der **sachenrechtliche Bestimmtheitsgrundsatz** (gilt auch für Abtretungen!) zu problematisieren, wobei die Rspr. insbesondere bei Sachgesamtheiten aus Praktikabilitätsgründen großzügig ist.

Die Einigung kann bedingt oder befristet sein, **§§ 158, 163 BGB.** Eine Einigung unter der aufschiebenden Bedingung der vollständigen Kaufpreiszahlung iSv § 158 I BGB liegt beim **Eigentumsvorbehalt (EV)** vor (→ Rn. 40). Vom sog. verlängerten EV spricht man, wenn der Verkäufer den Käufer nach § 185 BGB[132] ermächtigt, die Vorbehaltsware im eigenen Namen weiterzuveräußern, der Käufer dafür die Forderung aus dem Verkauf antizipiert an den Verkäufer abtritt und dieser dem Käufer für die Verwirklichung der Forderung eine Einziehungsermächtigung erteilt (prozessual: gewillkürte Prozessstandschaft! *Kaiser/Kaiser/Kaiser* Zivilgerichtsklausur I Rn. 353 ff. lesen!).

> **Kurze Wiederholung aus dem Studium:** Dass Verpflichtungs- u. Verfügungsgeschäft (zB Kaufvertrag und Übereignung nach § 929 BGB) voneinander getrennt werden, nennt man »Trennungsprinzip«. Das »Abstraktionsprinzip« baut darauf auf und besagt, dass beide Ebenen auch in ihrer Wirksamkeit grds. voneinander unabhängig sind. Warum so kompliziert? Ganz einfach: Wenn der Käufer einer Sache trotz unwirksamen Kaufvertrags die Sache wirksam übereignet bekommt und diese an einen Dritten weiter veräußert, erwirbt der Dritte vom Berechtigten nach § 929 BGB das Eigentum. Er muss sich dann nicht darum kümmern, ob der schuldrechtliche Vertrag seines Vertragspartners mit dem ursprünglichen Verkäufer wirksam ist oder nicht. Grund ist also der Verkehrsschutz, dh die Sicherheit und Leichtigkeit des Rechtsverkehrs.

b) Übergabe und Übergabesurrogate

38 Die Übergabe iSd **§ 929 S. 1 BGB** setzt **völlige Besitzaufgabe aufseiten des Veräußerers** und **irgendeine Art von Besitzerwerb des Erwerbers** (§§ 854 ff. BGB: unmittelbarer Besitz, Mitbesitz oder mittelbarer Besitz reicht) auf Veranlassung des Veräußerers voraus. Als Übergabe reicht auch die **spätere einseitige Besitzergreifung** mit fortbestehender (wird grds. vermutet[133]) Zustimmung des Veräußerers. Die Einschaltung eines Besitzdieners, Besitzmittlers oder einer Geheißperson ist sowohl auf Erwerberseite als auch auf Veräußererseite möglich, allerdings ist diese Problematik im zweiten Examen kaum anzutreffen. Im Ernstfall können Sie mit dem Palandt bei § 929 BGB arbeiten. Beachten Sie, dass für alle Formen des Besitzes ein **Besitzwille** erforderlich ist. Bei **§ 929 S. 2 BGB** (lesen!) bedarf es ausnahmsweise keiner Übergabe (Übereignung kurzer Hand/»*brevi manu*«).

Das Übergabesurrogat des **§ 930 BGB** – dh die Vereinbarung eines BMV iSv § 868 BGB zwischen Veräußerer und Erwerber – ermöglicht es dem Veräußerer, im Besitz der Sache zu bleiben und sie trotzdem zu veräußern. Der Erwerber wird dann sog. mittelbarer Besitzer. **Diese Form der Übereignung hat in den Assessorklausuren überragende Bedeutung!** Hierzu sind ein paar Details wichtig:

* Einerseits ist nach der Rspr. grds. eine **ausreichend konkrete Abrede** erforderlich, aus der sich die Rechte und Pflichten der Parteien ergeben. Eine allgemeine Abrede, der Veräuße-

---

132 Wenn der Vorbehaltskäufer mit dem Endkunden allerdings ein Abtretungsverbot vereinbart, ist die Weiterveräußerung nicht von § 185 BGB gedeckt (Ausnahme: § 354a I 1 HGB). Folge: Wenn nicht die Grundsätze der Anscheins- oder Duldungsvollmacht eingreifen, welche analog auf die Einwilligung angewendet werden, fehlt die Verfügungsermächtigung des Vorbehaltskäufers und der Endkunde kann nur nach §§ 932 ff. BGB oder § 366 HGB (vgl. → Rn. 105) gutgläubig erwerben.

133 BGH NJW 1992, 1162 f.; vgl. auch BGH NJW 1979, 714 ff.

rer solle künftig für den Erwerber besitzen, reicht als konkretes BMV iSv § 868 BGB grds. nicht (vgl. der permanent in Klausuren gestellte und in unserem Kurs besprochene »**Porsche-Fall**«). Andererseits ist die Rspr. bei der rechtlichen Qualifikation der Abrede idR großzügig. Letztlich reicht es aus, dass die Parteien faktisch eine konkrete Abrede getroffen haben, aufgrund derer der Besitzmittler die Sache auf Zeit mit Besitzmittlungswillen für den mittelbaren Besitzer besitzt.[134]

- Es geht auch, dass **Veräußerer und Erwerber Mitbesitzer** sind und bleiben. Das BMV besteht dann in der Vereinbarung, dass der Erwerber mittelbarer Eigen-Mitbesitzer und der Veräußerer unmittelbarer Fremd-Mitbesitzer wird. Sowas Krummes sollte man vor den Klausuren mal gehört haben!

- Das BMV kann schon vereinbart werden, bevor der Veräußerer Eigentum/Besitz erlangt (sog. antizipiertes Besitzkonstitut). Das gleiche Ergebnis kann über § 181 BGB als sog. gestattetes Insichgeschäft erzielt werden.

- Zwischen **Ehegatten** ist die Rspr. nicht so restriktiv: Hier besteht durch § 1353 BGB bereits ein gesetzliches BMV zwischen den Eheleuten. Entspricht es deren Willen, dieses Verhältnis auf die übereignete Sache zu erstrecken, so bedarf es nicht der Vereinbarung eines besonderen BMV. Dies gilt nicht für die neLG (umstr.).[135] Auch bei der Sicherungsübereignung ist man nicht so restriktiv. Hier reicht als BMV die **Sicherungsabrede**.

> **Beachte: Bei der Sicherungsübereignung sind 3 Rechtsgeschäfte voneinander zu trennen**, und zwar die Übereignung/Zession, die gesicherte Schuld und die Sicherungsabrede. Zwischen gesicherter Schuld und Sicherungsübereignung/Sicherungszession besteht dabei keine Akzessorietät. Existiert die gesicherte Forderung nicht (mehr), ergibt sich aus der Sicherungsabrede – ggf. konkludent – ein schuldrechtlicher Rückübertragungsanspruch, wenn die Übereignung/Abtretung nicht bereits (auflösend) bedingt vereinbart wurde. Ist die Sicherungsabrede unwirksam, so folgt der Rückübertragungsanspruch aus § 812 I 1 Alt. 1 BGB.

Die Übergabe nach **§ 931 BGB** erfolgt durch Abtretung eines Herausgabeanspruchs, den der Veräußerer gegen den Besitzer der Sache hat (zB Anspruch aus einem BMV oder § 812 BGB – nicht den »puren« § 985 BGB, da § 985 BGB nicht isoliert abtretbar ist!). Durch diese Abtretung wird gem. § 870 BGB der mittelbare Besitz auf den Erwerber übertragen. Hat der Veräußerer neben § 985 BGB keinen anderen abtretbaren Anspruch gg. den Besitzer, so genügt für § 931 BGB nach der wie immer pragmatischen Rspr. die bloße Einigung mit dem Erwerber. Dasselbe soll gelten, wenn die Sache besitzlos ist (ausgebüxte Kuh im Wald).

c) Berechtigung des Veräußerers

Berechtigter ist grds. nur der Eigentümer. Veräußert der Nicht-Eigentümer (auch sich als Alleineigentümer gerierender Miteigentümer oder Miterbe), prüfen Sie in folgender Reihenfolge die Möglichkeiten des Eigentumserwerbs vom Nichtberechtigten: **39**

- Liegt einer der Fälle des § 185 BGB vor?
- Wenn (–): gutgläubiger Erwerb nach §§ 932 ff. BGB?

Der gutgläubige Erwerb bestimmt sich nach §§ 932 ff. BGB, das kennen Sie sicherlich noch. Je nachdem, welche Art der Übergabe stattgefunden hat, sind die jeweiligen Vorschriften für den gutgläubigen Erwerb und die Voraussetzungen unterschiedlich. **IdR ist die Übergabe an den Dritten erforderlich** (Ausnahme: Übereignung nach §§ 929, 931, 934 Alt. 1 BGB). Von §§ 932 ff. BGB geschützt ist **nur der gute Glaube an das Eigentum**, nicht der an die Verfügungsermächtigung des Veräußerers aus § 185 BGB (anders bei § 366 HGB → Rn. 105). Unter grober Fahrlässigkeit iSv **§ 932 II BGB** ist ein Handeln zu verstehen, bei dem die erforderliche Sorgfalt nach den gesamten Umständen in ungewöhnlich hohem Maße verletzt worden ist. Dann ist stets von Ihnen darzustellen, ob Verdachtsmomente bestehen und welche

---

134 Palandt/*Bassenge* BGB § 868 Rn. 6; BeckOK BGB/*Fritzsche* § 868 Rn. 10 mwN. Examensfall: Vereinbaren die Parteien zB, dass der Veräußerer ein »lebenslanges Nutzungsrecht« an dem Sicherungsgegenstand haben soll, dann liegt keine Abrede »auf Zeit« vor, die aber nach der Rspr. erforderlich ist. Die Übereignung nach §§ 929, 930 BGB scheitert dann.

135 Palandt/*Bassenge* BGB § 868 Rn. 10 mwN; Argument: Eine der Ehe vergleichbare, umfassende Rechtsgemeinschaft mit detailliert geregelten Rechten und Pflichten ist die neLG gerade nicht.

Nachforschungspflichten an den Erwerber im konkreten Fall zu stellen sind. Die Klausurakte enthält immer Anhaltspunkte für eine Begründung, vor allem wenn es sich nicht um den typischen Fall des Kaufs eines Gebrauchtwagens mit Problemen rund um den **Kfz-Brief**[136] handelt (vgl. Palandt/*Bassenge* BGB § 932 Rn. 13! nichts auswendig lernen!). Ein gutgläubiger Erwerb setzt stets voraus (gilt auch bei §§ 892, 2366 f. BGB), dass sowohl ein Rechtsgeschäft (also nicht bei Erwerb kraft Gesetzes) als auch ein **Verkehrsgeschäft** vorliegen. Letzteres ist dann nicht gegeben, wenn auf Erwerberseite nur Personen stehen, die zugleich auch Veräußerer sind oder wenn zwischen beiden eine wirtschaftliche Identität besteht oder bei Erbauseinandersetzung unter Miterben. Grund ist, dass die Gutglaubensvorschriften nur den rechtsgeschäftlichen Erwerb Dritter schützen sollen. Kein Verkehrsgeschäft liegt auch bei vorweggenommener Erbfolge durch den nichtberechtigten Erblasser vor. Wäre die Erbfolge eingetreten, hätte der Erbe niemals Eigentum erwerben können. Wenn nun aber die Erbfolge nur vorweggenommen wird, darf der zukünftige Erbe durch den vorherigen Erwerb nicht besser gestellt werden.

Achten Sie bei der Prüfung von §§ 932 ff. BGB immer auf **§ 935 BGB (Abhandenkommen)**, der den gutgläubigen Erwerb verhindert. Der Bruch des Mitbesitzes eines Nicht-Eigentümers reicht für § 935 BGB nicht aus. Zu § 935 BGB werden von den LJPAs zT zwei Aspekte herausgepickt: Gibt der **Besitzdiener** (§ 855 BGB) die Sache ohne Willen des Eigentümers weg, so kommt sie dem Geschäftsherrn-Eigentümer abhanden. Denn Besitzdiener (zB Angestellte) sind keine Besitzer, sondern nur der Geschäftsherr. Zudem sollte man die **Besitzfiktion des § 857 BGB** zugunsten des Erben kennen. Verfügt ein Nichtberechtigter über Erbschaftsgegenstände, greift § 935 BGB wegen § 857 BGB zugunsten des Erben ein, ihm ist die Sache dann abhanden gekommen (Ausnahme: § 2366 BGB → Rn. 100).

§ 936 BGB ermöglicht den **gutgläubigen »Wegerwerb« von Rechten Dritter** (zB AWR, Vermieterpfandrecht), die auf der veräußerten Sache lasten. Bei Eigentumserwerb durch Besitzkonstitut gem. §§ 929, 930 BGB wird die Lastenfreiheit nach hM über § 936 I 3 BGB erst dann erreicht, wenn der Erwerber unmittelbaren Besitz erlangt (nicht im Palandt bei § 936 BGB kommentiert!).[137] § 935 BGB gilt analog (dh Abhandenkommen sperrt gutgläubigen Erwerb), wenn dem Drittrechtsinhaber die Sache abhandengekommen ist.

d) Verfügungsbefugnis des Veräußerers

39a Verfügungsbefugt ist grds. der Eigentümer der Sache, soweit keine Verfügungsbeschränkung greift. **Ist der Eigentümer nicht verfügungsbefugt (Beispiele im Palandt bei § 136 BGB – jetzt bitte sofort reinschauen und nicht einfach weiterlesen!)**, prüfen Sie bzgl. des ungeschriebenen Tatbestandsmerkmals »Verfügungsbefugnis« die Wirksamkeit des Erwerbes ebenfalls in der bekannten Reihenfolge:

- Liegt einer der Fälle des § 185 BGB (gilt hier analog) vor?
- Wenn (–): gutgläubiger Erwerb? §§ 932 ff. BGB gelten hier nicht direkt, sondern nach **§§ 136, 135 II BGB** analog, dies aber grds. nur für die sog. **relativen Verfügungsverbote**. Beispiele: Das durch einstweilige Verfügung nach § 938 II ZPO angeordnete Veräußerungsverbot, die Pfändung iRd Zwangsvollstreckung nach §§ 803 ff. ZPO oder die Beschlagnahme eines Grundstücks nach §§ 20, 23, 146 ZVG (wg. Verstrickung).[138]

---

136 Streng genommen »Zulassungsbescheinigung Teil II«, vgl. §§ 6 ff., 12 Fahrzeug-Zulassungsverordnung/FZV. Nicht die gleichen Wirkungen wie dem Kfz-Brief kommen beim gutgläubigen Erwerb übrigens dem **Pferdepass und der Eigentumsurkunde bei Pferden** zu. In beiden Urkunden wird nämlich idR nur Auskunft über das Tier gegeben. **Alle LJPAs lieben Pferde!**

137 MüKoBGB/*Oechsler* § 936 Rn. 8.

138 *Kaiser/Kaiser/Kaiser* Zwangsvollstreckungsklausur Rn. 105. Beachte: Mit dem relativen Verfügungsverbot infolge der Verstrickung soll der Gläubiger nach der Pfändung vor ihm nachteiligen Maßnahmen **des Schuldners** geschützt werden. Das Verbot greift daher nicht ein, wenn nicht der Schuldner, sondern ein Dritter als Nichtberechtigter über die verstrickte Sache verfügt (OLG Frankfurt a.M. Urt. v. 8.10.2013 – 15 U 37/12, BeckRS 2013, 19531). Das Gleiche gilt, wenn aus Versehen eine schuldnerfremde bewegl. Sache gepfändet wurde und nun der wahre Eigentümer seine Sache veräußert (vgl. *Kaiser/Kaiser/Kaiser* Zwangsvollstreckungsklausur Rn. 105).

Ist der Veräußerer dagegen nur deshalb nicht verfügungsbefugt, weil er auch Nichtberechtigter (= nicht Eigentümer) ist, so überwinden §§ 932 ff. BGB neben der fehlenden Berechtigung erst recht auch die deshalb fehlende Verfügungsbefugnis, ohne dass es auf die §§ 136, 135 II BGB ankommt.[139]

2. Der Eigentumserwerb und das Anwartschaftsrecht (AWR)

Ein AWR liegt vor, wenn so viele Voraussetzungen eines mehrstufigen Erwerbstatbestandes erfüllt sind, dass der zukünftige Erwerber eine gesicherte Rechtsposition erlangt hat, die der Veräußerer nicht mehr einseitig zerstören kann. Das AWR ist »wesensgleiches Minus« zum Volleigentum, die **Vorschriften über das Eigentum werden daher analog angewendet.** Klausuren dazu sind selten. Zuletzt kamen hierzu nach vielen Jahren Sendepause drei Klausuren (**Oktober 2013, Mai 2015 und Dezember 2015**). Schwerpunkt war idR die unten genannte Konstellation c).

40

Zum AWR Rgl 929/32 ff.

a) AWR durch bedingte Einigung mit dem Berechtigten

Bei einer **auflösend bedingten Sicherungsübereignung** durch einen Darlehensnehmer an die finanzierende Bank wird diese vollwertige Eigentümerin, der Darlehensnehmer/Sicherungsgeber erwirbt an seinem ehemaligen Gegenstand ein Rückerwerbs-AWR (nicht aber, wenn nur ein schuldrechtlicher Rückübertragungsanspruch vereinbart wird). Die **aufschiebend bedingte** Einigung kommt vor allem im Rahmen des **Eigentumsvorbehalts (EV)** vor. Der Erwerb des Volleigentums vollzieht sich dann in zwei Schritten: zuerst Erwerb des AWR (durch aufschiebend bedingte Einigung und Übergabe der Sache nach §§ 929 S. 1, 158 I BGB), dann später Eintritt der Bedingung und dadurch Erwerb des Volleigentums.

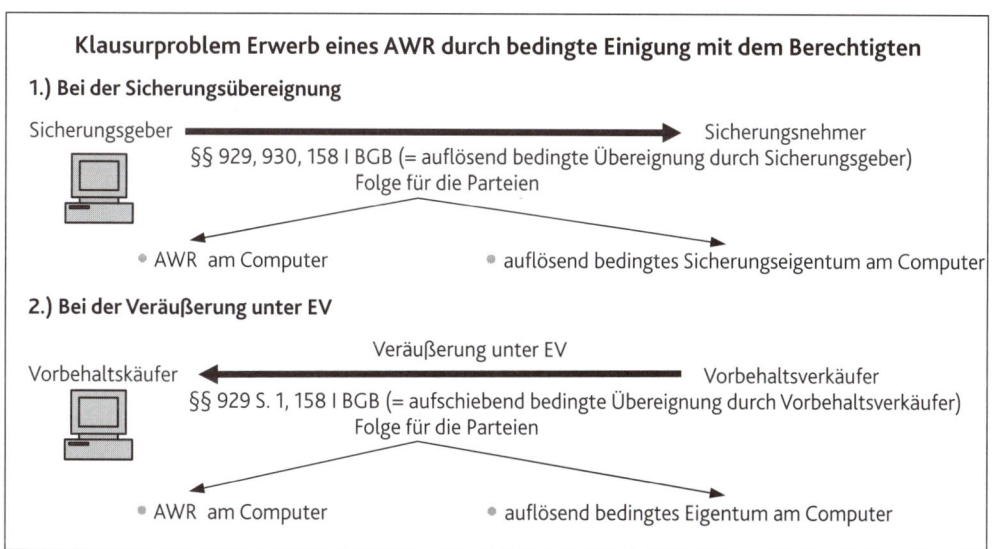

Klausurproblem Erwerb eines AWR durch bedingte Einigung mit dem Berechtigten

1.) Bei der Sicherungsübereignung

Sicherungsgeber → Sicherungsnehmer
§§ 929, 930, 158 I BGB (= auflösend bedingte Übereignung durch Sicherungsgeber)
Folge für die Parteien
• AWR am Computer • auflösend bedingtes Sicherungseigentum am Computer

2.) Bei der Veräußerung unter EV

Vorbehaltskäufer ← Vorbehaltsverkäufer
Veräußerung unter EV
§§ 929 S. 1, 158 I BGB (= aufschiebend bedingte Übereignung durch Vorbehaltsverkäufer)
Folge für die Parteien
• AWR am Computer • auflösend bedingtes Eigentum am Computer

Der EV ist die wichtigere Variante von beiden. Hierzu sollten Sie wissen:

- Bei einer **abredewidrigen Veräußerung** der Sache an einen Dritten durch den »Noch-Eigentümer« vor vollständiger Kaufpreiszahlung schützt **§ 161 BGB** den AWR-Inhaber. Mit vollständiger Zahlung wird der AWR-Inhaber neuer Eigentümer (Vollerstarkung als Direkterwerb des Eigentums). Der Dritte könnte zwar nach §§ 161 III, 932 ff. BGB gutgläubig das Eigentum ohne AWR erwerben, dies scheitert jedoch idR an der fehlenden Übergabe der Sache an den Dritten, die aber nach § 936 III BGB erforderlich wäre (nach der Rspr. soll § 936 BGB hier nur analog gelten). Vor Bedingungseintritt schützt § 986 II BGB den AWR-Inhaber vor dem Herausgabeverlangen des Dritten.

- **§ 162 BGB** schützt den AWR-Inhaber vor einer treuwidrigen Vereitelung des Bedingungseintritts.

---

139 *Medicus/Petersen* BürgerlR Rn. 535.

- Der EV kann schon im Kaufvertrag vereinbart sein (zB in AGB), **§ 449 BGB**. Nach §§ 449 II, 216 II 2, 323 BGB kann der Verkäufer auch nach Verjährung des Kaufpreisanspruchs zurücktreten. Durch den Rücktritt erlöschen das AWR und der Kaufvertrag, der Verkäufer hat Rückgewähransprüche aus §§ 323, 346 I, 985 BGB. Wenn der EV nicht schon im Kaufvertrag vereinbart wurde, kann der Verkäufer diesen zumindest dinglich noch nachträglich herstellen, indem er sich ausdrücklich **bei Übergabe das Eigentum vorbehält**.[140]

- Wenn sich die Parteien durch **sich widersprechende »kreuzende« AGB** nicht auf einen EV geeinigt haben, aber doch den Vertrag vollziehen, gilt: Die übereinstimmenden/sich nicht widersprechenden Elemente des Vertrags und der AGB bleiben gültig, während bezüglich der kollidierenden AGB ein partieller Dissens nach §§ 154, 155 BGB vorliegt (»Prinzip der Kongruenzgeltung«). Der EV wird nicht Bestandteil des Vertrages.

- Der Vorbehaltskäufer, der beim EV das AWR erworben hat, kann das **AWR wiederum an einen Dritten weiterveräußern**, §§ 929 ff. BGB gelten ja analog. Mit Eintritt der Bedingung (dh vollständige Kaufpreiszahlung an den ursprünglichen Veräußerer der Sache) erwirbt der neue AWR-Erwerber direkt Eigentum vom Veräußerer als Direkterwerb **ohne Durchgangserwerb** des ersten Käufers. Ob Rechtsakte im Verhältnis Vorbehaltsverkäufer und Vorbehaltskäufer zum Erlöschen des AWR des AWR-Erwerbers führen, wird unterschiedlich beurteilt.[141]

b) AWR durch bedingte Einigung mit dem Nichtberechtigten

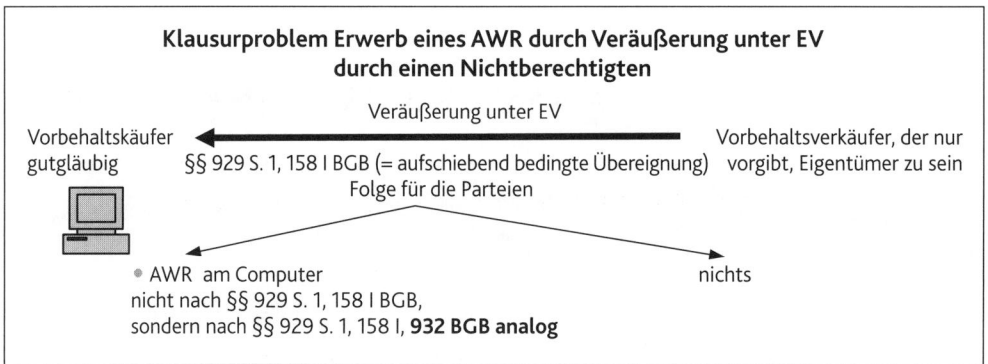

Hier gibt sich der Veräußerer bei der Veräußerung unter EV zu Unrecht als Eigentümer der Sache aus, obwohl er in Wirklichkeit keinerlei dingliche Rechte an der Sache hat:

- Erwerb des Eigentums (–), da dies bei Vereinbarung eines EV noch nicht gewollt ist
- Erwerb des AWR nach §§ 929, 158 I BGB (–), da Veräußerer nicht Eigentümer ist
- Aber: **gutgläubiger (Erst-)Erwerb des AWR** nach §§ 929, 158 I, **932 BGB analog**, wenn der Erwerber bzgl. des Eigentums des Veräußerers gutgläubig ist. **Wenn das Eigentum gutgläubig erworben werden kann, dann erst recht das AWR als Minus!** Mit vollständiger Kaufpreiszahlung dann Erwerb des Volleigentums, nach hM braucht der Erwerber zu diesem Zeitpunkt sogar nicht mehr gutgläubig zu sein (Argument: wenn § 932 BGB von der Zeit spricht, zu der der Erwerber nach »diesen Vorschriften« das Eigentum erwerben würde, so ist damit der Zeitpunkt gemeint, in dem Übergabe und Einigung erfolgt sind). Vor Bedingungseintritt steht dem Vorbehaltskäufer die Einrede aus § 242 BGB ggü. dem Herausgabeverlangen des wahren Eigentümers zu (→ Rn. 47).

c) AWR bei fehlgeschlagener Übereignung

Hier gibt sich der Veräußerer zu Unrecht als Eigentümer aus, obwohl er nur ein AWR hat (zB weil er selbst nur unter EV erworben oder weil er seine Sache auflösend bedingt an eine Bank

---

140 **Vertragswidriger nachgeschobener EV**, vgl. dazu Palandt/*Weidenkaff* BGB § 449 Rn. 11. In der Entgegennahme der Kaufsache kann ggf. auch die konkludente Zustimmung zu einem nachträglich schuldrechtlich vereinbarten EV liegen (umstr.).

141 Palandt/*Bassenge* BGB § 929 Rn. 50. Nichts auswendig lernen! Klausuren dazu gab es im Ringtausch bislang nicht, in Bayern ebenfalls selten.

übereignet hat). Scheitert die Übereignung mangels Gutgläubigkeit oder Übergabe bei § 933 BGB, kann als Minus zumindest das AWR übertragen werden.

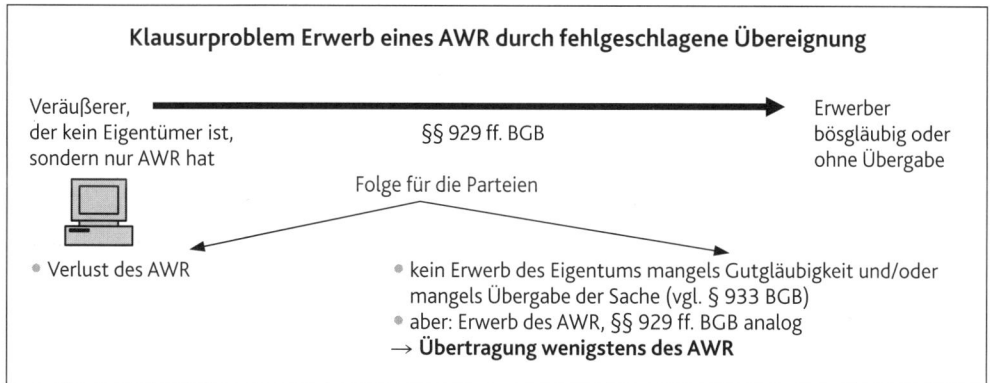

Klausurproblem Erwerb eines AWR durch fehlgeschlagene Übereignung

Veräußerer, der kein Eigentümer ist, sondern nur AWR hat → §§ 929 ff. BGB → Erwerber bösgläubig oder ohne Übergabe

Folge für die Parteien

- Verlust des AWR
- kein Erwerb des Eigentums mangels Gutgläubigkeit und/oder mangels Übergabe der Sache (vgl. § 933 BGB)
- aber: Erwerb des AWR, §§ 929 ff. BGB analog
→ **Übertragung wenigstens des AWR**

Nach der Rspr. ergibt sich im Wege der **Auslegung**, dass dann **wenigstens** (dh wenn schon das Volleigentum nicht übertragen werden konnte) das **AWR nach §§ 929 ff. BGB analog übertragen wird**. Denn dies ist die Rechtsposition, die der Veräußerer tatsächlich hat, die er auch wirksam übertragen kann und – dies wird dann unterstellt – er auch übertragen will. Mit vollständiger Kaufpreiszahlung an den Eigentümer ist der Eigentumserwerb vollzogen und zwar als Direkterwerb **ohne Durchgangserwerb** beim Veräußerer. Hier spielt die fehlende Übergabe nach § 933 BGB keine Rolle, weil das AWR nicht von einem Nichtberechtigten veräußert wurde. Tritt der Verkäufer allerdings vom Kaufvertrag mit dem Vorbehaltskäufer zurück, erlischt das (übertragene) AWR.

> **Merke:** Klausuren zu EV und AWR kommen im Zweiten selten, machen Sie sich nicht verrückt. Wenn Sie die obigen Ausführungen einmal querlesen reicht das. Im Notfall können Sie mit Palandt bei § 929 BGB arbeiten.

d) AWR bei Grundstücken

Auch bei der Übertragung von Grundstücken kann es zur Entstehen eines AWR des Erwerbers kommen. Lesen Sie im Ernstfall den Palandt bei § 925 Rn. 23 ff. Klausuren hierzu sind uns nicht bekannt.

II. Gesetzlicher Eigentumserwerb – Klausurtipps

1. Die Ersitzung, § 937 BGB (§ 900 BGB bei Grundstücken)

Klausuren mit Ersitzungen sind »Ausreißer«. Es würde dann »nur« darum gehen, diese Norm 41 überhaupt zu finden und ggf. § 937 II BGB zu subsumieren. Die Beweislast für die Bösgläubigkeit iSv Abs. 2 trifft grds. denjenigen, der die Sache herausverlangt und die Ersitzung bestreitet (Ausnahme: Sache abhanden gekommen).

2. Der Erwerb nach §§ 946 ff. BGB

Geregelt sind durch §§ 946 ff. BGB die Fälle der Verbindung/Vermischung/Verarbeitung ver- 42 schiedener Sachen. Am klausurrelevantesten waren hier bislang § 946 BGB und § 950 BGB. **§ 946 BGB** regelt, wann das Eigentum an einer beweglichen Sache automatisch auf den Grundstückseigentümer übergeht. Wann eine Sache zu einem wesentlichen Bestandteil des Grundstücks wird und dadurch ihre Sonderrechtsfähigkeit verliert ergibt sich aus §§ 93 f. BGB. Der Eigentumsübergang nach § 946 BGB gilt nicht für Scheinbestandteile iSv § 95 BGB, Zubehör und Scheinzubehör iSv § 97 BGB. Ob eine Sache nun wesentlicher Bestandteil, Scheinbestandteil, Zubehör oder Scheinzubehör ist, lösen Sie bitte komplett mit Freund Palandt bei §§ 93 ff. BGB. **§ 950 BGB** regelt die Eigentumszuordnung bei der Verarbeitung zu einer neuen Sache. Zuletzt lief zu §§ 946 ff. BGB eine Klausur im **Oktober- u. Dezembertermin 2013**. Bei der ersten Klausur wurden falsch gelieferte Fette verarbeitet, bei der zweiten wurden Solarzellen in Solarmodule eingebaut. Reine Palandt-search-and-find-Klausuren! **Aktuelles zu § 950 BGB** sind die Tonbänder des **Ghostwriters von H. Kohl:** Nach OLG Köln

§ 950 BGB zugunsten von *Kohl* (+), aA BGH, da keine neue Sache. Aber Anspruch von *Kohl* auf Herausgabe aus konkludentem Auftrag, § 667 BGB.

Die Folge für denjenigen, der sein Eigentum aufgrund der §§ 946 ff. BGB verloren hat, ist ein **Ausgleichsanspruch in §§ 951, 812 ff. BGB**. § 951 BGB ist eine Rechtsgrundverweisung auf §§ 812 ff. BGB und stellt damit klar, dass in §§ 946 ff. BGB nur die dingliche Zuordnung geregelt ist, ein bereicherungsrechtlicher Ausgleich im Innenverhältnis dagegen möglich bleibt. Daher gilt bei § 951 BGB für die bereicherungsrechtliche Innenbeziehung der **Vorrang der Leistungsbeziehung** (vgl. unten »Einbaufälle«!). Zum anderen sollten Sie beachten, dass der **Vorrang des EBV** ggf. die Anwendung von § 951 BGB sperrt, wenn ein unberechtigter Besitzer nach §§ 946 ff. BGB sein Eigentum verloren hat und nun gegen den (neuen) Eigentümer nach § 951 BGB vorgehen will (abschließende Regelung der Ansprüche des unberechtigten Besitzers durch das EBV in §§ 994 ff. BGB, → Rn. 46).

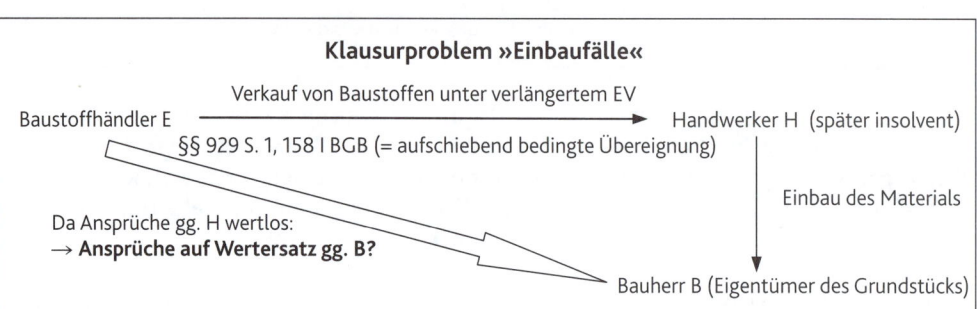

Klausurproblem »Einbaufälle«

Verkauf von Baustoffen unter verlängertem EV

Baustoffhändler E →→→→→→→→→→→→→→→→→→→→→→→→→→→→ Handwerker H (später insolvent)

§§ 929 S. 1, 158 I BGB (= aufschiebend bedingte Übereignung)

Einbau des Materials

Da Ansprüche gg. H wertlos:
→ **Ansprüche auf Wertersatz gg. B?**

Bauherr B (Eigentümer des Grundstücks)

Ein Anspruch des E aus §§ 951, 812 I 1 Alt. 2, 818 II BGB scheidet hier wg. des Vorrangs der Leistungsbeziehung zwischen H und B aus (Erfüllung des Werkvertrages). Dabei ist es nach der Rspr. unerheblich, ob der H nun vor dem Einbau die Materialien übereignet oder gleich einbaut. Unerheblich ist auch, wenn H gar nicht zur Übereignung der Materialien befugt oder B bösgläubig ist, da in allen Fällen mangels Wertungsunterschiedes jedenfalls bereicherungsrechtlich von einer Leistung der Eigentums von H auszugehen ist.[142] Allerdings steht E gegen B zumindest die von H iRd verlängerten EV an ihn abgetretene Werklohnforderung zu. Anders die Literatur, die bei Bösgläubigkeit des B die Direktkondiktion des E gegen B wiederum aus anders verstandenen Wertungsgründen bejaht.[143] Ansprüche aus EBV greifen idR nicht, da entweder ein Einverständnis des Eigentümers in die Veräußerung vorliegt oder der Erwerber nicht bösgläubig ist.[144] Ansprüche aus § 816 I 2 BGB scheitern idR an der fehlenden Verfügung bzw. Unentgeltlichkeit, § 816 II BGB daran, dass keine Leistung an einen Nichtberechtigten vorliegt. Allerdings kommen bei Vorliegen der subjektiven Voraussetzungen Ansprüche aus § 823 I, II BGB in Betracht.

Eine Abwandlung ist der Erwerb einer dem Eigentümer abhandengekommenen Sache (»**Jungbullen-Fall**«[145]: Dieb D stiehlt Bauer B einen Jungbullen und veräußert diesen an E, der den Bullen zu Wurst verarbeitet; B verlangt von E Wertersatz), der eher in der Ersten Prüfung eine Rolle spielt. Da es aber **vor allem im Mündlichen immer wieder Prüfer gibt, die meinen, man müsse auch als Referendar diesen Fall kennen**, kurz die Grundzüge: §§ 989, 990 BGB scheitern idR an der fehlenden Bösgläubigkeit des E. Ein Anspruch aus §§ 951, 812 I 1 Alt. 2, 818 II BGB ist dagegen zu bejahen und auch nicht durch das EBV gesperrt, weil § 951 BGB ein Rechtsfortwirkungsanspruch zu § 985 BGB ist (»§ 951 = § 985 in trauriger Gestalt«). Eine vorrangige Leistung zwischen D und E besteht nicht (das ist der Unter-

---

142 Palandt/*Bassenge* BGB § 951 Rn. 3 ff.; BGH NJW 2014, 1805 ff.; BGHZ 56, 228 ff. und BGH NJW-RR 1991, 343 ff.

143 Palandt/*Bassenge* BGB § 951 Rn. 9; *Medicus/Petersen* BürgerlR Rn. 729. Weil B böse ist, soll gleich gegen ihn vorgegangen werden können. Die sonst subsidiäre Nichtleistungskondiktion soll in diesen Fällen ausnahmsweise nicht von der vorrangigen Leistung des H an B gesperrt sein.

144 BGH NJW-RR 1991, 343 ff.

145 BGHZ 55, 176 ff.; Palandt/*Bassenge* BGB § 951 Rn. 8. Im Zweiten Examen würde es sich wahrscheinlich eher um geklauten Schrott (Zinkrohre!) oder um geklaute Fliesen handeln, die später verbaut werden. Wer stiehlt schon Bullen?

scheid zum Einbaufall!), da D wegen § 935 BGB das Eigentum nicht leisten konnte. Die Literatur bejaht dagegen eine Leistung des Eigentums (Argument: D hat durch seine Tätigkeit zumindest die Möglichkeit des gesetzlichen Eigentumserwerbs nach § 950 BGB geschaffen), lässt aber den Anspruch dennoch durchgehen, da nach der Wertung von § 935 BGB der E das Eigentum nicht endgültig behalten dürfe.

3. Der Erwerb nach § 952 BGB

Für bestimmte Urkunden ist § 952 BGB (»**Recht am Papier folgt dem Recht aus dem Papier**«) *lex specialis* ggü. § 929 BGB für den Eigentumserwerb. Erfasst sind **Sparbuch**, Sparbrief, Hypothekenbrief, Versicherungsschein, Pferdepass (umstr.; Palandt und OLG Hamm nein, LG Karlsruhe und LG Bonn ja) und sonstige qualifizierte Legitimationspapiere iSd § 808 BGB (zB Gutscheine mit Begünstigtennennung, WM-Tickets mit Inhaberklausel[146]). Wird die Forderung abgetreten, folgt automatisch das Eigentum am Papier mit. Hier folgt also die Eigentümerstellung am Papier der Gläubigerstellung hinsichtlich der verbrieften Forderung. Gleiches gilt analog § 952 II BGB für den **Kfz-Brief (mega-wichtiges Klausurthema!)**: »Eigentum am Kfz-Brief folgt dem Eigentum am Kfz.« Inzidenzprüfung: Wem gehört das Kfz? Eine isolierte Veräußerung oder Verpfändung des Papiers ist nicht möglich. Bei Sparbüchern/-briefen ist dann idR per Auslegung davon auszugehen, dass mit »Verpfändung des Sparbriefs« die (mögliche) Verpfändung der Sparforderung nach §§ 1279 ff. BGB gemeint ist (so gelaufen in der ziemlich ungemütlichen Z IV-Klausur im **Junitermin 2013**, die dann einfach nochmal in Hessen im **November 2013** gestellt wurde). Nicht unter § 952 BGB fallen zB Führerscheine, Waffenbesitzkarten oder vollstreckbare Urteile.

43

> **Merke:** § 952 BGB ist keine Anspruchsgrundlage, sondern regelt nur die Frage, wer Eigentümer ist bzw. wie man Eigentümer wird. Herausgabe des Papiers kann der Eigentümer vor allem nach § 985 BGB verlangen.

Andersherum (»**Recht aus dem Papier folgt dem Recht am Papier**«) ist es bei Wertpapieren (Wechsel, Scheck) und »kleinen Inhaberpapieren« nach § 807 BGB, die nach §§ 929 ff. BGB übertragen werden (Folge: manifestierter Anspruch geht mit über). ZB: Fahrkarte, Gutscheine ohne Begünstigtennennung[147], Straßenfesteintrittskarte. Auch Gutschriften in Geschäften (Inhaberschuldverschreibung iSv § 793 BGB) fallen darunter.

> **Klausurtipp:** Ein Klassiker in Klausuren sind die **Sparbuchfälle**. Hier sind im Assessorexamen im Wesentlichen zwei Klausurtypen anzutreffen:
>
> **Typ 1:** Hier hat der Kläger ein Sparbuch für einen Dritten angelegt und mit der Sparkasse vereinbart, dass der Dritte erst nach Ablauf von zwölf Monaten auszahlungsberechtigt ist. Vor diesem Termin zahlt die Sparkasse jedoch schon an den das Sparbuch vorlegenden Dritten aus. Hier kann der Kläger nach erfolgter Kündigung aus §§ 491, 500 BGB Rückzahlung des gezahlten Betrages verlangen. Der Vertrag mit der Sparkasse ist (im Unterschied zu Typ 1) ein reiner Darlehensvertrag. Die Leistung der Sparkasse an den Dritten konnte diese nicht befreien. Die Legitimationswirkung der Urkunde aus § 808 BGB greift nämlich nicht ein, wenn die Sparkasse die mangelnde Verfügungsberechtigung des Inhabers kennt. § 808 BGB gilt nicht beim Sparbrief.
>
> **Typ 2 ist der wichtigste Fall.** Er spielt im Grenzbereich Schuldrecht – Erbrecht. **Lesen Sie → Rn. 90!**

4. Der Erwerb nach §§ 953 ff. BGB

§§ 953 ff. BGB regeln den Erwerb bei Trennung von Bestandteilen von der Hauptsache, §§ 958 ff. BGB bei Aneignung eigentumsloser (= herrenloser) – vor allem derelinquierter – Sachen (hier kommen im Ersten dann diese Sperrmüll-Fälle; nicht jeder Müll wird derelinquiert!), §§ 965 ff. BGB bei Fund verlorener Sachen und § 984 BGB beim Schatzfund. Ab und zu werden Klausuren mit derartig abseitigen Themen zur Notendifferenzierung angedickt, so **Januar 2015** (Fund einer Säge im Wald). Hier ist Arbeit mit Freund Palandt angesagt!

43a

---

146 Hier kann die Übertragbarkeit des Tickets bzw. dessen Ausschluss auf Dritte problematisch sein, vgl. im Ernstfall Palandt bei §§ 807 f. BGB!

147 Bei den Gutscheinen ist die Überprüfung von **Verfallklauseln-AGB** ein Klassiker. Die unangemessene Verkürzung der Verjährungsfristen kann dann nach § 307 I BGB unwirksam sein (so OLG München NJW-RR 2008, 1233 bei Verkürzung auf 1 Jahr).

III. Eigentumserwerb an Grundstücken – Klausurtipps

1. Die Übereignung von Grundstücken nach §§ 873, 925 BGB

44 Es gibt im Immobiliarsachenrecht jede Menge Parallelen zum Mobiliarsachenrecht, sodass das Verständnis einfach ist, wenn Sie Ihre Kenntnisse aus den §§ 929 ff. BGB auf die Übereignung von Grundstücken iSv §§ 873, 925 BGB übertragen. Der wesentliche Unterschied ist nur, dass es bei unbeweglichen Sachen nicht auf den Besitz/die Übergabe, sondern auf die Eintragung im Grundbuch ankommt.

> **Die Prüfung des Eigentumsübergangs erfolgt nach folgender Systematik:**
> 1. Einigung iSd §§ 873, 925 BGB über den Eigentumsübergang (sog. Auflassung)
> 2. Eintragung in das Grundbuch, § 873 BGB und §§ 13, 19 GBO
> 3. Einigsein im Zeitpunkt der Eintragung (wird grds. vermutet, daher idR nicht gesondert ansprechen)
> 4. Berechtigung oder greifen §§ 185, 892 BGB (gutgläubiger Erwerb)?
> 5. Verfügungsbefugnis des Veräußerers (ungeschriebenes Tatbestandsmerkmal) oder greifen §§ 878, 892 I 2, II BGB (gutgläubiger Erwerb)?

Problem: Einigung über den Eigentumsübergang (sog. Auflassung), §§ 873, 925 BGB

* Nicht erforderlich ist, dass die beidseitigen Erklärungen auch beurkundet werden, obwohl dies wegen **§§ 20, 29 GBO** in der Praxis stets erfolgt (sonst trägt das Grundbuchamt nichts ein!). Etwaige formelle Verstöße bei der Beurkundung (zB Verstoß gegen BeurkG) sind für die materielle Wirksamkeit der Auflassung irrelevant.
* Für die Auflassung als dinglicher Vertrag gelten die allgemeinen Regeln über Rechtsgeschäfte (zB §§ 119 ff., 164 ff. BGB[148]). Auch hier können also im Prinzip die **üblichen AT-Probleme zum Vertragsschluss** eingebaut werden. Das Auftreten eines von § 181 BGB befreiten Vertreters bei der Auflassung ist ebenfalls möglich.
* Die Auflassungserklärung kann nach § 925 II BGB nicht bedingt werden, sodass zB die Vereinbarung eines EV ausscheidet. Es liegt dagegen keine unzulässige Bedingung iSv § 925 II BGB vor, wenn die zugrunde liegende Auflassungsvollmacht bedingt ist.

Problem: Gutgläubiger Erwerb nach § 892 BGB bei fehlender Berechtigung

* Anknüpfungspunkt ist die unrichtige Eintragung des Veräußerers als Eigentümer im Grundbuch. Dabei ist es unerheblich, ob der Erwerber nun ins Grundbuch geschaut hat oder nicht (sog. **abstrakter Vertrauensschutz** des Grundbuchs). **Nur die positive Kenntnis der Unrichtigkeit schadet** (anders als bei beweglichen Sachen! Hintergrund: dem Grundbuch darf man mehr vertrauen als dem Besitz iRv § 932 BGB), grob fahrlässige Unkenntnis reicht nicht. Nach dem Wortlaut von § 892 I 1 BGB (»... *es sei denn* ...«) wird die Gutgläubigkeit vermutet.
* Ein gutgläubiger Erwerb scheidet aus, wenn ein **Widerspruch** (§ 899 BGB) zugunsten des Berechtigten gegen die Richtigkeit eingetragen ist oder vor Eintragung des Erwerbers eingetragen wird, vgl. § 892 I 1 Alt. 2 BGB.
* Fehlt zum Eigentumserwerb – wie idR – nur noch die Eintragung, kommt es bzgl. der Gutgläubigkeit nicht auf die Vollendung des Rechtserwerbs, sondern auf den Zeitpunkt der Antragstellung auf Grundbucheintragung an, **§ 892 II BGB**. Dann kann nur noch ein danach eingetragener Widerspruch schaden. Der für die Gutgläubigkeit maßgebliche Zeitpunkt kann sogar noch weiter nach vorne verschoben werden: Wenn der Nichtberechtigte dem gutgläubigen Erwerber eine **Vormerkung** bewilligt (→ Rn. 45), wird für die Gutgläubigkeit auf den Zeitpunkt der Antragstellung auf Eintragung der Vormerkung ins Grundbuch abgestellt (»**große Lösung**«).[149] Der gute Glaube zu diesem Zeitpunkt wirkt dann fort bis zur Vollendung des Rechtserwerbs. Es schadet in diesem Fall sogar ein danach eingetragener Widerspruch nicht. Ein Hoch auf die Vormerkung!

---

148 Zum Grundbuchvollzug ist – anders als für die Einigung nach §§ 873, 925 BGB – die Vollmachtserteilung von am Grundstücksgeschäft beteiligten Vertretern in der strengen Form des § 29 GBO (lesen!) dem Grundbuchamt nachzuweisen.

149 Argument: Sicherungsfunktion der Vormerkung, Rechtsgedanke § 883 II BGB. Vgl. Palandt/*Bassenge* BGB § 885 Rn. 13.

In Immobiliarsachenrechtsklausuren ist oft auch der **Grundbuchberichtigungsanspruch aus § 894 BGB** zu prüfen. Dieser greift, wenn das Grundbuch **dinglich unrichtig** ist. Dinglich unrichtig bedeutet, dass die im Grundbuch dargestellte Rechtslage bzgl. des Eigentums, Grundpfandrechten, Widersprüchen, Verfügungsbeschränkungen oder Vormerkungen nicht mit der wirklichen dinglichen Rechtslage übereinstimmt. Rein schuldrechtliche Ansprüche auf Änderung der im Grundbuch dargestellten Situation reichen also nicht. Schwerpunkt der Klausur ist dann die inzidente sachenrechtliche Prüfung bzgl. des Eintrags. Auf das Verhältnis Eigentümer – zu Unrecht Eingetragener sind zudem §§ 987 ff. BGB anwendbar (analog, wenn Bucheigentümer nicht Besitzer ist), sodass ggf. EBV-Ansprüche mit zu prüfen sind. Das mögliche Grundbuchberichtigungsverfahren nach § 22 GBO schließt eine Klage nach § 894 BGB idR nicht aus, da mangels tauglicher Nachweisbarkeit der Unrichtigkeit iSv §§ 22, 29 GBO ein dortiger Erfolg zweifelhaft wäre.

Pal 894/10

> **Klausurtipp:** § 894 BGB wird oft im Wege einer **einstweiligen Verfügung** durch Eintragung eines Widerspruches nach § 899 BGB gesichert. Dies kann dann auch der Klausureinstieg sein.

Was für **weitere Ansprüche sind bei Unrichtigkeit des Grundbuchs** möglich? Ein Berichtigungsanspruch aus § 812 BGB (Grundbuchposition als etwas Erlangtes, sog. »schuldrechtlicher Grundbuchberichtigungsanspruch«), ein Berichtigungsanspruch aus § 823 BGB unter den Voraussetzungen von § 992 BGB, ein Anspruch auf Beseitigung mittlerweile eingetragener Grundpfandrechte aus § 1004 BGB,[150] der § 888 BGB bei relativer Unwirksamkeit (vor allem bei Vormerkung, s. unten!) und § 896 BGB (Vorlage des Hypothekenbriefes an das Grundbuchamt zwecks Berichtigung).

Pal 894/13

> **Klausurtipp:** Grundstücksklausuren werden oft durch Fragen zu **Grunddienstbarkeiten nach §§ 1018 ff. BGB** aufgepeppt, um Sie in etwas exotischere Gegenden des BGB zu schicken. Dies sind beschränkt dingliche Rechte an einem Grundstück, die auf ein Dulden oder Unterlassen des verpflichteten Grundstückseigentümers gerichtet sind, zugunsten des jeweiligen Eigentümers eines bestimmten (sog. »herrschenden«) Grundstücks bestehen und ins Grundbuch eingetragen werden. Besonders beliebt bei den LJPAs: **Wegerecht** und **Beseitigungsverbot mit Erhaltungspflicht für einen Grenzzaun**. Bei Verletzung der gegenseitigen Pflichten aus den §§ 1018 ff. BGB (gesetzliches Schuldverhältnis) gelten die allgemeinen Vorschriften (§§ 280 ff., 823, 1004 BGB, vgl. § 1027 BGB), wenn nicht §§ 1018 ff. BGB Abweichendes vorschreiben. Für die Verjährung gelten §§ **1028 (lesen!)**, 902 BGB. Auf das Verhältnis zwischen dem Eigentümer des dienenden Grundstücks und dem Berechtigten wendet die Rspr. bei einer Mitbenutzung durch den Eigentümer §§ 741 ff. BGB analog an (daher Regressansprüche bzgl. Unterhaltungskosten für Weg aus §§ 1020 S. 2, 748 BGB analog und GoA möglich). Die Bestellung der Dienstbarkeit ist ein dingliches Geschäft, zugrunde liegen kann eine schuldrechtliche Vereinbarung (»Bestellungsvertrag«). Probleme rund um diese Vereinbarung waren zuletzt Gegenstand im Ringaustausch **Dezembertermin 2011** und in Sachsen im **Junitermin 2014**. Beachten Sie auch § 1023 BGB (lesen!).
>
> *Pal 1018/1*
>
> *mias im Pal*
>
> In **§ 917 BGB** ist das (nicht ins Grundbuch eintragbare) sog. **Notwegerecht** geregelt. Auch dazu hat es bereits Klausuren und eine Fülle von Aktenvorträgen gegeben. Wichtig ist, dass Sie das überhaupt kennen.
>
> Das Pendant zur Grunddienstbarkeit ist die sog. **beschränkt persönliche Dienstbarkeit** iSv §§ 1090 ff. BGB. Hier ist eine bestimmte Person Berechtigter der Dienstbarkeit (oft bei Wohnrecht). Problematisch sind die Rechtsfolgen, wenn das Wohnrecht wegen des Umzugs in ein Pflegeheim dauerhaft nicht mehr genutzt werden kann. Nach der Rspr. ist eine Lösung über die Grundsätze der ergänzenden Vertragsauslegung (des schuldrechtlichen Grundgeschäfts) und nicht über § 313 BGB zu suchen.[151] Das war zuletzt Thema der **Z I-Klausur im Februartermin 2014!**
>
> Im Gegensatz zur Grund- oder beschränkt persönlichen Dienstbarkeit bietet der **Nießbrauch nach §§ 1030 ff. BGB** ein umfassendes dingliches Nutzungsrecht zB an Grundstücken oder Rechten zugunsten einer bestimmten Person. Auch die Regelungen in §§ 1030 ff. BGB bilden ein gesetzliches

---

150 HM: analog §§ 993 I, 989, 990 BGB aber nur bei Bösgläubigkeit/Rechtshängigkeit, vgl. *Medicus/Petersen* BürgerlR Rn. 454 mwN. Aus § 1004 kann dagegen nicht Grundbuchberichtigung verlangt werden, da hierfür § 894 BGB *lex specialis* ist.

151 Palandt/*Bassenge* BGB § 1093 Rn. 19.

Schuldverhältnis zwischen den Beteiligten, sodass hier Ansprüche aus §§ 280 ff. BGB möglich sind. Daneben tritt – wie bei Dienstbarkeiten – idR das schuldrechtliche Grundgeschäft zwischen den Parteien.

§ 926 BGB regelt die Frage, ob bei der Übereignung von Grundstücken auch Zubehör mit übergeht, **§ 311c BGB** dagegen regelt die Frage, ob bei dem schuldrechtlichen Rechtsgeschäft Zubehör mitverkauft wird oder nicht.

2. Die Vormerkung, §§ 883 ff. BGB

45 Die Vormerkung ist ein im Grundbuch eingetragenes **Sicherungsmittel** für einen schuldrechtlichen Anspruch auf dingliche Rechtsänderungen. Die Sicherungswirkung stellen vor allem **§§ 883 II, 888 BGB** her. Danach sind der Vormerkung widersprechende Verfügungen dem Vormerkungsinhaber gegenüber unwirksam, er ist »safe«. Die Sicherungswirkung greift auch bei Beeinträchtigungen wie zB der Eintragung eines Veräußerungsverbots nach §§ 938 II, 859 II ZPO, der Eintragung einer Sicherungshypothek oder eines Wegerechts, bei nachträglicher Grundbuchberichtigung (dh bei nachträglicher Eintragung des wahren Eigentümers) oder bei Eintragung eines Widerspruchs,[152] nicht aber (da keine »Verfügung« iSv § 883 II 1 BGB) bei nachträglicher Vermietung/Verpachtung durch den Noch-Eigentümer. Die **Vormerkung ist streng akzessorisch zum gesicherten Anspruch.** Erlischt dieser durch Erlass, Rücktritt, Unmöglichkeit, Anfechtung, Aufhebung oder Konfusion, erlischt auch die Vormerkung (Folge: § 894 BGB, **nicht** dagegen § 886 BGB!).[153] Die Thematik lief im **Februar 2015 und März 2016.**

Häufigster Klausurfall ist neben der Sicherungshypothek des Bauhandwerkers (→ Rn. 32b) die **Auflassungsvormerkung,** die den Kaufvertragsanspruch auf Übereignung des Grundstückseigentums sichert. Diese soll daher jetzt im Vordergrund stehen. Die Bestellung einer solchen Auflassungsvormerkung ist in der Praxis in den Kaufvertragsformularen idR enthalten. Der Vormerkungsberechtigte kann aus § 888 BGB auch vorgehen, wenn er noch nicht im Grundbuch als Eigentümer eingetragen ist.[154] § 883 I 2 BGB lässt die Vormerkung sogar für bedingte oder zukünftige Ansprüche zu. Insbesondere bei Letzteren ist erforderlich, dass bereits ein fester Rechtsboden für den Anspruch gegeben ist (zu verneinen beim Schwarzkauf bzgl. des verdeckten Vertrags: die Heilungsmöglichkeit ändert nichts daran, dass ein solcher Anspruch nicht vormerkungsfähig ist, da die Heilung nur *ex nunc* wirkt und der Käufer keinen Anspruch auf Heilung hat).

Die Auflassungsvormerkung ist in Klausuren am wichtigsten. Wie und wo wird sie relevant?

- Auswirkung auf den gutgläubigen Grundstückserwerb (→ Rn. 44: »Große Lösung«)
- Schutz des Auflassungsvormerkungsinhabers gem. **§§ 883 II, 888 BGB** vor Verfügungen des Verkäufers: Bei unberechtigter Auflassung und Eintragung eines Dritten – Ansprüche gegen den Verkäufer auf Auflassung nach § 433 BGB (+), kein Untergang des Anspruches nach § 275 I BGB wegen § 883 II BGB; Anspruch aus § 894 BGB (–), weil Grundbuch nicht absolut unrichtig, da die Vormerkung bzw. § 883 II BGB nur relativ wirkt; aber: Anspruch auf Eintragungsbewilligung gegen den vormerkungswidrigen Erwerber/Dritten aus § 888 BGB (+). In der Klausur ist oft eine Widerklage des Dritten enthalten, mit der er als »Gegenangriff« die Löschung des Vormerkungsinhabers über § 894 BGB begehrt. Hier ist auf das Rechtsschutzbedürfnis für die Widerklage einzugehen.[155]
- Klage des Vormerkungsberechtigten gegen den Bucheigentümer auf Nutzungsersatz (s. unten)
- Wirksamkeitsprüfung bei **Klage aus § 894 BGB** gegen den Vormerkungsinhaber wg. dessen Eintragung

---

152 BGH NJW 1981, 446 f.; **aA und ohne Hinweis auf die Rspr. leider immer noch Palandt**/*Bassenge* BGB § 883 Rn. 20

153 Nach hM ist es zulässig, die im Grundbuch verbliebene Vormerkung durch Neubewilligung als Sicherheit für einen neuen Anspruch »aufzuladen« (**Bayern, Novembertermin 2015!**). Dieser muss allerdings kongruent sein mit dem ersten gesicherten Anspruch, vgl. Palandt/*Bassenge* BGB § 885 Rn. 16.

154 Der Anspruch ist dann allerdings darauf gerichtet, dass die Zustimmung des Dritten unter dem Vorbehalt erteilt wird, dass die Eintragung des Vormerkungsberechtigten als Eigentümer erfolgt.

155 Unzulässigkeit wg. kontradiktorischem Gegenteil? (–), da Löschungsbegehren des Klägers ein *aliud* ggü. dem Begehren nach § 888 BGB ist.

Die Entstehung der Vormerkung nach §§ 883 ff. BGB prüfen Sie nach folgender Reihenfolge:

1. Bestehen eines vormerkungsfähigen Anspruchs, § 883 BGB
2. Bewilligung durch Eigentümer oder einstweilige Verfügung, § 885 BGB
3. Eintragung der Vormerkung in das Grundbuch, § 873 BGB
4. Berechtigung oder greifen § 185 BGB, §§ 893, 892 BGB analog (gutgläubiger Erwerb)?
5. Verfügungsbefugnis oder greifen § 185 BGB, § 878 BGB analog?

Problem: **Bewilligung der Vormerkung durch einen Nicht-Eigentümer**

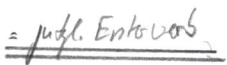

- § 892 BGB kann bei der Bewilligung einer Vormerkung durch den Nicht-Eigentümer nicht direkt angewendet werden, da die Vormerkung kein *»Recht an einem Grundstück«* iSv § 892 I 1 BGB ist, sondern lediglich eine Rechtsänderung ankündigt. Aber Hilfe naht! Die Bewilligung einer Vormerkung ist nach hM nämlich eine *»Verfügung«* iSd § 893 Alt. 2 BGB, sodass über §§ 893 Alt. 2, 892 BGB analog ein **gutgläubiger (Erst-)Erwerb einer Vormerkung** möglich ist.[156] § 892 BGB überwindet dabei aber nicht das Fehlen der gesicherten Forderung, sondern nur die fehlende Eigentümerstellung des Bewilligenden! Der Erwerber muss analog § 892 II BGB bis zum Zeitpunkt des Vormerkungseintragungsantrages redlich sein, um die Vormerkung zu erwerben. Eine nachfolgende Bösgläubigkeit, die Eintragung eines Widerspruchs oder eine Grundbuchberichtigung hindern weder die Entstehung der Vormerkung noch die des vorgemerkten Rechts (Argument: Schutzzweck der Vormerkung → Rn. 44).
- §§ 893 Alt. 2, 892 BGB gelten nicht im Falle der Eintragung aufgrund einer einstweiligen Verfügung (Argument: dann kein rechtsgeschäftlicher Erwerb, der für gutgläubigen Erwerb aber erforderlich ist, → Rn. 39).
- Auch der Scheinerbe kann eine Vormerkung bewilligen, → Rn. 100.

Problem: **Verhältnis Auflassungsvormerkungsberechtigter – vormerkungswidriger Erwerber**

- Anspruch des Vormerkungsberechtigten aus § 888 BGB (s. oben). Bisher meinte der BGH, § 888 BGB sei nur ein GBO-Hilfsanspruch und löse keinen Verzugsschaden aus. Das ist nun anders, § 286 BGB ist nach neuer Rspr. auf die Norm anwendbar (Argument: weiter Wortlaut von § 280 I, II BGB).
- Zudem wird auf das Verhältnis beider Parteien das **EBV (und § 1004 BGB) analog angewendet** (direkt geht nicht, da der vormerkungswidrige Erwerber ja tatsächlich Eigentümer geworden ist!). Dies ist gerecht, denn der Erwerber weiß ja, dass er auf einem Pulverfass sitzt. Dies gilt auch für Gegenansprüche des Erwerbers (zB für Verwendungen auf das Haus), da andere Anspruchsgrundlagen idR nicht greifen (daher Regelungslücke): GoA scheitert am FGW, LK (–) wg. fehlender Leistung und Eingriffskondiktion (–), da der Vormerkungsberechtigte nichts auf Kosten des Verwenders erlangt hat, sondern nur durch Übertragungsakt des Veräußerers.[157]

Die **Vormerkung** wird durch (formlose) Abtretung des gesicherten Anspruchs **übertragen**, §§ 398, 401 BGB. Eine Grundbuchberichtigung erfolgt dann nach § 22 GBO. Klausuren zum **gutgläubigen Zweiterwerb der Vormerkung** gab es in den letzten 15 Jahren genau ein Mal. Arbeiten Sie hier im Notfall mit dem Palandt bei § 885 BGB und lernen Sie solch einen Hokuspokus aus dem Rep zur Ersten Prüfung nicht auswendig, diese Zeiten sind zum Glück vorbei!

Beachte: Auch das **dingliche Vorkaufsrecht** iSv §§ 1094 ff. BGB wirkt nach § 1098 II BGB ggü. Dritten wie eine Vormerkung. Klausuren dazu kommen extrem selten vor. Im Notfall: Kommentar.

---

156 Palandt/*Bassenge* BGB § 885 Rn. 12.
157 Palandt/*Bassenge* BGB § 888 Rn. 9; *Kohler* NJW 1984, 2849 ff. Klausuren dazu gab es bereits (schöner Mix aus EBV und GoA/§ 812 BGB).

B. Ansprüche aus dem Eigentümer-Besitzer-Verhältnis (EBV)

I. Einleitung und Systematik

46 Das EBV regelt das Rechtsverhältnis zwischen Eigentümer und nichtberechtigtem Besitzer. Es dient mit seinen differenzierten Regelungen vor allem dem **Schutz des redlichen nichtberechtigten Besitzers,** was in § 993 I aE BGB zum Ausdruck kommt. Ein toller Übungsfall zum EBV ist **OLG Hamm NJW-RR 2014, 277 (»Goldkettchen«).**

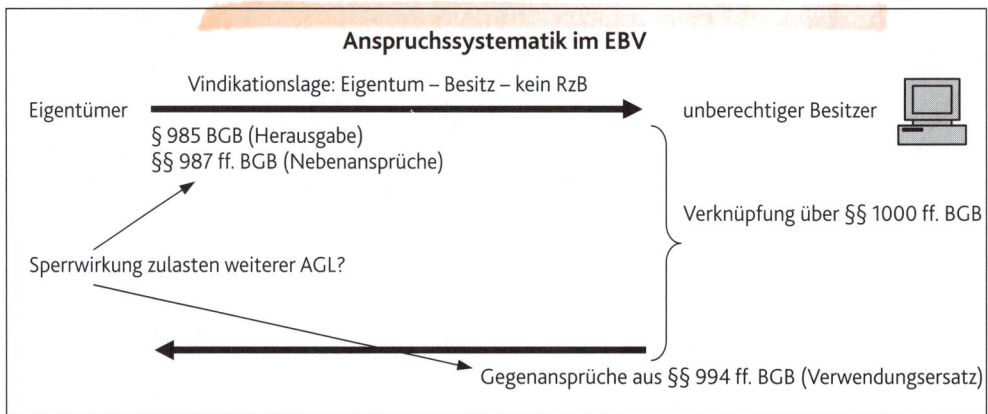

Anspruchssystematik im EBV

Eigentümer — Vindikationslage: Eigentum – Besitz – kein RzB → unberechtiger Besitzer

§ 985 BGB (Herausgabe)
§§ 987 ff. BGB (Nebenansprüche)

Sperrwirkung zulasten weiterer AGL?

Verknüpfung über §§ 1000 ff. BGB

Gegenansprüche aus §§ 994 ff. BGB (Verwendungsersatz)

Zum Grundwissen zählt das Verhältnis der §§ 987 ff. BGB vor allem zu §§ 823 ff., 812 ff. BGB **(Sperrwirkung?).** Aus § 993 I Hs. 2 BGB wird gefolgert, dass die Anwendung des **Deliktsrechts neben §§ 987 ff. BGB ausgeschlossen** ist, wenn bereits im Zeitpunkt des schädigenden Ereignisses eine Vindikationslage vorliegt. Ausnahmen von der Sperrwirkung: **§§ 992, 826 BGB** und der Fremdbesitzerexzess im Zwei-Personen-Verhältnis.[158] Auch **Bereicherungsrecht ist neben §§ 987 ff. BGB ausgeschlossen,** dies allerdings mit **sechs Ausnahmen:** Bei den sog. »sechs Vs« ist Bereicherungsrecht neben §§ 987 ff. BGB anwendbar, sonst nicht. Was ist damit gemeint?

- Verbindung/Vermischung/Vermengung/Verarbeitung – die Fälle von §§ 946 ff. BGB: Wertersatzanspruch des ehemaligen Eigentümers der Sache, der sein Eigentum gem. §§ 946 ff. BGB durch die Handlung des unberechtigten Besitzers verliert, aus §§ 951, 812 I 1 Alt. 2 BGB gegen den Besitzer (→ Rn. 42). EBV sperrt nicht.
- Veräußerung der Sache durch den nichtberechtigten Besitzer: Anspruch des ehemaligen Eigentümers gegen den Veräußerer aus § 816 I 1 BGB. §§ 951, 812 I 1 Alt. 2 BGB im vorherigen Fall und § 816 I 1 BGB sind nämlich »Rechtsfortwirkungsansprüche« zum Eigentum, die nicht durch §§ 987 ff. BGB ausgeschlossen sein können.
- Verbrauch der Sache: Wertersatzanspruch des ehemaligen Eigentümers aus Eingriffskondiktion. Auch hier sperrt das EBV nicht, weil dieses den Verbrauch der Sache nicht regelt.

Klausurtipp: Die **»sechs Vs«** sind wunderbar bei Palandt/*Bassenge* BGB Vorb v § 987 Rn. 15 kommentiert!

Merke: Nur §§ 987 ff. BGB entfalten Sperrwirkung. Geht es um die bloße Herausgabe nach § 985 BGB, sind andere Herausgabeansprüche zB aus Vertrag oder §§ 823, 812 BGB nicht gesperrt. Das Schlagwort »Sperrwirkung des EBV« ist also ungenau, richtig wäre »Sperrwirkung von §§ 987 ff. BGB«.[159]

---

158 Fremdbesitzerexzess: Der Schädiger nimmt zu Unrecht ein RzB an und überschreitet dieses. Argument: §§ 989, 990 BGB scheitern mangels Bösgläubigkeit, § 823 BGB eigentlich am Vorrang des EBV. Das wäre wertungsmäßig schief, denn bei bestehendem RzB würde § 823 BGB ja greifen. Daher wird hier § 823 BGB neben dem EBV zugelassen. Das ist eher ein typisches Thema aus dem ersten Examen, daher nur als Fußnote! Kommentiert ist es im Palandt/*Bassenge* BGB § 993 Rn. 4.

159 Genauso ungenau ist der in manchen Lösungsskizzen so oder ähnlich zu findende Satz: »*§§ 812 ff. BGB sind neben §§ 987 ff. BGB anwendbar, weil das EBV seine Sperrwirkung gegenüber §§ 812 ff. BGB nur bei Gutgläubigkeit des Besitzers entfaltet, vgl. § 993 I BGB aE*«. Das ist falsch!

In den Fällen unbestellter Zusendung von Sachen denken Sie an den Ausschluss des EBV durch **§ 241a BGB** (so die bisherige hM). Umstritten ist, ob dies auch nach Änderung der zugrunde liegenden Richtlinie noch so gilt.

II. Die Klausurprobleme zu den einzelnen Ansprüchen aus dem EBV

Grundvoraussetzung aller Ansprüche ist grds. das Vorliegen einer »Vindikationslage«: **Eigentum, Besitz und kein RzB** im Zeitpunkt des anspruchsbegründenden Ereignisses (dh für Herausgabebegehren im Zeitpunkt des Herausgabeverlangens, für Nutzungsersatz im Zeitpunkt der Nutzung etc.). Das wissen Sie sicherlich noch.

Problem: Besondere Vindikationslagen (oder eben gerade nicht ...)?

= Anwendungsbereich EBV

* Bei »nicht-so-berechtigtem Besitz« (zB unberechtigte Untervermietung durch den Mieter, Beschädigung der Mietsache durch Mieter): keine Vindikationslage, da ausreichender Schutz durch Vertrag und Delikt.
* Ein »nicht-mehr-berechtigter Besitzer« liegt vor, wenn das RzB nachträglich weggefallen ist, es zum Zeitpunkt der Schädigung/Nutzung/Verwendung jedoch noch bestand. Hier ist zu differenzieren:[160] Endet das RzB mit Rückwirkung (Anfechtung, Aufhebung des Zuschlagsbeschlusses in der Zwangsversteigerung), liegt wg. der *Ex-tunc*-Wirkung von Anfang an ein EBV vor. Endet das RzB ohne Rückwirkung *ex nunc* (Rücktritt, Kündigung, Vertragsablauf, auflösende Bedingung, Widerruf der tatsächlichen Gestattung, Herausgabeverlangen nach § 604 III BGB), liegt nur ab dann ein EBV vor, vorher nicht. Der BGH hat davon für Verwendungsersatzansprüche im berühmten »EBV-Werkunternehmerfall« **(zuletzt Apriltermin 2013 und Märztermin 2015!)** eine Ausnahme gemacht, um Wertungsgesichtspunkten gerecht zu werden: Hier hat ein Werkunternehmer aufgrund eines Werkvertrages mit einem zu diesem Zeitpunkt zum Besitz und zur Reparaturbeauftragung berechtigten Besteller eine Reparatur durchgeführt, später fällt die Besitzrechtskette *ex nunc* weg. Wenn vom Besteller wg. dessen Insolvenz nichts zu holen ist und der Eigentümer vom Werkunternehmer Herausgabe des Wagens verlangt, ohne die Rechnung bezahlen zu wollen, ist der Werkunternehmer schutzbedürftig. Aber sein Problem ist Folgendes: Auf ein Pfandrecht iSv § 647 BGB kann er sich nicht berufen (→ Rn. 32b), sonstige Gegenansprüche gg. den Eigentümer, die er per ZBR geltend machen könnte, bestehen idR auch nicht. Auch Gegenansprüche aus §§ 994 ff. BGB bestehen streng genommen nicht, da im Zeitpunkt der Verwendung die Besitzrechtskette noch intakt war und daher keine Vindikationslage vorlag. Nach dem BGH soll hier für Ansprüche des Unternehmers aus §§ 994 ff. BGB (analog) ausreichen, dass **zumindest jetzt eine Vindikationslage besteht**, da der zunächst berechtigte Besitzer nicht schlechter stehen soll als der von Anfang an nichtberechtigte Besitzer (daher: ZBR aus §§ 1000, 994 ff. BGB als RzB). Die Problematik ist **in** *Palandt/Sprau* BGB **§ 647 Rn. 6** kommentiert. Die Anwendung des EBV setzt hier allerdings voraus, dass das früher bestehende – das Besitzrecht begründende – Rechtsverhältnis Ansprüche auf Verwendungsersatz nicht gesondert regelt. **Dazu lesen Sie bitte zwingend BGH JuS 2015, 363 (»Galopprennbahn«). EBV und Pferde, besser geht's thematisch kaum!**
* Das **Aufschwingen** vom berechtigten Fremdbesitzer zum unberechtigten Eigenbesitzer stellt nach der Rspr. nur dann eine Vindikationslage iSv § 990 S. 1 BGB dar, wenn dadurch das Besitzrecht erlischt (Argument: Wesensverschiedenheit der beiden Besitzarten).[161] Examensklausuren dazu sind uns nicht bekannt.

Denken Sie auch an **§ 292 BGB (lesen!)**, der eine Rechtsfolgenverweisung auf die Vorschriften des EBV enthält. Die Vorschrift bezweckt eine Haftungsverschärfung für den Schuldner eines eingeklagten Herausgabeanspruchs, was vor allem dann relevant wird, wenn das Vorliegen einer Vindikationslage gerade nicht gegeben ist. Im **Dezembertermin 2014** ging es in der Z I-Klausur ganz wesentlich um diese Norm, kaum ein Kandidat hat die geprüft!

---

160 Palandt/*Bassenge* BGB Vorb v § 987 Rn. 3 ff., 7.
161 Palandt/*Bassenge* BGB Vorb v § 987 Rn. 11 mwN. Das berühmte Repetitoriumsbeispiel »Entleiher veräußert geliehene Sache« fällt also gerade nicht darunter. Hier kommen nur Ansprüche des ehemaligen Eigentümers aus §§ 604, 283, 280, 275 I, 687 II, 816 I, 823 BGB infrage.

1. Der Herausgabeanspruch des Eigentümers, § 985 BGB

47 Der wichtigste Anspruch innerhalb des EBV ist der Herausgabeanspruch des Eigentümers aus § 985 BGB. § 985 BGB ist nicht isoliert abtretbar, jedoch ist eine Geltendmachung in gewillkürter Prozessstandschaft zulässig. Eine unwirksame Abtretung ist dann nach § 140 BGB in eine entsprechende Ermächtigung zur Prozessstandschaft umzudeuten. **§ 985 BGB ist bei Geld** nur zu prüfen, wenn die konkreten Geldscheine noch vorhanden sind, nicht aber, wenn es um die Herausgabe einer Geldsumme geht (»keine Geldwertvindikation« über § 985 BGB).

a) Eigentum

Inzident ist dann zu prüfen, ob der Anspruchsteller Eigentümer (geworden) ist, zB nach §§ 929 ff., 952 BGB, durch Zuschlag nach dem ZVG oder durch Erbfall. Dies ist idR Schwerpunkt der Klausur. Hier kann dann ggf. die Prüfung von **Kettenübereignungen** erforderlich sein, wenn das Eigentum über mehrere Stationen gelaufen ist. Sie wissen, dass man hier idR chronologisch – dh in der zeitlichen Abfolge der Ereignisse – prüft.

b) Besitz

Herausgabe kann **auch** verlangt werden, **wenn der Anspruchsgegner nur mittelbarer Besitzer** iSv § 868 BGB ist (zB Gegner hat Sache an einen Dritten verliehen/verpachtet). Ein beliebtes Beispiel ist, dass die herauszugebende Sache vom Anspruchsteller bereits iRd Vollstreckung einer einstweiligen Verfügung gepfändet wurde und sich bei einem **Sequester** befindet. Hier ist der Anspruchsgegner mittelbarer Besitzer der gepfändeten Sache, was für § 985 BGB ausreicht.[162] Häufig wurde bei dieser Klausur – ähnlich wie bei den Hinterlegungsfällen zu § 812 BGB – eine Widerklage eingebaut, mit der der Beklagte wiederum vom Kläger Herausgabe/Freigabe verlangt.

> **Beachte:** Die Herausgabe an den Kläger durch den Besitzer alleine zur Abwendung der Zwangsvollstreckung aus einem vorläufig vollstreckbaren Titel führt nicht zur Erfüllung des Anspruches aus § 985 BGB.[163] Der Kläger sollte im Prozess nicht für erledigt erklären (Anwaltsklausur!).

c) (Kein) Recht zum Besitz, § 986 BGB

Was sind alles Besitzrechte? ZB Pfandrechte (§ 647 BGB, Faustpfandrecht nach §§ 1204 ff. BGB – ist aber nicht examensrelevant!), **schuldrechtliche Vereinbarungen** mit dem Eigentümer, **tatsächliche Besitzgestattung** des Eigentümers ohne Vertrag (nur bis Widerruf)[164] und die berechtigte GoA (aber nur, wenn Übernahme des Geschäfts und die Inbesitznahme der Sache zusammenfallen – das RzB endet mit dem berechtigten Herausgabeverlangen des Eigentümers!).[165] Verträge mit einem berechtigten Zwischenmann geben nur bei einer »Weiterleitungsbefugnis« des Zwischenmanns gegenüber dem Eigentümer ein sog. **abgeleitetes RzB**, vgl. § 986 I 1, 2 BGB.

Problem: ZBR und AWR als Besitzrechte (zwei »Klassiker«)

- **ZBR** iSv §§ 273, 1000 BGB wegen Gegenansprüchen des Besitzers als RzB? Nach der Lit. und **Palandt** RzB (–), da ein ZBR zu einer Zug-um-Zug-Verurteilung und nicht wie ein RzB zu einer Klageabweisung führt. Die **Rspr.** dagegen sieht das ZBR als ein RzB an (»ZBR = RzB«), kommt dann aber – dogmatisch schief – auch zu einer Zug-um-Zug-Verurteilung und zusätzlich zur Anwendung von §§ 987 ff. BGB, wenn das das ZBR ergebende Rechtsverhältnis keine ausreichenden Regelungen zu Verwendungen/Nutzungen etc. enthält (was idR nicht der Fall ist).[166] Ein Streitentscheid ist daher entbehrlich und Sie

---

162 Palandt/*Bassenge* BGB § 985 Rn. 5, 9; BGH NJW 1979, 1358 f.; OLG Oldenburg Urt. v. 27.4.1999 – 5 U 9/99, BeckRS 1999, 06056.
163 OLG Zweibrücken NJW 2016, 821 f. (Skulptur »Mensch im Widerstreit«).
164 BGH NJW 2008, 2333 ff.; OLG Karlsruhe NJW-RR 2012, 1442 ff.
165 Palandt/*Sprau* BGB Einf v § 677 Rn. 12. **Das bedeutet, dass wenn zuerst eine Vindikationslage vorliegt und erst später eine GoA-Handlung des Besitzers erfolgt, dann das EBV vorrangig auch ggü. der berechtigten GoA ist.** Merken Sie sich das bitte.
166 Palandt/*Bassenge* BGB § 986 Rn. 5; BGH NJW 2002, 1050; 1995, 2627; WM 1975, 1121; 1971, 1268; 1970, 1366; OLG Karlsruhe NJW-RR 2012, 1442 und OLGZ 78, 206; OLG Celle NJW-RR 2010, 484; OLG Koblenz DAR 1999, 505; KG Urt. v. 7.1.2011 – 13 U 31/10, BeckRS 2011, 05364.

stellen einfach nur das Problem dar und führen aus, dass es bei Bestehen eines ZBR (dann von Ihnen zu prüfen!) jedenfalls zu einer Zug-um-Zug-Verurteilung kommt.
- **AWR** nach Lit. und OLG Karlsruhe NJW 1966, 885 f. (+), wg. dessen Nähe zum Vollrecht, **nach BGH (–)** weil für »*Annahme eines dinglichen Besitzrechts keine Grundlage im Gesetz vorhanden ist*«. Da sich aber beim Erwerb eines AWR vom Eigentümer iRe EV bereits aus dem Kaufvertrag ein RzB ergibt, spielt das Problem lediglich eine Rolle, wenn der EV-Käufer sein AWR (ggf. konkludent) auf einen Dritten überträgt und dieser dann vom Noch-Eigentümer in Anspruch genommen wird (→ Rn. 40). In diesen Fällen gewährt der BGH dem AWR-Erwerber zumindest die Arglisteinrede, wenn nur noch ein kleiner Rest vom Kaufpreis offen ist. Auch dieser Streit braucht daher nicht entschieden zu werden, da nach beiden Auffassungen § 985 BGB nicht durchsetzbar ist.

Jetzt kommt was Feines: Dem Anspruch aus § 985 BGB (und den Folgeansprüchen aus dem EBV) kann **§ 242 BGB (dolo agit)** entgegengesetzt werden, wenn der unberechtigte Besitzer einen Gegenanspruch auf Eigentumserwerb (aus Kaufvertrag oder § 812 BGB) hat. Dies kam in den letzten Jahren mehrfach (zuletzt Dezember 2011 und praktisch identisch **April 2013**) so vor, dass der Verkäufer die von ihm veräußerte Sache anlässlich einer Reparatur wieder in Besitz hatte und dann das Kausalgeschäft nach § 119 II BGB wg. Irrtums über die Eigenschaft der Sache (»Platin statt Weißgold«) anficht. Wenn hier mangels Irrtumsidentität (→ Rn. 13) die Anfechtung nur den Kaufvertrag beseitigt, steht den Ansprüchen des Käufers aus §§ 985 ff. BGB die Dolo-agit-Einrede aus § 242 BGB entgegen (Gegenanspruch des Verkäufers aus § 812 BGB auf Rückübereignung des Kaufgegenstandes). Dies gilt jedoch nur, wenn der Besitzer (Verkäufer) gleichzeitig Zug um Zug die Erfüllung der korrespondierenden Pflicht zur Rückgewähr des Kaufpreises anbietet.[167] Ein schöner und wichtiger Fall. Diesen Absatz bitte jetzt nochmal lesen!

d) Beweislast

Der nach § 985 BGB die Herausgabe Verlangende trägt die **Beweislast** für sein gegenwärtiges Eigentum und den Besitz des Anspruchsgegners, der Anspruchsgegner für das Bestehen eines RzB. Der Kläger muss dabei nach hM den **Besitz des Gegners nur zum Zeitpunkt der Rechtshängigkeit** der Klage beweisen (wofür bei vorherigem Besitz eine tatsächliche Vermutung sprechen kann). Behauptet der Beklagte einen Besitzverlust nach Rechtshängigkeit, so trägt er die Beweislast. Eine Herausgabeverurteilung ohne Beweisaufnahme für die Fälle, in denen der Beklagte für den Verlust haften würde (so hat das die hM früher vertreten), ist nicht mehr möglich, sodass nunmehr über die streitige Frage des Besitzes Beweis erhoben werden muss.[168] Hat der Beklagte nach Rechtshängigkeit seinen Besitz durch Veräußerung verloren, dann kann der Kläger nach **§ 265 II 1 ZPO** weiter auf Herausgabe klagen, ohne seinen Antrag zu ändern. Aufseiten des Beklagten liegt ein Fall der gesetzlichen Prozessstandschaft vor, der Besitzverlust ist dann also irrelevant, sodass es darüber keiner Beweisaufnahme bedarf.

Für die Beweislage spielt die Fiktion von **§ 1006 BGB** eine wichtige Rolle (§ 1006 gilt nicht für Papiere iSv §§ 808, 952 BGB, weil dort der Besitz für den Eigentumswechsel keine Rolle spielt!). Der Besitzer kann sich auf § 1006 I 1 BGB nur berufen, wenn er **behauptet, dass seine Besitzerlangung und seine Eigentumsbegründung zusammenfallen**. Diese Voraussetzungen liest die Rspr. in § 1006 I 1 BGB hinein. Häufigstes Beispiel in Klausuren ist der **»Schenkungseinwand«** (meint: schenkweise übereignet) des beklagten Besitzers. Der Kläger kann sich dann nicht auf § 1006 II BGB berufen, da Abs. 2 hinter Abs. 1 zurücktritt, wenn beide Absätze kollidieren. Er muss vielmehr beweisen, dass der Beklagte das Eigentum nicht erworben[169] oder es wieder verloren hat oder § 1006 I 2 BGB vorliegt. Alles ist anders, wenn der Beklagte zunächst Fremdbesitz hatte und dann behauptet, später Eigentümer der Sache geworden zu sein. Hier greift § 1006 I 1 BGB gerade nicht, weil Übergabe und behauptete

---

167 Palandt/*Grüneberg* BGB § 242 Rn. 52 mwN.

168 LG Düsseldorf NJOZ 2013, 264; Palandt/*Grüneberg* BGB § 275 Rn. 34 mwN; **aA Palandt**/*Bassenge* BGB **§ 985 Rn. 16**!

169 Dazu muss der sich auf § 1006 I 1 BGB berufene Besitzer keine Erwerbstatsachen vortragen, er darf schweigen! **Schweigen ist Gold, reden wäre dumm**, denn nach einer aktuellen Entscheidung des OLG Koblenz verliert der Besitzer § 1006 BGB wieder, wenn er unglaubhaft zum Erwerb des Eigentums vorträgt, vgl. NJW 2016, 331. Hätte er doch geschwiegen!

Eigentumsbegründung nicht zusammenfallen. In diesen Fällen kann sich der Kläger ggf. sogar auf die Vermutung von § 1006 II BGB berufen. Leider ist auch § 1006 II BGB irreführend. Denn er setzt ebenfalls voraus, dass die frühere Besitzerlangung mit der (behaupteten) Eigentumsbegründung zusammenfällt und zudem – was sich ebenfalls nicht aus dem Wortlaut ergibt – die Vermutung enthält, dass das Eigentum auch noch nach Besitzverlust beim ehemaligen Besitzer geblieben ist (»Rechtsfortdauervermutung«). § 1006 I BGB wird bei Ehegatten/Lebenspartnern zugunsten des Gläubigers von **§ 1362 I BGB** (iVm § 8 LPartG) verdrängt (→ Rn. 93). Ein feiner Übungsfall dazu ist *Graja* JA 2014, 287 ff. **(Original-Aktenvortrag!)**.

> **Klausurtipp:** Ein häufig in Klausuren anzutreffender **Fehler** ist, dass die Kandidaten den § 1006 BGB bringen, obwohl der Sachverhalt zum Eigentum bewiesen oder unstreitig ist. Dann gilt § 1006 BGB nicht!

> **Merke:** §§ 1006, 932 ff. BGB sind Ausdruck dessen, dass der Besitz Rechtsscheinträger ist. Was sind weitere Rechtsscheinträger? Das Grundbuch und der Erbschein, vgl. §§ 891, 2365 BGB. Deshalb gibt es auch in allen diesen Fällen – anders als bei Forderungen – einen gutgläubigen Erwerb.

> **Klausurtipp:** Oft ist in EBV-Klausuren auch an **Besitzschutzansprüche** aus §§ 861 f., 1007 BGB zu denken. Klausureinstieg ist gern der einstweilige Rechtsschutz nach §§ 935 ff. ZPO, da der Anspruchsteller die alte Besitzsituation zügig wiederherstellen möchte.[170] Der Herausgabe-/Unterlassungsanspruch aus **§§ 861, 862 BGB** setzt voraus, dass der Anspruchsgegner **verbotene Eigenmacht iSv § 858 BGB** begangen hat oder eine solche bevorsteht. Klausurschwerpunkt ist dann idR die saubere Auseinandersetzung mit den Einwänden des Gegners. Dieser kann sich ggü. der verbotenen Eigenmacht auf §§ 861 II, 862 II, 864 ff. BGB oder auf die fehlende Widerrechtlichkeit der Besitzbeeinträchtigung zB wg. §§ 227 ff., 562b, 859, 906 BGB oder berechtigter GoA stützen, nicht jedoch auf sonstige materielle Einwendungen wie zB schuldrechtliche oder dingliche Rechte an der Sache, § 917 BGB, ein ZBR oder sein Eigentum. §§ 861 f. BGB werden possessorische Ansprüche genannt, weil sie nur an den Besitz anknüpfen und daher solche materiellen Einwände nicht zugelassen sind, **§ 863 BGB**. Nur wenn der Beklagte bei einer Klage nach §§ 861 f. BGB eine Widerklage bzgl. seiner materiellen Berechtigung erhebt und diese zulässig und begründet ist (»**petitorische Widerklage**« – aus deren Tenor muss sich ergeben, dass der Besitzgestörte die Sache sofort wieder an den Besitzstörer herausgeben müsste, wenn die auf die Besitzschutzansprüche gestützte Klage durchgehen würde), wird **§ 864 II BGB analog** angewendet, sodass die Besitzschutzansprüche des Klägers scheitern.[171]
>
> In welchen Situationen kommen Besitzschutzansprüche noch gerne in Klausuren vor? ZB bei den **Abschlepp-Fällen** (→ Rn. 34) oder in den **Hausverbotsfällen**. Die Befugnis zum Ausspruch eines Hausverbotes folgt aus dem Hausrecht,[172] welches auf dem Grundstückseigentum oder -besitz beruht (§§ 858 ff., 903, 1004 BGB). Die dem Hausverbot durch die mittelbare Drittwirkung der Grundrechte (APR, Gleichbehandlungsgrundsatz) gesetzten Grenzen sind dann überschritten, wenn das Hausrecht willkürlich erfolgt. Im Mietrecht gibt es auch Anwendungsfälle: zum einen die **Doppelvermietung** (→ Rn. 80), zum anderen die Einstellung von Versorgungsleistungen (Strom/Wasser, sog. »**kalte Räumung**«) durch den Vermieter nach Vertragsende. Letzteres ist aber – anders als der Austausch des Türschlosses – keine verbotene Eigenmacht, da die tatsächliche Sachherrschaft des Mieters an der Wohnung unberührt bleibt.[173] Die **eigenmächtige echte Räumung** (Rausschmiss) ohne Titel stellt dagegen eine unerlaubte Selbsthilfe dar und berechtigt den Mieter nach §§ 231, EBV, 823, 826 BGB sowie aus (nachvertraglicher) pVV in Form der *culpa post contractum*

---

170 Vgl. dazu *Kaiser/Kaiser/Kaiser* Anwaltsklausur Rn. 73 ff.

171 *Kaiser/Kaiser/Kaiser* Zivilgerichtsklausur I Rn. 269, 462 zum besonderen Aufbau der Entscheidungsgründe. **Da im Verfahren der einstweiligen Verfügung eine Widerklage unzulässig ist, käme nur ein – der Widerklage ähnlicher – »petitorischer Gegen(feststellungs)antrag« im selben Verfahren in Betracht,** dessen Zulässigkeit umstr. ist (dafür Palandt/*Bassenge* BGB § 863 Rn. 3; Thomas/Putzo/*Seiler* ZPO § 935 Rn. 1; *Dötsch* MDR 2012, 623 mwN aus der Rspr.; dagegen: OLG Frankfurt a.M. Urt. v. 20.10.2011 – 6 U 101/11, BeckRS 2011, 24779; OLG Brandenburg Urt. v. 23.9.2005 – 4 U 25/05, BeckRS 2005, 14673).

172 Interessant ist LG Ulm NJW-RR 2015, 1167 zum **virtuellen Hausrecht** des Betreibers einer Internetseite.

173 Palandt/*Bassenge* BGB § 862 Rn. 4. Hier können sich aber in Extremfällen nachvertragliche Versorgungsansprüche (vgl. → Rn. 33) des Mieters gegen den Ex-Vermieter ergeben (aus neuerer Zeit KG MDR 2015, 19).

finitum zum Schadensersatz.[174] Dies war zuletzt Thema im **Septembertermin 2013!** Auch wenn ein Mieter gegen das **Rauchen eines anderen Mieters** vorgeht, sind §§ 858 ff. BGB zu prüfen (dann bei Widerrechtlichkeit § 906 BGB prüfen: wesentliche Beeinträchtigung? der BGH macht dann zudem eine Abwägung zwischen den betroffenen Grundrechten der Beteiligten iSe praktischen Konkordanz: abgestimmter Rauch-Zeitplan nötig).

Der Herausgabeanspruch des früheren Besitzers aus **§ 1007 I BGB** wird dagegen als »petitorischer Anspruch« bezeichnet, weil nach § 1007 III BGB auch materielle Berechtigungsfragen relevant sind. Der Herausgabeanspruch aus **§ 1007 II BGB** regelt die Herausgabe von abhandengekommenen Sachen. Auch hier gilt § 1007 III BGB. § 1007 BGB hat kaum praktische Bedeutung, da idR §§ 861, 985 BGB greifen.

Exkurs:

Wenn über das Vermögen des Herausgabeschuldners das **Insolvenzverfahren** eröffnet wird, so gewährt der dingliche Anspruch aus § 985 BGB ein **Aussonderungsrecht** nach § 47 InsO. Das bedeutet, dass der Eigentümer kein Insolvenzgläubiger ist, der sich auf die Anmeldung seines Anspruches zur Tabelle begnügen muss. Bei Verweigerung der Herausgabe kann gegen den Insolvenzverwalter beim Gerichtsstand des § 19a ZPO Klage erhoben werden. Die sonstigen Nebenansprüche des Eigentümers aus §§ 987 ff. BGB sind idR bloße Insolvenzforderungen, die nach §§ 38, 87, 174 ff. InsO zur Tabelle angemeldet werden müssen. Kein Aussonderungsrecht liegt vor, wenn der Anspruch aus § 985 BGB auf das erworbene Sicherungseigentum gestützt wird. Nach § 51 Nr. 1 InsO besteht dann lediglich ein Absonderungsrecht. **Absonderung** iSv §§ 49 ff. InsO bedeutet im Gegensatz zur Aussonderung Folgendes: Der Absonderungsberechtigte ist zwar ebenso kein Insolvenzgläubiger, der sich auf die Anmeldung seines Anspruches zur Tabelle begnügen muss, er hat aber keinen Herausgabeanspruch wie der Aussonderungsberechtigte. Der Insolvenzverwalter muss vielmehr den Gegenstand der Absonderung verwerten (zB durch Versteigerung, Einziehung) und aus dem Erlös den Absonderungsberechtigten vorzugsweise befriedigen, vgl. §§ 28 II, 165 ff. InsO. Sonstige Aussonderungsrechte iSv § 47 InsO sind zB Dienstbarkeiten, Nießbrauchsrechte, schuldrechtliche Herausgabeansprüche aus §§ 546, 596, 604 BGB, das vorbehaltene Eigentum und der Besitz. Sonstige Absonderungsrechte iSv §§ 49 ff. InsO sind zB Pfandrechte.

2. Die Nebenansprüche des Eigentümers, §§ 987 ff. BGB

a) Voraussetzung aller Ansprüche: Vindikationslage

Das Bestehen und die Reichweite der Nebenansprüche sind von der Gut- oder Bösgläubigkeit **48** des Besitzers oder von der Rechtshängigkeit abhängig. Die Bösgläubigkeit bezieht sich dabei auf die Vindikationslage bzw. das Besitzrecht und nicht auf eine Schädigungshandlung. Als Maßstab der Bösgläubigkeit dient § 932 II BGB, es schaden also nur Kenntnis und grob fahrlässig Unkenntnis.

b) Schadensersatzanspruch des Eigentümers

Hier ist der Anspruch gg. den bösgläubigen oder verklagten Besitzer aus §§ 989, 990 BGB wichtig. Beachten Sie, dass neben der Bösgläubigkeit/Rechtshängigkeit zusätzlich Verschulden nötig ist! Vorenthaltungsschäden wie zB Nutzungsausfall werden (anders als entgangener Gewinn) nach hM nicht von §§ 989, 990 I BGB erfasst, jedoch ist auf § 990 II BGB zu achten. Umstritten ist, ob im Falle von § 857 BGB auch die Bösgläubigkeit des Erblassers auf den Erben übergeht.[175] Lesen Sie auch einmal den § 992 BGB.

c) Nutzungsherausgabeanspruch des Eigentümers

§§ 987, 990, 992, 993, 988 BGB regeln die Frage, ob der Besitzer Nutzungsersatz leisten muss oder nicht (bzgl. tatsächlich gezogener Nutzungen Auskunftsanspruch des Eigentümers aus § 242 BGB!). § 988 BGB wird dabei von der Rspr. analog auf den rechtsgrundlosen unberech-

---

174 BGH NJW 2010, 3434 ff.; KG Urt. v. 14.7.2011 – 12 U 149/10, BeckRS 2011, 19800.

175 Vgl. Palandt/*Bassenge* BGB § 857 Rn. 2 mwN. In der Klausur lesen Sie im Kommentar nach, nichts auswendig lernen!

tigten Besitzer angewendet, da auch er keine Gegenleistung erbringen muss und daher mit dem unentgeltlichen Besitzer gleich zu behandeln ist.

> **Klausurtipp:** Der Kläger kann im Prozess § 985 BGB mit §§ 987 ff. BGB über die verschiedenen Formen der **Klagenhäufung** verbinden.[176] Wenn der Kläger zunächst nur auf Herausgabe klagt und erst während des Rechtsstreits erfährt, dass die Sache bereits vor Rechtshängigkeit veräußert worden ist, kann er auch gegen den Widerspruch des Beklagten auf Schadensersatz umstellen. In der Zulässigkeit der Klage sind dann bzgl. dieser Klageänderung § 264 Nr. 3 ZPO und § 269 ZPO zu erörtern.[177] Auch eine Verbindung von Herausgabe und Schadensersatz statt der Leistung über eine Fristsetzung iSv **§§ 255, 259 ZPO** ist möglich,[178] da **§ 281 BGB nach hM auch auf § 985 BGB anwendbar** ist (Argument: der dingliche darf nicht schlechter stehen als der schuldrechtliche Gläubiger). Allerdings gilt § 281 BGB nach hM nur mit der Maßgabe, dass die subjektiven Voraussetzungen von §§ 989, 990 BGB (Bösgläubigkeit oder Rechtshängigkeit) vorliegen.[179] Die weiteren objektiven Voraussetzungen der §§ 989, 990 BGB – vor allem die Unmöglichkeit einer Herausgabe – müssen dann natürlich nicht vorliegen. Es ist ja gerade der Witz der Anwendung von § 281 BGB, dass die Nichtherausgabe zum Fristablauf ausreicht. Dieses Zusammenspiel 281–985 kam in den letzten Jahren **in gigantisch vielen Klausuren** vor und zwar vor allem in der Anwaltsklausur. Lesen Sie unbedingt *Kaiser/Kaiser/Kaiser* Anwaltsklausur Rn. 40, das gehört zum Standard-Wissen für das Assessorexamen!

3. Die Gegenansprüche des nichtberechtigten Besitzers, §§ 994 ff. BGB

49 §§ 994 ff. BGB unterscheiden beim Umfang der zu ersetzenden Verwendungen zum einen nach der Qualität der Verwendung (notwendig, nützlich, luxuriös) und zum anderen nach der Gut- oder Bösgläubigkeit des Besitzers. In Klausuren handelt es sich häufig um Verwendungen auf Autos, Häuser oder Tiere (Futter- u. Tierarztkosten etc.). Gegenüber den auf Geld gerichteten Nutzungsansprüchen des Eigentümers findet bei Fälligkeit der Gegenansprüche des Besitzers – ähnlich wie bei der Saldotheorie – eine automatische Verrechnung statt. **§§ 1000, 1001, 1002 BGB (lesen!)** regeln die Frage, wann bzw. wie lange die Gegenansprüche geltend gemacht werden können.

Das einzig hier relevante Problem ist der **enge Verwendungsbegriff des BGH**: Danach sind solche Aufwendungen von §§ 994 ff. BGB nicht erfasst, die die Sache grundlegend verändern (zB Komplettsanierung eines Hauses durch Mieter in Unkenntnis der Unwirksamkeit des Mietvertrages – **»Bauen auf fremdem Grund«**). Da bei solchen Arbeiten Ersatzansprüche hohe Beträge erreichen würden, soll der Eigentümer so vor §§ 994 ff. BGB geschützt werden. Ein Ausgleich nach §§ 951, 812 BGB ist in diesen Fällen nach dem BGH auch nicht möglich, da §§ 994 ff. BGB »absolute Sperrwirkung« ggü. § 812 BGB entfalten (→ Rn. 42, 46). Der Besitzer ist auf das Wegnahmerecht nach § 997 BGB und bei völliger Unzumutbarkeit auf einen Ausgleichsanspruch aus § 242 BGB beschränkt.

C. Grundpfandrechte in der Assessorklausur

I. Allgemeines und Examensrelevanz

50 Die Grundpfandrechte Hypothek und Grundschuld sind beschränkt dingliche Rechte an einem Grundstück, die ein Verwertungsrecht geben und in der Praxis die häufigsten Kreditsicherungsmittel sind. Klausuren dazu sind im Zweiten Examen aber bei weitem nicht so häufig anzutreffen wie in der Ersten Prüfung. Das sollte Sie beruhigen. Vor allem die Hypothek spielt kaum keine Rolle in den Klausuren, wenn überhaupt dann eher die Grundschuld (und

---

176 *Kaiser/Kaiser/Kaiser* Zivilgerichtsklausur I Rn. 319 ff.

177 *Kaiser/Kaiser/Kaiser* Zivilgerichtsklausur I Rn. 409 ff.

178 *Kaiser/Kaiser/Kaiser* Zivilgerichtsklausur I Rn. 402; Palandt/*Bassenge* BGB § 985 Rn. 14.

179 Palandt/*Bassenge* BGB § 985 Rn. 14 mwN; BeckOK BGB/*Unberath* § 281 Rn. 8; ohne diese Einschränkung OLG Karlsruhe NJW-RR 2014, 313 ff.; OLG München Urt. v. 23.4.2008 – 15 U 5245/07, BeckRS 2008, 09857. Wenn der Schuldner über § 281 BGB Schadensersatz leisten muss und der herauszugebende Gegenstand noch vorhanden ist, dürfte er **analog § 255 BGB vom Eigentümer die Übereignung des Gegenstandes verlangen können**. Der Gläubiger kann nicht gleichzeitig Schadensersatz verlangen und dennoch sein Eigentum behalten (Bereicherungsverbot des Schadensrechts).

dann vor allem in **Zwangsvollstreckungsklausuren,** vgl. *Kaiser/Kaiser/Kaiser* Zwangsvollstreckungsklausur Rn. 8 f. und 16 ff.).

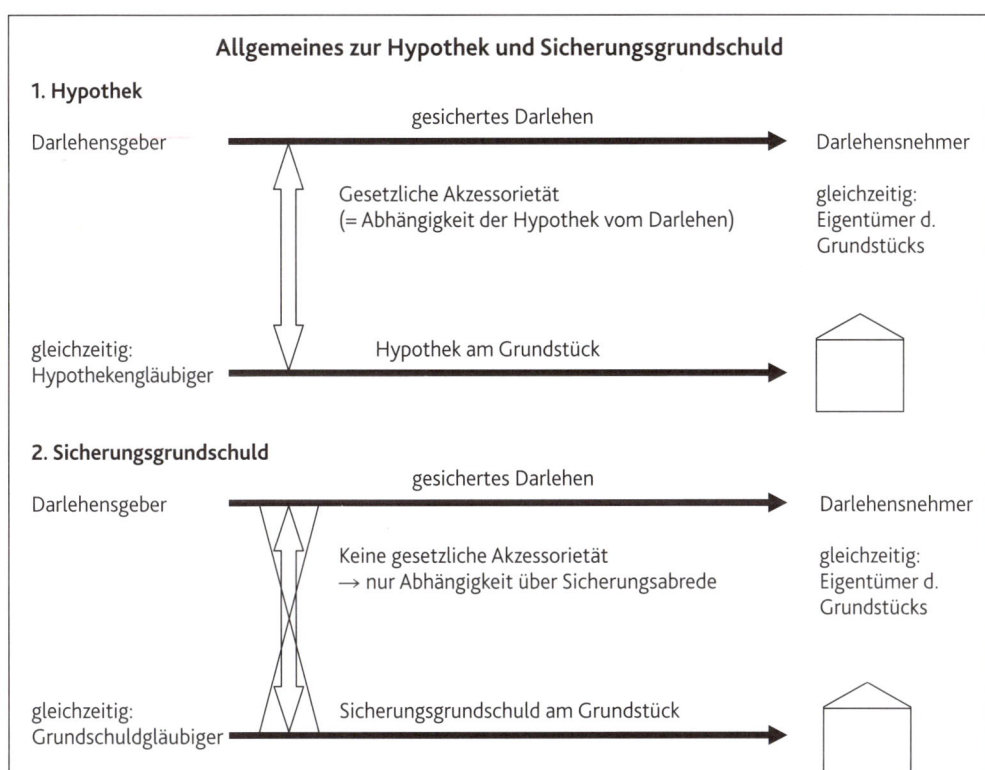

Die **Hypothek** ist gem. § 1113 I BGB **akzessorisch,** dh, sie kann nicht ohne die zugrunde liegende Forderung existieren und steht grds. dem zu, der Inhaber der Forderung ist. Die
Grundschuld gem. § 1191 I BGB ist **nicht akzessorisch (Merksatz »Die Grundschuld ist
ohne Schuldgrund«).** Nach § 1192 I BGB sind auf diese daher nur diejenigen Vorschriften
aus dem Hypothekenrecht anwendbar, die nicht die Akzessorietät voraussetzen (daher nicht
§§ 1137, 1143, 1153, 1163 BGB). Natürlich bestellt in der Praxis keiner eine Grundschuld ohne Anlass. IdR soll die Grundschuld ein Bankdarlehen absichern (Sicherungsgrundschuld).
Zwischen der Sicherungsgrundschuld und der Forderung besteht dann über die **Sicherungsabrede** (zT auch »Zweckerklärung« genannt) eine – vertraglich vereinbarte – Verknüpfung
ohne gesetzliche Akzessorietät.[180] Aus diesem Grunde bezeichnet man die Sicherungsgrundschuld nicht als akzessorische, sondern als fiduziarische Sicherheit. In allen Fällen muss der
persönliche Schuldner nicht identisch sein mit dem das Pfandrecht bestellenden Grundstückseigentümer.

Merke: Die Sicherungsabrede ist ein atypischer Schuldvertrag iSd §§ 311, 241 I BGB und gleichzeitig
Rechtsgrund für die Grundschuldbestellung. Bei Unwirksamkeit der Sicherungsabrede (zB §§ 119 ff.,
138 BGB) hat der Sicherungsgeber einen Anspruch aus § 812 BGB auf Rückübertragung der Grundschuld, gegen die Geltendmachung der Sicherheit steht ihm die Bereicherungseinrede aus § 821
BGB zu. Auch bei der Bestellung einer Hypothek wird idR eine Sicherungsvereinbarung geschlossen.

Aus einer fälligen Hypothek/Grundschuld kann gem. §§ 1147, 1192 BGB nicht Zahlung,
sondern nur **Duldung der Zwangsvollstreckung** in das belastete Grundstück inklusive
Haftungsverband nach §§ 1120 ff. BGB vor dem nach § 24 ZPO ausschließlich zuständigen

---

180 Ein **Austausch der durch die Grundschuld gesicherten Forderung** ist durch formfreie Änderung der
Sicherungsabrede möglich. Auch im Grundbuch muss diese Änderung nicht eingetragen werden. Das
macht die Sicherungsgrundschuld so flexibel. Dasselbe gilt, wenn die gesicherte Forderung erloschen ist
und die Parteien vereinbaren, die Grundschuld nun mit einer neuen Forderung »aufzuladen«.

Gericht verlangt werden. Macht der Berechtigte gleichwohl einen Zahlungsanspruch geltend, müssen Sie den Anspruch auf Duldung der Zwangsvollstreckung als Minus iSv § 308 I ZPO zusprechen und die Klage im Übrigen abweisen. Zur **Abwehr der Zwangsvollstreckung** kann der Eigentümer des Grundstücks nach § 1142 BGB freiwillig zahlen. Im Prozess könnte der Kläger dann nach erhobener Klage den Rechtsstreit in der Hauptsache für erledigt erklären. Wenn der verklagte Eigentümer sich dem anschließt, liegt ein Fall des § 91a ZPO vor, sonst ein Fall der einseitigen vollständigen Erledigungserklärung. Schutz vor Verschlechterung der Haftungsmasse bieten **§§ 1133 ff., 1192 BGB**, die unter anderem einen **Unterlassungsanspruch** enthalten (*lex specialis* zu § 1004 BGB!), der auch durch einstweilige Verfügung gesichert werden kann (dies lief bereits in Klausuren!). Daneben treten § 823 I, II BGB.

> **Klausurtipp:** Oft lassen sich die Grundschuldgläubiger den Duldungsanspruch aus der Sicherungsgrundschuld von vornherein mit einer **dinglichen Unterwerfungserklärung** nach §§ 794 I Nr. 5 ZPO titulieren, sodass sie bei Fälligkeit der Grundschuld sofort vollstrecken können. Examensrelevanz erlangt dieses Thema über die Vollstreckungsgegenklage oder Titelgegenklage analog § 767 I ZPO. **Lesen Sie dazu unbedingt *Kaiser/Kaiser/Kaiser* Zwangsvollstreckungsklausur Rn. 8 f., 16.** Wenn der Gläubiger mit einem Vollstreckungsrechtsbehelf des Schuldners rechnen kann, darf er – statt aus der Unterwerfungserklärung zu vollstrecken – auch auf Duldung der Zwangsvollstreckung klagen, da es ohnehin zum Rechtsstreit kommen wird.[181]

Achten Sie bei einer Verurteilung zur Duldung der Zwangsvollstreckung auf einen **vollstreckungsfähigen Tenor**:

> Der Beklagte wird verurteilt, aus der im Grundbuch … eingetragenen Grundschuld in Höhe von … EUR die Zwangsvollstreckung in sein Grundstück, eingetragen im Grundbuch Lübeck, Band …, Blatt …, Flurstück …, Adresse …, zu dulden.

II. Das Wichtigste zu den examensrelevanten Problemen

1. Die Entstehung der Hypothek/Grundschuld

51   Die **Hypothek** entsteht nach §§ 1113 f., 873 BGB. Beachten Sie die Prüfungsreihenfolge:

> **Beachten Sie die Prüfungsreihenfolge:**
> 1. Einigung, §§ 873, 1113 BGB (grds. formfrei, aber wg. § 29 GBO Notar!)
> 2. Eintragung in das Grundbuch, §§ 873, 1115 BGB
> 3. Fortbestand der Einigung im Zeitpunkt der Eintragung
> 4. Übergabe des Hypothekenbriefes bei Briefhypothek (alternativ: Buchhypothek), §§ 1116, 1117 BGB
> 5. Berechtigung und Verfügungsbefugnis
>   - Wenn Berechtigung fehlt: **Gutgläubiger Ersterwerb über § 892 BGB möglich**.
>   - Wenn Verfügungsbefugnis fehlt (zB Anordnung der Zwangsversteigerung/Zwangsverwaltung über das Grundstück): Auch hier gutgläubiger Erwerb über § 892 I 2 BGB möglich.
> 6. Wg. Akzessorietät: Bestehen der zu sichernden Forderung, § 1113 BGB (Eigentümer muss nicht Schuldner der Forderung sein!)
>   - Forderung noch nicht entstanden, zB weil Bank Kredit noch nicht ausgezahlt hat: Es entsteht lediglich eine rangwahrende Eigentümergrundschuld, §§ 1163 I 1, 1177 I 1 BGB, die sich später in eine Hypothek umwandelt. Die Eigentümergrundschuld kann zB zur Zwischenfinanzierung abgetreten werden.
>   - Künftige/bedingte Forderungen iSd § 1113 II BGB: Zunächst entsteht eine Eigentümergrundschuld, dann erfolgt eine automatische Umwandlung in eine Fremdhypothek, sobald die Forderung entsteht.
>
> **Klausurtipp:** Das Aufbauschema kann man sich gut aus Palandt/*Bassenge* BGB § 1113 Rn. 7 ableiten!

---

181 OLG Brandenburg MDR 2016, 17 f. Dies wäre dann in der Zulässigkeit der Klage darzustellen (Rechtsschutzbedürfnis).

Problematisch ist es, wenn der **Darlehensvertrag nichtig** ist, die Valuta aber schon ausgezahlt wurde: Soll durch die Hypothek dann der Rückforderungsanspruch der Bank aus § 812 BGB gesichert sein? Die hM unterstellt dies idR, und zwar sowohl bei der Hypothek als auch bei der Sicherungsgrundschuld.

Die **Grundschuld** entsteht nach §§ 1191, 1192, 873, 1113 ff. BGB. Die Prüfungsreihenfolge ist wie bei der Hypothek bis auf das Erfordernis des Bestehens einer Forderung (die Grundschuld ist ja nicht akzessorisch). Auch ein gutgläubiger Ersterwerb vom Scheineigentümer über § 892 BGB ist möglich.

2. Die Übertragung der Hypothek/Grundschuld

Die **Hypothek** kann nicht isoliert übertragen werden, sondern geht automatisch mit Übertragung der Forderung als Annex auf den neuen Gläubiger über, §§ 1153, 1154, 398, 401 BGB. Wenn die Parteien von der Übertragung »der Hypothek« reden, ist dies nach §§ 133, 157 BGB so auszulegen, dass damit die Abtretung der gesicherten Forderung gemeint ist. Ist der Zedent gar nicht Inhaber der Forderung oder der Hypothek, so ist der gutgläubige (»Zweit-«) Erwerb der Hypothek nach §§ 1153, 1154, 398, 401 iVm **§§ 1138, 892 BGB** (beachten Sie aber § 1185 II BGB) zu prüfen. Das alles ist leider nicht übersichtlich an einer Stelle im Palandt kommentiert! Die Fallgruppen sind:

- Der Zedent ist zwar Forderungsinhaber, er ist aber selbst nicht wirksam Hypothekengläubiger geworden: gutgläubiger Erwerb durch § 892 BGB möglich, wenn Zedent im Grundbuch als Hypothekengläubiger eingetragen.
- Der Zedent ist nicht Forderungsinhaber (zB Forderung ist nichtig oder schon getilgt), deswegen ist auch keine Hypothek vorhanden, sondern es handelt sich von vornherein/ nachträglich um eine Eigentümergrundschuld nach §§ 1163 I, 1177 I 1 BGB: gutgläubiger Erwerb einer sog. **»forderungsentkleideten Hypothek«** durch §§ 1138, 892 BGB möglich (§ 1138 BGB fingiert das Bestehen der Forderung für die juristische Sekunde des Übergangs der Hypothek, durch § 892 BGB wird die fehlende Berechtigung des Zedenten überwunden).
- Der Zedent ist nicht Forderungsinhaber, zudem ist er aus einem anderen Grund nicht Hypothekengläubiger geworden (zB keine wirksame Einigung bei Bestellung zu seinen Gunsten), es liegt also ein sog. Doppelmangel vor: Ein gutgläubiger Erwerb der forderungsentkleideten Hypothek ist auch hier über §§ 1138, 892 BGB möglich.

Problematisch bei dem gutgläubigen Erwerb einer Hypothek ist der Fall, dass der Zedent zwar nicht Forderungsinhaber ist, die Forderung aber einem Dritten zusteht, sie also irgendwo existiert. Nach eA wird dann bei dem gutgläubigen Erwerb der Hypothek analog § 1153 II BGB auch die **Forderung »mitgerissen«** (Argument: kein Auseinanderfallen von Hypothek und Forderung), nach aA wird auch dann nur eine forderungsentkleidete Hypothek erworben (Argument: eindeutiger Wortlaut von § 1138 BGB, kein »Geschenk des Himmels« für Hypothekenerwerber, es gibt keinen gutgläubigen Forderungserwerb).[182] Klausuren dazu gab es seit Jahren nicht.

Auch die **Grundschuld** kann übertragen werden und zwar – anders als die Hypothek – mangels Akzessorietät auch ohne die Forderung. Die Übertragung der Grundschuld richtet sich nach §§ 1191, 1192, 1154 BGB. Ist der Zedent nicht Inhaber der Grundschuld, kommt über **§ 892 BGB** ein gutgläubiger (»Zweit-«)Erwerb der Grundschuld in Betracht. Der Nichteintritt des Erwerbers in die Sicherungsvereinbarung lässt die Wirksamkeit der Grundschuldabtretung unberührt. Auch die Sicherungsabrede begründet nicht ohne Weiteres eine dingliche Unwirksamkeit der isolierten Übertragung von Grundschuld und Forderung iSv § 399 Alt. 2 BGB, es sei denn, das Abtretungsverbot ist ausdrücklich vereinbart worden (hier aber wieder § 892 BGB für den Erwerber möglich!).

Wird der Eigentümer nach Übertragung von Forderung und Grundschuld an verschiedene Personen aus der Forderung in Anspruch genommen, so kann er nach §§ 404, 273 BGB seiner

---

182 Palandt/*Bassenge* BGB § 1153 Rn. 2; *von Bismarck* JA 2011, 652 ff. Vor einer doppelten Inanspruchnahme schützt den Eigentümer-Schuldner in letzterem Fall dann die sich aus der Sicherungsabrede ergebende Einwendung, er müsse nur gegen Übertragung der Hypothek zahlen.

Inanspruchnahme aus der Forderung entgegenhalten, dass er nur gegen Rückgewähr der Sicherheit zahlen muss.[183] Wird er vom neuen Grundschuldgläubiger aus der Grundschuld in Anspruch genommen, steht seiner Inanspruchnahme aus der Grundschuld eine Einrede aus der Sicherungsabrede entgegen, die bei der Sicherungsgrundschuld nach **§ 1192 Ia BGB** stets auch gegenüber dem Erwerber geltend gemacht werden kann. Es handelt sich um das (konkludent in jeder Sicherungsabrede enthaltene schuldrechtliche) Verbot der isolierten Übertragung von Forderung und Grundschuld.

3. Einwendungen vom Schuldner/Eigentümer gegen die Inanspruchnahme

52

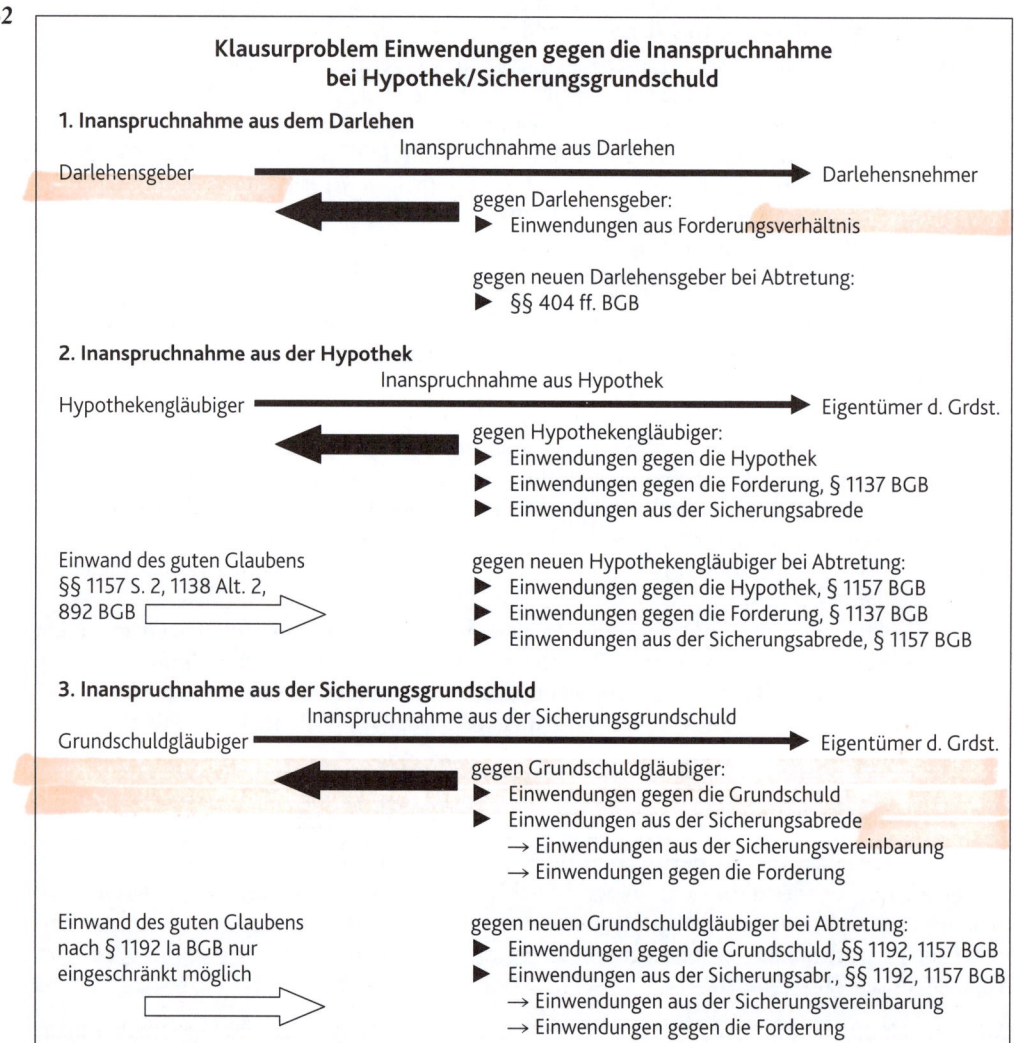

Die Einwendungen des Schuldners gegen die Inanspruchnahme aus der gesicherten Forderung ergeben sich vor der Übertragung der Forderung aus dem zugrunde liegenden Rechtsverhältnis, nach dessen Übertragung aus §§ 404 ff. BGB. Daneben können §§ 1161, 1160 BGB (Leistung nur gegen Herausgabe des Hypothekenbriefes) oder bei der Sicherungsgrundschuld §§ 404, 273 BGB (Leistung nur gegen Rückübertragung der Grundschuld, s. oben) relevant werden. Auf Einwendungen bzgl. des Grundpfandrechts darf er sich nicht berufen.

Einwendungen des Eigentümers des Grundstücks gegen die Duldung der Zwangsvollstreckung aus der Hypothek:

---

183 Palandt/*Bassenge* BGB § 1191 Rn. 22. Diese Einwendung ergibt sich aus der Sicherungsabrede.

- **Pfandrechtsbezogene Einwendungen** (zB Hypothek ist nicht wirksam entstanden, Hypothek hat sich in eine Eigentümergrundschuld/-hypothek umgewandelt): Diese können sowohl dem alten Gläubiger als auch über § 1157 S. 1 BGB nach der Übertragung dem neuen Berechtigten entgegengehalten werden.
- **Forderungsbezogene Einwendungen** nach § 1137 BGB, zB fehlende Fälligkeit des Darlehens, Anfechtbarkeit, Scheingeschäft, § 242 BGB: Nach der Übertragung gilt §§ 1137, 1138 Alt. 2 BGB ggü. dem neuen Berechtigten. Achten Sie auf **§ 216 I BGB** bzgl. des nicht möglichen Verjährungseinwandes!
- **Einwendungen aus der Sicherungsabrede** (Inhalt je nach Vereinbarung): Diese können sowohl dem alten als auch über § 1157 S. 1 BGB dem neuen Berechtigten gegenüber geltend gemacht werden.

Für die Inanspruchnahme aus einer Sicherungsgrundschuld gilt:

- **Pfandrechtsbezogene Einwendungen** (zB Grundschuld ist nicht wirksam entstanden, Grundschuld hat sich in Eigentümergrundschuld umgewandelt, keine Kündigung iSv § 1193 BGB): Diese können sowohl dem alten als auch dem neuen Berechtigten gegenüber geltend gemacht werden, §§ 1191, 1192 I, 1157 BGB.
- **Einwendungen aus der Sicherungsabrede** bestehen aus direkten Einwendungen aus der Sicherungsabrede (zB Verbot der isolierten Übertragung, Grundschuld darf nur in Höhe der noch offenen Forderung durchgesetzt werden, Pflicht zur Rückübertragung der Grundschuld, wenn der Sicherungszweck durch Zahlung erfüllt wurde, Einrede aus §§ 821, 812 BGB bei unwirksamer Sicherungsabrede) und **aus forderungsbezogenen Einwendungen** (zB Unwirksamkeit des Darlehens, fehlende Fälligkeit, Nichtvalutierung, nicht erfolgte Rechnungslegung über die Restvalutierung des Darlehens, § 242 BGB), die – § 1137 BGB ist bei der Grundschuld ja nicht anwendbar – einfach aus der Sicherungsabrede abgeleitet werden. Diese Einwendungen können sowohl dem alten als auch dem neuen Berechtigten gegenüber geltend gemacht werden, §§ 1191, 1192 I, Ia S. 1 iVm § 1157 BGB. Achten Sie bei Verjährung aber auf **§ 216 II BGB (lesen!)**.

> **Beachte:** Wenn das Eigentum an dem **belasteten Grundstück von einem Dritten erworben** wird, übernimmt dieser die dinglichen Belastungen. Er kann Einwendungen aus der Sicherungsabrede seiner Inanspruchnahme aus der Grundschuld aber nur dann entgegenhalten, wenn der Veräußerer/Sicherungsgeber die Ansprüche aus der Sicherungsvereinbarung an ihn abgetreten hat (was idR – dann konkludent – anzunehmen ist).

Beachten Sie, dass beim Erwerb der Hypothek **Einwendungen** des Eigentümers gegen den alten Berechtigten durch den neuen Berechtigten/Erwerber »**gutgläubig wegerworben**« werden können, wenn diese nicht im Grundbuch eingetragen sind. Bzgl. pfandrechtsbezogener Einwendungen und solcher aus der Sicherungsabrede gelten §§ 1157 S. 2, 892 BGB, bzgl. forderungsbezogener Einwendungen gelten §§ 1138 Alt. 2, 892 BGB. Der Sicherungsgeber trägt die Beweislast für die Bösgläubigkeit des Erwerbers. Dasselbe gilt im Prinzip über §§ 1191, 1192, 1157 S. 2, 892 BGB auch bei der Grundschuld, nicht jedoch bei der für die Klausur einzig relevanten **Sicherungsgrundschuld**. Hier schließt **§ 1192 Ia 1 BGB** einen gutgläubigen Erwerb zumindest bzgl. Einreden aus der Sicherungsabrede aus. § 1192 Ia BGB setzt nicht voraus, dass der Grundschulderwerber in den Sicherungsvertrag eingetreten ist. Die Anwendung von § 1192 Ia BGB setzt allerdings voraus, dass die Abtretung der Grundschuld vor dem 19.8.2008 erfolgte (vgl. Art. 229 § 18 II EGBGB).

§ 1156 BGB regelt, dass der Erwerber der Hypothek/Grundschuld Einwendungen des Eigentümers aus den §§ 406 ff. BGB, die nach dem Erwerb des Grundpfandrechts entstehen, nicht gegen sich gelten lassen muss (zB nachträgliche weitere Bedienung des Darlehens an den Zedenten). Allerdings dürfte bei der Sicherungsgrundschuld § 1156 BGB idR durch § 1192 Ia BGB verdrängt sein.[184]

---

184 *Nietsch* NJW 2009, 3606 ff.; Nachw. bei *Klose* JA 2013, 568 ff.

Merke: Das gesamte Thema Einwendungen vor und nach der Übertragung ist im Palandt nicht an einer Stelle kompakt kommentiert, sondern nach dem Gießkannenprinzip auf zig Normen verteilt worden. Sie lernen also entweder das auswendig was hier steht oder setzen auf Lücke.

4. Die Zahlung an den Gläubiger und der Regress

a) Bei der Hypothek

53 Die Rechtsfolge einer Zahlung ist, dass sich die Hypothek umwandelt – zB zu einer Eigentümergrundschuld wird – und damit das Grundbuch unrichtig wird (Folge: § 894 BGB). Sie erlischt also nicht unmittelbar, sondern erst durch tatsächliche Befriedigung iRd Zwangsvollstreckung (§ 1181 BGB) oder mit Aufhebung nach § 875 BGB. Das Schicksal der Forderung, auf die gezahlt wurde, hängt davon ab, wer den Gläubiger befriedigt. Zu den einzelnen Konstellationen finden Sie bei **Palandt/*Bassenge* BGB § 1113 Rn. 19 ff.** eine gute Hilfe für die Klausur. In Klausuren zum Wettlauf der Sicherungsgeber (→ Rn. 69) kann aus diesem Bereich einzig § 1143 BGB (lesen!) eine Rolle spielen, wenn der nicht mit dem Schuldner personenidentische Eigentümer auf die Hypothek zahlt (diese wird nach §§ 401, 412, 1177 II, 1153 BGB zur Eigentümerhypothek) und nach §§ 1143 I, 412, 401 BGB die gesicherte Forderung samt daran »klebenden« weiteren akzessorischen Sicherheiten erwirbt.

b) Bei der Grundschuld

54 Auch hier brauchen Sie nichts auswendig zu lernen: Die Kommentierung bei **Palandt/*Bassenge* BGB § 1191 Rn. 34 ff.** hilft enorm. Dort wird wie in einem Skript ausgeführt, was mit Forderung und Grundschuld passiert, wenn an den Gläubiger gezahlt wird. In Klausuren zum Wettlauf der Sicherungsgeber kann hier wieder der nicht mit dem Schuldner identische Eigentümer auftreten, der auf die Grundschuld zahlt. Die Grundschuld wird dann analog § 1143 BGB zur Eigentümergrundschuld, aus der Sicherungsabrede hat er sodann einen Anspruch auf Abtretung der gesicherten Forderung. Sind zugleich andere Sicherheiten bestellt, ergibt sich diesbezüglich analog §§ 774 I, 401 BGB auch ein Abtretungsanspruch.

Merke: Diese Thematik ist gut im Palandt kommentiert. Da dies seit vielen Jahren aber kaum in Klausuren vorgekommen ist, müssen Sie nur wissen, wo Sie das nachschlagen können. Bitte keine Details lernen!

§ 6 Deliktische Ansprüche

Beachte: Da es in der mündlichen Prüfung immer wieder Prüfer gibt, die nach der »*Einteilung der deliktischen Haftungsgründe*« fragen, hier der Überblick:
1. Haftung bei nachgewiesenem Verschulden (vor allem §§ 823, 826 BGB)
2. Haftung wegen vermutetem Verschulden (vor allem §§ 831 f., 836 ff. BGB, § 18 StVG)
3. Gefährdungshaftung (= Haftung ohne Verschulden, § 7 StVG, § 833 S. 1 BGB, § 1 ProdHaftG)
4. Haftung für fremdes Unrecht (Art. 34 GG)

A. Verkehrsunfallklausuren – die Haftung nach dem StVG

I. Die wichtigsten Examensprobleme zur Haftung nach dem StVG

In Verkehrsunfallklausuren sind Ansprüche aus §§ 7, 18 StVG und § 823 I, II BGB iVm 55
Schutznormen aus dem StGB/der StVO möglich, wobei **Ansprüche aus StVG stets zuerst zu prüfen** sind.[185] Beachten Sie den Ausschluss der StVG-Haftung nach **§§ 8, 15** und die Schwarzfahrt in § 7 III StVG. »Kfz« ist in § 1 II StVG definiert.

Aus **§ 7 I StVG** haftet der Halter eines Kfz oder Anhängers ohne Verschulden, wenn bei dessen Betrieb ein anderer verletzt/getötet oder eine andere Sache beschädigt wird und keine höhere Gewalt nach § 7 II StVG vorliegt. Die Schädigung muss zudem – was sich nicht aus § 7 StVG ergibt – **objektiv rechtswidrig** sein, was zB bei **gestellten Unfällen** nicht gegeben ist. Auf eine Unfallmanipulation kann idR nur über Indizien geschlossen werden. **Halter** ist – unabhängig davon, wer im Kfz-Brief steht – derjenige, der das Kfz auf eigene Rechnung mit Verfügungsgewalt in Gebrauch von gewisser Dauer hat. Eigentümerstellung und Haltereigenschaft können daher auseinanderfallen. So sind zB Leasingnehmer, der EV-Käufer oder Sicherungsgeber bei einer Übereignung nach §§ 929, 930 BGB idR Halter, ohne gleichzeitig Eigentümer zu sein. **Höhere Gewalt** iSv § 7 II StVG liegt nur vor, wenn das Ereignis betriebsfremd, von außen kommend und nach menschlicher Einsicht unvorhersehbar ist, sodass dies als Entlastungsgrund idR ausscheidet.

Klausurtipp: Die Haftung aus § 7 StVG setzt voraus, dass **die Sache eines »Dritten« beschädigt wird**. § 7 StVG normiert nämlich die Haftung des Halters für die Gefahr, die sein Kfz auf andere Verkehrsteilnehmer ausstrahlt. Daher kann zB der Fahrer nicht gegen den Halter des von ihm gelenkten Kfz aus § 7 StVG vorgehen, weil er selbst kein »Dritter« ist (zudem greift § 8 Nr. 2 StVG!). Umgekehrt kann auch der Halter nicht gegen den Fahrer nach § 18 StVG vorgehen, wenn dieser das Kfz des Halters kaputt fährt. Denn nach seinem Wortlaut greift § 18 I 1 StVG nur, wenn auch der Halter des Kfz nach § 7 I StVG haftet. Dies ist aber zu verneinen, weil das Halter-Kfz keine Sache eines »Dritten« ist. **Für die Binnenhaftung zwischen Halter und Fahrer desselben Kfz kommen nur Vertrag und § 823 BGB in Betracht.** Auch beim Abschleppen eines Kfz scheidet eine gegenseitige Haftung zwischen **Abschleppendem und Abgeschlepptem** aus dem StVG aus, da beide Fahrzeuge eine »*Betriebseinheit*« bilden.[186] **Schließlich kann auch der Leasinggeber (Eigentümer) sich nicht gegen den Leasingnehmer (Halter)** wg. Schäden des Leasing-Kfz auf Ansprüche aus §§ 7, 18 StVG stützen, weil das Leasing-Kfz eben keine Sache eines »Dritten« ist.[187]

Merke: §§ 7, 18 StVG regeln nur die Außenhaftung für andere Unfallbeteiligte, nicht aber die Binnenhaftung zwischen Halter und Fahrer desselben Fahrzeuges oder zwischen Abschlepper und Abgeschlepptem.

Gem. **§ 18 StVG** haftet der Fahrer des Kfz, was nur Bedeutung gewinnt, wenn Halter und Fahrer nicht identisch sind (bei Personenidentität entfällt § 18 StVG!). Fahrer ist derjenige,

---

185 Die weiteren Anspruchsgrundlagen fallen daneben idR nicht ins Gewicht (daher nur kurz anprüfen!). Greifen §§ 7, 18 StVG nicht oder nicht in voller Höhe (zB wegen Mitverschulden, fehlender Rechtswidrigkeit, nicht anerkannter Schadensposition), so gilt idR Gleiches für § 823 I, II BGB.
186 BGH MDR 2014, 589; OLG Karlsruhe Urt. v. 28.8.2014 – 13 U 15/14, BeckRS 2014, 18875. Hier ist zudem § 8 Nr. 3 StVG relevant.
187 BGH NJW 2011, 996 ff. Gleiches dürfte für den Sicherungsnehmer ggü. dem Halter gelten.

der das Kfz eigenverantwortlich in Betrieb setzt und während der Fahrt leitet (Ausnahme: Fahrschüler, § 2 XV 2 StVG). Bei § 18 StVG wird das Verschulden des Fahrers vermutet, er kann sich aber exkulpieren.

> **Beachte:** Mehrere unfallverursachende Halter/Fahrer haften dem geschädigten Dritten nach § 840 BGB (analog) gesamtschuldnerisch. Wurde ein Verursacher vom Geschädigten auf Zahlung des Gesamtschadens in Anspruch genommen, kann er anteilig **Regress bei den anderen Unfallverursachern** nehmen. Der Innenausgleich zwischen Halter und Fahrer desselben Kfz fällt unter § 426 I, II BGB,[188] für den Innenausgleich zwischen Haltern/Fahrern verschiedener Kfz sind §§ 17 I, 18 III StVG ggü. § 426 I 1 BGB vorrangig, wobei daneben § 426 I 2, II BGB anwendbar bleiben.

Im Folgenden zuerst der Aufbau der Prüfung der §§ 7, 18 StVG von unfallbeteiligten Fahrern/Haltern gegen die anderen unfallbeteiligten Fahrer/Halter und dann weitere Klausurprobleme:

Prüfung eines Anspruchs gegen den Halter aus § 7 I StVG

1. **Voraussetzungen des § 7 I StVG**
   - Anspruchsgegner ist Halter des Kfz
   - Rechtswidrige Rechtsgutsverletzung iSv § 7 I StVG beim Anspruchsteller durch Betrieb des Kfz
2. **Keine höhere Gewalt für Halter (bzw. dessen Fahrer), § 7 II StVG**
3. **Schadensausgleich nach § 17 StVG, wenn Anspruchsteller Halter/Fahrer des unfallbeteiligten Kfz (wenn Anspruchsteller Fahrer, dann iVm § 18 III StVG)**
   - § 17 III StVG: kein unabwendbares Ereignis für gegnerischen Halter bzw. dessen Fahrer
     - Wenn unabwendbar: kein Anspruch gegen Halter!
     - Wenn nicht unabwendbar: Prüfung geht weiter!
   - § 17 II StVG: Haftet der Anspruchsteller selber aus §§ 7, 18 StVG? Hier kurze Inzidentprüfung!
     - Wenn (–): Abwägung nach § 17 I StVG nicht möglich, Halter haftet voll!
     - Wenn (+): Quotenbildung möglich – **Abwägung der Verursachungsbeiträge** nach § 17 I StVG
4. **Kein Haftungsausschluss nach §§ 8, 15 StVG**

Prüfung eines Anspruchs gegen den Fahrer aus § 18 I StVG

1. **Voraussetzungen von § 7 I StVG (vgl. § 18 I StVG: »In den Fällen des § 7 I StVG ...«)**
   - Für Halter des vom Fahrer geführten Kfz liegt § 7 I StVG vor – Prüfung wie oben
2. **Beklagter = Führer/Fahrer des Kfz**
3. **Keine höhere Gewalt für Fahrer, §§ 18 I 1, 7 II StVG**
4. **Verschulden des Fahrers, § 18 I 2 StVG**
   - Wird vermutet, Fahrer kann sich aber ggf. exkulpieren
5. **Schadensausgleich, § 18 III, 17 StVG, wenn Anspruchsteller Halter/Fahrer des unfallbeteilgten Kfz**
   - § 17 III StVG: kein unabwendbares Ereignis für gegnerischen Fahrer
   - § 17 II StVG: Haftet der Anspruchsteller selber aus §§ 7, 18 StVG? Hier kurze Inzidentprüfung!
     - Wenn (–): Abwägung nach § 17 I StVG nicht möglich, Fahrer haftet voll!
     - Wenn (+): Quotenbildung möglich – **Abwägung der Verursachungsbeiträge** nach § 17 I StVG
6. **Kein Haftungsausschluss nach §§ 8, 15 StVG**

Die wichtigsten speziellen Klausurprobleme betreffen den Betriebsbegriff bei § 7 I und den § 17 StVG.

---

188 OLG Frankfurt a.M. VersR 1983, 926; vgl. auch BGH NJW 2014, 2730 ff.

Problem: »Bei Betrieb« iSd § 7 I StVG

- Grds. wegen umfassenden Schutzzwecks weit auszulegen: Erforderlich ist nach der verkehrstechnischen Auffassung (hM) ein **naher örtlicher und zeitlicher (Zurechnungs-) Zusammenhang mit einem Betriebsvorgang oder einer bestimmten Betriebseinrichtung**. Es muss sich die »typische Betriebsgefahr« des Kfz realisiert haben (auch herausgeforderte Ausweichreaktionen, Ein- u. Aussteigen, Be- u. Entladen, im öffentlichen Verkehrsraum abgestelltes Kfz, Schäden durch freiwillige Hilfe nach einem Unfall, Öl läuft aus Kfz aus und beschädigt Straße; idR aber **nicht**, wenn Fortbewegungsfunktion des Kfz keine Rolle mehr spielt wie zB Ereignisse iRv Reparaturarbeiten oder wenn Kfz steht und nur noch als Arbeitsmaschine eingesetzt wird – Rspr. macht aber auch hier Ausnahmen). Hierzu sollten Sie zwingend die aktuelle Rspr. kennen (jede Klausur zum StVG ist eine aktuelle Entscheidung!) und zudem mit den einschlägigen **Schlagwörtern aus der Praxis** arbeiten (Juristen – Sie eingeschlossen – sind stichwortbesessen; bedienen Sie diese Macke in der Klausur!):
  - *Bei wertender Betrachtung ist das Schadensgeschehen durch das Kfz mitgeprägt/nicht mitgeprägt worden*
  - *Innerer Zusammenhang mit Fortbewegungsfunktion des Kfz besteht/besteht nicht*
  - *Innerer Zusammenhang mit verkehrstypischer Gefährlichkeit des Kfz fehlt/fehlt nicht*
  - *Kfz aus dem Verkehr genommen und auf Privatgrundstück abgestellt*
  - *Von dem Kfz ausgehende Gefahr hat sich ausgewirkt/nicht ausgewirkt*
- Hier gibt es Graubereiche, die seit Jahren in Klausuren und recycelt in Aktenvorträgen vorkommen, zB der **Kreiselschwader, der Öllaster** und die **Fahrzeugbrandfälle der LJPAs** aus unserem BGB-Wochenendseminar!

Problem: Schadensausgleich nach § 17 StVG – Quotenbildung (idR Schwerpunkt der Klausur!)

- Aus §§ 17 I, II, 18 III StVG wird Folgendes herausgelesen: Ist der Geschädigte Halter oder Fahrer eines am Unfall beteiligten Kfz, muss bei seinem Anspruch gegen den Halter/ Fahrer des anderen Kfz aus §§ 7, 18 StVG (und aus §§ 823 ff. BGB) eine Abwägung nach § 17 I StVG (*lex specialis* zu § 254 BGB und zu § 9 StVG) durchgeführt werden. Das heißt, Sie müssen in der Klausur eine umfassende **Abwägung der Verursachungsbeiträge beider Parteien** vornehmen (Betriebsgefahr, Verschuldensgrad, genaue Aufzählung der **Verkehrsverstöße nach der StVO,** zu schnelles Fahren, Alkohol etc.) und dann bzgl. der Haftung eine **Quote bilden**. Wenn keine der Parteien der anderen einen kausalen Verursachungsbeitrag nachweisen kann, bleibt für die Abwägung idR die stets zu berücksichtigende jeweilige Betriebsgefahr des Kfz[189], die aber in Ausnahmefällen auch hinter der Haftung des anderen komplett zurücktreten kann. Häufig kommt es in der Klausur zu einer Beweisaufnahme.
- Der Verursachungsbeitrag des Fahrers wird bei der obigen Abwägung dem Halter bei dessen Haftung aus § 7 StVG zugerechnet (sog. **»Zurechnungseinheit zwischen Halter und Fahrer«**).
- Das »unabwendbare Ereignis« spielt nach **§ 17 III StVG** für die Möglichkeit der Abwägung der Verursachungsbeiträge eine Rolle. Unabwendbarkeit (+), wenn selbst ein »**Idealfahrer**« den Unfall bei äußerst möglicher Sorgfalt nicht hätte vermeiden können. Das Vorliegen der Unabwendbarkeit muss derjenige beweisen, der sich darauf beruft. Auch eine »rechtliche« (relevant zB für die Polizei bei Verfolgungsfällen auf der Autobahn – rechtliche Pflicht zur Verfolgung) Unabwendbarkeit reicht aus.
- Der eigene Verursachungsbeitrag kann dem Anspruchsteller gem. § 17 II StVG (»*Haftung untereinander*«) nur dann anspruchsmindernd entgegengehalten werden, wenn er bei gedachter Schädigung des Anspruchsgegners diesem ersatzpflichtig wäre. Bevor eine

---

189 Daher der Rat einiger AG-Leiter: Bei der Abwägung ist vom **Grundsatz 50% – 50%** auszugehen und dann **je nach erwiesenem Verursachungsbeitrag die hälftige Quotierung zu verschieben. Eine sinnvolle gedankliche Hilfestellung!**

Abwägung der Verursachungsbeiträge nach § 17 I StVG erfolgen kann, muss also **inzident die (hypothetische) eigene Haftung des Anspruchstellers** festgestellt werden.[190]

> **Merke:** Die StVO gilt nur bei der Teilnahme am öffentlichen Straßenverkehr. Dies sind alle Flächen, die der Allgemeinheit zu Verkehrszwecken offen stehen. Bei Unfällen außerhalb des öffentlichen Straßenverkehrs gilt die StVO nicht direkt, die Grundgedanken von § 1 I, II StVO (lesen!) sind nach der Rspr. aber anwendbar, da es sich um allgemeine Verhaltensregeln handelt. Anders §§ 7 ff. StVG. Diese gelten auch bei Unfällen auf Privatgrundstücken unproblematisch direkt.

> **Klausurtipp:** Wenn der **geschädigte Anspruchsteller selbst nicht Halter/Fahrer eines der beteiligten Kfz** ist (zB Leasinggeber oder Sicherungsnehmer des beschädigten Kfz, Fußgänger, Radfahrer) und daher selbst aus StVG für den Unfall nicht haftet, erfolgt die Berücksichtigung eines etwaigen eigenen oder fremden Verursachungsbeitrages **bei seinen Ansprüchen aus §§ 7, 18 StVG nur nach § 9 StVG (lesen!). § 17 StVG ist dann für die Quote nicht anwendbar (Ausnahme: § 17 IV StVG)! Bei** seinen Ansprüchen aus **§§ 823 ff. BGB** erfolgt eine Zurechnung des eigenen oder fremden Verschuldens **nur nach Maßgabe von § 254 BGB**, nicht dagegen über §§ 17 I, II, 18, 9 StVG. So muss sich zB der Leasinggeber, der nicht Halter des verunfallten Leasing-Kfz ist, bei seinem Anspruch gegen den Unfallgegner aus § 823 BGB weder ein Mitverschulden des Leasingnehmers oder des Fahrers des Leasing-Kfz noch dessen Betriebsgefahr anspruchsmindernd zurechnen lassen, da die Voraussetzungen von §§ 254 II 2, 278 BGB nicht vorliegen und § 17 I StVG nicht anwendbar ist. Anders ist dies bei seinen Ansprüchen aus §§ 7, 18 StVG. Hier muss sich der Leasinggeber zwar nicht die Betriebsgefahr (§ 17 I StVG gilt ja nicht!), aber ein Mitverschulden des Fahrers als des Inhabers der tatsächlichen Gewalt (sog. Bewahrungsgehilfe) nach § 9 StVG zurechnen lassen.[191] Klausuren und Fragen in der Mündlichen dazu gibt es regelmäßig (zuletzt **August 2012, März 2013 und wieder Januar 2014 und wieder Februar 2014, in 2015 und 2016 in vielen Mündlichen!**). In den Fällen, in denen das Kfz des Leasinggebers oder Sicherungsnehmers durch einen Unfall des Halters beschädigt wird, kann zwischen den Unfallbeteiligten eine gesamtschuldnerische Haftung ggü. dem Leasinggeber bzw. dem Sicherungsnehmer entstehen (Gegenstand zB einer Feststellungswiderklage des Schädigers).

II. Prozessuale Besonderheiten bei Verkehrsunfallsachen

Denken Sie daran, dass als örtlicher **Gerichtsstand** entweder der allgemeine Gerichtsstand nach §§ 12, 13 ZPO oder der Gerichtsstand der unerlaubten Handlung nach § 32 ZPO, § 20 StVG (Unfallort) infrage kommt.

Die **Kfz-Haftpflichtversicherung** des Halters haftet gem. **§ 115 I VVG** dem Geschädigten ebenfalls, wenn der Halter aus dem Gebrauch des Kfz aus StVG oder sonstigen Normen haftet, auch wenn er die **letzten Prämien nicht bezahlt** hat (wird gerne von den LJPAs eingebaut!), vgl. auch § 117 VVG. Gem. § 115 I 4 VVG sind Halter und Versicherung Gesamtschuldner, lesen Sie auch § 115 II VVG. **§ 124 VVG (lesen!)** regelt die Rechtskrafterstreckung. Beachten Sie, dass die **Außenhaftung der Kraftfahrzeugversicherung ein Ausnahmefall** ist. So hat der Geschädigte gegenüber einer privaten Haftpflichtversicherung (zB Betriebs- u. Privathaftpflicht, Haftpflichtversicherung für Hunde) keinen Direktanspruch, da § 115 VVG hier nicht greift.

> **Klausurtipp:** Hat die Kfz-Haftpflichtversicherung zu Unrecht an den Geschädigten gezahlt, dann kann Sie den Betrag von diesem nach § 812 I 1 Alt. 1 BGB zurückfordern.[192] Das kann dann auch der **(komische) Einstieg in die Prüfung eines Verkehrsunfalles** sein.

---

190 Dh inzidente Prüfung vor allem von §§ 7, 18 StVG. Vgl. OLG Frankfurt a.M. NJW-RR 2013, 664 ff.; OLG Saarbrücken NJW 2011, 1820 ff.; LG Saarbrücken NJW-RR 2014, 1179 ff.; 2013, 1249 ff. und NJW 2013, 2767 ff.; LG Freiburg NJW-RR 2013, 478 ff.; *Benner* Referendarklausurenkurs Rn. 246.

191 BGH NJW 2007, 3120; OLG Karlsruhe MDR 2014, 152; LG Münster NJW-RR 2011, 1327 mwN.

192 OLG Brandenburg NJW-RR 2013, 1295 f. Keine Abwicklung über's Eck, da eine eigene Leistung (Zahlung auf eigene Schuld!) vorliegt.

Verklagt der Kläger neben dem Halter auch den Fahrer und/oder die Versicherung, liegt eine **einfache Streitgenossenschaft** iSd §§ 59, 60 ZPO vor. In der Zulässigkeit sind dann §§ 59 ff. ZPO und § 260 ZPO analog anzusprechen.[193] Im umgekehrten Fall wird der Beklagte oft zum Gegenangriff übergehen und eine **Widerklage oder Drittwiderklage** (zB gegen die Versicherung des Klägers und den Fahrer) erheben. In der Klausur sind dann ganz genau die jeweiligen Zulässigkeitsvoraussetzungen der Widerklage und der Drittwiderklage darzustellen.[194]

In Unfallprozessen, in denen der Kläger Schmerzensgeld verlangt, können Sie auch auf **unbezifferte Klageanträge** stoßen. Diese Anträge sind trotz § 253 II Nr. 2 ZPO unter bestimmten Voraussetzungen prozessual zulässig, was sie dann in der Klausur begründen müssen.[195] Mit dem Zahlungsantrag kann der Kläger auch einen **Antrag auf Feststellung** nach § 256 I ZPO über den Grund der Haftung verbinden, vor allem wenn die Höhe des Schadens noch nicht feststeht oder zukünftige Schäden zu besorgen sind. Auch hier bedarf es stets Ausführungen von Ihrer Seite!

Beachten Sie, dass bei Verkehrsunfällen häufig der **Anscheinsbeweis** eine große Rolle spielt (für die Mündliche: einige Prüfer wollen hier »*Wenn's hinten kracht, gibt's vorne Geld*« hören).[196] Relevant wird dies bei §§ 7, 18 StVG, vor allem bei der Abwägung der Verursachungsbeiträge.

B. Die Haftung nach § 823 I BGB

56 Beachten Sie stets den **Vorrang des EBV** vor dem Deliktsrecht, wenn im Zeitpunkt der Schädigung eine Vindikationslage vorlag (→ Rn. 46). Wesentlich relevanter im Assessorexamen ist allerdings der **Vorrang des Amtshaftungsanspruches** (vgl. unten Abschnitt C), wenn es um hoheitliches Handeln geht (Tätigkeit des Gegners in die »*Wahrnehmung öffentlicher Funktionen eingebettet*«?). Der Amtshaftungsanspruch sperrt dann § 823 BGB und im Straßenverkehr den § 18 StVG, nicht dagegen die Halterhaftung aus § 7 StVG.

Prüfungssystematik des Anspruchs aus § 823 I BGB

Vorprüfung: EBV oder Amtshaftung vorrangig?
1. Verletzungshandlung
   - Tun oder Unterlassen (an VSP denken, Übertragung der VSP?)
2. Rechtsgutverletzung
   - Geschütztes Rechtsgut iSv § 823 I BGB verletzt (sonstige Rechte: APR, berechtigter Besitz, ReaG)
3. Haftungsbegründende Kausalität
   - Kausalität zwischen Verletzungshandlung und Rechtsgutverletzung
   - Liegt Rechtsgutverletzung im Schutzzweck der Norm?   *→ Pal Vor 249/24 ff.*
4. Rechtswidrigkeit
   - Wird grds. indiziert, Ausnahme: Rahmenrechte wie APR/ReaG
5. Verschulden
   - Gibt es gesetzliche oder vertragliche Haftungsmilderungen?
6. Schaden
   - §§ 249 ff. BGB, Mitverschulden nach § 254 BGB
7. Haftungsausfüllende Kausalität   *→ Pal 249/5 ff.*
   - Kausalität zwischen Rechtsgutverletzung und Schaden
   - Liegt der Schaden im Schutzzweck der Norm?

[handschriftliche Notiz: denk an Euch!]

---

193 *Kaiser/Kaiser/Kaiser* Zivilgerichtsklausur I Rn. 331 ff.
194 *Kaiser/Kaiser/Kaiser* Zivilgerichtsklausur I Rn. 453 ff.
195 *Kaiser/Kaiser/Kaiser* Zivilgerichtsklausur I Rn. 316 ff.
196 Vgl. dazu den guten Aufsatz von *Nugel* NJW 2013, 193 ff. und *Metz* NJW 2008, 2806 ff.

a) Verletzungshandlung

Eine Verletzungshandlung kann durch Tun (willentliches Handeln) oder Unterlassen begangen werden. Unterlassen ist nur dann tatbestandsmäßig, wenn eine Handlungspflicht besteht, vor allem wegen einer **VSP.**

Problem: Verletzung durch Unterlassen bei Bestehen einer VSP (gigantische Klausurrelevanz!)

- **Der Begriff und der Umfang der VSP** sind in der Klausur genau darzustellen, also rein in **Palandt**/*Sprau* **BGB § 823 Rn. 46 und 47.** Dann müssen Sie unter Heranziehung des konkreten Klausurfalles detailliert dazu Stellung nehmen, welche Gefahren drohen, worin die VSP nun besteht und ob der Schädiger diese eingehalten hat. Ausführungen dazu sind stets einer der **Schwerpunkte** von Schadensklausuren! **Die LJPAs nehmen für Klausuren und Aktenvorträge fast immer aktuelle Entscheidungen als Vorlage. Neue, examensrelevante Rspr. besprechen wir im BGB-Wochenendseminar an allen Standorten! Sie haben im Referendariat nicht die Zeit, sich das alles selber herauszusuchen! Wir machen das im Kurs für Sie.**

- Spezialfragen zur VSP kann man gut mit Palandt/*Sprau* BGB § 823 Rn. 45 ff., 186 ff. lösen! Am relevantesten sind die VSP des Grundstückseigentümers (Streupflicht), des Produzenten (Konstruktions-, Fabrikations-, Instruktions-, Produktbeobachtungs-, Warnungs- u. ggf. Rückrufpflicht) und – etwas genereller – die VSP des Betriebsinhabers zur ordnungsgemäßen Organisation der Betriebsabläufe und zur entsprechenden Überwachung zumindest durch einen Repräsentanten iSv § 31 BGB (»**Organisationsverschulden**« bzw. besser »**Organisationspflichtverletzung**«). Das heißt, bei einer Gefahrenlage haftet der Betriebsinhaber (die GmbH, die GbR etc.) entweder weil der Betrieb schon nicht entsprechend organisiert war oder aber – bei guter Organisation – weil der Repräsentant (Zurechnung nach § 31 BGB!) die konkrete Pflichtenerfüllung nicht bemerkt hat. Denken Sie hier auch an das ProdHaftG (→ Rn. 56).

- Bei Verletzung einer VSP können weitere Anspruchsgrundlagen in Betracht kommen. So kann die Verletzung einer deliktischen VSP oft gleichzeitig die Verletzung einer vorvertraglichen (c.i.c.) bzw. einer vertraglichen Rücksichtnahmepflicht (pVV) darstellen.[197] Zudem ist an § 831 BGB zu denken. Diese **Kombination pVV/c.i.c. –VSP – § 831 BGB hatte in den letzten Jahren eine gigantische Klausurbedeutung!**

- Beachten Sie den Vorrang der Amtshaftung nach § 839 BGB iVm Art. 34 GG, wenn es um **VSP von öffentlichen Körperschaften für den öffentlichen Straßenraum** geht.[198] Achten Sie hier auf drei Sachen:
  1. Bei den öffentlich-rechtlichen VSP im Straßenraum gilt das Verweisungsprivileg des § 839 I 2 BGB nicht (Argument: Gleichbehandlungsgrundsatz im Straßenverkehr).
  2. Der Staat haftet auch für das Handeln seiner privaten »Werkzeuge/Verwaltungshelfer« (Beamter im haftungsrechtlichen Sinn).
  3. Immer Mitverschulden prüfen!

- Die **Übertragung der VSP** durch private Verpflichtete auf Dritte ist zulässig (zB Delegation der Streupflicht auf ein Unternehmen/einen Mieter). Der Dritte wird dann ggü. Geschädigten selbst deliktsrechtlich verantwortlich und die VSP des Übertragenden wandelt sich bei diesem in eine **Kontrollpflicht** um.[199] Wenn der Übertragungsvertrag unwirksam

---

197 OLG Hamm NJW-RR 2014, 985: Freibadrutsche; MDR 2013, 908: schlafender Hund; NJW-RR 2013, 397: Saunaunfall; OLG Koblenz MDR 2014, 1143: Glätte im Einkaufszentrum; OLG Saarbrücken NJW-RR 2012, 152: Glatteis vor Laden. Es gibt tausend Fundstellen!

198 Palandt/*Sprau* BGB § 823 Rn. 219 ff. **VSP für öff. Sachen sind idR zivilrechtlich, die VSP für den öff. Straßenraum idR durch Landesvorschriften öffentlich-rechtlich ausgestaltet** = eine drittbezogene Amtspflicht (§ 823 BGB gesperrt, stattdessen Amtshaftung!). Bei städtischen Schwimmbädern etc. kommt es auf die Ausgestaltung an: privatrechtlich oder öff.-rechtlich (Zwei-Stufen-Lehre!).

199 Ausnahme: Die einschlägige öffentliche Rechtsnorm – zB eine Ortssatzung – lässt zB bzgl. des Gehwegs vor dem Haus die Übertragung auf Dritte ausdrücklich zu. Dann besteht keine Kontrollpflicht mehr, weil dann auch die Polizeipflichtigkeit entfällt (BGH NJW 1972, 1321 ff.). Dies gilt aber nur für den Bereich, für den die Ortssatzung ursprünglich überhaupt eine Streupflicht des Anliegers begründet hat! Für die Wege auf dem Grundstück, bzgl. derer der Eigentümer ohnehin die VSP hat, bleibt die Kontrollpflicht bestehen. **Das alles steht nicht im Palandt!**

sein sollte, bleibt es bei der vollen VSP des Übertragenden. Daneben haftet aber auch der Übernehmer, denn seine VSP setzt lediglich eine »einverständliche Aufgabenübernahme« voraus. Wenn der Übertragende neben dem Dritten haftet, besteht nach § 840 BGB eine Gesamtschuldnerschaft (im Innenverhältnis also Ansprüche aus Vertrag[200] und § 426 BGB möglich!). **Klausuren dazu laufen im Ring und Bayern ständig!**

Merke: Die VSP werden von der hM (und den LJPAs!) hier und nicht erst bei der Rechtswidrigkeit geprüft!

Problem: »Herausforderungsfälle« und mittelbare Handlungen

Das sind Fälle, in denen die letzte unmittelbar schädigende Handlung vom Geschädigten selbst stammt.

> **Beispiel:** A rennt vor B weg, weil dieser mit geballter Faust auf ihn zukommt. Auf der Flucht stürzt A und verletzt sich. Oder: A rennt hinter dem Dieb B hinterher. A stürzt auf der Flucht.

- Bei § 823 BGB ist dann auf die **mittelbare Handlung** des Schädigers, die zur letzten Ursache durch den Geschädigten geführt hat, abzustellen (in den Beispielen die Faustattacke und die Flucht des Diebes).
- Auch bei gefahrbegründenden Handlungen außerhalb der Selbstschädigung, bei denen erst durch das Hinzutreten weiterer Umstände der oder ein weiterer Verletzungserfolg eintritt, ist auf die **mittelbare Handlung** des Erstschädigers abzustellen. Beispiel aus dem **Augusttermin 2015 und Januartermin 2016**: A weicht bewusst dem Huftritt eines Pferdes (Cosmo) aus, wodurch der hinter ihm stehende B von Cosmo getroffen wird. Hier war laut den LJPAs auf das Ausweichen als mittelbare Handlung abzustellen. Diese Handlung ist aber nur dann tatbestandsmäßig, wenn ein **entsprechender Pflichtenverstoß** (wie VSP) vorliegt, was dann an dieser Stelle **zu prüfen ist**.

b) Rechtsgutverletzung

Als nächstes ist zu prüfen, ob eines der von § 823 I BGB geschützten Rechtsgüter (Körper, Freiheit, Eigentum, sonstiges Recht), also ein absolutes Recht, verletzt wurde. Forderungen, vertragliche Verpflichtungen oder das Vermögen (Beispiel: unberechtigtes Abheben von Geld) gehören nicht zu den geschützten Rechtsgütern.[201]

Problem: Beeinträchtigung des Eigentums

- (+) bei Substanzverletzung, unerlaubter Benutzung (Fotografieren eines Hauses unter Betreten des Grundstücks, Fremdbefüllung eines Gastanks), Immissionen (Geräusche, Gerüche), Sachentziehung (zB durch Veräußerung oder Pfändung und Verwertung), uU auch bei Störung des bestimmungsgemäßen Gebrauchs (»Fleet-Fall«, aber probl., da nicht jede Gebrauchsstörung reichen kann, da in diesen Fällen idR nur das Vermögen betroffen ist und dieses kein geschütztes Rechtsgut bei § 823 I BGB ist – daher »Erheblichkeit« der Störung nötig[202]).
- Beim Erwerb einer mangelhaften Sache (oder bei mangelhafter Werkleistung – die Rspr. gilt also auch im Werkrecht) greifen zunächst die Gewährleistungsvorschriften, die das Äquivalenzinteresse schützen. Frisst sich der zuerst abgrenzbare Mangel aber weiter und beeinträchtigt die restliche Sache, liegt ein sog. **Weiterfresserschaden** vor (eigentlich wäre »Weiterfressermangel« treffender). Fehlt in diesen Fällen die sog. **Stoffgleichheit** (Kriterium: Vergleich des Mangelunwerts der Sache im Zeitpunkt der Lieferung mit jetzigem

---

Die Übernahme des Winterdienstes ist idR keine reine Gefälligkeit des täglichen Lebens, also RBW (+) für Werkvertrag oder Auftrag. Wenn vom Vermieter auf den Mieter delegiert wird, kann man in der Übernahme auch eine nachträgliche mietvertragliche Nebenpflicht annehmen.
201 **Der bekannte Spruch** »Das Vermögen wird durch § 823 BGB nicht geschützt« **ist ungenau.** Denn im Rahmen der Frage, ob iSv §§ 249 ff. BGB ein ersatzfähiger Schaden entstanden ist, kommt es maßgeblich darauf an, ob gerade ein Vermögensschaden vorliegt. Nur hier bei der in der Prüfungsreihenfolge zuerst anfallenden Frage der Rechtsgutverletzung darf nicht auf das Vermögen abgestellt werden.
202 Vgl. nur OLG Köln NJOZ 2015, 676 ff.

Schaden), ist zusätzlich das durch § 823 BGB geschützte Integritätsinteresse betroffen, § 823 I BGB greift dann neben der Gewährleistung[203] auch ein. Die Rspr. dazu geht auf den berühmten »Schwimmschalter-Fall« zurück (Mündliche!). Stoffgleichheit liegt vor, wenn bei wirtschaftlicher Betrachtungsweise die Sache als Ganzes wegen des Mangels schon vor dem Weiterfressen nicht/nur sehr eingeschränkt verwendbar war oder zu diesem Zeitpunkt der Mangel nicht in wirtschaftlich vertretbarer Weise behoben werden kann. Dann deckt sich der anfängliche Mangelunwert mit dem späteren Schaden und § 823 I BGB scheidet aus. Deckt er sich nicht, dann greift neben Gewährleistung auch Delikt.

Problem: Schockschäden als Körperverletzung

- Eine Körperverletzung liegt dann vor, wenn der Schock das Ausmaß eines pathologischen Zustands erreicht = **echten Krankheitswert** hat = behandlungsbedürftig ist (bloß psychischer Schmerz nicht ausreichend).
- Bei **Schockschäden Dritter** wird – anders als bei unmittelbar Verletzten – zur Vermeidung von Haftungslawinen zusätzlich vom BGH gefordert, dass der Schockschaden über das hinausgeht, was mittelbar Geschädigte in derartigen Fällen erfahrungsgemäß erleiden.[204] Dabei ist nicht entscheidend, ob der Dritte den Schockschaden aufgrund des Miterlebens des Unfallgeschehens oder infolge einer überbrachten Nachricht erleidet, da in beiden Fällen eine über das Normalmaß hinausgehende Beeinträchtigung vorliegen kann. Allerdings kann für die Frage, wann eine hinzunehmende »normale« Erschütterung in eine Körperverletzung im oben genannten (strengen) Sinne übergeht, das unmittelbare Erleben des Unfalls bedeutsam sein.

Problem: Besitz als »sonstiges Recht« (zB des Mieters, Leasingnehmers etc.)

- Geschützt ist nach hM der **berechtigte** unmittelbare Besitz/Mitbesitz (Argument: die Besitzbefugnisse des rechtmäßigen Besitzers sind »eigentümerähnlich«). Auch der mittelbare Besitz fällt unter § 823 I BGB, nicht jedoch gegenüber dem unmittelbaren Besitzer (hier ist nur das BMV maßgebend). Erforderlich ist stets, dass auf die Sache selbst unmittelbar eingewirkt wird, da der Schutz des Besitzers nicht weitergehen kann als der des Eigentümers.
- Ersatz des Substanzschadens kann grds. nur der Eigentümer verlangen. Der Schaden des Besitzers besteht in seinem **Nutzungsausfall** und ggf. im sog. **Haftungsschaden**. Haftungsschäden sind solche Schäden, die dem rechtmäßigen Besitzer dadurch entstehen, dass er dem Eigentümer im Innenverhältnis wg. der Beschädigung der Sache haftbar ist. Auch die **Kosten der Besitzwiedererlangung** sind zu ersetzen, nicht aber Schockschäden des Besitzers aufgrund der Besitzentziehung (Schutzzweck der Norm fehlt).

Problem: Allgemeines Persönlichkeitsrecht (APR) als »sonstiges Recht« iSv § 823 I BGB

- Das APR aus Art. 1 I, 2 I GG = Recht des Einzelnen auf Achtung seiner personalen und sozialen Identität und Entfaltung seiner Persönlichkeit (Ausprägungen: Schutz der Ehre/ sozialen Anerkennung, des Namens, des Rechts am eigenen Bild/Wort, der informationellen Selbstbestimmung und – etwas genereller – der Intim-, Privat- u. Sozialsphäre) ist als geschütztes Rechtsgut des § 823 I BGB anerkannt und zwar sowohl für natürliche Personen als auch für private Unternehmen/Verbände (sog. Unternehmenspersönlichkeitsrecht). Wenn Sie mal ein aktuelles Beispiel lesen wollen: **BGH Urt. v. 19.1.2016 – VI ZR 302/15, BeckRS 2016, 03909** (Boykottaufruf gegen Pelztierzuchtverein).

---

203 Die Schäden an der restlichen Kaufsache sind nach hM iRd Nacherfüllung zu beseitigen, fallen also unter § 281 BGB und nicht unter § 280 BGB, vgl. BeckOK BGB/*Faust* § 439 Rn. 15 mwN. Anders bei Mangelfolgeschäden an anderen Rechtsgütern, diese sind ein Fall von § 280 BGB. Im Werkrecht greift bei weiterfressenden Mängeln stets nur § 280 BGB, vgl. Palandt/*Sprau* BGB § 635 Rn. 6 mwN.

204 Palandt/*Grüneberg* BGB Vorb v § 249 Rn. 40. *Dörr* (MDR 2015, 1209 ff.) schreibt zutreffend, dass hier vom BGH kaum gemeint sein kann, dass keine Gesundheitsbeeinträchtigung vorliegt, wenn der Schock vergleichbar ist mit dem, was andere Betroffene in dieser Situation erleben. Dann würden nur unvergleichbare »Mega-Schocks« ersetzbar sein. Die Formulierung kann vielmehr nur so gemeint sein, dass jedenfalls die mit der »normalen Trauer« einhergehenden körperlichen Beeinträchtigungen, die ein mitfühlender Mensch idR verarbeiten muss, wenn er einen Angehörigen verliert, nicht tatbestandsmäßig sind.

- Klausuren zum APR (zB unwahre Berichterstattung, schändliche Äußerung in der Öffentlichkeit, unerlaubte Fotos) sind undankbar. Hier kennt jeder die zu prüfenden Normen, notenprägend sind daher vor allem die Tiefe und Überzeugungskraft der eigenen Argumentation und die **Praxisnähe der Formulierungen**. Nötig ist also das klassische Handwerkszeug: gute Obersätze, Hin- u. Herargumentieren, Auswerten des Sachverhaltes und das Abarbeiten bestimmter **Stichwörter der Rspr.** Arbeiten Sie hier viel mit **Palandt/ Sprau BGB § 823 Rn. 84 ff.** Aufbauhinweis: Der Eingriff in das APR und die Rechtswidrigkeit (Abwägung!) hängen so eng miteinander zusammen, dass Sie in der Praxis idR zusammen geprüft werden. In der Klausur können Sie das auch so machen.
- Das Recht am eigenen Bild als Bestandteil des APR ist zusätzlich in **§§ 22 ff. KunstUrhG** geregelt, wobei es sich hier um ein Schutzgesetz iSv § 823 II BGB handelt (§ 823 I BGB wg. APR wird dadurch nicht verdrängt!). Liegt keine Einwilligung in den Eingriff vor, bejahen Sie die Rechtsgutsverletzung. Die Interessenabwägung iSd Rechtfertigungsnorm § 23 KunstUrhG ist dann im nächsten Schritt bei der Rechtswidrigkeit zu prüfen. Die Rspr. zu § 23 KunstUrhG erschließt sich am besten, wenn Sie BGH NJW 2009, 1499 (1500) lesen.
- Bei Verletzung der vermögenswerten Bestandteile des APR durch **unbefugte kommerzielle Verwertung** kommen neben Unterlassungsansprüchen aus § 1004 BGB analog Ansprüche aus §§ 823, 687 II, 667 BGB in Betracht, für deren Berechnung die Rspr. drei Methoden[205] entwickelt hat (zuletzt wieder **Dezembertermin 2015!**): konkret, Lizenzanalogie oder Gewinnabschöpfung. Daneben tritt ein Anspruch aus Eingriffskondiktion (geht auf Zahlung der üblichen – ggf. fiktiven – Lizenzgebühr).
- Lesen Sie zum APR **BGH NJW 2010, 1533** (Videoüberwachung, ein **totaler LJPA-Liebling!**) und **BGH MDR 2016, 84** (Sexfotos).

Problem: Recht am eingerichteten und ausgeübten Gewerbebetrieb (ReaG) als »sonstiges Recht«

- **Betriebsbezogener Eingriff** (= Eingriff ist gegen den Betrieb als solchen gerichtet) in den betrieblichen Bereich erforderlich (falsche Bonitätsauskunft einer Scorer-Auskunftei, Boykottaufruf, Schmähkritik in Internetforen, Zusendung unverlangter Werbemails; bei Zusendung an Private: APR!). Eine Originalklausur zum Üben ist OLG Hamburg Urt. v. 18.1.2012 – 5 U 51/11, BeckRS 2012, 02275 (**Dezembertermin 2013!**). Eine schöne Vorlage für eine kommende Klausur wäre **BGH NJW 2015, 773 ff.** (Heizungsmagnet).
- Das ReaG ist **subsidiär** und tritt daher zurück, wenn bereits § 823 II BGB oder § 824 BGB greifen.

> **Klausurtipp:** Weitere **sonstige Rechte** iSv § 823 I BGB sind: dingliche Rechte (zB Dienstbarkeiten, Grundpfandrechte), das **AWR**,[206] das Aneignungsrecht (zB Jagdausübungs- u. -aneignungsrecht, Fischereirecht), absolute Immaterialgüterrechte (zB Patent, Urheber- und Warenzeichenrecht), Familienrechte (zB Umgangs-, Unterhalts- und Sorgerecht) und das **Recht auf Totenfürsorge (unter anderem Bestattung)**.[207]

> **Klausurtipp:** Denken Sie bei Klausuren mit unerlaubten Handlungen an den Gerichtsstand des **§ 32 ZPO!**

c) Haftungsbegründende Kausalität

Das ist die Kausalität zwischen Verletzungshandlung und Rechtsgutsverletzung. Diese wird in drei Schritten geprüft, die wie hintereinander geschlossene Filter immer enger »aussieben«:

---

205 Vgl. Palandt/*Sprau* BGB § 687 Rn. 7.

206 Der Schaden des AWR-Inhabers bemisst sich nach dem wirtschaftlichen Wert des AWR = Wert der Sache abzüglich noch geschuldeter Zahlung zzgl. Nutzungsausfall. Nach der Rspr. stehen die Ansprüche des Eigentümers und des AWR-Inhabers aus § 823 BGB nebeneinander (vgl. BGH NJW 1971, 799 ff.), nach aA gemeinschaftliche Gläubigerschaft analog §§ 432, 1281 BGB (nur zu Letzterem **Palandt/Bassenge BGB § 929 Rn. 43 ohne Hinweis auf Rspr.!**). Das war zuletzt Thema im **Augusttermin 2013, dann wieder im Juli 2014 und dann wieder im April 2015!**

207 Palandt/*Weidlich* BGB Einl v § 1922 Rn. 9 ff. **Das war bereits mehrfach Klausurthema!** Ebenfalls das **Aneignungsrecht des Erben** bzgl. des Körpers/Körperteilen des Erblassers analog § 985 BGB, vgl. Palandt/*Weidlich* BGB § 1922 Rn. 37.

1. Äquivalenz (= Ist die Verletzungshandlung *conditio sine qua non* für Rechtsgutsverletzung?)
2. Adäquanz (= War die Rechtsgutsverletzung vorhersehbar oder liegt ein gänzlich atypischer Kausalverlauf vor?)
3. Schutzweck der Norm (= Soll die Norm – hier § 823 BGB – gerade vor dieser Rechtsgutsverletzung schützen?)

Die Praxis arbeitet oft mit **Anscheinsbeweisen**. So wird zB bei **Verletzung einer VSP** idR die Ursächlichkeit für die Rechtsgutsverletzung und den Schaden vermutet, wenn gerade solche Verletzungen durch die VSP verhindert werden sollen. Auch umgekehrt ist dies möglich: Bei typischen Geschehensabläufen kann bei bestimmten Schäden auf die Verletzung einer VSP (rück-)geschlossen werden.[208] Sonderprobleme zu sonstigen Kausalitätsfragen sind im Palandt in der Vorb v § 249 BGB kommentiert, nichts lernen! Das LJPA wird Sie schon durch Hinweise in der Akte darauf aufmerksam machen, wenn etwas auszuführen ist. Des Öfteren wird der **Wertungs-Zurechnungsfilter des Schutzzwecks der Norm** problematisch. Hier sollten zwei Fallgruppen **ohne** Palandt bekannt sein:

Problem: Schockschäden (Rechtsfolge: vor allem Schmerzensgeld über § 253 II BGB)

- Schockschäden des unmittelbar Verletzten (= direkt am Unfall Beteiligter) fallen stets in den Schutzbereich von § 823 I BGB (und zB von §§ 831, 833 BGB, §§ 7, 18 StVG!). **Schockschäden Dritter** fallen **nur** in den Schutzbereich der Norm, wenn es sich um **nahe Angehörige** (es reicht eine »personale Sonderbeziehung«, daher wäre zB Verlobung ausreichend) des schwer verletzten/toten Unfallopfers handelt, der Schock im Hinblick auf seinen Anlass **verständlich** – dh keine Überreaktion – ist (auch hier kann wieder das unmittelbare Erleben des Unfalls eine Rolle spielen) und die psychische Reaktion in einem engen zeitlichen Zusammenhang mit dem Unfallgeschehen steht (Grenze: idR 6 Monate). Das Mitverschulden des Unfallopfers führt nach § 242 BGB iVm § 254 BGB analog zur Anspruchsreduzierung beim Schockgeschädigten. Diese Schockschaden-Rspr. gilt nach dem BGH **nicht, wenn das Unfallopfer ein Tier ist** (Argument: hier ist Schock ein hinzunehmendes allg. Lebensrisiko).
- Schockschäden sonstiger Personen sind allgemeines Lebensrisiko. Kommentiert ist das alles bei Palandt/*Grüneberg* BGB Vorb v § 249 Rn. 40.

Klausurtipp: Das Problem des Schockschadens spielt iRd § 823 I BGB an zwei Stellen eine Rolle: Zum einen bei der Rechtsgutsverletzung und zum anderen bei der haftungsbegründenden Kausalität. In der Praxis wird das idR nicht streng dogmatisch an zwei Stellen geprüft, sondern die Thematik oft »en bloc« behandelt.

Problem: »Herausforderungsfälle« und mittelbare Handlungen

- Das Abstellen auf die mittelbare Handlung ist im Prüfungsaufbau zuerst bei der Verletzungshandlung zu problematisieren (vgl. oben). Sodann ein weiteres Mal bei der Kausalität, also hier.
- Tritt sozusagen als »letzter Akt« eine willentliche Handlung des Geschädigten zwischen die mittelbare Handlung des Schädigers und die endgültige Rechtsgutsverletzung, so müssen – § 823 I BGB soll nicht das allgemeine Lebensrisiko schützen bzw. die eigenverantwortliche Selbstgefährdung ist grds. eigenes Risiko! – folgende Kriterien erfüllt sein, damit eine Zurechnung der **selbst verursachten Rechtsgutsverletzung** zur mittelbaren Schädigungshandlung erfolgen kann (»**Herausforderungs-Rspr.«**):[209] Der Schädiger hat den Geschädigten in vorwerfbarer Weise zur Selbstgefährdung herausgefordert, die Handlung des Herausgeforderten ist verhältnismäßig und es muss sich ein herausforderungstypisches Risiko verwirklicht haben.

---

208 MüKoBGB/*Wagner* § 823 Rn. 325 f. mwN; AG München Urt. v. 26.4.2012 – 244 C 23760/11, BeckRS 2013, 02702.

209 Palandt/*Grüneberg* BGB Vorb v § 249 Rn. 41; OLG Saarbrücken NJW 2012, 324 ff.; OLG Hamm MDR 2016, 159 (Bierbank-Fall).

- Die Herausforderungsproblematik kann sowohl bei der haftungsbegründenden (wenn eine Körperverletzung herausgefordert wurde) als auch bei der haftungsausfüllenden Kausalität (wenn nach einer Rechtsgutsverletzung ein weiterer Schaden – idR eine Vermögensverfügung – herausgefordert wurde) eine Rolle spielen.
- Ähnlich wird die Problematik gelöst, ob letztlich erst zum Verletzungserfolg oder zu einem weiteren Verletzungserfolg führende weitere Ursachen – vor allem das **Verhalten Dritter – dem (mittelbaren) Erstschädiger zurechenbar** sind: Zurechnung dann (–), wenn der Fall (nachfolgende Schlagworte merken!) eine »neue Wendung« nimmt, sodass zwischen beiden Ereignissen nur ein »zufälliger Zusammenhang« besteht (wertende Betrachtung im Einzelfall).[210] Zurechnung (+), wenn dagegen ein »typischer Geschehensablauf« vorliegt, bei dem der mittelbare Schädiger eine »besondere Gefahrenlage« für die gleichsam »herausgeforderte« weitere Ursache geschaffen hat.

Ein **Beispiel** vom **Julitermin 2011**: Fußballtrainer A sagt den Fußballjungs, dass sie nach dem Training das Fußballtor über den Parkplatz des Vereins in den Schuppen tragen sollen. Die Kinder rammen mit dem Tor ein Auto. Hier Zurechnung laut LJPAs (+).

Merke: Kausalitäts- bzw. Zurechnungsfragen sind nicht nur ein Problem des § 823 BGB, sondern können in jeder Klausur mit Schadensersatzbegehren relevant werden. So muss zB bei § 280 BGB die Pflichtverletzung auch kausal für den Schaden sein. Zwei Prüfungshits zur Zurechnung außerhalb von § 823 BGB sind OLG Hamm NJW-RR 2013, 349 (§ 280 BGB des Beherbergungsvertrages: messerstechender Nachtportier im Schutzzweck der Norm) und OLG Rostock NJW 2006, 1819 (pVV des Zuschauervertrages gegen Fan: vom DFB dem Verein auferlegte Geldstrafe im Schutzzweck der Norm bei böllerndem Fan? umstritten!).

d) Rechtswidrigkeit

Die Rechtswidrigkeit wird **wie im Strafrecht** (Lehre vom Erfolgsunrecht) **grds. indiziert.**[211] Die wichtigsten Rechtfertigungsgründe sind §§ 227 ff., 859 f., 904, 906 ff. BGB, berechtigte GoA, § 127 StPO, §§ 34, 193 StGB, § 23 I KunstUrhG und die Einwilligung (zB beim Tattoo-Stechen oder ärztlichen Heileingriff nach § 630d BGB).[212] Ein toller Fall zu § 127 StPO ist **OLG Hamm Beschl. v. 8.5.2015 – 9 U 103/14, BeckRS 2015, 10734** (Baumarkt-Fall).

Nur beim **ReaG und APR** als »offenen Tatbeständen« ist die Rechtswidrigkeit nicht durch die Tatbestandsmäßigkeit indiziert, sondern im Rahmen einer Gesamtabwägung der widerstreitenden Interessen unter Würdigung aller Umstände des konkreten Einzelfalles und Beachtung des Grundsatzes der Verhältnismäßigkeit **positiv festzustellen** (so ähnlich formuliert steht das oft in den Examensvoten!). Hier müssen Sie dann anhand des konkreten Klausursachverhaltes die gegenüberstehenden Interessen/Grundrechte sauber darstellen und gegeneinander abwägen. Es sind die typischen Schlagwörter zu bringen wie zB *»öffentlicher Geltungsanspruch«*, *»Kernbereich betroffen«*, *»berechtigtes Informationsinteresse der Öffentlichkeit«*, Argumentation mit der betroffenen *»Sphäre«* des APR, *»Prangerwirkung«*, *»stigmatisierenden Wirkung der Äußerung«*, *»unzulässigen Schmähkritik«*, *»Diffamierung der Person«* etc. Der Eingriff ist nur dann rechtswidrig, *»wenn das Schutzinteresse des Betroffenen die schutzwürdigen Belange der anderen Seite überwiegt«*. **Diese Abwägung ist immer Schwerpunkt der APR-Klausuren!**

e) Verschulden

Ein Verschulden liegt dann vor, wenn der Schädiger vorsätzlich oder fahrlässig hinsichtlich des Tatbestandes und der Rechtswidrigkeit gehandelt hat. Das Verschulden hat der Geschädigte zu beweisen. Hierzu Folgendes:

- Das **Verschulden Dritter** wird dem Schädiger im Rahmen von § 823 I BGB außer in den Fällen von **§§ 31, 89 BGB** (→ Rn. 112) nicht zugerechnet, § 278 BGB findet im Delikts-

---

210 BGH NJW 2012, 2024 ff.; OLG Hamm NJW-RR 2013, 349 (**August- u. Novembertermin 2014!**); LG Magdeburg NJOZ 2013, 306 f.; Palandt/*Grüneberg* BGB Vorb v § 249 Rn. 41, 47 ff.

211 Auch die Verletzung einer VSP indiziert die Rechtswidrigkeit, vgl. BGHZ 74, 9 ff.; BGH NJW 2011, 3294 ff. Auch bei pflichtwidrigen mittelbaren Handlungen wird die Rechtswidrigkeit indiziert, vgl. Hk-BGB/*Staudinger* § 823 Rn. 75 mwN.

212 Einwilligung gilt nur für mangelfreie Leistung, vgl. OLG Hamm NJW-RR 2014, 1238 und MDR 2014, 469 = **Julitermin 2014!**

recht keine Anwendung. Eine faktische Zurechnung erreicht die Rspr. nur, indem man die VSP/Betriebsorganisationspflicht entsprechend weit fasst.

- Einige gesetzliche Haftungsbeschränkungen bei bestimmten Schuldverhältnissen sind auch auf »im Vertrag« begangene deliktische Handlungen zu übertragen, so §§ 521, 599, 680, 690, 708 BGB, da sonst deren Privilegierungsfunktion unterlaufen würde. Weitere Haftungsprivilegien finden Sie in §§ 1359, 1664 BGB. Die Haftungsmilderungen nach **§§ 708, 1359, 1664 BGB**, die eine Milderung in Form der Haftung für *diligentia quam in suis* (eigenübliche Sorgfalt) iSv § 277 BGB vorsehen, sind auf die Haftung im Straßenverkehr wg. Führens eines Kfz nicht anwendbar, da dort nach § 1 StVO *»kein Raum für individuelle Sorglosigkeit«* besteht. Gleiches gilt bei gemeinsamem Freizeitsport (Wasserski). **Was meint eigentlich § 277 BGB?** Danach haftet derjenige nicht für einfache Fahrlässigkeit, wenn er in eigenen Angelegenheiten auch nicht sorgfältiger ist.[213] Ob vertraglich vereinbarte Haftungsbeschränkungen auf Delikt anwendbar sind, ist nach der Rspr. eine Frage der Auslegung des Vertrages.
- Bei Verletzung einer **VSP wird das Verschulden idR vermutet**.[214] Ähnlich bei der **Produzentenhaftung**: Ist hier eine VSP verletzt, besteht für das Verschulden eine Beweislastumkehr zulasten des Produzenten. Für Konstruktions- u. Fabrikationsfehler wird die Beweislastumkehr sogar auf die Verletzung der VSP selbst erstreckt. Auch bei der **Arzthaftung** (auf § 630h BGB achten) gelten zum Schutze des Patienten besondere Regeln für die Beweislast hinsichtlich des Behandlungsfehlers, der Kausalität und des Verschuldens. Klausuren zur Produzenten- u. Arzthaftung sind im Assessorexamen totale Exoten. Im Notfall müsste man hier mit dem Palandt bei § 823 BGB und §§ 630a ff. BGB arbeiten.

Der Verschuldensvorwurf entfällt, wenn der Schädiger nicht **deliktsfähig** ist, §§ 827 f. BGB. Bedeutsam ist hier nur **§ 828 BGB bei Minderjährigen**. Knackpunkt bei § 828 II BGB ist dessen teleologische Reduktion: Er gilt nicht, wenn keine **typische Überforderungssituation** für das Kind vorliegt (denken Sie hier immer auch an § 832 BGB!).

f) Schaden, §§ 249 ff. BGB

Hier gelten §§ 249 ff. BGB (→ Rn. 62 f.) sowie die Sonderregelungen in §§ 842–851 BGB.

g) Haftungsausfüllende Kausalität

Auch die haftungsausfüllende Kausalität zwischen Rechtsgutsverletzung und Schaden wird wie die haftungsbegründende Kausalität in den oben genannten drei Stufen Äquivalenz, Adäquanz und Schutzzweck der Norm geprüft.

> **Merke:** Bei der haftungsbegründenden Kausalität geht es darum, »ob überhaupt« gehaftet, bei der haftungsausfüllenden Kausalität darum, »wie viel« ersetzt werden muss.

Sonderprobleme hierzu sind äußerst selten und dann **idR schnell dem Palandt zu entnehmen**. Möglich wäre zB die Frage, ob **Vorsorgeaufwendungen** (Haltung von Reservefahrzeugen, Kosten von Sicherungsmaßnahmen) ein ersatzfähiger Schaden sind[215] oder die Unerheblichkeit von Schadensanlagen.[216] Zudem sollten Sie darauf achten, dass sog. **»Sowieso-Kosten«** idR ebenfalls nicht als Schaden ersetzbar sind (rechtmäßiges Alternativverhalten).[217]

C. Sonstige deliktische Anspruchsgrundlagen

Für Hersteller ist im **ProdHaftG (kommentiert im Palandt!)** eine Gefährdungshaftung normiert (A beißt in ein Fruchtgummi … es macht knirsch und ein Zahn fällt raus). Detailfragen sollten Sie im Kommentar nachschlagen, Präsenzwissen ist nicht erforderlich, da Klausuren dazu nahezu ausgestorben sind. Bei Unfällen mit Straßenbahnen beachten Sie § 1 II StVG. Es kommen dann Ansprüche aus Vertrag, Delikt und **HPflG** in Betracht.

---

213 Der berühmte Merksatz für die wichtigsten Anwendungsfälle von § 277 BGB ist: *»Der Vater begattet die Gesellschafterin, die den Vorerben unentgeltlich verwahrt.«* Vgl. §§ 1664, 1359, 708, 2131, 690 BGB.
214 Palandt/*Sprau* BGB § 823 Rn. 54; *Tempel/Graßnack/Kosziol/Seyderhelm* Materielles Recht 463 mwN.
215 Manchmal ja, manchmal nein, vgl. Palandt/*Grüneberg* BGB § 249 Rn. 62 f.
216 Palandt/*Grüneberg* BGB Vorb v § 249 Rn. 35.
217 Palandt/*Grüneberg* BGB Vorb v § 249 Rn. 64 ff.

Die **Amtshaftung** ergibt sich aus **§ 839 BGB iVm Art. 34 GG** und ist **gut kommentiert im Palandt bei § 839 BGB**. Lesen Sie auch mal § 839a BGB. Neben diesem Amtshaftungs-anspruch gibt es noch weitere Ansprüche bei Schäden durch staatliches Handeln (zB Erstürmen einer Wohnung durch SEK, Biss eines Polizeihundes bei Demonstration, Polizei rammt das einem Dritten gehörende Kfz des flüchtenden Verbrechers), die gut im Palandt in der Vorbe-merkung zu § 903 BGB kommentiert sind. Unterschätzen Sie das Thema nicht, Assessorklau-suren zur Amtshaftung sind **in den letzten Jahren oft gestellt worden,** die relevanten Ein-kleidungen werden in unserem Kurs zum materiellen Zivilrecht besprochen. Denken Sie hier an die Zuständigkeit des Landgerichts, § 71 II Nr. 2 GVG!

§ 19 I BNotO normiert abschließend die **Haftung der Notare** für Amtspflichtverletzungen. Arbeiten Sie im Ernstfall mit der Kommentierung bei Palandt/*Sprau* BGB § 839 Rn. 149 ff. und lernen Sie hier bitte nichts auswendig.

In **§§ 19 ff. AGG** ist die Haftung für Diskriminierungen nach dem AGG im Zivilrechtsver-kehr normiert. Relevant wird dies zB bei Diskriminierung iRd Wohnungssuche und/oder Diskothekenbesuchen (**Apriltermin 2013 und Märztermin 2014!**). Auch das AGG ist im Palandt kommentiert. Sog. »AGG-Hopper« haben wegen § 242 BGB keine Ansprüche selbst im Falle einer Diskriminierung.

Über derartige mit dem Palandt gut lösbare Sondervorschriften hinaus spielen in Examens-klausuren §§ 823 II, 826, 830 ff., 906 II 2, 1004 BGB eine überragende Rolle, auf die im Fol-genden näher eingegangen wird.

I. § 823 II BGB iVm einem Schutzgesetz und §§ 824, 826 BGB

§ 823 II BGB greift bei schuldhafter Verletzung eines **Schutzgesetzes** ein, dh einer Norm, die   57 zumindest auch dem Schutz von Individualinteressen und nicht nur der Allgemeinheit dient. Einige Vorschriften aus dem BGB sind Schutzgesetze, wie zB §§ 858, 226, 906 f., 909, 1004 BGB. Im StGB und in der StVO/StVZO sind viele Bestimmungen ebenfalls Schutzgesetze. Zum Üben: Eine schöne Original-Klausur zu § 823 II BGB finden Sie bei *Kupczyk* JA 2011, 529 ff., aus BGH NJW 2014, 64 ff. wurde 2014 ein Original-Aktenvortrag in NRW und aus OLG Frankfurt a.M. NJW 2015, 3584 f. in NRW und Hessen eine Examensklausur im Jahre 2015.

> **Klausurtipp:** Ein häufiger Fall, bei dem Sie an § 823 II BGB denken müssen, ist die Klage auf Ersatz von **Abschleppkosten** durch den gestörten Grundstückseigentümer, → Rn. 34. Das unbefugte Ab-stellen eines Kfz ist eine Besitzbeeinträchtigung und damit verbotene Eigenmacht iSv § 858 BGB. Zudem greifen §§ 823 I, 1004, 861 f. BGB (Eigentum und Besitz am Grundstück betroffen) und die GoA.

Die Geschäftsehre wird zusätzlich durch **§ 824 BGB** geschützt, der neben Ansprüchen aus §§ 823 I, II, 826 BGB und §§ 8 ff. UWG in Betracht kommt (Beispiele aus Original-Klausuren: »*Der A bezahlt seine Rechnungen nie ...*« und »*XY GmbH verschafft sich durch frisierte Bilan-zen Bankkredite*«).

Der wichtigste Anwendungsfall von **§ 826 BGB** ist die Durchbrechung der Rechtskraft durch eine auf § 826 BGB gestützte Unterlassungsklage gegen den Zwangsvollstreckungsgläubiger (»*Urteilsmissbrauch*«):[218] Nach der Rspr. kann in Ausnahmefällen **Unterlassung der Zwangsvollstreckung** aus einem rechtskräftigen, aber materiell unrichtigen Titel, verlangt werden. Wurde der Titel bereits vollstreckt, ergibt sich aus § 826 BGB auch ein Rückzah-lungsanspruch. In der **Zulässigkeit** der Unterlassungsklage nach § 826 BGB sollten Sie – wie bei jedem Zwangsvollstreckungsrechtsbehelf – auf die Zuständigkeit des Gerichts (zuständig ist das Gericht, in dessen Bezirk die Zwangsvollstreckungsmaßnahme zu erwarten ist), auf die Statthaftigkeit (wenn Urteilsmissbrauch vorgetragen wird) und auf das Rechtsschutzbedürfnis (Vollstreckung droht/beginnt) eingehen. Die Rechtskraft der angegriffenen Entscheidung steht der Klage nicht entgegen, weil § 826 BGB ja gerade einen anerkannten Fall der Durch-

---

218 *Kaiser/Kaiser/Kaiser* Zwangsvollstreckungsklausur Rn. 8.

brechung der Rechtskraft darstellt. Manchmal lassen die LJPAs den Beklagten zudem vortragen, dass §§ 580 ff. ZPO (Restitutionsklage) vorgehen. Die §§ 580 ff. ZPO sperren die Klage nach § 826 BGB jedoch nicht, da durch §§ 580 ff. ZPO Sonderfälle geregelt werden, die mit Urteilsmissbrauch nichts zu tun haben. Die Klage ist **begründet**, wenn der Titel materiell unrichtig ist, der Zwangsvollstreckende die Unrichtigkeit kennt und weitere besondere Umstände hinzutreten, welche die Erlangung des Vollstreckungstitels oder seine Ausnutzung als sittenwidrig erscheinen lassen. Beachten Sie, dass auf die Unterlassungsklage aus § 826 BGB zur Vermeidung einer Aushöhlung der Rechtskraft die Vorschrift des **§ 582 ZPO** (lesen!) jedenfalls bei Vollstreckung aus Urteilen (zB Versäumnisurteil) **analog** angewendet wird.[219] Ein weiterer Anwendungsfall von § 826 BGB: Hauseigentümer verschweigt dem Stromversorger den Nutzer des Stromanschlusses.

II. § 830 BGB – insbesondere die alternative Kausalität

58 Wichtig ist **§ 830 I 2 BGB**, der bei gemeinschaftlichen Verletzungshandlungen außerhalb von Mittäter- und Teilnehmerschaft eine **eigene Anspruchsgrundlage** ist, wenn die jeweilige Ursächlichkeit für den eingetretenen Schaden nicht festgestellt werden kann (»alternative Kausalität«, **zuletzt Maitermin 2016!**). § 830 I 2 BGB gilt für sämtliche Ansprüche aus §§ 823 ff. BGB, so zB **auch** bei Gefährdungshaftung (zB bei **§ 833 BGB**) oder bei § 832 BGB. In der Praxis wird idR vor § 830 I 2 BGB der jeweilige Grundtatbestand, also zB § 823 I BGB mitzitiert.

> **Formulierungsbeispiel:** Die von der Klägerin gem. § 823 I iVm § 830 I 2 BGB geltend gemachten Schadensersatz- und Schmerzensgeldansprüche sind dem Grunde nach unter Berücksichtigung eines Mitverschuldens der Klägerin von 50% gerechtfertigt. Die Beklagte hat die ihr obliegende Verkehrssicherungspflicht verletzt, weil …

III. § 831 BGB – die Haftung für Verrichtungsgehilfen

59 § 831 BGB ist eine eigene Anspruchsgrundlage gegen den Geschäftsherrn für eigenes Verschulden bzgl. der Auswahl und/oder der Überwachung seines **Verrichtungsgehilfen**, wenn Letzterer im Zusammenhang mit seinem Pflichtenkreis einem anderen rechtswidrig (Verschulden nicht nötig) einen Schaden zufügt. Verrichtungsgehilfe ist, wer in weisungsgebundener und abhängiger Stellung zum Geschäftsherrn ist (viele Beispiele im Palandt!). In den Examensklausuren **handelt es sich idR um Angestellte**. Das Verschulden des Geschäftsherrn wird vermutet, der Geschäftsherr kann sich aber **exkulpieren**, § 831 I 2 BGB. Im Rahmen von Betrieben greift der sog. dezentralisierte Entlastungsbeweis. Was heißt das?[220] Bei mangelnder Organisation sollte in der Klausur auch § 823 I BGB geprüft werden (→ Rn. 56: Organisationsverschulden). Der Verrichtungsgehilfe selbst haftet zudem nach §§ 823 ff. BGB.

> **Beachte:** Das Verschulden und die Pflichtverletzung von **Erfüllungsgehilfen** (»Personen, denen sich der Schuldner zur Erfüllung seiner Pflichten aus dem **bestehenden Schuldverhältnis** bedient«) wird bei dessen Handeln im Zusammenhang mit dem gesetzlichen oder vertraglichen Schuldverhältnis nach **§ 278 BGB** zugerechnet. § 278 BGB ist keine Anspruchsgrundlage, sondern nur Zurechnungsnorm, die vor allem bei Sekundäransprüchen aus §§ 280 ff. BGB, **pVV und c.i.c.** relevant wird. Eine Exkulpation sieht § 278 BGB – anders als § 831 BGB – nicht vor (dies wird trotzdem häufig von der betroffenen Partei geltend gemacht!).

> **Merke:** Ist der Erfüllungsgehilfe gleichzeitig Verrichtungsgehilfe (zB Angestellter), so können § 278 BGB und § 831 BGB nebeneinander anwendbar sein, wenn die Parteien durch ein Schuldverhältnis verbunden sind!

---

219 BGH NJW 1989, 1258 f.; Palandt/*Sprau* BGB § 826 Rn. 52.
220 Der Geschäftsherr kann die Auswahl und Überwachung des Personals innerhalb der Organisation auf Angestellte übertragen. Eine Entlastung gelingt dann, wenn der Geschäftsherr den überwachenden leitenden Angestellten sorgfältig ausgewählt und überwacht **und** dieser wiederum selbst sorgfältig ausgesucht und überwacht hat, vgl. Palandt/*Sprau* BGB § 831 Rn. 11 ff.

IV. §§ 832 ff. BGB – insbesondere die Tierhalterhaftung

§§ 832 ff. BGB enthalten Sondertatbestände (lesen!). Die Elternhaftung nach § 832 BGB kann   60
zB bei **illegalem Filesharing** der minderjährigen Kinder relevant werden (»Morpheus-Ent-
scheidung« vom BGH). **Am wichtigsten ist die Tierhalterhaftung nach § 833 BGB (lesen!).**

In der Klausur sind zu § 833 BGB **standardmäßig mehrere Punkte abzuklappern**, die Sie
schlichtweg **auswendig zu lernen** haben:

1. Hat sich die spezifische Tiergefahr verwirklicht?
2. Haftungsausschluss (konkludent oder wegen Handelns auf eigene Gefahr oder nach § 242 BGB)?
3. Anrechnung der mitwirkenden Tiergefahr des von einem selbst gehaltenen Tieres analog § 254 BGB[221] und
4. Abzug eigenen Mitverschuldens nach § 254 BGB[222] oder § 17 IV StVG (Kfz-Tier-Zusammenprall).

Hier ist eine saubere Argumentation mit der Klausurakte und Arbeit mit dem Palandt bei
§ 833 BGB gefragt. Ggf. ist auch die Halter- oder Nutztiereigenschaft zu problematisieren.
Zudem geht es in jeder Klausur um **Schadensfragen** wie die präzise Begründung der Höhe
des Schmerzensgeldes, den unbezifferten Klageantrag und um den Feststellungsantrag bzgl.
Folgeschäden. Neben § 833 BGB kommen **§§ 834, 823 I** (VSP!), II (Leinenzwang in Landes-
gesetzen) BGB infrage, die vor allem im Anwaltsgutachten **nach § 833 BGB zu prüfen** sind.

Lesetipps zu § 833 BGB (alle LJPAs lieben Tiere!):

- Aktenvortrag von *Gömöry* in JA 2011, 373 ff. (**Examensklausur Juni 2009!**)
- LG Magdeburg Urt. v. 2.11.2010 – 10 O 1082/10 (**Examensklausur Oktober 2011!**)
- OLG Hamm NJW-RR 2003, 239 ff. (**Examensklausur März 2011!**)
- BGH NJW 2011, 1961 f. (**Examensklausur September 2013!**)
- OLG Hamm MDR 2013, 908 (**Original-Aktenvortrag aus 2013!**)
- OLG Frankfurt a.M. NJW-RR 2004, 1672 ff. (**Examensklausur November 2014!**)
- *Mallepree* JA 2015, 294 ff. (**frischer Original-Aktenvortrag aus NRW**)
- OLG Hamm NJW-RR 2015, 1114 (kommt sicher noch …)

V. Der Beseitigungs- und Unterlassungsanspruch aus § 1004 BGB

Nach dem verschuldensunabhängigen § 1004 BGB kann Beseitigung/Unterlassen der Eigen-   61
tumsstörung verlangt werden. In Klausuren ist zT ein Antrag auf **Androhung von Ord-
nungsgeld** enthalten, vgl. § 890 II ZPO.

Der **Beseitigungsanspruch** aus § 1004 I 1 BGB hat folgende Voraussetzungen:

1. Rechtswidrige Beeinträchtigung des Eigentums
2. Fortwirken/Gegenwärtigkeit der Beeinträchtigung
3. Gläubiger ist Eigentümer und Schuldner ist Störer
4. Keine Duldungspflicht, § 1004 II BGB
5. Rechtsfolge: Beseitigung der Störung

Der **Unterlassungsanspruch** aus § 1004 I 2 BGB hat folgende Voraussetzungen:

1. Rechtswidrige Beeinträchtigung des Eigentums
2. Wiederholungsgefahr, vgl. ausdrücklich § 1004 I 2 BGB
3. Gläubiger ist Eigentümer und Schuldner ist Störer
4. Keine Duldungspflicht, § 1004 II BGB
5. Rechtsfolge: Unterlassen der Störung (ggf. auch aktives Handeln geschuldet)

---

221 Haftet der andere Tierhalter aus § 823 BGB, so wird die abstrakte Tiergefahr des eigenen Tieres des Geschädigten **analog § 840 III BGB** zumindest bei § 823 BGB nicht abgezogen, vgl. Palandt/*Sprau* BGB
§ 833 Rn. 13; BGH MDR 2016, 156.

222 Wird der Tieraufseher iSv § 834 BGB durch das von ihm beaufsichtigte Tier verletzt, so wird nach der
Rspr. die Verantwortlichkeitsvermutung des Tieraufsehers nach **§ 834 S. 2 BGB** für den Abzug des Mitverschuldens in die Prüfung von § 833 BGB gegen den Halter »rübergezogen«.

Zu § 1004 BGB sollten Sie Folgendes wissen:

- **Häufigste** Eigentumsverletzung: **grenzüberschreitende Natureinwirkungen** (Lärm, Überwuchs, Wurzeln, Nadeln) und Verstoß gg. nachbarschützende (Landes-)Vorschriften (zB Grenzabstand für Bäume, Garagen etc.), nicht dagegen der Entzug von Luft und Licht (»Verschattung«) als sog. »negative« Einwirkung.
- Die nur für den Unterlassungsanspruch erforderliche **Wiederholungsgefahr** ergibt sich grds. (widerleglich) schon aus der Tatsache des Ersteingriffs. Eine Unterlassungserklärung beseitigt eine Wiederholungsgefahr nur, wenn es sich um eine strafbewehrte Unterlassungserklärung handelt.[223]
- **Vorbeugender Unterlassungsanspruch**: Es reicht, wenn eine Beeinträchtigung erstmals konkret droht (Erstbegehungsgefahr). Der Eigentümer muss nicht eine Störung abwarten, bis er aktiv wird.
- **Störer: Handlungs- und Zustandsstörer.** Problematisch ist die **Zustandsstörereigenschaft** vor allem bei Naturereignissen. Das bloße Eigentum bzgl. des störenden Grundstücks reicht für eine nach dem BGH gebotene »Zurechnung bei wertender Betrachtung« nicht aus. Vielmehr muss die Beeinträchtigung zumindest mittelbar auf den Willen des Eigentümers zurückzuführen sein, zB wenn sich aus der Art der Nutzung des Grundstücks eine **Sicherungspflicht** ergibt. Insbesondere bei Wurzelüberwuchs bejaht die Rspr. aber idR die Störereigenschaft des Eigentümers. Der **Portalbetreiber** einer Internetseite mit ehrverletzenden Beiträgen (zB Ärztebewertungsportal Jameda) ist nur Störer, wenn er »zumutbare Prüfpflichten« nach Hinweis auf bestimmte Einträge verletzt (keine Vorzensur erforderlich!).[224] Er wird dann als mittelbarer Handlungsstörer bezeichnet. **Welche Art von Störer vorliegt, müssen Sie in der Klausur immer darlegen!**
- Besteht eine **Duldungspflicht** (entspricht einer Rechtswidrigkeitsprüfung)?
  - ZB aus §§ 904, 905 I 2, 906, 910 II, 912 (entschuldigter Überbau), 917 BGB, aus dingl. Nutzungsrecht (zB im Grundbuch eingetragenes Wegerecht), aus öff. Recht (Naturschutzrecht, Bauordnungsrecht, BImSchG, Nachbargesetze, Verwaltungsakt), wegen Einwilligung des Beeinträchtigten (bindet dessen Einzelrechtsnachfolger nicht!) oder (restriktiv!) aus dem nachbarschaftlichen Gemeinschaftsverhältnis.[225] **Die wichtigste Norm in der Klausur ist § 906 BGB.** Im Rahmen von § 906 BGB (Wesentlichkeit) müssen Sie je nach Fall die TA Luft/TA Lärm anwenden.
  - ZB aus § 193 StGB oder aus Grundrechten (bei verletzenden Äußerungen oder Rauchen auf dem Balkon).
- Bei Mitverursachung der Störung (auch schuldloser) erfolgt analog § 254 BGB eine Kostenbeteiligung des Gestörten: Die Verurteilung zur Beseitigung wird dann durch die Feststellung beschränkt, dass sich der beeinträchtigte Eigentümer in Höhe seiner Haftungsquote an den Kosten der Beseitigung zu beteiligen hat.
- Die **Verjährung** von § 1004 BGB richtet sich nach §§ 195, 199 BGB (3 Jahre). Ist § 1004 I BGB verjährt, dann darf der Eigentümer wg. § 903 S. 1 BGB die Fremdstörung zumindest selbst beseitigen.
- **Umfang der Beseitigung**: Es kann grds. nur die Beseitigung der Störungsquelle verlangt werden, nicht die Beseitigung der Störungsfolgen (hierfür nur Schadensersatzansprüche möglich). Jedoch erfasst § 1004 I BGB auch die Beseitigung der **Begleitschäden**, die zwangsläufig **durch die Beseitigung** der Störungsquelle entstehen (zB nach Entfernen der Wurzeln Neuverlegung des durch die Wurzelbeseitigung zerstörten Weges).

---

223 Wenn der **Störer berechtigt abgemahnt wird**, so muss er nach der Rspr. aus GoA (im Wettbewerbsrecht aus § 12 UWG) die **Anwaltskosten tragen**. Weil und wenn die Abmahnung einer Beseitigung der rechtswidrigen Störung iSv § 1004 BGB dient, führt der Abmahnende insoweit ein objektiv fremdes Geschäft. Ist die Abmahnung unberechtigt, hat der Abmahnende im Gegenzug die vorgerichtlichen Anwaltskosten des Abgemahnten aus § 678 BGB zu tragen (AG Hamburg Urt. v. 30.8.2012 – 35a C 332/11, BeckRS 2012, 19501 mwN), zusätzlich § 9 UWG im Wettbewerbsrecht.

224 BGH MDR 2016, 518 ff. Nach BGH hat der Verletzte keinen Anspruch auf Herausgabe der beim Provider hinterlegten Anmeldedaten des Verletzers (Argument: abschließende Regelung in § 12 TMG), vgl. zuletzt MDR 2014, 1388 f.

225 Palandt/*Bassenge* BGB § 903 Rn. 13. Dies wird vor allem dann relevant, wenn für die Duldungspflicht § 906 BGB nicht gilt, zB bei Grenzüberschreitung von Hunden, Katzen oder bei Bienen- o. Taubenhaltung des Nachbarn.

- Bei grenzüberschreitenden Zweigen/Wurzeln tritt das Selbsthilferecht aus **§ 910 BGB** neben **§ 1004 BGB**. Ggf. sind weitere Ansprüche aus dem Nachbarrecht des Landes möglich (auf Bearbeitervermerk achten!).

- In vielen Klausuren mit herüberhängenden Zweigen oder Wurzeln **nimmt der Gestörte die Beseitigung selbst vor** und verlangt dann Kostenersatz vom störenden Nachbarn. Was sind dann die Anspruchsgrundlagen?[226]

Klausurtipp: Bei Unterlassungsklagen wird in den Klausuren vom Gegner auch gerne vorgetragen, dass der Antrag wg. **Unbestimmtheit (§ 253 II Nr. 2 ZPO)** unzulässig sei. Hiervon kann allerdings nur ausgegangen werden, wenn der Klageantrag auch nach Auslegung nicht hinreichend bestimmt ist. Die Rspr. hierzu finden Sie bei Palandt/*Bassenge* BGB § 1004 Rn. 51! Denken Sie auch bei Nachbarstreitigkeiten an das ggf. durch Landesrecht vorgeschriebene **obligatorische Güteverfahren**, welches der Klageerhebung vorausgehen muss (sonst Klage unzulässig!). Zudem wird bei Klagen im Zusammenhang mit Grundstücken die (ausschließliche) örtliche **Zuständigkeit nach § 24 ZPO** relevant.

Klausurtipp: Ab und zu gibt es »Clou«-Klausuren und Aktenvorträge aus dem Nachbarrecht, bei denen es um das Auffinden unbekannter Normen geht. Beliebt sind §§ 836 f., 908, 909, 917 f. BGB. Bitte jetzt lesen!

§ 1004 BGB gilt direkt nur für Eigentumsverletzungen. Um Rechtsschutzlücken zu vermeiden, wird **§ 1004 BGB analog** bei Beeinträchtigung aller weiteren durch §§ 823 ff. BGB geschützten Rechte (zB berechtigter Besitz, APR, AWR, ReaG) angewendet. **Anspruchsgrundlage ist dann zB beim APR § 1004 I BGB analog iVm § 823 I BGB** (dh, die Norm, aus der sich das geschützte Recht ergibt, ist stets hinter § 1004 I BGB analog mitzuzitieren; darauf achten die Korrektoren!). Der Anspruch bei **Verletzung des APR** richtet sich bei unwahren Tatsachenbehauptungen auf Unterlassen und Beseitigung (zB durch Widerruf). Bei herabsetzenden Werturteilen kann nur Unterlassen verlangt werden, da Meinungen nicht widerrufen werden können. Bei Sachverhalten im Zusammenhang mit ehrverletzenden Äußerungen kommt es ggf. auf **Beweislastfragen** an. Die Beweisregel des § 186 StGB wird hier ins Zivilrecht »rübergezogen«. Daher muss grds. der Äußernde die Wahrheit seiner Tatsachenbehauptung beweisen. Abgeschwächt wird dies allerdings, wenn der Anspruchsgegner sich auf § 193 StGB beruft (»pressemäßige Sorgfalt«). Bei Widerrufsklagen trägt dagegen stets der Anspruchsteller die Beweislast, da sonst der Äußernde ggf. gezwungen würde, im Rahmen der ZVS eine nicht erweislich wahre bzw. unwahre Tatsache zu widerrufen.[227]

Klausurtipp: Wenn die verletzende **Äußerung iRe Prozesses oder ggü. Strafverfolgungsbehörden** getätigt wird und daraufhin eine Widerklage auf Unterlassung erhoben wird, so ist das Rechtsschutzbedürfnis für eine derartige Klage zu problematisieren.[228] Zudem muss die Wiederholungsgefahr dargelegt werden, weil ohne besondere Anhaltspunkte nichts dafür spricht, dass die Äußerung außerhalb des Prozesses wiederholt wird.

Klausurtipp: In der Regel bietet es sich an, bei Klausuren rund um die Verletzung der Ehre/des APR die Anspruchsprüfung nach der gewollten Rechtsfolge zu gliedern: Ansprüche auf Widerruf, auf Unterlassen, auf Schadensersatz/Schmerzensgeld etc. Sinnvoll ist es auch, bei der Anspruchsprüfung stets zwischen den einzelnen, angeblich das APR beeinträchtigenden Handlungen zu differenzieren und nicht alles über einen Kamm zu scheren, denn oft wird dem Schädiger in Klausuren ein ganzes Bündel an verbotenen Handlungen vorgeworfen. Das muss dann alles getrennt geprüft werden. Oft wird der einstweilige Rechtsschutz als prozessualer Mantel gewählt (vgl. dazu *Kaiser/Kaiser/Kaiser* **Anwaltsklausur Rn. 73 ff.**).

---

226 **Früher § 812 BGB, nach neuer Rspr. vorrangig GoA!** Auch-fremdes Geschäft (+), weil und wenn Störer von § 1004 BGB befreit wird. Nur wenn GoA (–), soll Rückgriffskondiktion möglich sein (zuletzt wieder BGH MDR 2014, 1141 mwN; Palandt/*Bassenge* BGB § 1004 Rn. 30). Auch die Voraussetzungen von §§ 281, 286 BGB können vorliegen, da die Pflichten aus § 1004 BGB ein gesetzliches Schuldverhältnis begründen, Palandt/*Bassenge* BGB § 1004 Rn. 48; OLG Karlsruhe NJW 2012, 1520.

227 Palandt/*Sprau* BGB § 823 Rn. 101a; Palandt/*Sprau* BGB Einf v § 823 Rn. 32; BGH NJW 1996, 1131 ff.

228 BGH NJW 2012, 1659 ff.; *Kaiser/Kaiser/Kaiser* Zivilgerichtsklausur I Rn. 400 mit Formulierungsbeispiel. **Ein beliebtes Klausurproblem!**

Bei unzumutbaren Beeinträchtigungen eines nach § 1004 BGB geschützten Rechtsgutes, deren Verhinderung dem Gestörten aus besonderen Gründen nicht möglich war, wird nach Eintritt eines Schadens der **nachbarrechtliche Ausgleichsanspruch analog § 906 II 2 BGB** relevant (im Palandt bei § 906 BGB kommentiert). Diese Rechtsfigur wurde entwickelt, um dem Geschädigten in den Fällen, in denen von einem anderen – nicht unbedingt unmittelbar angrenzenden – Grundstück (grds. horizontale Grenzüberschreitung nötig; Ausnahme: in Wohnungseigentum aufgeteilte Häuser bei Störung des Sondereigentums durch anderes Sondereigentum – BGH: »*Sondereigentum fungiert als Ersatzgrundstück*«, auch WEG sperrt hier nicht) infolge privatwirtschaftlicher grundstücksspezifischer Benutzung unzumutbare Einwirkungen ausgehen, finanziell zu entschädigen. Andere Anspruchsgrundlagen greifen nämlich oft nicht:

- **§ 242 BGB iVm dem nachbarschaftlichen Gemeinschaftsverhältnis** idR (–), da die Nachbarschaft kein Schuldverhältnis ist (restriktive Ausnahme: Anspruch möglich, wenn billiger Ausgleich »zwingend geboten«).
- § 906 II 2 BGB direkt idR (–), da Beeinträchtigung wg. Ortsunüblichkeit nicht zu dulden ist oder die Einwirkung durch eine zumutbare Maßnahme hätte verhindert werden können (zB bei eindringendem Regenwasser) oder eine Beeinträchtigung vorliegt, die von vorneherein nicht unter § 906 BGB, jedoch unter den nachbarrechtlichen Ausgleichsanspruch fällt wie zB Feuer oder Wasser als Grobimmissionen oder Zugangsbeschränkungen.
- § 823 BGB iRd auch (–) mangels Beweis des Verschuldens beim Schädiger.

Der nachbarrechtliche Ausgleichsanspruch **ist grds. subsidiär**. Daher müssen Sie in der Klausur idR vorher die oben aufgezeigten Ansprüche kurz durchprüfen und ablehnen, bevor Sie zum »großen Finale« kommen und den nachbarrechtlichen Ausgleichsanspruch analog § 906 II 2 BGB aus dem Klausurhut zaubern.

Voraussetzungen des nachbarrechtlichen Ausgleichsanspruches aus § 906 II 2 BGB analog

Vorprüfung wg. Subsidiarität: Keine anderen Ansprüche einschlägig? Wenn (–):

1. Unzumutbare privatwirtschaftliche grundstücksspezifische Einwirkung von außen auf ein anderes Grundstück
2. Horizontale Einwirkung zieht grds. Anspruch aus § 1004 oder § 862 BGB nach sich (**Inzidentprüfung**)
3. Betroffene war aus »*besonderen Gründen*« an der Geltendmachung des Unterlassungsanspruchs gehindert
   - tatsächliche Hinderungsgründe:
     - zB »*faktischer Duldungszwang*« bei Grobimmissionen (Feuer, Wasser bei Wasserrohrbruch)
     - zB Geschädigter vertraut Beseitigungszusage des Störers, die dann doch unterbleibt
   - ausnahmsweise auch bei rechtlichen Hinderungsgründen:
     - zB Beseitigungsanspruch ist nach Naturschutzrecht verfristet
     - zB Duldungspflicht iSv § 1004 II BGB aus dem nachbarschaftlichen Gemeinschaftsverhältnis

---

Anspruchsgläubiger ist der Eigentümer oder berechtigte Besitzer (zB Mieter) des betroffenen Grundstücks, Anspruchsgegner der Nachbar-Störer. Der Anspruch geht auf Entschädigung für die nicht mehr zumutbare Beeinträchtigung. Analog § 254 BGB wird bei (auch schuldloser) Mitverursachung der Anspruch gekürzt.

Klausurtipp: IdR wird in der Praxis und daher oft auch in der Klausur die Versicherung den Schaden ihres Versicherungsnehmers (Geschädigter) ersetzt haben und nun nach **§ 86 VVG (cessio legis)** gegen den Schädiger vorgehen. § 86 VVG ist dann nur die äußere Hülle, inzident prüfen Sie das Bestehen des übergegangenen Anspruches des Geschädigten (Versicherungsnehmer) gegen den Schädiger.

Zuletzt noch ein Hinweis auf eine gern verwendete **fiese Klausurkonstellation** in diesem Zusammenhang, die sog. **Grenzverwirrung**: Wenn sich zwei Nachbarn über einen Grenzstreifen nicht einigen können (vgl. § 920 BGB), ergibt sich aus §§ 920, 242 BGB iVm dem nachbarschaftlichen Gemeinschaftsverhältnis ein Unterlassungsanspruch, der es den Nachbarn verbietet, das streitige Flurstück in Besitz zu nehmen, um vorzeitige Fakten zu schaffen.

Dieser Unterlassungsanspruch kann mit einer einstweiligen Verfügung durchgesetzt werden. Und wenn aus dem Vollzug der einstweiligen Verfügung dann ein Schaden entsteht, kann dies alles unter der examensträchtigen Vorschrift § 945 ZPO[229] geprüft werden. Vorlage für diese Klausuren ist BGH NJW-RR 2008, 610 ff.

D. Der Umfang der Haftung, §§ 249 ff. BGB

§§ 249 ff. BGB sind keine Anspruchsgrundlagen, sondern regeln lediglich den Umfang von **62** Schadensersatzansprüchen zB aus §§ 280 ff., 823 ff. BGB, StVG. Ergänzungen enthalten §§ 10 ff. StVG.

Die Prüfungsreihenfolge für die Ermittlung des Umfangs des Schadensersatzes lautet:

1. Schadensermittlung
2. Schadenskorrektur
3. Form des Schadensersatzes

I. Die Klausurprobleme zur Schadensermittlung

Differenziert wird zwischen dem Vermögensschaden und dem Nichtvermögensschaden/immateriellen Schaden. Ein Vermögensschaden liegt vor, wenn der jetzige Wert des Vermögens niedriger ist als wenn das schädigende Ereignis nicht stattgefunden hätte (**Differenzhypothese**). Ein Nichtvermögensschaden liegt bei der Verletzung von immateriellen Rechtsgütern wie Ehre oder Gesundheit/Körper vor.

Problem: Normativer Schaden bei entgangener Nutzungsmöglichkeit (»Vermögensschaden kraft Wertung«)

- Bei entgangener Nutzung besteht eigentlich kein Vermögensabfluss, dennoch wird ein Vermögensschaden über den **Kommerzialisierungsgedanken** bejaht. Voraussetzungen: Wirtschaftsgut von zentraler Bedeutung geschädigt und hypothetischer Nutzungswille und hypothetische Nutzungsmöglichkeit. Anerkannt ist dies zB bei **Pkw, Wohnung, Internetanschluss und Telefon, nicht aber bei Fax.**[230] Rechtsfolge: Nutzungsausfallentschädigung = Kosten für Anmietung einer Ersatzsache oder Wertersatz für entgangenen Gebrauchsvorteil.
- § 651f II BGB normiert einen Schadensersatz für entgangene Urlaubsfreuden im Reiserecht (→ Rn. 77). Außerhalb von § 651f II BGB wird die Ersatzfähigkeit von entgangenen Freizeit/Genussmöglichkeiten verneint.[231]

Problem: Aufwendungen als Schaden?

- IdR (–), da Schäden nur unfreiwillige Vermögensopfer sind.
- Ausnahme unter den Voraussetzungen der sog. **»Rentabilitätsvermutung«**. Danach wird bei Verträgen mit **kommerziellem Zweck** vermutet, dass sich bei ordnungsgemäßer Leistung die unmittelbaren Erwerbsaufwendungen (zB Maklerkosten, Notarkosten) später rentiert hätten und diese Amortisierung jetzt verhindert wurde. Diese Aufwendungen sind dann als echter Schaden zu ersetzen.[232]

Problem: Haftungsschaden

- Wird ein Gegenstand des Geschädigten beschädigt, den dieser bereits vor der Schädigungshandlung an einen Dritten verkauft hat (noch ist er Eigentümer), ergibt sich nach der Differenzhypothese kein Vermögensschaden, da Verbindlichkeiten als Negativposition

---

229 Vgl. dazu *Kaiser/Kaiser/Kaiser* Zwangsvollstreckungsklausur Rn. 124.
230 Details bei Palandt/*Grüneberg* BGB Vorb v § 249 Rn. 11 f. und § 249 Rn. 40 ff.
231 Palandt/*Grüneberg* BGB § 249 Rn. 69 f.
232 Die schadensrechtliche Geltendmachung von Aufwendungen mit der Rentabilitätsvermutung dürfte aber nur dann zulässig sein, wenn der Geschädigte nicht gleichzeitig entgangenen Gewinn iSv § 252 BGB fordert, da sich beide Positionen gegenseitig ausschließen, sog. »Bereicherungsverbot des Schadensrechts«, vgl. BGH NJW 1999, 3625 ff. und 2000, 2342 ff.; anders wohl BGH NJW 2000, 506 ff.

abgezogen werden. Dann müssen Sie in der Klausur den Begriff »Haftungsschaden« bringen: Unter den Schadensbegriff fallen nämlich auch **Ansprüche Dritter**, denen der Geschädigte aufgrund der Handlung des Schädigers ausgesetzt ist (dann Inzidentprüfung!). Rechtsfolge: Vor Inanspruchnahme durch den Dritten kann über § 249 I BGB Freistellung verlangt werden (→ Rn. 68).

- Weiteres Beispiel: Die vom Mieter beauftragten Handwerker beschädigen die Mietsache. Hier wird durch die Pflichtverletzung der Handwerker ein Schadensersatzanspruch des Vermieters gegen den Mieter ausgelöst (pVV des Mietvertrages, Verschulden der Handwerker muss sich der Mieter nach § 278 BGB zurechnen lassen).
- Gegenbeispiel: Der Mieter verletzt Sorgfaltspflichten bzgl. seiner Wohnung, Sachen in der darunter liegenden Wohnung nehmen Schaden. Haftungsschaden des Vermieters wären Ersatzansprüche des unteren Mieters ggü. dem Vermieter. IdR aber (–), da sich der Vermieter das Verschulden des oberen Mieters nicht nach § 278 BGB zurechnen lassen muss und eine eigene Sorgfaltspflichtverletzung idR nicht vorliegt (**Beispiel aus dem Oktobertermin 2012!**).

II. Die examensrelevanten Fallgruppen der Schadenskorrektur

Klausurtipp: Vor allem die **gestörte Gesamtschuld** hat in den letzten Jahren bei den LJPAs eine gigantische Renaissance erfahren. Bitte prägen Sie sich diese Thematik gut ein!

- **Vorteilsanrechnung/Vorteilsausgleichung** (§ 242 BGB): Danach wird dem Geschädigten, dem durch das Schadensereignis zugleich ein Vorteil erwachsen ist, dieser Vorteil auf den Schaden angerechnet, wenn dies nicht unbillig ist. Die Billigkeit ist das entscheidende Wertungskriterium. Angerechnet werden zB ersparte Aufwendungen bei Krankenhausaufenthalten. Hier der schwierigste Fall: Der Hauptunternehmer, der von seinem Auftraggeber wegen Werkmängeln nicht mehr in Anspruch genommen wird, kann wegen der Vorteilsausgleichung grds. nicht seinerseits Ansprüche wegen dieser Mängel gegen seinen Subunternehmer geltend machen (Ausnahme: das ZBR nach § 641 III BGB steht ihm nach der Rspr. aber zu!). Weitere **Beispiele stehen bei Palandt/*Grüneberg* BGB Vorb v § 249 Rn. 77 ff. Lernen Sie hier nichts auswendig**, was Sie schnell nachschlagen können! Wenn der anzurechnende Vorteil ein Geldvorteil ist, wird er automatisch vom Schaden abgezogen. Sind Schaden und Vorteil nicht gleichartig, so muss der Geschädigte Zug um Zug den Vorteil an den Schädiger herausgeben, wobei der Schädiger dieses noch nicht einmal beantragen muss, da nach ständiger Rspr. der Schadensersatzanspruch des Geschädigten a priori nur mit dieser Einschränkung besteht. Vorteile Dritter werden dem Geschädigten nicht angerechnet, es sei denn, es liegen die Voraussetzungen des VSD oder der DSL vor.
- **Gestörte Gesamtschuld:** Davon spricht man, wenn einer von mehreren Schädigern aufgrund eines Haftungsprivilegs (zB §§ 1359, 1664 BGB, §§ 104 ff. SGB VII), welches nur ihm zugutekommt, nicht haftet. Im Endeffekt ist also gar keine Gesamtschuld entstanden (daher »gestört«). Hier stellt sich die Frage, ob und wie sich diese Haftungsprivilegierung auf den nicht freigestellten Schädiger auswirkt. Anders als im ersten Examen müssen Sie hier **nicht die verschiedenen Meinungen darstellen**, sondern gleich mit dem BGH gehen. Dieser entscheidet unterschiedlich und hat verschiedene Fallgruppen gebildet, die **wunderbar bei Palandt/*Grüneberg* BGB § 426 Rn. 18 ff.** stehen. Die für Klausur und Mündliche wichtigsten Fälle sind diese: Wenn das Kind auf die Straße rennt und dort von einem Kfz erfasst wird, weil die Mutter in der Annahme, die Straße sei frei, eine leichte Vorwärtsbewegung gemacht hat, kommt der Mutter hinsichtlich des ihrem Kind entstandenen Schadens das **Haftungsprivileg gem. §§ 1664, 277 BGB** zugute.[233] Sie haftet also nicht. Der Kfz-Fahrer haftet dagegen aus StVG und Delikt nach der Rspr. voll (nicht nur in Höhe seines Haftungsanteils!) und kann bei der Mutter auch keinen Regress nehmen. Argument: § 1664 BGB dient der Wahrung des Familienfriedens und der Begünstigung der Familie

---

233 § 1664 BGB ist nicht nur Haftungsmaßstab, sondern nach hM auch eigene Anspruchsgrundlage des Kindes gegen die Eltern, die neben die weiteren möglichen Ansprüche zB aus § 823 I, II BGB tritt. Die Norm gilt nach hM auch bei Aufsichtspflichtverletzungen der Eltern bei Teilnahme des Kindes im Straßenverkehr, es sei denn, die Eltern führen das Kfz.

ggü. außenstehenden Schädigern, dies soll nicht unterlaufen werden. Eigenes Mitverschulden des Kindes scheidet nach § 828 BGB, die Zurechnung des Verschuldens der Mutter scheidet wegen § 254 II 2 BGB (Schuldverhältnis entsteht erst durch den Unfall, keine vorherige Sonderverbindung!) aus. Denken Sie also bei Verletzung von Kindern durch Dritte im Beisein der Eltern an die Problematik der gestörten Gesamtschuld und an § 254 II 2 BGB (s. unten)! Das zweite Beispiel sind Drei-Personen-Konstellationen, in denen **ein Arbeiter auf einer gemeinsamen Betriebsstätte nach SGB VII privilegiert ist** (→ Rn. 116). Hier entscheidet die Rspr. anders, nämlich zulasten des Geschädigten und kürzt dessen Anspruch, da der Geschädigte ausreichend durch sozialversicherungsrechtliche Ansprüche kompensiert wird.

- **Abzug neu für alt:** Wenn iRd Naturalrestitution gebrauchte/vorbeschädigte Sachen durch neue Sachen ersetzt werden, muss der Wertzuwachs abgezogen werden, wenn dies nicht unbillig ist (»spürbare Verlängerung der Lebensdauer der betroffenen Teile«?). Dies folgt aus dem Bereicherungsverbot des Schadensrechts.

- **Mitverschulden, § 254 BGB (gilt für alle Schadensersatzansprüche, nicht nur für § 823 BGB!)**
  - Mitverschulden wird nicht iRd Verschuldens des Schädigers, sondern beim Haftungsumfang geprüft, da bei bestehendem Mitverschulden eine **Quote zu bilden** ist. Anwendbar bzgl. der Schadensentstehung und unterlassener Schadensminderung. In der Klausur müssen Sie dann den **Mitverschuldensvorwurf genau herausarbeiten.** Aktuell: Fahrradfahren ohne Helm (gegen Mitverschulden zumindest bei Unfällen bis 2011 der BGH).
  - Mitverschulden setzt Verschulden (Vorsatz, Fahrlässigkeit) voraus, auch §§ 827 f. BGB gelten analog.
  - Fahrlässiges Mitverschulden muss man sich idR nicht entgegenhalten lassen, wenn der Schädiger vorsätzlich gehandelt hat (Argument: § 242 BGB).
  - Das Mitverschulden der gesetzlichen Vertreter/Erfüllungsgehilfen ist nach **§ 254 II 2 iVm § 278 BGB** zurechenbar. Vor allem die fehlerhafte Beaufsichtigung eines geschädigten Minderjährigen durch seine Eltern kann hiernach dem Kind quotenmindernd zugerechnet werden. Da § 254 II 2 BGB eine Rechtsgrundverweisung auf § 278 BGB ist, muss allerdings **im Zeitpunkt des schädigenden Ereignisses zwischen dem Schädiger und dem Kind ein Schuldverhältnis oder eine sonstige rechtliche Sonderverbindung (c.i.c., VSD oder VzD reichen) bestanden haben,** in dessen Rahmen die Eltern als Vertreter gelten. Nur dann greift § 254 II 2 BGB. Bei der Zurechnung des Verschuldens der Eltern gilt der besondere Haftungsmaßstab von § 1664 BGB nicht.[234] Ohne Sonderverbindung kommt eine Zurechnung von Drittverschulden bei Verrichtungsgehilfen nach § 831 BGB analog infrage. Außerdem wird in der Praxis das Mitverschulden des Fahrers auch ohne Sonderverbindung stets dem Halter zugerechnet.
  - **§ 17 I, II StVG verdrängt § 254 BGB** bei der Haftungsverteilung zwischen am Unfall beteiligten Kfz-Halter und Fahrer auch für Ansprüche aus §§ 823 ff. BGB (→ Rn. 55). Dahinter steckt der Gedanke, dass bei §§ 823 ff. BGB keine andere Quote als bei Ansprüchen aus dem StVG herauskommen soll.

III. Die Form des Schadensersatzes, §§ 249 ff. BGB

Inhalt und Umfang des Schadensersatzes richten sich nach §§ 249 ff. BGB. Bei Vorliegen eines **63** Vermögensschadens kommen Naturalrestitution nach § 249 BGB (lesen!) oder – subsidiär – Wertersatz nach § 251 BGB in Betracht. Wegen der Tieraffinität der LJPAs sollte Ihnen auch **§ 251 II 2 BGB** bekannt sein (lesen!). Wird die Verhältnismäßigkeitsgrenze des § 251 II 2 BGB überschritten, schuldet der Schädiger nach neuer Rspr. bei Verletzung von Tieren entgegen § 251 II 1 BGB die noch als verhältnismäßig zu erachtenden Tierbehandlungskosten (Argument: Tierschutz). § 252 BGB gewährt entgangenen Gewinn (idR greift hier auch § 287 ZPO!).

---

234 In den – dünn gesäten – Entscheidungen, in denen eine Sonderverbindung und damit eine Zurechnung des Elternverschuldens vorgenommen wurde, wird vom BGH kein einziges Mal auf § 1664 BGB eingegangen, wenn der Anspruch des Kindes gegen den Schädiger geprüft wird, vgl. zB BGH NJW 1953, 977; 1957, 1187; 1964, 1670; 1968, 1323.

Detailfragen dazu sind mit dem Palandt zu lösen (zB **Septembertermin 2015**: wegen Verletzung einer VSP stirbt des Gegners Pferd; dieser verlangt entgangenes Preisgeld, weil der Gaul immer Turniere gewonnen hat – wie ist die Lösung?).

Bei **Nichtvermögensschäden** kann nach **§ 253 I BGB** grds. nur Naturalrestitution verlangt werden (Ausnahmen: §§ 651f II, 253 II BGB, § 21 II AGG). Nach der Rspr. ist bei einer **schwerwiegenden Verletzung des APR** (zB Intim-Fotos von Prominenten, schwere Beleidigung) aus § 823 I BGB iVm Art. 1 I, 2 I GG Geldersatz möglich, wenn die Naturalrestitution nicht ausreichend ist. Dies hängt von der Schwere des Eingriffs sowie vom Grad des Verschuldens ab. Dieser Entschädigungsanspruch wg. Verletzung der immateriellen Bestandteile des APR ist nach neuer Rspr. des BGH (»Peter-Alexander-Entscheidung«) aufgrund seines höchstpersönlichen Zwecks (Genugtuungsgedanke, ideelle Bestandteile sind personenbezogen) ausnahmsweise nicht vererblich/abtretbar.

Die Zubilligung von **Schmerzensgeld** ist unter den Voraussetzungen von **§ 253 II BGB** (lesen!) in jedem Fall eines Schadensersatzanspruches möglich, also auch bei Ansprüchen aus §§ 280 ff. BGB (nicht bei § 906 II 2 BGB!). § 253 II BGB ist hierbei **keine eigene Anspruchsgrundlage**, sondern lediglich Rechtsfolgenbestimmung, die bei Schmerzensgeldansprüchen dann neben der Anspruchsgrundlage mit zu zitieren ist. Schmerzensgeldansprüche sind grds. abtretbar (Ausnahme: s. oben), pfändbar und vererblich. Wenn es um Schmerzensgeld geht, müssen Sie erstens die Ausgleichs- u. Genugtuungsfunktion des Schmerzensgeldes anführen (**»Doppelfunktion des Schmerzensgeldes«; jeder Korrektor will das lesen!**) und zweitens stets eine Argumentation zur Höhe des zu zahlenden Betrages unter umfassender **Darstellung der Bemessungsfaktoren** (kommentiert im Palandt bei § 253 BGB!) abliefern. Auf das Ergebnis kommt es weniger an als auf Ihre Argumente/Eindringtiefe. Denken Sie bei Schmerzensgeld auch an die stets eingebauten zivilprozessualen Probleme der §§ 253 II Nr. 2, 287, 256 I ZPO (Stichwort: unbezifferter Klageantrag, Feststellungsantrag bzgl. zukünftiger Schäden, vgl. *Kaiser/Kaiser/Kaiser* Zivilgerichtsklausur I Rn. 316 f., 447 ff.).

> **Klausurtipp:** Bei den sehr klausurrelevanten **Verkehrsunfällen** spielen idR folgende Schadenspositionen eine Rolle **(alles bei Palandt/*Grüneberg* BGB § 249 Rn. 8 ff. kommentiert!)**:[235]
> - **Reparaturkosten** oder Wertersatz auf Wiederbeschaffungsbasis: (+) über § 249 BGB
> - **Merkantiler Minderwert** des reparierten Wagens: (+) über § 251 BGB
> - **Mietwagenkosten** für gleichwertiges Kfz (ggf. auch höherer Unfallersatztarif): (+) über § 249 BGB für die Dauer der Reparatur/geschätzten Wiederbeschaffungszeit abzüglich etwa 10% ersparter Aufwendungen.[236] Weder Mietwagenkosten noch Nutzungsausfall können geltend gemacht werden, wenn dem Geschädigten ein gleichwertiges Ersatzfahrzeug zur Verfügung steht (Argument: Schadensminderungspflicht). Bietet der Autovermieter dem Unfallgeschädigten ein Fahrzeug zu einem überhöhten Unfallersatztarif an und besteht deshalb die Gefahr, dass die Haftpflichtversicherung nicht den vollen Tarif übernimmt, muss der Vermieter den Mieter darüber aufklären. Ansonsten: Anspruch des Mieters gg. Vermieter aus c.i.c.
> - Wenn kein Mietwagen genommen wird: **Nutzungsausfallentschädigung**: (+) über § 249 BGB für die Dauer der Reparatur/geschätzten Wiederbeschaffungszeit. Ein Anspruch auf Nutzungsausfall besteht nicht, wenn der Geschädigte wegen unfallbedingter Verletzungen sein Fahrzeug in der fraglichen Zeit nicht hätte nutzen können. **Vor allem für die Mündliche**: Zur Höhe der Nutzungsausfallentschädigung wird in der Praxis oft auf die Tabelle von *Sanden/Danner/Küppersbusch*, zur Schmerzensgeldhöhe auf die von *Hacks*, zu Mietwagenkosten auf die von *Schwacke* oder *Fraunhofer* zurückgegriffen.
> - Vorgerichtliche **Gutachterkosten** (zB DEKRA-Gutachten): (+) über § 249 BGB, wenn kein offensichtlicher Bagatellschaden vorliegt (unter 700 EUR), auch wenn Schädiger bereits ein Gutachten in Auftrag gegeben hat.[237] Unter Bagatellgrenze: nur Kostenvoranschlag der Werkstatt ersetzbar. Ob es Gutachter gibt, die preisgünstiger arbeiten, ist unerheblich, da der Geschädigte grds. keine »Marktforschung« betreiben muss.

---

235 Vgl. auch *Sarimehmetoglu* JA 2011, 127 ff.

236 Ausnahme: Es besteht kein Nutzungsbedarf für die in der Praxis idR höheren Mietwagenkosten (dann nur Nutzungsausfallersatz möglich).

237 Vgl. *Vuia* NJW 2013, 1197 ff. mwN; Argument: Grundsatz der Waffengleichheit.

- Vorgerichtliche **Rechtsanwaltskosten** zur Schadensregulierung: (+) über § 249 BGB.
- Verlust des **Schadensfreiheitsrabattes** durch Inanspruchnahme der eigenen Kaskoversicherung: (+) über § 249 BGB. Die Rückstufung bei der Kfz-Haftpflichtversicherung ist als Schaden nicht anerkannt.
- **Kostenpauschale** bei Verkehrsunfällen für Telefon, Porto, Fahrtkosten etc. (25 EUR): (+) aus § 249 BGB (+), außerhalb von Verkehrsunfällen aber nur, wenn die Auslagen konkret dargelegt werden (BGH)
- **Abschleppkosten**: (+) über § 249 BGB
- **Krankenhausbesuchskosten naher Angehöriger**/des Lebensgefährten: (+) über § 249 BGB, weil dies Heilungskosten des Verletzten sind (= eigener Schaden des Verletzten und zwar unabhängig davon, ob er dem Besucher die Fahrtkosten ersetzt hat oder nicht!).
- **Schmerzensgeld**: §§ 249, 253 II BGB (+)
- **Schockschäden**: Vgl. → Rn. 56.
- **Stornokosten** für ausgefallenen Urlaub (+), nicht aber entgangener Urlaubsgenuss (→ Rn. 62)
- **Haushaltsführungsschaden**: (+) über §§ 249, 842 f. BGB als eigener Schaden des Verletzten, dies sowohl bei Ehegatten als auch bei Alleinstehenden. Der Anspruch mindert sich nicht dadurch, dass der andere Ehegatte einspringt (Argument: unbillige Vorteilsanrechnung, vgl. § 843 IV BGB). Umstritten ist, ob ein Haushaltsführungsschaden auch unter Partnern einer neLG in Betracht kommt.
- Ersatz von Nachteilen hinsichtlich der Erwerbsfähigkeit: (+) über §§ 842, 843 BGB

Nicht als Schaden anerkannt sind zB der zur Schadensabwicklung aufgewendete **Arbeitsaufwand** oder der dadurch verursachte **Verlust an Freizeit** (Argument: kein Vermögensschaden, nicht im Schutzzweck der Norm, allgemeines Lebensrisiko). Nur wenn der persönliche Zeitaufwand der schnelleren Schadensbeseitigung dient, kommt ein Ersatz als Vermögensschaden in Betracht, wenn die Tätigkeit einen bestimmbaren bzw. vom Gericht schätzbaren Marktwert hat.

Beachten Sie, dass die **Kosten der ärztlichen Behandlung** idR schon durch eine Krankenversicherung gedeckt sind. Der Ersatzanspruch geht kraft Gesetzes auf die Krankenversicherung über, und zwar bei gesetzlicher Krankenversicherung nach **§ 116 I SGB X** und bei Beamten nach § 87 BBG sofort, **bei privater Versicherung nach § 86 VVG** erst nach Zahlung durch die Versicherung. Ähnliches gilt für den Verdienstausfall, wenn und soweit der Arbeitgeber nach § 6 EFZG zur Fortzahlung des Lohns verpflichtet ist.

Eigene Ansprüche **mittelbar Geschädigter** ergeben sich aus §§ 844, 845 BGB (zB Beerdigungskosten, entgangener Unterhalt). Wenn der mittelbar Geschädigte zudem Erbe des Unfallopfers ist, kommen auch übergegangene Ansprüche zB auf Schmerzensgeld des Opfers (Zeitraum zwischen Unfall und Tod) nach §§ 1922, 823 BGB, StVG in Betracht. Bei Schockschäden des Erben liegt zudem eine eigene Rechtsgutsverletzung iSv § 823 I BGB vor, wenn er naher Angehöriger ist (→ Rn. 56)!

Bzgl. der Schadensabrechnung bei **Beschädigung eines Pkw** unterscheidet man die **fiktive Abrechnung** auf Gutachtenbasis (= Geschädigte bekommt den geschätzten Reparaturbetrag aus dem Gutachten) und die **konkrete Abrechnung** auf Rechnungsbasis (= Geschädigte rechnet auf Grundlage der konkreten Reparaturrechnung der Werkstatt ab). **Mehrwertsteuer** darf gem. § 249 II 2 BGB nur zuerkannt werden, wenn sie tatsächlich angefallen ist, also nicht bei Abrechnung auf Gutachtenbasis. Würde die Reparatur die sog. »130%-Grenze« übersteigen, kann der Geschädigte nur den Wiederbeschaffungswert abzüglich des vom Gutachter ermittelten Restwertes verlangen (Abrechnung auf Wiederbeschaffungsbasis bei wirtschaftlichem Totalschaden). Die gesamte Thematik ist vom BGH durchentschieden worden, sodass ein Auswendiglernen erstens unmöglich und zweitens Quatsch ist: **Es steht alles bei Palandt/** *Grüneberg* **BGB § 249 Rn. 11 ff.!** Mit diesen Basics hier und dem Palandt für Spezialfragen kommen Sie immer durch die Klausur. Hören Sie bitte auf, sich wie ein Student tausend Karteikarten zu machen!

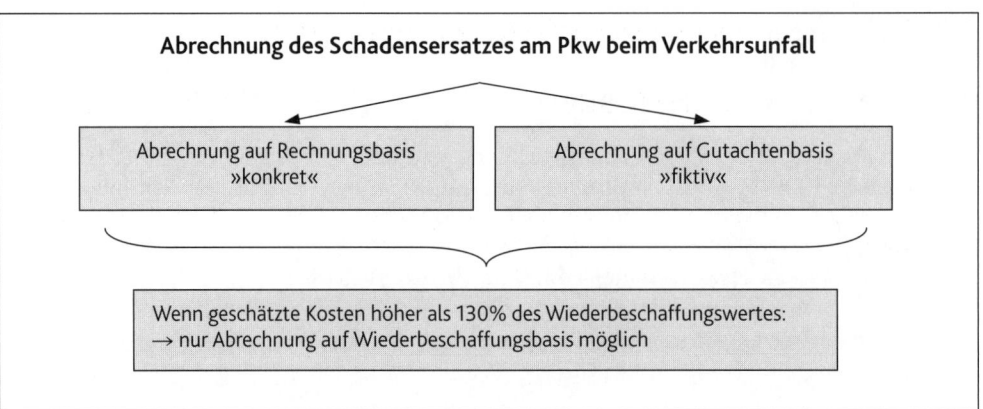

Die Möglichkeit konkret oder fiktiv abzurechnen gilt grds. auch bei der Beschädigung/ Zerstörung anderer Sachen als Pkw (anders bei Personenschäden! hier keine fiktive Abrechnung/Heilbehandlungskosten zulässig, da sonst § 253 I BGB umgangen würde) und überhaupt auch außerhalb von Verkehrsunfällen (es handelt sich um eine allgemeine Schadensproblematik!).

§ 7 Ansprüche aus ungerechtfertigter Bereicherung

A. Allgemeines zu §§ 812 ff. BGB

Die berühmten Repetitoriumsfälle, in denen neun oder mehr Personen auftreten, von denen **64** einer stark minderjährig, einer insolvent, einer sich permanent irrt, einer unerkennbar partiell geisteskrank ist und ein anderer das erlangte Geld immer sofort für eine Karibikkreuzfahrt ausgibt, *»die er sich sonst nie hätte leisten können«*, kommen im Zweiten Examen nicht vor. Hier geht es eher um die Praxisfälle von § 812 BGB.

> **Wichtig ist bei §§ 812 ff. BGB immer die Beachtung der grundlegenden Strukturen:**
> - Prüfen Sie zunächst (idR nur gedanklich), ob andere Normen Vorrang haben, so zB §§ 346 ff. BGB nach einem Rücktritt von einem Vertrag oder das EBV bei einer leckeren Vindikationslage (→ Rn. 46).
> - Innerhalb der §§ 812 ff. BGB hat die LK Vorrang vor der NLK. Dieses Vorrangverhältnis wird vor allem bei Mehrpersonenverhältnissen relevant. Vom **Vorrang der Leistungsbeziehung** gibt es – wie immer bei Jura – Ausnahmen (wegen Wertung, vor allem wenn der Entreicherte schutzwürdiger ist als der Bereicherte).
> - Für Bereicherungsansprüche gibt es verschiedene Ausschlussgründe, §§ 814 f., 817 S. 2, 818 III, 242 BGB. Dahinter stecken zwei Gedanken: der allgemeine Grundsatz der Billigkeit und der Zweck des Bereicherungsrechts, eben nur eine Bereicherung abzuschöpfen (ergo: wo nichts mehr da ist, kann auch nichts abgeschöpft werden).

> **Merke:** *»Vorrang der LK«* bzw. genauer formuliert *»Vorrang der Leistungsbeziehung«* heißt, dass mit der NLK immer nur dann vorgegangen werden darf, wenn der Herausgabegegenstand dem Empfänger weder vom Anspruchsteller noch von einem Dritten geleistet wurde.[238] Dies bedeutet spiegelbildlich auch, dass derjenige, der etwas durch Leistung eines anderen erlangt hat, nur der LK eben dieser Person ausgesetzt sein kann und umgekehrt diese Person – der Leistende – ebenfalls idR auf die LK gegen den Empfänger beschränkt ist und nicht einen Dritten im Wege der NLK in Anspruch nehmen kann. Nur §§ 816 I 2, II, 822 BGB gestatten einen Durchgriff auf einen Dritten.

> Die einzelnen Leistungskondiktionen sind:
> - § 812 I 1 Alt. 1 BGB (*condictio indebiti*)
> - § 812 I 2 Alt. 1 BGB (*condictio ob causam finitam*)
> - § 812 I 2 Alt. 2 BGB (*condictio ob rem*)
> - § 817 S. 1 BGB (*condictio ob turpem vel iniustam causam*)

> Die einzelnen Nichtleistungskondiktionen sind:
> - § 812 I 1 Alt. 2 BGB (Fallgruppen: Eingriffskondiktion, Verwendungskondiktion, Rückgriffskondiktion)
> - § 816 I 1, 2 und II BGB
> - § 822 BGB

Der **Kläger trägt für alle Voraussetzungen des § 812 BGB die Beweislast,** also auch für den fehlenden Rechtsgrund. Der Schuldner muss aber iSe sekundären Behauptungslast die Tatsachen darlegen, aus denen er den angeblichen Rechtsgrund herleitet, damit der Kläger überhaupt in der Lage ist, den Rechtsgrund auszuräumen. Im Rahmen der **Eingriffskondiktion** hat die hM zugunsten des Anspruchstellers **Ausnahmen** zugelassen, insbesondere bei der Abhebung von Geld durch den Anspruchsgegner, der zB eine Schenkung dieses Geldes be-

---

238 Vgl. *Mäsch* JuS 2013, 356 ff.; BGH NJW 2012, 3366 ff.

hauptet. In diesen Fällen trägt der Anspruchsgegner die Beweislast für das Bestehen des Rechtsgrundes.[239]

In §§ 818 IV, 819 BGB ist die **verschärfte Haftung des verklagten oder bösgläubigen Bereicherungsschuldners** geregelt. Dies hat zwei Konsequenzen: Zum einen kann er sich wg. des Zwecks der Haftungsverschärfung nicht auf Entreicherung iSd § 818 III BGB berufen (dies ergibt sich nicht aus dem Wortlaut, wird aber seit dem »Flugreise-Fall« des BGH aus §§ 818 IV, 819 I BGB herausgelesen), zum anderen haftet er zusätzlich »nach den allgemeinen Vorschriften«. Damit sind neben § 285 BGB (Surrogat) vor allem §§ 291, 292 BGB mit ihren Verweisungen gemeint, wobei insbes. der Verweis von § 292 auf §§ 987, 989 BGB (Nutzungen, Schadensersatz) relevant ist (BGH JuS 2014, 73 ff. ist eine schöne Übung dazu). Kommentieren Sie sich die Normen – soweit zulässig – an § 818 IV BGB!

B. Die verschiedenen Leistungskondiktionen

§ 812 I 1 Alt. 1 BGB ist einschlägig, wenn eine Verbindlichkeit erfüllt werden soll, die in Wirklichkeit nicht besteht. Bei der zugrunde liegenden Verbindlichkeit sind dann etwaige Nichtigkeitsgründe (§§ 125, 134, 138, 119 ff. BGB) oder zB der Ablauf der Frist nach § 556 III 3 BGB zu prüfen. Es reicht auch, wenn zwar eine Verbindlichkeit besteht, die Zahlung mangels Empfangszuständigkeit des Empfängers (wegen Minderjährigkeit oder Person unter Betreuung mit Einwilligungsvorbehalt) aber zu keiner Erfüllung geführt hat. Lesen Sie dazu **BGH NJW 2015, 2497 f.**! **§ 813 I 1 BGB** erweitert die *condictio indebiti* auf Fälle, in denen auf eine bestehende Schuld geleistet wird, der jedoch eine dauernde Einrede entgegensteht (zB §§ 242, 275 II, III, 821 BGB). § 813 I 1 BGB gilt nicht für die Einrede der Verjährung, vgl. §§ 813 I 2, 214 II BGB. Lesen Sie auch einmal § 813 II BGB.

§ 812 I 2 Alt. 1 BGB ist einschlägig, wenn der Rechtsgrund später wegfällt (zB auflösende Bedingung, Vertragsaufhebung). Achten Sie hier auf Sonderregelungen wie §§ 527 I, 528 I, 628 I BGB.

§ 812 I 2 Alt. 2 BGB greift, wenn mit der Leistung ein letztlich nicht erreichter Zweck verfolgt werden sollte, der nicht in der Erfüllung einer Verbindlichkeit besteht (sonst wäre Leistungsstörungsrecht vorrangig), sondern entweder darüber hinausgeht oder die Parteien überhaupt nicht vertraglich miteinander verbunden sind und der Zweck daher in etwas völlig anderem besteht. Anerkannte Fallgruppen: Zahlung von Schwarzgeld im Unterverbriefungsfall, Aufwendungen in Erwartung eines künftigen Erwerbes oder einer künftigen Erbeneinsetzung – bei Einbau von Sachen ggf. über § 951 BGB, Zahlung zur Abwendung einer dann doch erstatteten Strafanzeige, Zweckschenkung, Anzahlung auf einen dann doch nicht zustande gekommenen Vertrag, ggf. unbenannte Zuwendung bei neLG (→ Rn. 95). Über den Zweck muss eine sog. tatsächliche Willensübereinstimmung erfolgen, was aber auch konkludent geschehen kann. Abgrenzung zu § 313 BGB: Dort ist dieser Zweck nicht vereinbart, sondern nur Geschäftsgrundlage (das Verhältnis der *condictio ob rem* zu § 313 BGB ist übrigens sehr umstr.).

§ 817 S. 1 BGB ist ein Sonderfall der *condictio indebiti* ohne großen eigenständigen Anwendungsbereich, da idR schon die *conditio indebiti* greift. Wirklich klausurrelevant von § 817 BGB ist nur dessen S. 2 (s. unten).

---

239 *Baumgärtel* § 812 Rn. 13 mwN; Palandt/*Sprau* BGB § 812 Rn. 79 mwN; BeckOK BGB/*Wendehorst* § 812 Rn. 272a mwN; OLG Brandenburg Urt. v. 19.3.2013 – 3 U 1/12, BeckRS 2013, 06305 und Urt. v. 20.9.2006 – 7 U 196/05, BeckRS 2011, 16816; OLG Köln NJW 1993, 939; BGH NJW 2011, 2130 ff.; 1999, 2887 ff.; 1986, 2107 f.; LAG Hamm Urt. v. 23.1.2014 – 8 Sa 1073/13, BeckRS 2014, 68425; nach OLG Frankfurt a.M. Urt. v. 30.6.2009 – 3 U 100/06, BeckRS 2010, 28151 auch bei der Ansichnahme anderer Sachen als Geld. Achtung: Anders ist es, wenn sich iRd LK der Empfänger auf eine Schenkung beruft. Hier muss der Anspruchsteller das Nichtbestehen der Schenkung beweisen. Das mildert die Rspr. aber etwas ab. Der Empfänger muss in diesen Fällen zumindest die bewusste Leistung des Betrags als Heilungshandlung iSv § 518 II BGB durch den Leistenden nachweisen (BGH NJW 2014, 2275 ff.).

C. Die verschiedenen Nichtleistungskondiktionen

Die NLK nach § 812 I 1 Alt. 2 BGB ist nur möglich, wenn nicht eine Leistungsbeziehung Vorrang hat. Sobald Sie also eine NLK prüfen, dann ist in einem separaten, an den Anfang zu stellenden Prüfungspunkt die **Subsidiarität** anzusprechen und das Vorrangverhältnis zu klären. Man unterteilt die NLK aus § 812 I 1 Alt. 2 BGB in mehrere Fallgruppen: Eingriffskondiktion, Verwendungskondiktion/Aufwendungskondiktion und Rückgriffskondiktion.

Die **Eingriffskondiktion** soll einen Ausgleich schaffen, wenn durch den »Eingriff in den Zuweisungsgehalt eines fremden Rechts« auf Kosten des Gläubigers eine rechtsgrundlose Vermögensmehrung erlangt wurde (zB unbefugte Benutzung fremden Eigentums, unbefugte Werbefotos, Blockierstellung durch Hinterlegung). Das Tatbestandsmerkmal »*auf dessen Kosten*« von § 812 BGB spielt vor allem hier bei der Eingriffskondiktion eine Rolle und dient dazu, den richtigen Bereicherungsgläubiger zu bestimmen. Sie ist iRd NLK nach § 812 I 1 Alt. 2 BGB das Auffangbecken, wenn keine explizite Verwendungs- oder Rückgriffskondiktion gegeben ist.

Die **Verwendungskondiktion** gilt, wenn der Gläubiger ohne Rechtsgrund auf Sachen des Schuldners Verwendungen macht, ohne dadurch an ihn zu leisten. Der Anspruch ist subsidiär zu speziellen Ersatzansprüchen wie §§ 994 ff., § 670 BGB, GoA sowie zu § 539 BGB und kommt daher als eigener Anspruch kaum zum Zuge.

Bei der **Rückgriffskondiktion** kann Ersatz nach der Leistung auf eine fremde Schuld verlangt werden. Auch sie ist subsidiär, vor allem zu §§ 774, 426 BGB und zur GoA. **Insbes. die Subsidiarität zur GoA lässt der Rückgriffskondiktion kaum einen Anwendungsbereich:** Wenn iSv § 267 BGB auf eine fremde Schuld mit FGW gezahlt wird, greift nämlich die (berechtigte oder unberechtigte) GoA, die Rückgriffskondiktion scheidet aus.[240] Wenn auf die fremde Schuld ohne FGW gezahlt wird (zB weil sich der Zahlende irrtümlich selbst für verpflichtet hält), so wird die Schuld des wahren Schuldners nicht getilgt, für einen Rückgriff bleibt kein Raum. Dem Zahlenden steht gegen den Empfänger die LK zu. Nur wenn der Zahlende die Tilgungsbestimmung nachträglich ändert (→ Rn. 14), kommt ein Regress über die Rückgriffskondiktion in Betracht (**Märztermin 2015!**).[241] Im Falle der Rückgriffskondiktion bei Befreiung von einer Schuld – falls sie tatsächlich einmal greift – wendet die hM zum Schutz des Schuldners die §§ 404 ff. BGB analog an, sog. **aufgedrängter Rückgriff** (Grund: der Regress wirkt für den Schuldner wie eine Abtretung, also kann er sich auf §§ 404 ff. BGB berufen). Der Einwand, der Rückgriff sei »aufgedrängt« weil nun ein neuer Gläubiger existiert, greift dagegen idR nicht. Der Schuldner ist nämlich in seinem Vertrauen darauf, dass sein Gläubiger stets derselbe bleibt, nicht schützenswert, was bereits die Abtretungsregeln in §§ 398 ff. BGB zeigen.

Die NLK aus **§ 816 I BGB** soll einen Ausgleich für den ehemaligen Eigentümer schaffen, der sein Eigentum zu Unrecht verloren hat. Von § 816 I BGB sind nur sachenrechtliche Verfügungen umfasst, dh nicht Verfügungen des Vollstreckungsorgans, die Vermietung fremder Sachen oder Kontoüberweisungen. Die Verfügung ist iSv § 816 I BGB wirksam bei gutgläubigem Erwerb des Dritten oder bei nachträglicher **Genehmigung** des Eigentümers nach § 185 II BGB (auch **konkludent möglich durch Herausgabeverlangen** bzgl. des Erlöses). Die Genehmigung bezieht sich dann nur auf die Rechtsfolgen der Verfügung und nicht auf die Nichtberechtigung des Verfügenden. Nach der Rspr. erfasst wg. seines Wortlauts die Herausgabe nach § 816 I 1 BGB alles, was durch den Verfügenden erlangt wurde (**auch Veräußerungsgewinn**). Der gezahlte Kaufpreis kann vom Bereicherungsschuldner nicht nach

---

240 BGH NJW 2014, 1095 ff.; 2005, 1366; OLG Schleswig NJOZ 2011, 344; Palandt/*Sprau* BGB § 683 Rn. 6; *Looschelders* SchuldR BT Rn. 1100 f.; *Schmidt* JuS 2014, 548 ff. Bei unberechtigter GoA verweist § 684 S. 1 BGB als Rechtsfolgenverweisung auf §§ 812 ff. BGB. Es kommt daher gerade nicht darauf an, ob die tatbestandlichen Voraussetzungen von § 812 BGB gegeben sind. Eine zusätzliche Prüfung der Rückgriffskondiktion neben § 684 BGB ist daher obsolet (Prütting/Wegen/Weinreich/*Prütting* BGB § 812 Rn. 101; MüKoBGB/*Schwab* § 812 Rn. 318; Staudinger/*Bergmann* BGB § 684 Rn. 5). Beachte: Wenn die Schuld des Dritten tatsächlich nicht besteht, dann kann der Zahlende vom Scheingläubiger über LK das Geld zurückverlangen, vgl. Palandt/*Grüneberg* BGB § 267 Rn. 8.

241 BGH NJW 1986, 2700 f.; *Looschelders* SchuldR BT Rn. 1100 ff.; Palandt/*Grüneberg* BGB § 267 Rn. 8.

§ 818 III BGB abgezogen werden, da § 816 BGB als Rechtsfortwirkungsanspruch zu § 985 BGB angesehen wird und auch dort ein solcher Abzug ausscheidet. **Nicht herauszugeben ist dagegen der Wert** des betroffenen Gegenstandes, was dann relevant wird, wenn dieser höher ist als der erlangte Erlös. Nach hM gilt § 816 I 2 BGB weder direkt noch analog für entgeltliche aber rechtsgrundlose Verfügungen (Argument: Wortlaut, Durchgriffshaftung als Ausnahme). Beachten Sie, dass neben § 816 I 1 BGB oft auch §§ 687 II, 681 S. 2, 667 BGB (angemaßte Eigengeschäftsführung) und §§ 989, 990 BGB zu prüfen sind.

> **Klausurtipp:** Um den Veräußerungsgewinn für den korrekten Antrag iSv § 816 I BGB herauszufinden, bietet sich für den Gläubiger eine **Stufenklage nach § 254 ZPO** an. Lesen Sie dazu *Kaiser/Kaiser/Kaiser* Anwaltsklausur Rn. 32 und bei ausreichend Zeit BGH NJW 2013, 2888 ff. (berühmte »Krügerrand«-Entscheidung)!

§ 816 II BGB (Leistung an einen Nichtberechtigten) soll einen Ausgleich für Gläubiger schaffen, deren Schuldner schuldbefreiend an einen Falschen geleistet hat. Wie kann man schuldbefreiend an einen Nichtberechtigten leisten? Weil es im Gesetz steht (zB § 407 BGB) oder weil der Berechtigte – ggf. konkludent – die Leistung an den Falschen genehmigt. **Klausurbeispiele?** Entgegen Ihrer frohen Erwartung jedenfalls nicht der Ihnen ggf. noch bekannte Fall »Kollision Globalzession mit verlängertem EV«.[242] Das ist ein konstruierter Rep-Fall aus dem Ersten, der nichts mit dem Assessorexamen zu tun hat und mit dem man arme Studenten quält oder beeindrucken will (oder beides). Im Zweiten gibt es andere Fälle: Sparbuch (→ Rn. 90) und Lebensversicherung (→ Rn. 65). Lesen Sie dort nach!

D. Der Umfang der Herausgabepflicht, §§ 812, 818 BGB

Nach § 812 I, II BGB ist das jeweils Erlangte herauszugeben. **§ 818 BGB** regelt als Ergänzung zu § 812 BGB den Umfang der Herausgabepflicht. § 818 I 1 BGB: Auch Nutzungen des Erlangten sind herauszugeben (zB Mieterträge, Zinsen), § 818 I 2 BGB: Surrogate für das Erlangte sind herauszugeben (zB Geld bei Einziehung einer rechtsgrundlos erlangten Forderung), § 818 II BGB: Bei Unmöglichkeit der Herausgabe des Erlangten vor allem wegen dessen Beschaffenheit (zB Nutzungsvorteile, Dienstleistungen, Verwendungen auf eine Sache, Befreiung von einer Verbindlichkeit) ist Wertersatz geschuldet (objektiver Verkehrswert). Ist nur der Besitz an einer Sache erlangt und kann dieser wegen dessen Weitergabe nicht mehr herausgegeben werden, so geht der Wertersatz in Geld iSv § 818 II BGB nach dem BGH idR ins Leere. Denn neben den Nutzungen, die der Bereicherungsschuldner nach § 818 I BGB herausgeben muss, kommt dem Besitz als solchem kein weiterer »Wert« iSv § 818 II BGB zu. Lesen Sie hierzu **BGH NJW 2014, 1095 ff. (»Schließfach-Fall«)**. Infrage kommt dann aber eine Kondiktion der Kondiktion (s. unten).

Die Rechtsfigur der »**aufgedrängten Bereicherung**« (es ist umstr., ob dieser Einwand aus § 818 II oder III BGB oder aus allgemeinen Erwägungen abgeleitet wird … für die Praxis egal, es werden einfach beide Absätze zitiert!) wird vor allem bei Verwendung auf fremde Sachen relevant. Hier »beißt« sich ja das Interesse des Verwenders auf Wertersatz mit dem Interesse des Eigentümers, nicht wegen unerwünschter Vermögensmehrungen in Anspruch genommen zu werden. Die hM stellt auf den subjektiven Ertragswert des Erlangten ab. Ist dieser Null, entfällt die Ersatzpflicht. Nach der Rspr. dagegen soll der Bereicherungsschuldner den Gläubiger auf eine Wegnahme der eingebauten Sache verweisen oder ihm zumindest einen Beseitigungsanspruch wegen einer Eigentumsstörung entgegenhalten können. Da diese Fallgruppen aber auf Fälle beschränkt sind, wo das überhaupt geht, erscheint das Abstellen auf einen **subjektiven Maßstab** angemessen, zumal auch die Rspr. zuweilen hierzu neigt.[243]

§ 818 III BGB regelt den »Wegfall der Bereicherung«: Dieser liegt vor, wenn das Erlangte ersatzlos nicht mehr vorhanden ist oder wenn der Empfänger Vermögensnachteile erlitten hat, die mit dem rechtsgrundlosen Erwerb im kausalen Zusammenhang stehen (vor allem Aufwendun-

---

242 Für den Notfall: Die Problematik ist im Palandt bei § 398 BGB, also bei der Abtretung, kommentiert.

243 Palandt/*Bassenge* BGB § 951 Rn. 18 ff.; BGH NJW 1990, 1789 f.; 1985, 313; OLG Düsseldorf NJW-RR 2013, 924; OLG Brandenburg NJW-RR 2011, 1470 ff.; OLG Koblenz NJW-RR 2015, 1010; OLG Köln OLGR 2007, 478.

gen auf die Sache). Im ersteren Fall fällt ein Anspruch aus § 812 BGB ganz weg, im letzteren Fall kann Herausgabe nur Zug um Zug gegen Erstattung verlangt werden,[244] bei gleichartigen Ansprüchen wird saldiert. **Kein Bereicherungswegfall** aber bei Aufwendungen, die der Schuldner ohnehin hätte tätigen müssen, da dann lediglich eine Vermögensumschichtung stattfindet (zB **Tilgung eigener Schulden**; anders bei sog. Luxusaufwendungen). Bei rechtsgrundloser Weitergabe der rechtsgrundlos erlangten Sache an einen Dritten (Doppelmangel) entfällt die Bereicherung nicht, weil und wenn der Bereicherungsschuldner selbst einen (Bereicherungs-)Anspruch gegen den Dritten als ausgleichenden Wert iSv § 818 II BGB erlangt hat. Dann kommt es bei der Rückabwicklung über's Eck nach der Rspr. zur sog. »**Kondiktion der Kondiktion**«.[245]

Problem: Saldotheorie bei Rückabwicklung gegenseitiger Austauschverträge

Bei §§ 812 ff. BGB stehen sich idR jeweils zwei Bereicherungsansprüche gegenüber. Da dies bei Entreicherung einer Partei zu unbilligen Ergebnissen führen würde und das bisherige Gegenseitigkeitsverhältnis (Synallagma) unberücksichtigt ließe, wird die Abwicklung iRv §§ 812 ff. BGB durch die Saldotheorie modifiziert:[246]

- Eine Korrektur des Anspruchsinhaltes erfolgt nach der Saldotheorie nur bei gegenseitigen Verträgen, wenn bereits beide geleistet haben (dh nicht, wenn nur eine Partei vorgeleistet hat).
  - 1. Aussage: Es findet eine **automatische Verrechnung** gleichartiger Bereicherungsansprüche (also bei Geld gg. Geld) statt, sodass nur der übrig gebliebene Saldo geltend gemacht werden kann. Bei ungleichartigen Ansprüchen (zB Geld gegen Ware) kann die erbrachte **Leistung automatisch nur Zug um Zug** gegen Rückgewähr der Gegenleistung verlangt werden (Zug um Zug ist immanenter Bestandteil des eigenen Rückgewähranspruches). *= vertragsrechtlicher Teil*
  - 2. Aussage: Die **eigene Entreicherung** wird **automatisch** beim eigenen Kondiktionsanspruch **abgezogen**. *= mat.-rechtl. Teil*
- Die Saldotheorie gilt – weil sie für den Bereicherungsgläubiger negativ wirkt – nach hM nicht, wenn der arglistig Getäuschte oder Minderjährige oder Geschäftsunfähige oder Bewucherte oder durch ein sittenwidriges Geschäft Benachteiligte den Anspruch aus § 812 BGB geltend macht oder bei Untergang der Sache beim Käufer aufgrund von Sachmängeln. Die Nichtanwendbarkeit der Saldotheorie führt dann dazu, dass die jeweils empfangenen Leistungen ohne die Besonderheiten der Saldotheorie nach §§ 812 ff. BGB rückabgewickelt werden.

E. Examensrelevante Probleme/Spezialfragen

Es gibt Spezialprobleme, von denen Sie vor Ihren Klausuren schon einmal gehört haben sollten. Und los geht's:

Problem: »Etwas erlangt« iSd §§ 812 ff. BGB

- Seien Sie **penibel genau bei der Formulierung,** vor allem im Obersatz! Das Erlangte ist nicht »das Pferd«, »das Geld«, »der Ring«, sondern erlangt ist »die Kontogutschrift als abstraktes Schuldanerkenntnis iHv …« (→ Rn. 78) oder »Eigentum am …« oder »Besitz am …« etc. Erlangt sein kann jeder vermögenswerte Vorteil, zB auch Forderungen gegen Dritte, die Befreiung von einer Verbindlichkeit ggü. Dritten (§ 267 BGB), die Auflassungserklärung nach § 925 BGB[247], Dienst- o. Werkleistungen, Nutzungsvorteile oder ersparte Aufwendungen. *Prbl 812/8, da steht alle*
- Auch eine sog. **Blockierstellung als Hinterlegungsbeteiligter** kann erlangt sein, zB wenn bei einem Gläubigerstreit (**Prätendentenstreit**) der Schuldner den geschuldeten Betrag zugunsten beider Prätendenten nach §§ 372 ff. BGB bei Gericht hinterlegt oder wenn eine

---

244 BGH NJW 1999, 1626 ff. und 1980, 1789 f.

245 BGH NJW 2015, 2497 ff.; 2015, 2527 ff.; NJW-RR 1990, 750; NJW 1989, 2879; Palandt/*Sprau* BGB § 812 Rn. 67.

246 *Medicus/Petersen* BürgerlR Rn. 224 ff. ist dazu Kult!

247 Die in der Form des § 925 BGB erklärte Auflassung verschafft dem Erwerber die Möglichkeit, durch einen Eintragungsantrag den Eigentumsübergang auf sich herbeizuführen (= vermögenswerte Position). Ist der zugrunde liegende Kaufvertrag unwirksam, kann diese Vermögensposition (verkürzt: die Auflassung) nach § 812 BGB kondiziert werden.

staatsanwaltlich beschlagnahmte Sache eines Dritten durch den Ermittlungsrichter nach § 111k S. 3 StPO oder nach §§ 372 ff. BGB durch die Staatsanwaltschaft bei Gericht hinterlegt wird. Die Blockierstellung ergibt sich aus den jeweiligen landesgesetzlichen Hinterlegungsregelungen. Eine Blockierstellung außerhalb der Hinterlegungsregeln besteht, wenn zB bei Bausspardarlehen von Ehegatten die Auszahlung durch die Versicherung von der Zustimmung einer anderen Person abhängig gemacht wird. Eine weitere Blockierstellung ohne Hinterlegung kann sich aus **Nr. 75 II RiStBV** ergeben, wenn die Staatsanwaltschaft nach einer Beschlagnahme beim letzten Gewahrsamsinhaber die Herausgabe an einen der Prätendenten verweigert, bevor sich nicht beide geeinigt haben.[248] Anspruchsgrundlage für den echten Berechtigten ggü. dem anderen Prätendenten ist die **Eingriffskondiktion** und nicht die LK, der Antrag geht auf »Freigabe«. Bei »*auf dessen Kosten ohne Rechtsgrund ...*« ist dann inzident zu prüfen, ob dem Anspruchsteller der blockierte Gegenstand als dem »wahren Berechtigten« materiell zusteht. Eine LK ist nicht vorrangig, weil die Blockierstellung nicht geleistet wurde, sondern nur Folge der Sperrsituation ist. Beruht die Hinterlegung dagegen auf einer Vereinbarung der Parteien (»*Wir vereinbaren Folgendes: Ich hinterlege den von dir geforderten Gegenstand/Betrag bis zur Klärung der Rechtslage zwischen uns beiden.*«), ist es vertretbar, alternativ zu § 812 BGB den Freigabeanspruch auch direkt aus einer Auslegung der Vereinbarung zu entnehmen.[249] **Tolle Übungsfälle zur Hinterlegung:** *Stöber* JA 2012, 769 ff.; BGH JuS 2015, 937 (Zahngold-Fall aus dem Augusttermin 2015) und OLG Zweibrücken Beschl. v. 15.2.2010 – 4 W 11/10, BeckRS 2010, 05239 (ein 812-Klassiker aus vielen Prüfungen!).

Klausurtipp: Begehrt der Beklagte in Hinterlegungsklausuren spiegelbildlich **widerklagend die Freigabe durch den Kläger** (kein kontradiktorisches Gegenteil der Klage, keine anderweitige Rechtshängigkeit durch Klage), hat er dafür ein Rechtsschutzbedürfnis, da er ohne Freigabeerklärung den hinterlegten Gegenstand nicht bekommt. Auch iRd Widerklage ist dann bei deren Begründetheit die Eingriffskondiktion zu prüfen.

Problem: Leistung iSd Leistungskondiktionen

- Definition: »**Bewusste und zweckgerichtete Mehrung fremden Vermögens**«. Es ist nach §§ 133, 157 BGB analog auf eine objektive Betrachtungsweise aus der Sicht des Zuwendungsempfängers abzustellen. Was heißt »zweckgerichtet«? Es ist zu fragen, zu welchem Kausalverhältnis (bei der *condictio ob rem*: zu welchem Zweck) die Zuwendung in Beziehung gesetzt werden soll.
- Leistender ist derjenige, der unmittelbar oder mittelbar (zB über Bank oder Boten) mit seinen Mitteln etwas zuwendet. Leistungsempfänger ist derjenige, dessen Vermögen der Leistende durch die Zuwendung vermehren will. Bei Leistung an einen Boten/Vertreter ist der wirksam vertretene Hintermann der Empfänger. Bei Zahlung auf ein Bankkonto ist grds. der Bankkunde der Leistungsempfänger und nicht die Bank als reine »Zahlstelle«.
- Nach **§ 812 II BGB** kann auch ein Anerkenntnis eine Leistung sein. Der »Klassiker« in Klausur und Aktenvortrag ist hier die **irrtümliche Überweisung/Gutschrift** (= abstraktes Schuldanerkenntnis iSv §§ 780, 781 BGB) durch die Bank auf dem Konto ihres Kunden (im Bankenjargon »**Fat Finger Slip**«). Der hebt das Geld schnell ab und macht sich den Tag seines Lebens. Rückforderungsansprüche der Bank?[250]

---

248 OLG Koblenz NJOZ 2011, 260. **Gibt es nur den letzten Gewahrsamsinhaber als Prätendenten und weigert sich die Staatsanwaltschaft, den beschlagnahmten Gegenstand entgegen Nr. 75 II RiStBV an diesen herauszugeben**, so muss das Land verklagt werden. Problematisch ist, woraus sich in diesen Fällen der unstreitige Herausgabeanspruch ergibt (aus öff.-rechtl. Verwahrung, aus Nr. 75 II RiStBV, aus § 985 BGB?). Weil allein die Gewahrsamsverhältnisse im Zeitpunkt der Beschlagnahme für die Herausgabepflicht entscheidend sind, kommt es nicht auf die Eigentumslage an, was zumindest gegen § 985 BGB spricht. Wurde das beschlagnahmte Geld auf ein Konto eingezahlt, tritt an die Stelle des ursprünglichen Herausgabeanspruchs bzgl. der konkreten Geldscheine ein Zahlungsanspruch aus § 285 BGB analog, BGH NJW 2015, 1238 f.

249 Derjenige schuldet vertraglich die Freigabe, der aufgrund der materiellen Rechtslage Berechtigter des Gegenstandes ist. Der Weg über § 812 BGB ist aber auch möglich, so wohl OLG Hamm NJOZ 2012, 2604 ff.

250 Na klar! Sowohl aus den Banken-AGB (idR zeitlich befristetes Stornorecht enthalten) als auch aus §§ 812 I 1 Alt. 1, 812 II BGB (dann Entreicherung prüfen!) und aus pVV des Zahlungsdiensterahmenvertrages, vgl. Palandt/*Sprau* BGB § 675f Rn. 28; BGH NJW 1978, 2149.

Problem: Ausschluss der verschiedenen Kondiktionen

- Beachten Sie die **fast in jeder Klausur zu prüfenden** Ausschlusstatbestände für die Kondiktionen:
  - Für § 812 I 1 Alt. 1 BGB: §§ 814, 817 S. 2 BGB
  - Für § 812 I 2 Alt. 1 BGB: nur § 817 S. 2 BGB
  - Für § 812 I 2 Alt. 2 BGB: §§ 815, 817 S. 2 BGB
  - Für § 817 S. 1 BGB: § 817 S. 2 BGB
- Für alle Kondiktionen: Ausschluss nach § 242 BGB als allgemeines Rechtsprinzip (vor allem dann, wenn dem Empfänger erkennbar gemacht wird, der Leistende wolle die Leistung auch für den Fall bewirken, dass keine Verpflichtung dazu bestehe; aktuell dazu bei Interesse: BGH MDR 2015, 1445 bzgl. Anwaltshonorar).
- **§ 814 BGB** ist eine Spielart von § 242 BGB und **erfordert positive Kenntnis der Nichtschuld**, dh sowohl der Tatsachen als **auch der Rechtslage**, dass man nichts schuldet. Grob fahrlässige Unkenntnis schadet nicht. § 814 BGB greift nicht bei Zahlung auf fremde Schulden oder wenn die Leistung in Erwartung der Heilung des fehlenden Rechtsgrundes oder unter dem Druck der ZVS oder unter ausdrücklichem Vorbehalt der Rückforderung erfolgt ist (Argument: Leistender handelt dann nicht treuwidrig iSv §§ 814, 242 BGB, wenn er das Erlangte zurückfordert). Auch umgekehrt spielen die Wertungen von § 242 BGB bei § 814 BGB eine Rolle: Wenn der **Empfänger nicht darauf vertrauen darf, das Empfangene behalten zu dürfen**, ist **§ 814 BGB** selbst bei Kenntnis des Leistenden von der Nichtschuld wg. § 242 BGB **nicht anwendbar** (»§ 242 schlägt § 814«).[251]
- § 814 BGB kann **analog** auch für andere Kondiktionen angewendet werden, wenn und weil die Wertungsgesichtspunkte vergleichbar sind.[252]
- **§ 817 S. 2 BGB** gilt nicht nur für § 817 S. 1 BGB, sondern **für alle anderen LK** (nicht aber außerhalb von §§ 812 ff. BGB). Argument ist, dass in § 817 S. 2 BGB ein allgemeines Wertungsprinzip zum Ausdruck kommt. § 817 S. 2 BGB gilt über seinen Wortlaut hinaus **auch, wenn nur der Leistende verwerflich handelt**. Hintergrund ist, dass der Empfänger bei rechtlich einwandfreiem Verhalten nicht schlechter stehen darf als bei verwerflichem.
- **Leistung iSd § 817 S. 2 BGB** ist – anders als bei § 812 I 1 Alt. 1 BGB – nur das, was endgültig in das Vermögen des Empfängers wechseln soll. Beim sittenwidrigen Darlehen ist die Valuta daher keine Leistung iSd § 817 S. 2 BGB, da sie irgendwann zurückgezahlt werden soll. § 817 S. 2 BGB sperrt hier also nicht die Kondiktion des Darlehensgebers. Aufgrund des Schutzzwecks von § 817 S. 2 BGB muss das Darlehen dennoch nur gemäß dem vereinbarten Tilgungsplan zurückgezahlt werden (→ Rn. 71).
- Auch § 817 S. 2 BGB wird – wie praktisch jede Norm im BGB! – **durch § 242 BGB eingeschränkt** (»§ 242 schlägt § 817 S. 2«): So soll § 817 S. 2 BGB wegen § 242 BGB dann nicht gelten, wenn die zugrunde liegende Unwirksamkeitsnorm dies gebietet oder ein Anspruchsausschluss unbillig wäre (Wertungsfrage!), so zB in den Schenkkreisfällen[253] und früher (jetzt nicht mehr) auch in den Schwarzarbeiterfällen (→ Rn. 10).

Problem: Besondere Klausurfälle zur Eingriffskondiktion nach § 812 I 1 Alt. 2 BGB

- Die Eingriffskondiktion ist einschlägig, wenn jemand zB mit einer **Kontovollmacht** eine unberechtigte **Abhebung von einem Fremdkonto** vornimmt.[254] Möglicher Rechtsgrund ist eine Schenkung des Geldes (→ Rn. 90). Daneben kommen Ansprüche aus § 687 II BGB und aus dem Innenverhältnis zwischen Kontoinhaber und Kontobevollmächtigtem in Betracht (vor allem § 667 BGB → Rn. 4).

---

251 Vgl. Nachweise bei *Forschner* JA 2011, 579 ff.
252 Vgl. zB OLG Koblenz NJW 2008, 1679 ff. (die Entscheidung kam schon als Vortrag in beiden Examina!).
253 BGH NJW-RR 2009, 345 f. Ein Anspruchsausschluss nach § 814 BGB würde – wie bei § 817 S. 2 BGB – wegen § 242 BGB ebenfalls nicht greifen. Ein in der Schenkkreisurkunde vereinbarter Rückforderungsausschluss ist nach § 138 I BGB unwirksam.
254 BGH NJW-RR 2007, 488 ff.; OLG Brandenburg Urt. v. 19.3.2013 – 3 U 1/12, BeckRS 2013, 06305; OLG Frankfurt a.M. Urt. v. 30.6.2009 – 3 U 100/06, BeckRS 2010, 28151; Palandt/*Sprau* BGB § 812 Rn. 79; aA für LK OLG Bamberg OLGR 2002, 164 ff.; OLG Köln NJW 1993, 939. Vgl. auch *Horn/Schnabel* NJW 2012, 3473 ff.

- Wichtig ist die Eingriffskondiktion auch, wenn eine **Sache iRd ZVS zu Unrecht versteigert** wird (sog. verlängerte Drittwiderspruchsklage, verlängerte Vollstreckungsgegenklage).[255]
- Ein weiteres Klausurproblem stellt die **Hinterlegung durch den GV** (Versteigerungserlös) oder durch den Drittschuldner in der ZVS dar. Die Eingriffskondiktion ist hier für den von der ZVS betroffenen Dritten durch § 771 ZPO gesperrt.[256] Anders ist dies bei der **Hinterlegung außerhalb der ZVS**, so zB beim Prätendentenstreit (s. oben).

F. Mehrpersonenverhältnisse und §§ 812 ff. BGB

Vor allem in **Drei-Personen-Verhältnissen** (zB Zahlung einer Bank an einen Dritten auf Anweisung des Kunden, fremdfinanzierter Kaufvertrag, Zahlung durch klägerischen Prozessfinanzierer an obsiegenden Beklagten) müssen Sie auf den Vorrang der LK achten. *»Vorrang der LK«* ist eigentlich ungenau, denn die NLK ist auch dann subsidiär, wenn der Bereicherungsgegenstand von einem anderen mit Rechtsgrund geleistet wurde. Besser müsste es also **»Vorrang der Leistungsbeziehung«** heißen. Von diesem Vorrang gibt es natürlich Ausnahmen und Gegenausnahmen und so weiter. Der BGH will sich selbst nicht festlegen und lieber von Fall zu Fall entscheiden. Er betont daher immer wieder, dass sich wegen der Vielschichtigkeit der betroffenen Interessen *»jede schematische Lösung verbiete«*. Dennoch kann man sich an eine bestimmte Grundstruktur halten und bekommt so Bereicherungsrechtsklausuren gut in den Griff. Der maßgebliche Gedanke ist, dass grds. in den jeweiligen Leistungsbeziehungen rückabgewickelt wird, wenn dort ein Defekt ist. So soll gewährleistet werden, dass sich jeder nur mit dem auseinandersetzen muss, den er sich als Vertragspartner ausgesucht hat.

Vorgehensweise in der Klausur bei Mehrpersonenverhältnissen:

1. Feststellung, in welchem Personenverhältnis eine Leistungsbeziehung vorliegt
2. Feststellung, in welcher (Leistungs-)Beziehung der Rechtsgrund fehlt
   - dort wird dann auch jeweils rückabgewickelt
   - idR also *»über's Eck«*.
3. **Ausnahmen** von der Abwicklung über's Eck kommen insbesondere **aus Wertungsgesichtspunkten** in Betracht. Typisches Beispiel ist die Zahlung an den Dritten durch jemanden (sog. Angewiesener), der dies auf Weisung des Schuldners (sog. Anweiser) tut. Hier ist ggf. eine direkte Rückforderung (sog. Durchgriff) des Geldes durch den Zahlenden/Angewiesenen über die dann ausnahmsweise nicht gesperrte Eingriffskondiktion möglich. Beim Durchgriff trägt der Anspruchsteller die **Beweislast** dafür, dass der Durchgriff ggü. dem Dritten ausnahmsweise zulässig ist.[257] Die wichtigsten Fälle, bei denen ein Durchgriff möglich ist, sind:
   - Anweiser ist **minderjährig** (kommt im Zweiten nicht vor!)
   - Anweiser hat Zahlung nicht veranlasst (sog. *»Veranlasserprinzip«*)
     – zB Anweisung fehlt, Überweisung an falschen Adressaten wg. Irrtums des Angewiesenen
     – zB Dritter veranlasst Überweisung an sich durch »Phishing« von TANs
   - **Fehlende Schutzwürdigkeit des Empfängers/Dritten**
     – zB Dritter fälscht Überweisungsauftrag, Dritter kennt den Widerruf der Anweisung
     – zB Dritter veranlasst Überweisung an sich durch »Phishing« von TANs
   - **Fehlerhafte/Unwirksame Anweisung** an Angewiesenen[258]
     – zB Anweisung durch *falsus procurator* oder Geschäftsunfähigen
     – zusätzlich erforderlich: keine sonstige Zurechnung der Anweisung zum Anweiser, da ansonsten wieder das Veranlasserprinzip – diesmal zu seinen Lasten – greift

Merke: Das alles steht relativ gut bei Palandt/*Sprau* BGB § 812 Rn. 54 ff.!

---

255 Vgl. dazu unbedingt *Kaiser/Kaiser/Kaiser* Zwangsvollstreckungsklausur Rn. 102 ff. **Sehr klausurrelevantes Thema!**
256 Vgl. dazu unbedingt *Kaiser/Kaiser/Kaiser* Zwangsvollstreckungsklausur Rn. 107. **Sehr klausurrelevantes Thema!**
257 Palandt/*Sprau* BGB § 812 Rn. 79.
258 In allen diesen Durchgriffsfällen kann man den Direktanspruch des Zahlenden zusätzlich auch damit begründen, dass die Zahlung dem Anweiser nicht zugerechnet werden kann. Eine vorrangige Leistung, die sperren könnte, läge dann schon gar nicht vor.

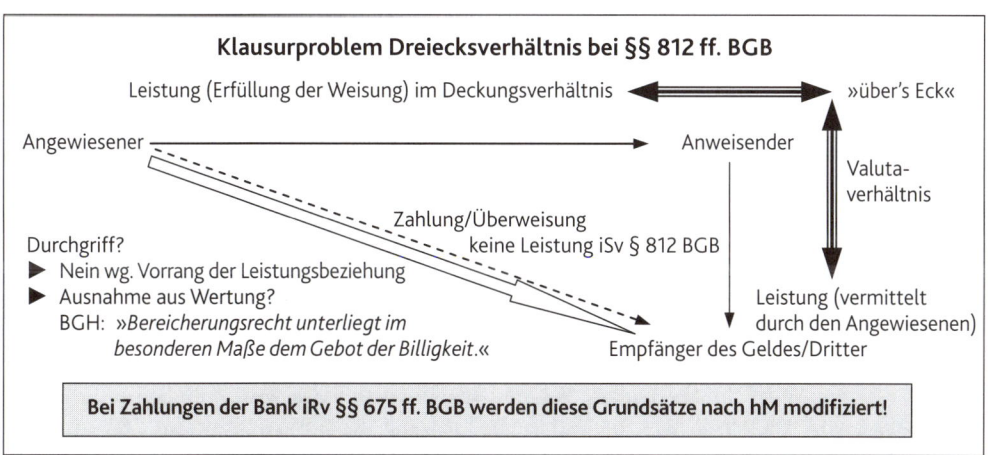

Der **Anweisungsfall** ist die »Mutter aller bereicherungsrechtlichen Dreiecksverhältnisse« und auch der wichtigste Fall im Assessorexamen, sodass auf diese Situation im Folgenden näher eingegangen werden muss. Weitere problematische Fälle von Mehrpersonenverhältnissen können – anders als im ersten Examen! – schnell mit dem Kommentar gelöst werden (zB Kondiktion bei VSD oder in den Zessionsfällen, bei Palandt/*Sprau* BGB § 812 Rn. 61 ff.!). Nichts lernen, was im Assessorexamen so selten vorkommt!

Problem: Dreiecksverhältnis in den Anweisungsfällen

- Wegen der zweifachen Zweckbestimmung des Angewiesenen liegt **keine eigene Leistung an den Dritten** vor: Er leistet vielmehr an den Anweisenden (Deckungsverhältnis: Erfüllung der vertraglichen Vereinbarung) und der Anweisende leistet – ausgeführt durch den Angewiesenen als »Leistungsmittler« – an den Dritten (Valutaverhältnis). Im Verhältnis zum Empfänger (Zuwendungsverhältnis) besteht keine eigene Leistung, sondern nur eine reine Zahlung = Realakt. Es entsteht also das klassische Dreiecksverhältnis, in dem **»über's Eck«** abgewickelt wird (Ausnahmen wegen Wertung s. oben), wenn insoweit der Rechtsgrund fehlt.

- Nach Einführung der **§§ 675f ff. BGB** ist nach hM bei 3-Personen-Verhältnissen, bei denen die Bank als Angewiesene Zahlungsdienste für den Bankkunden iRe **Zahlungsdiensterahmenvertrages** (früher Girovertrag) im Deckungsverhältnis erbringt, wegen der vorrangigen Regelungen von §§ 675f ff. BGB die **bisherige oben geschilderte Rspr. zu den Rückabwicklungsketten zu modifizieren.** Nach § 675u S. 2 BGB hat der Bankkunde einen **Wiedergutschriftsanspruch** gegen die Bank, wenn die Zahlung nicht iSv § 675j BGB autorisiert war. Die Bank kann dem nach § 675u S. 1 BGB keinen Erstattungsanspruch (zB aus §§ 675f, c, 670 BGB oder § 812 BGB) entgegenhalten. Die **Autorisierung fehlt**, wenn der Bankkunde keine Zustimmung erteilt (zB Phishing von TANs, Kreditkartendiebstahl, Fälschung eines Überweisungsträgers, Anweisung durch einen *falsus procurator*), er den Auftrag nach § 675p BGB widerruft, mit der Bank die Nichtausführung des Auftrages vereinbart, die Weisung nach §§ 119 f. BGB angefochten oder die Bank irrtümlich zuviel überwiesen hat. Auf das Veranlasserprinzip oder sonstige typisch bereicherungsrechtliche Wertungskriterien kommt es hier grds. nicht an. In den Fällen fehlender Autorisierung muss die Bank gegen den Dritten/Zahlungsempfänger vorgehen können, damit die ursprüngliche Vermögenssituation wieder hergestellt ist. Dies kann sie mit der Eingriffskondiktion, und zwar stets dann, wenn sie selbst den Betrag nach § 675u S. 2 BGB dem Bankkunden wieder gutschreiben muss.[259] Ist die Zahlung dagegen autorisiert, darf die Bank das Geld vom Konto abheben und an den Dritten zahlen. Der Bankkunde muss zB nach § 812 BGB gegen den Dritten vorgehen, wenn diesem der Betrag nicht zusteht (dann Abwicklung über's Eck).

---

259 BGH NJW 2015, 3093 ff.; Palandt/*Sprau* BGB § 812 Rn. 107a mwN. Oft würde man auch nach den alten Kriterien zum gleichen Ergebnis kommen.

- Hat der Bankkunde in Fällen des Wiedergutschriftsanspruchs gegen die Bank **alternativ einen Zahlungsanspruch gegen den Dritten/Empfänger** (Eingriffskondiktion)? Nein. Wegen des Anspruchs auf Wiedergutschrift liegt kein Vermögensverlust und daher kein Erwerb »auf Kosten« des Bankkunden vor.[260]
- Wendet die Bank ggü. dem Wiedergutschriftsanspruch ein, der Bankkunde habe durch eine **Sorgfaltspflichtverletzung** die von der Bank durchgeführte Auszahlung an einen unberechtigten Dritten mitverantwortet, so trägt sie dafür die Beweislast (wobei zulasten des Kunden Anscheinsbeweisgrundsätze greifen können).[261] Schafft sie diesen Beweis, muss sie den Betrag nicht wieder gutschreiben, wobei die rechtliche Konstruktion problematisch ist. Bei mitverschuldeter missbräuchlicher Verwendung von Kreditkarten ist für diese Fälle in **§ 675v BGB** ein spezieller Schadensersatzanspruch der Bank geregelt, den sie dem Wiedergutschriftsanspruch des Kunden nach § 242 BGB (*dogo agit*) entgegensetzen kann, ohne dass es einer Aufrechnung bedarf.[262] Handelt es sich um das vom Kunden verschuldete **Phishing von TANs**, so kann die Bank den Einwand der Sorgfaltspflichtverletzung nicht über § 242 BGB geltend machen, sondern gleich mit ihrem Anspruch aus § 675v BGB aufrechnen.[263] Gleiches gilt bei einer Aufsichtspflichtverletzung bzgl. der sicheren Verwahrung der Online-Banking Datenlisten.[264] Der Bankkunde muss dann – weil er von der Bank nichts bekommt – nach § 812 BGB und ggf. § 823 II BGB iVm § 263a StGB gegen den Dritten vorgehen. **Das ist alles schon zigfach in Assessorklausuren im Ringtausch der LJPAs und in Bayern vorgekommen und ist nicht klausurgeeignet im Palandt kommentiert. Das haben Sie daher schlicht und einfach auswendig zu lernen!**

> **Merke:** Zahlt die Bank iRe Zahlungsdiensterahmenvertrages, dann gelten nunmehr die oben beschriebenen, durch §§ 675u, 675v BGB geprägten Besonderheiten bei den Dreiecksverhältnissen. Außerhalb dieser Fallgruppe gelten die bisherigen – idR auf Veranlasser- und Rechtsschein abstellende – Grundsätze der Rspr. »zum Dreieck« fort.

> **Klausurtipp:** Klausurrelevant ist in dem Zusammenhang auch die **Haftung des Transfermanagers** (derjenige, der Internetbetrügern sein Konto zum Zwischenparken der Gelder zur Verfügung stellt) aus §§ 812, 823 II BGB iVm § 261 StGB. Lesen Sie dazu bei ausreichend Zeit die lehrreiche Entscheidung **BGH NJW 2013, 1158 f.**, die Entscheidung lief schon mehrfach!

---

260 BGH NJW 1994, 2357 ff.; OLG Zweibrücken MMR 2010, 346 f.; OLG Hamburg ZIP 2006, 1981 ff.

261 Palandt/*Sprau* BGB § 675w Rn. 4 mwN.

262 OLG Düsseldorf NJW 2012, 3381 f.; LG Düsseldorf Urt. v. 10.2.2011 – 21 S 81/10, BeckRS 2011, 23927; LG Würzburg Beschl. v. 29.9.2011 – 53 S 1573/11, BeckRS 9998, 42189; AG Köln NJW-RR 2015, 888; Logischer wäre es allerdings – wie in den Phishing-Fällen – direkt über die Konstruktion einer Aufrechnung durch die Bank zu argumentieren. Die Praxis macht es (noch) anders, weil der Weg über § 242 BGB ein Relikt aus alten Zeiten ist.

263 BGH NJW 2012, 2422 ff.; OLG München Urt. v. 23.1.2012 – 17 U 3527/11, BeckRS 9998, 63602; LG Berlin NJW-RR 2012, 570 f.; LG Köln NJW 2014, 3735 f.; AG Köln Urt. v. 20.1.2014 – 142 C 406/13, BeckRS 2014, 14930; AG Krefeld Urt. v. 6.7.2012 – 7 C 605/11, BeckRS 2012, 23932.

264 Gibt der Kunde seine Online-Banking-Daten bewusst weiter und werden Sie dann vom Dritten missbräuchlich verwendet, dann kann die Bank ggü. dem Wiedergutschriftsanspruch schon einwenden, es liege nach Anscheinsvollmachtsgesichtspunkten eine Autorisierung der Zahlung vor, vgl. OLG Schleswig Urt. v. 19.7.2010 – 3 W 47/10, BeckRS 2010, 21573.

§ 8 Sonstige Ansprüche

A. Der Vertrag zugunsten Dritter (VzD)

Der echte VzD ist in **§§ 328 ff. BGB** geregelt. Hier erwirbt der Dritte ein eigenes Forderungs-   65
recht gegen den Schuldner kraft Vereinbarung der beiden Vertragspartner. Anspruchsgrundlage ist dann nicht »*der VSD*« sondern der jeweilige Vertrag »*iVm § 328 BGB*«. Da der Dritte
aber nicht Vertragspartner wird, stehen ihm idR keine eigenen Mängelrechte zu. Verträge zulasten Dritter sind mit dem Grundsatz der Privatautonomie nicht vereinbar und daher unwirksam. Auch dingliche Verträge zugunsten Dritter sind unzulässig.

Was waren die häufigsten Beispiele für VzD in den bisherigen Assessorklausuren?

- **Sparbuch**, welches zugunsten eines Dritten angelegt wird, → Rn. 43
- **Mäklerklausel** in einem Grundstückskaufvertrag, → Rn. 74
- **Reiseverträge** vor allem zugunsten von Angehörigen des Reisenden, → Rn. 77
- **Lebensversicherungsvertrag** mit Bezugsberechtigung zugunsten eines Dritten (s. unten)

Der **Lebensversicherungsvertrag mit Bezugsberechtigung zugunsten eines Dritten** soll
jetzt im Fokus stehen. IdR liegt ein VzD iSv §§ 328, 331 BGB iVm § 159 VVG zwischen dem
Versicherungsnehmer und der Versicherung vor. Diese Summe ist dann nicht Bestandteil des
Nachlasses. Problematisch ist, ob die Bezugsberechtigung geändert wurde. Grds. kann die
Bezugsberechtigung bis zum Eintritt des Versicherungsfalles (= Tod des Versicherungsneh-
mers) geändert werden, wenn das Widerrufsrecht nicht ausgeschlossen wurde, vgl. § 159
VVG. Im Falle des wirksamen Widerrufs hat der Dritte idR keine Handhabe, an das Geld
heranzukommen. Die Kommentierung im Palandt zu § 331 und § 332 BGB ist hier hilfreich!

**Beim Lebensversicherungsvertrag gibt es vier Standardsituationen im Examen (keine davon
ist richtig gut und kompakt im Palandt kommentiert!):**

- **Typ 1**: Es klagt der Bezugsberechtigte **gegen die Lebensversicherung** auf Auszahlung der Versicherungssumme. Anspruchsgrundlage ist der Lebensversicherungsvertrag iVm §§ 328, 331 BGB
  iVm § 159 VVG. IdR geht es dann um Probleme der wirksamen Änderung der Bezugsberechtigung. Ist diese nicht wirksam geändert worden, stellt sich das Problem, ob die Versicherung die
  Auszahlung verweigern kann, wenn der Bezugsberechtigte die Summe sofort an die Erbin (zB die
  Ehefrau des Versicherungsnehmers) weiterreichen müsste (s. unten). Der Versicherung stünde
  dann die Dolo-agit-Einrede zu.[265] Übrigens: Hat die Versicherung das Schenkungsangebot an
  den Bezugsberechtigten nicht rechtzeitig weitergeleitet und konnte die Erbin deshalb die
  Schenkung im Innenverhältnis durch Widerruf der Botenmacht ggü. der Versicherung verhindern, kann der Bezugsberechtigte auf einen Schadensersatzanspruch gegen die Versicherung
  umschwenken. Anspruchsgrundlage ist § 280 BGB des Botenauftrages iVm den Grundsätzen
  des VSD, so BGH NJW 2013, 2588 f. Würde man alleine darauf kommen? Nie! Perfekter Fall für
  die LJPAs!
- Bei **Typ 2** zahlt die Versicherung die Kapitalsumme **an die Erbin** des Versicherungsnehmers aus.
  Der Bezugsberechtigte verklagt nun die Ehefrau auf Zahlung dieser Summe an ihn. Welche Anspruchsgrundlage ist der Klausureinstieg? Erst nachdenken, dann Fußnote lesen![266]

---

265 *Langheid/Müller-Frank* NJW 2009, 337; anders wohl OLG Nürnberg MDR 2016, 160 f.: keine Rechte der
     Versicherung aus Valutaverhältnis.

266 Lösung: § 816 II BGB. Die Eingriffskondiktion dürfte daneben idR nicht greifen, weil die Versicherungs-
     summe von der Versicherung oder zumindest vom Erblasser geleistet sein dürfte und daher der Vorrang
     der Leistungsbeziehung gilt. Wenn eine Leistung verneint würde (wohl vertretbar bei entsprechender Ar-
     gumentation), so wäre die Eingriffskondiktion möglich, würde aber ohnehin zum selben Ergebnis wie
     § 816 II BGB führen. Die Ehefrau wird sich hinsichtlich der »Berechtigung« iSv § 816 II BGB auf § 1922
     BGB berufen, die Einsetzung des Klägers als Bezugsberechtigten würde aber vorgehen, weil der Anspruch
     aus der Lebensversicherung bei wirksamer Bezugsberechtigung eines Dritten nicht in den Nachlass fällt.
     Hier wird die Erbin zumindest konkludent die Dolo-agit-Einrede geltend machen. Diese Einrede greift
     durch, wenn der Bezugsberechtigte die Summe sofort wieder an die Erbin – zB aus LK – herausgeben
     müsste, was dann inzident zu prüfen ist.

- Bei **Typ 3** zahlt die Versicherung **an den Bezugsberechtigten**. Die Erbin verklagt nun den Bezugsberechtigten auf Zahlung an sich. Hat sie Erfolg?[267]
- Bei **Typ 4 hinterlegt die Versicherung** den Betrag nach § 372 BGB (zuletzt **März 2014!**). Dann streiten sich die beiden Forderungsprätendenten (Erbin – Bezugsberechtigter) um dessen Freigabe (idR mit Klage und spiegelbildlicher Widerklage). Anspruchsgrundlage ist Eingriffskondiktion (→ Rn. 64: Blockierstellung). Der Bezugsberechtigte ist formal nach §§ 328, 331 BGB Auszahlungsberechtigter, ihm steht der Betrag aber nur dann endgültig zu, wenn der Einsetzung eine wirksame Schenkung mit dem Erblasser zugrunde liegt (Inzidentprüfung).[268]

Sie sehen, dass es praktisch in allen Klausuren auf die Frage ankommt, ob der Bezugsberechtigte im Verhältnis zum Versicherungsnehmer bzw. seinem Erben einen **Rechtsgrund für die Einsetzung als Bezugsberechtigter** hat. Die Einsetzung als Bezugsberechtigter stellt eine **Schenkung** im Valutaverhältnis Erblasser/Versicherungsnehmer – Bezugsberechtigter dar, die als Rechtsgrund infrage kommt. Dieser Schenkungsvertrag kann entweder zu Lebzeiten des Erblassers oder erst nach dem Tod des Erblassers (dann überbringt die Versicherung als Erklärungsbotin das Schenkungsangebot des Erblassers und zwar idR nur konkludent durch Auszahlung der Versicherungssumme; der Bezugsberechtigte kann dieses konkludent nach § 153 BGB auch nach dem Tod des Erblassers annehmen, wobei der Zugang der Annahme nach § 151 BGB entbehrlich ist) geschlossen worden sein. Die Erbin kann die wirksame Schenkung verhindern, indem sie entweder unter den Voraussetzungen von § 130 I 2 BGB gegenüber dem Bezugsberechtigten das Schenkungsangebot oder nach §§ 671, 168 S. 1 BGB gegenüber der Versicherung vor Übermittlung des Schenkungsangebotes den Auftrag zur Übermittlung – und damit die Botenmacht – widerruft, wenn das Widerrufsrecht nicht ausgeschlossen wurde.[269] Dann würde die Versicherung als Botin ohne Botenmacht auftreten, es gelten §§ 177 ff. BGB analog. Schafft die Erbin das nicht, kommt es darauf an, ob die Schenkung im Valutaverhältnis wirksam ist. Diese könnte sowohl eine Schenkung nach §§ 516 ff. BGB (dann notarielle Form nach § 518 I BGB nötig) als auch eine nach § 2301 I BGB sein (§ 2301 I BGB wird von der Rspr. als Verweis vor allem auf § 2276 BGB verstanden, ergo: auch notarielle Form erforderlich). Da idR die **notarielle Form nicht eingehalten wurde**, kommt es darauf an, ob sich die Heilung des Formmangels nach § 518 II BGB oder nach der strengeren Norm § 2301 II BGB (danach ist nach der Rspr. ein sog. »lebzeitiges Vermögensopfer« des Erblassers nötig; Argument: Wortlaut von § 2301 II BGB »*Vollzieht der Schenker …*« – vgl. Palandt bei § 2301 BGB mit vielen Beispielen zum lebzeitigen Vermögensopfer!) bemisst. **Zu fragen ist daher, welche Art der Schenkung vorliegt: eine nach §§ 516 ff. oder § 2301 BGB (Knackpunkt der Klausur)?** Der BGH lässt § 2301 BGB im Valutaverhältnis nicht zur Anwendung kommen, wenn zwischen Versicherungsnehmer und Versicherung (wie hier) im Deckungsverhältnis ein VzD auf den Todesfall nach § 331 BGB vorliegt (vgl. → Rn. 90). **Es gilt also § 518 BGB**, sodass der Formmangel durch Vollzug der Schenkung nach § 518 II BGB geheilt ist. Der Vollzug ist der Eintritt des Versicherungsfalls (Tod des Versicherungsnehmers), da dann der Anspruch aus dem Lebensversicherungsvertrag (plus das Eigentum am Schein) auf den Bezugsberechtigten übergeht. Dies bedeutet, dass der Vollzug nach § 518 II BGB auch zeitlich vor der Annahme des Schenkungsangebotes stattfinden kann.[270] Eine Rückforderung der Summe vom Bezugsberechtigten kommt schließlich auch bei entsprechenden Anhaltspunkten

---

267 Möglich wäre §§ 1922, 812 I 1 Alt. 1 BGB. Das erlangte »Etwas« ist die Bezugsberechtigung für den Anspruch aus dem Lebensversicherungsvertrag iVm §§ 328, 331 BGB. Mit Auszahlung der Summe surrogiert der Geldbetrag den Auszahlungsanspruch, § 818 I BGB. Geleistet hat der Erblasser mittels der Versicherung, in dessen Rechtsposition die Erbin eingetreten ist. Rechtsgrund ist idR eine Schenkung, dessen Wirksamkeit dann inzident zu untersuchen ist. § 816 II BGB scheidet als Anspruchsgrundlage aus, weil der Bezugsberechtigte wegen seiner Auszahlungsbefugnis nicht »Nichtberechtigter« iSv § 816 II BGB ist. Eine Abwandlung wäre, dass die Erbin den **Versicherungsschein** vom Bezugsberechtigten herausverlangt. Die Lösung dieser Abwandlung ist identisch mit dem Sparbuchfall unter → Rn. 90.

268 BGH NJW 2013, 3448 ff.; OLG Köln Urt. v. 15.6.2012 – 20 U 160/11, BeckRS 2012, 18439; *Vollersen* JURA 2009, 923 ff. Dogmatisch würde es sich hier wieder um die Dolo-agit-Einrede der Erbin handeln, die ihm ggü. dem Bezugsberechtigten zusteht, wenn Letzterem der Rechtsgrund fehlt.

269 Palandt/*Grüneberg* BGB § 331 Rn. 5; BGH NJW 2008, 2702 ff.; 1975, 382 ff.

270 BGH NJW 1975, 382 und 1965, 1913 f.

nach §§ 528, 530 BGB oder § 2287 BGB (→ Rn. 97) in Betracht, wobei allerdings die Vererblichkeit der §§ 528, 530 BGB problematisch ist (vgl. dortige Kommentierung im Palandt!). Zudem stellt § 528 BGB darauf ab, dass die Verarmung nach der Vollziehung der Schenkung eingetreten sein muss. In den Klausurfällen ist jedoch der Schenkungsvertrag idR erst nach dem Tod des Schenkers zustande gekommen. Lesen Sie zu dem gesamten Komplex unsere **Musterklausur:** *Kaiser* **JA 2011, 49 ff.** Es gab schon zig Klausuren dazu!

B. Der Vertrag mit Schutzwirkung zugunsten Dritter (VSD)

Im Unterschied zum VzD erlangt der Dritte beim VSD keinen eigenen Primäranspruch. Er wird hier lediglich im Wege der ergänzenden Vertragsauslegung (so die dogmatische Rechtsgrundlage nach der Rspr.) in den Schutz eines fremden Schuldverhältnisses einbezogen und erhält bei einer Pflichtverletzung des Schuldners einen eigenen Schadensersatzanspruch. »Vertrag« mit Schutzwirkung ist eigentlich ungenau, da auch die c.i.c. Schutzwirkung zugunsten Dritter haben kann. **Der VSD ist inkl. aller Fallgruppen im Palandt bei § 328 BGB kommentiert.**

> **Merke:** Schreiben Sie nie »*Dem Kläger steht ein Anspruch aus VSD zu.*« Der VSD ist keine eigene Anspruchsgrundlage! Es muss zB heißen: »*... aus § 536a I BGB iVm den Grundsätzen des VSD*« oder »*... aus § 280 I BGB iVm den Grundsätzen des VSD*«. Als Anspruchsgrundlage dient also immer ein bestimmter Anspruch eines Primärgläubigers, der über die Grundsätze des VSD auch für Dritte Schutz bewirkt.

> **Die Prüfungsreihenfolge für die Klausur ist die folgende:**
>
> 1. Ist aus einem drittschutztauglichen Rechtsverhältnis ein **Sekundäranspruch** entstanden? ZB §§ 536a, 280 ff. BGB, pVV, c.i.c. Ein Schaden beim Primärgläubiger ist irrelevant!
> 2. Entfaltet der Vertrag/das Rechtsverhältnis **Drittschutz? (+)**, wenn folgende Voraussetzungen erfüllt sind:
>   a) **Leistungsnähe:** Der Dritte kommt mit den Leistungen des Schuldners bestimmungsgemäß ebenfalls in Berührung, daher vergleichbare Gefahr einer Rechtsgutverletzung wie beim Primärgläubiger.
>   b) **Gläubigernähe:** Wenn Primärgläubiger »für das Wohl und Wehe des Dritten« verantwortlich ist (Kinder, Arbeitnehmer) oder er sonstwie ein schutzwürdiges Interesse daran hat, dass der Dritte in den Vertragsschutz einbezogen wird. Der Primärgläubiger kann mit dem Schuldner (auch in AGB und auch konkludent) vereinbaren, dass Dritte vom Schutz ausgeklammert sind.[271]
>   c) **Erkennbarkeit** der Kriterien a) und b) für den Schuldner bei Vertragsschluss. Dabei reicht objektive, dh abstrakte Erkennbarkeit aus.
>   d) **Schutzbedürftigkeit** des Dritten: (–), wenn der Dritte aus dem Schadensfall bereits einen **gleichwertigen vertraglichen** Anspruch egal gegen wen hat. Es ist irrelevant, ob dieser Anspruch realisierbar ist oder nicht.
>
> Der Schuldner kann dem Dritten nach hM alle Einreden aus dem Hauptvertrag und ein etwaiges Mitverschulden des Gläubigers entgegenhalten (**Rechtsgedanke § 334 BGB**). Auch ein eigenes Mitverschulden des Dritten selbst ist nach § 254 BGB zu berücksichtigen.

Beispiele aus Examensklausuren zum VSD sind der **Mietvertrag** (→ Rn. 84), der **Reisevertrag** (→ Rn. 77) und der **Werkvertrag** (zB für Familie oder Arbeitnehmer des Bestellers). Auch **Verträge der Eltern** mit Dritten iRd Freizeitgestaltung ihrer minderjährigen Kinder (Reitunterricht/Indoorspielplatz etc.) und die **c.i.c. der Mutter** (Mutter nimmt Kind zum Einkaufen mit, Kind wird im Laden von Linoleumrolle überrollt) entfalten Drittschutz für das Kind (daneben an Deliktsrecht denken!). In den letzten beiden Konstellationen ist dann die Problematik der gestörten Gesamtschuld und die Zurechnung des Mitverschuldens der

---

271 So die hM; vgl. Palandt/*Grüneberg* BGB § 328 Rn. 17a; OLG Karlsruhe Urt. v. 14.8.2013 – 1 O 63/13; OLG Frankfurt a.M. Urt. v. 6.3.2013 – 1 U 114/12, BeckRS 2014, 07818.

66

Eltern zu problematisieren (→ Rn. 62). Der aus der Ersten Prüfung bekannte Gutachtervertrag mit einem Experten (§ 311 III BGB wird von der Rspr. bei der Expertenhaftung abgelehnt) wäre auch ein Beispiel, ist aber bislang im Assessorexamen nicht relevant gewesen.

> **Klausurtipp:** Ein **aktueller Fall aus vielen Mündlichen:** Ein Zuschauer wird bei einem **Fußballspiel** von einem bengalischen Feuer eines anderen Fans verletzt. Ansprüche des Verletzten gegen den Verein? Ansprüche gegen den zündelnden Fan? Ansprüche des Vereins gegen den zündelnden Fan wg. der DFB-Strafe? Denken Sie nach und lesen erst danach die Fußnote.[272]

Tolle Vorlagen für die LJPAs und Übungsfälle sind (alles lesen, Klausuren bestehen immer aus Entscheidungen!):

- **BGH NJW 2011, 139:** »Reitturnier« (lief schon als Klausur, seitdem ein **alltime favorite** in der Mündlichen!)
- **BGH NJW 2013, 1002:** »Das leere Einkaufszentrum«
- **OLG Hamm NJW-RR 2013, 1038:** »Reitunterricht«
- **OLG Karlsruhe Urt. v. 14.8.2013 – 1 O 63/13:** »Pferde-AKU im Verkäuferauftrag« (beliebter Fall!).[273]

C. Die Drittschadensliquidation (DSL)

67 Stellen Sie sich vor, jemand hat wg. einer vertraglichen Pflichtverletzung einen Anspruch gg. den Schädiger, jedoch wegen eines besonderen Rechtsverhältnisses zu einem Dritten zufällig keinen Schaden, weil der Schaden sich auf den Dritten verlagert hat. Der Dritte wiederum hat keinen Anspruch, um den bei ihm gelandeten Schaden zu liquidieren. Wer lacht zuletzt? Der Schädiger, da er an keinen zahlen müsste. Das kann nicht sein! In den Fällen, in denen diese **Schadensverlagerung für den Schädiger zufällig ist**, wird auf das nicht kodifizierte Institut der DSL zurückgegriffen, wenn nicht Sonderregeln wie zB der Frachtvertrag, §§ 407 ff. HGB (vgl. § 421 HGB!), greifen.

> **Voraussetzungen der DSL (kommentiert im Palandt/*Grüneberg* BGB Vorb v § 249 Rn. 105 ff.!):**
> 1. **Dem anspruchsberechtigten Gläubiger ist kein Schaden iSv §§ 249 ff. BGB entstanden.**
> 2. **Der Geschädigte hat keinen eigenen Anspruch gegen den Schädiger.**
>   - Hier prüfen Sie mögliche Ansprüche des Geschädigten. Die DSL ist zB ausgeschlossen, wenn dem Geschädigten aus den Grundsätzen des VSD ein Anspruch zusteht.
>   - Grds. greift die DSL nur, wenn der Geschädigte ansonsten ohne einen eigenen Anspruch dastünde. Der BGH lässt aber die DSL vor allem in den Obhutsfällen auch dann zu, wenn der Geschädigte einen deliktischen Anspruch hat.[274] Für diesen kann das wg. der günstigen Beweislast gem. § 280 I 2 BGB wichtig sein.
> 3. **Es ist eine »zufällige Schadensverlagerung« eingetreten**
>   - Die wichtigsten Fallgruppen sind:
>   - Mittelbare Stellvertretung (hier kann der mittelbare Stellvertreter den Schaden des Hintermanns liquidieren, vgl. → Rn. 6 zu den im Zweiten Examen häufigen Fällen der mittelbaren Stellvertretung)

---

272 Ansprüche des Verletzten gegen den Verein kommen aus pVV und §§ 823, 831 BGB bei nicht ausreichender Kontrolle der Zuschauer wg. Verletzung einer VSP in Betracht. Gegen den Randalier kommen Ansprüche aus Delikt und aus pVV iVm VSD infrage (Zuschauervertrag des Vereins mit Randalierer kann ein VSD zugunsten anderer Zuschauer sein, jedoch Schutzbedürftigkeit zu verneinen). Wird der Verein vom DFB zur Strafe verdonnert, kann er ggf. beim Randalierer aus pVV Regress nehmen. Woran ist hier zu denken? An die Zurechnungsproblematik des Schutzzwecks der Norm (umstr, in der Rspr., ob dieser zu bejahen ist), vgl. → Rn. 56.

273 Umstr. Gegen VSD für Käufer mangels Schutzbedürftigkeit die wohl herrschende Rspr., vgl. OLG Karlsruhe Urt. v. 14.8.2013 – 1 O 63/13; OLG Hamm NJW-RR 2013 1522 f. mwN; OLG Schleswig VersR 1987, 624; LG Bochum Urt. v. 8.11.2012 – 2 O 521/11, BeckRS 2013, 11698; *Jarling* JA 2015, 536 ff.

274 BGH NJW 1985, 2411 f.; Argument: DSL soll die Schwächen des Deliktsrechts ausgleichen.

- Obhutsfälle (dh berechtigter Besitzer einer fremden Sache schließt mit einem Dritten einen Vertrag ab, der – idR neben anderen Hauptpflichten – bzgl. der Sache eine Obhutspflicht des Dritten begründet[275])
- Gefahrtragungsregeln, §§ 447, 644 BGB
- Beschädigung/Zerstörung eines Vermächtnisgegenstandes durch einen Dritten

Aktueller Fall: Planungsfehler des Architekten ggü. Verpächter, Schadensverlagerung vom Verpächter auf Pächter durch Klauseln im Pachtvertrag (BGH MDR 2016, 325 f.: DSL bejaht)

Die **Rechtsfolge der DSL** ist, dass der vertragliche Gläubiger mit seinem Anspruch den Fremdschaden liquidieren kann (»Schaden wandert zum Anspruch«). Der Geschädigte kann nach § 285 BGB analog iVm den Grundsätzen der DSL vom Gläubiger Abtretung dieses Anspruchs oder – wenn der Schädiger schon an diesen gezahlt hat – Herausgabe des Betrages an sich verlangen. **Klausuren zur DSL kommen im Assessorexamen kaum vor.**

Klausurtipp: Im Falle der DSL kann der Geschädigte im Wege der **gewillkürten Prozessstandschaft** den Anspruch des Gläubigers gegen den Schädiger einklagen. Das schutzwürdige Eigeninteresse des Prozessstandschafters liegt in der Gefahr, sonst auf dem Schaden sitzen zu bleiben.[276]

D. Die wichtigsten Regressvorschriften

Der Paradefall eines Regresses ist, dass der Kläger eine Schuld getilgt hat und sich nun im Wege des **Rückgriffs** bei dem eigentlich oder bei anderen Verpflichteten schadlos halten möchte. Die für die Klausuren wichtigsten Rückgriffsvorschriften sind **§ 426 I BGB, GoA** (→ Rn. 34) und die – subsidiäre – **Rückgriffskondiktion** (→ Rn. 64). Als gesetzlicher Regressanspruch kann **§ 86 VVG** relevant sein, wenn eine Versicherung gezahlt hat. § 426 BGB ist dabei ggü. GoA und der Rückgriffskondiktion vorrangig (→ Rn. 34, 64). **68**

Da GoA und § 812 BGB schon besprochen wurden, bleibt jetzt die **Gesamtschuld** nach §§ 421 ff. BGB übrig. Sie kommt – vereinfacht gesagt – bei gleichstufiger Haftung mehrerer Schuldner ggü. einem Gläubiger in Betracht. Gesamtschuld ist Flickwerk der Rspr., daher sollten Sie bei der Frage, ob eine Gesamtschuld vorliegt, stets mit dem Palandt bei § 421 BGB arbeiten. Wichtig ist § 840 BGB (lesen!). Einstieg in die Klausur ist immer § 426 BGB. **Was ist eigentlich der Unterschied zwischen § 426 I und II BGB?**[277] Hinzukommen können Schadensersatzansprüche unter den Gesamtschuldnern, zB aus § 280 BGB, da das Gesamtschuldverhältnis ein gesetzliches Schuldverhältnis ist. Besteht zwischen zwei Schädigern keine Gesamtschuld, kann über §§ 273, 255 BGB ein ähnliches Ergebnis wie bei § 426 II BGB erreicht werden.

Klausurtipp: Sehr klausurrelevant sind Regressansprüche in der **Anwaltsklausur** und zwar insbesondere dann, wenn Sie den Beklagten vertreten und Regressansprüche des Mandanten infrage kommen. Warum?[278]

---

275 Schulbeispiel: A leiht von B einen Anzug und gibt diesen bei C in die Reinigung. C beschädigt den Anzug. A kann ggü. C den Schaden des B geltend machen. **Klausurbeispiel aus dem Julitermin 2013:** A darf bei einem von C organisierten Fallschirmkurs den Fallschirmanzug ihrer Freundin B benutzen. C macht einen Fehler, A stürzt ab und der Anzug wird beschädigt. A kann ggü. C den Schaden der B geltend machen. **Aktenvortrag aus zwei Prüfungen 2014 und 2015:** A betreibt eine Firma für Tondesign und vermietet Musikanlagen. B will eine Anlage mieten, A hat aber gerade keine. Mit Zustimmung seines Kumpels C vermietet A die Anlage des C an den B. B rückt sie nicht wieder raus, A will aus §§ 546, 281 BGB Schadensersatz iHd Wertes der Anlage. A kann hier den Schaden des C bei B liquidieren (so die gewollte Lösung der Kommission).

276 Vgl. zur gewillkürten Prozessstandschaft *Kaiser/Kaiser/Kaiser* Zivilgerichtsklausur I Rn. 353 ff. und *Kaiser/Kaiser/Kaiser* Anwaltsklausur Rn. 18.

277 Es handelt sich um zwei verschiedene Anspruchsgrundlagen: § 426 I BGB ist ein eigener Anspruch gegen den anderen Gesamtschuldner, der ab Entstehung der Gesamtschuld entsteht. Vor der Zahlung kann vom anderen Gesamtschuldner Freistellung verlangt werden, wenn die ernsthafte Möglichkeit der eigenen Inanspruchnahme besteht. Dem Anspruch aus § 426 I BGB können keine Einwendungen aus dem Verhältnis zum Gläubiger entgegengehalten werden. § 426 II BGB dagegen normiert den Übergang der fremden Gläubigerforderung auf den zahlenden Gesamtschuldner (hier Schuldnerschutz durch §§ 412, 404 ff. BGB) mit den dafür gegebenen akzessorischen Sicherheiten, §§ 412, 401 BGB. Das ist das Prickelnde an § 426 II BGB! Die Verjährung bei § 426 II BGB richtet sich nach dem jeweils übergegangenen Anspruch.

278 Weil dann an eine **Streitverkündung** zu denken ist. Lesen Sie dazu unbedingt *Kaiser/Kaiser/Kaiser* Anwaltsklausur Rn. 69.

Es gibt auch Konstellationen, in denen eine Partei mit einer Verbindlichkeit ggü. einem Dritten belastet ist und von seinem Schuldner **Freistellung verlangt**. Mögliche **Anspruchsgrundlagen** für eine Freistellung können sich zB aus einer vertraglichen Vereinbarung, aus § 426 I bei Gesamtschuldnern, aus GoA iVm § 257 BGB oder aus einem Schadensersatzanspruch (Schaden = Belastung mit der Verbindlichkeit ggü. dem Dritten) ergeben. Der Gläubiger eines vertraglichen Freistellungsanspruchs muss dem Freistellungsverpflichteten die Gelegenheit zur Zahlung an den Drittgläubiger geben. Wenn der Gläubiger dem Verpflichteten dazu erfolglos eine Frist gesetzt hat und schließlich selbst an den Drittgläubiger zahlt, so **wandelt sich der vertragliche Freistellungsanspruch in einen Regressanspruch des Gläubigers aus § 281 BGB und Verzug um**.[279] Bei Freistellungsansprüchen aus einem Schadensersatzanspruch ergibt sich Ähnliches aus **§ 250 BGB (lesen!)**.

---

279 BGH NJW 2002, 2382; 1983, 1729 f.; ohne Fristsetzung nur GoA möglich.

2. Teil. Die wichtigsten Vertragstypen

§ 1 Der Bürgschaftsvertrag, §§ 765 ff. BGB

A. Einstieg

Da in der Praxis eher Sicherheiten wie Grundschuld oder Hypothek bevorzugt werden, spielt **69** die Bürgschaft im Assessorexamen keine große Rolle. Die relevanten Probleme sind auch überschaubar.

B. Der Anspruch des Gläubigers gegen den Bürgen, § 765 BGB

Durch den Bürgschaftsvertrag verpflichtet sich der Bürge gegenüber dem Gläubiger eines Dritten, für die Erfüllung der Verbindlichkeit des Dritten/Hauptschuldners **akzessorisch einzustehen**. Wenn sich der Umfang der gesicherten Forderung erhöht, erweitert sich auch die Bürgschaft. Mindert sich diese, gilt Gleiches für die Bürgschaftsforderung.

> **Voraussetzungen für Anspruch gegen Bürgen aus § 765 BGB:**
> 1. Einigung iSd § 765 BGB
> 2. in der Form des § 766 BGB
> 3. Bestehen der zu sichernden Forderung (wg. Akzessorietät!)
> 4. Keine Gegenrechte des Bürgen

I. Die Einigung über eine Bürgschaft gem. § 765 BGB

Ein bekanntes Problem sollte die **Abgrenzung** der Bürgschaft zu anderen Formen der Haftung sein. Hier stellt die Rspr. vor allem auf die Interessenlage der Parteien ab. Der Wortlaut der Erklärung ist Anhaltspunkt, bindet aber nicht:

- **Mitdarlehensnehmer** ist nur derjenige, der ein eigenes sachliches und/oder persönliches Interesse an der Kreditaufnahme hat sowie gleichberechtigt neben dem anderen Darlehensnehmer einen Anspruch auf Auszahlung der Darlehensvaluta haben und im Gegenzug gleichgründig zur Zurückzahlung des Darlehens verpflichtet sein soll.
- Ein **Schuldbeitritt** (zT »Mithaft« genannt) liegt vor, wenn der neue Schuldner aus Sicherungszwecken gleichrangig und selbstständig mithaften soll. Dann entsteht eine Gesamtschuld, §§ 421 ff. BGB. Für Einwendungen des Beitretenden gilt § 417 BGB analog. Der Schuldbeitritt ist im BGB nicht geregelt, sodass als Anspruchsgrundlage gg. den Beitretenden die allgemeine Vorschrift § 311 I BGB zu zitieren ist. *(= Schuldmitübernahme)*
- Eine **Schuldübernahme** nach §§ 414 ff. BGB liegt vor, wenn die vollständige Übernahme der Schuld des Hauptschuldners, dh eine Haftung anstelle des Schuldners gewollt ist.
- Eine **Bürgschaft** liegt vor, wenn eine akzessorische Haftung für eine fremde Schuld gewollt ist.

Was vorliegt ist eine **Frage des Einzelfalls** und hängt von Ihrer Klausur ab! Im Palandt ist die Abgrenzung Bürgschaft – Schuldbeitritt im Überbl v § 414 BGB (dh bei der Schuldübernahme!) kommentiert.

> **Beachte**: Es gibt Sonderfälle der Bürgschaft wie zB Rückbürgschaft oder **Bürgschaft auf erstes Anfordern**. Hier lesen Sie sich im Notfall im Palandt in der Einf v § 765 BGB schlau, bitte nichts vorher lernen!

II. Die Formvorschrift des § 766 BGB

Es ist nur die **schriftliche** (kein Fax!) **Erteilung der Bürgschaftserklärung** nötig, nicht erforderlich ist dagegen ein kompletter schriftlicher Bürgschaftsvertrag mit zwei Unterschriften.

Die Parteien und die Hauptschuld müssen als *essentialia negotii* enthalten sein. Die Heilung ist in § 766 S. 3 BGB geregelt. Zum Formerfordernis noch Folgendes:

- **»Erteilung«** heißt: Der Gläubiger muss die Verfügungsmacht über die Bürgschaftsurkunde erlangt haben.
- **Nebenabreden** sind grds. formfrei, es sei denn sie belasten den Bürgen (dann an § 139 BGB denken!).
- **§ 350 HGB** (Formfreiheit) ist zu beachten, wenn ein Handelsgeschäft iSd § 343 HGB vorliegt (→ Rn. 105).
- Die **Vollmachtserteilung** für den Abschluss einer Bürgschaft bedarf ebenfalls der Form des § 766 BGB.
- **Blankobürgschaften** (Bürge unterschreibt Bürgschaft und ermächtigt Vertreter mündlich, die Bürgschaft um den Betrag zu ergänzen) sind nach dem Sinn und Zweck von § 766 BGB unwirksam. § 766 BGB wird nur gewahrt, wenn neben der Blankenturkunde auch die Ausfüllungsvollmacht die Voraussetzungen von § 766 BGB erfüllt (zuletzt **Juni 2015!**). Wird diese Form nicht eingehalten, muss sich der Blankobürge allerdings analog § 172 II BGB an dem Rechtsschein festhalten lassen, wenn später die Urkunde (auch abredewidrig) ausgefüllt wird, dies jedoch nur, wenn der Geschäftsgegner nicht erkennen kann, dass eine formwidrige Blankobürgschaft vorliegt.

> **Beachte:** Die Formvorschrift des § 766 BGB ist **nicht auf den Schuldbeitritt anwendbar**. Beachten Sie aber, dass ggf. §§ 491 ff. BGB einschlägig sind, wenn zu einem Darlehensvertrag beigetreten wird (→ Rn. 71).

III. Bestehen der Hauptschuld zum Zeitpunkt der Eingehung der Bürgschaft

Diese Voraussetzung ergibt sich aus der Akzessorietät der Bürgschaft, § 767 BGB. Hier ist dann eine **Inzidentprüfung** des Anspruchs gegen den Hauptschuldner erforderlich. Die Sicherung künftiger Forderungen durch eine Bürgschaft ist möglich, wenn die künftige Forderung bestimmbar ist, vgl. § 765 II BGB.

IV. Gegenrechte des Bürgen

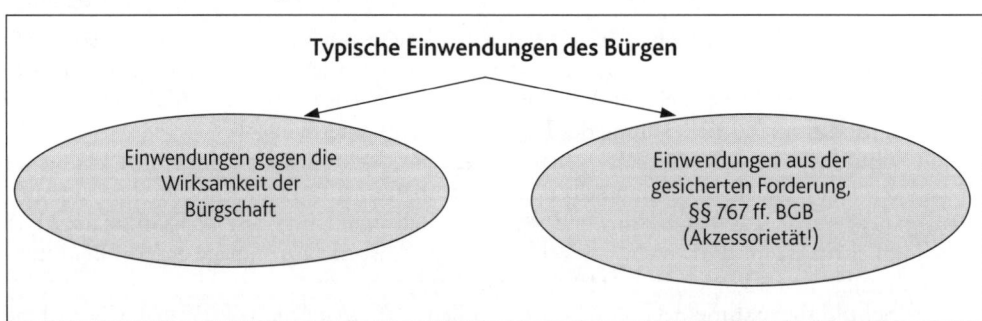

Typische Einwendungen des Bürgen

Einwendungen gegen die Wirksamkeit der Bürgschaft

Einwendungen aus der gesicherten Forderung, §§ 767 ff. BGB (Akzessorietät!)

1. Einwendungen gegen die Bürgschaft selbst

Der Bürge kann vortragen, dass die Bürgschaftsschuld zB durch **Aufrechnung mit eigenen Ansprüchen** (passiert praktisch in jeder Bürgschaftsklausur, idR als letztes Verteidigungsmittel!), Erfüllung oder Erlass erloschen oder verjährt ist. Der Fälligkeitsbeginn der Bürgschaft fällt mit dem der Hauptforderung grds. zusammen. Nach Erlöschen der Bürgschaftsschuld muss der Gläubiger die Bürgschaftsurkunde zurückgeben (§ 371 BGB).

Problem: Mögliche weitere Einwendungen des Bürgen

- Einwand aus **§ 418 I BGB** (lesen!).
- **Einwand der Rechtskraft** bzgl. einer Entscheidung im Prozess Gläubiger – Hauptschuldner: (+) möglich, wenn dort Bestehen der Hauptschuld verneint wurde. Der Bürge haftet dann auch nicht.[280] Anders aber, wenn dort der Gläubiger gewinnt – dann keine Rechts-

---

280 Palandt/*Sprau* BGB § 767 Rn. 4; Argument: Rechtskrafterstreckung auf Bürgschaft wg. materiell-rechtlicher Abhängigkeit.

krafterstreckung zulasten des Bürgen (Argument: Schutz des Bürgen). Achtung: Das Urteil im Prozess Gläubiger – Bürge hat nie Rechtskraftwirkung für den Hauptschuldner!

- **§§ 119 ff. BGB**: Möglich, aber § 119 II BGB wg. Irrtums über Vermögensverhältnisse des Schuldners scheidet nach § 242 BGB grds. aus, da dieser Irrtum typisches Risiko des Bürgen ist. Im Übrigen dürfte die Zahlungsfähigkeit keine Eigenschaft der Person iSv § 119 II BGB sein, da diese ihr nicht auf Dauer anhaftet.
- **Kündigung** nach § 314 BGB aus wichtigem Grund (zB erhebliche Verschlechterung der Vermögenslage des Schuldners) oder über § 242 BGB nach Ablauf eines bestimmten Zeitraumes mit angemessener Frist,[281] wenn die Bürgschaft ein Dauerschuldverhältnis ist (zB Bürgschaft für zukünftige Forderungen). Die Bürgschaft beschränkt sich dann auf die bis zur Kündigung begründeten Verbindlichkeiten des Hauptschuldners.
- **§§ 312b, 312g, 355 ff. BGB**: (+), wenn die Bürgschaft ein Geschäft iSv § 312b BGB ist.
- **§ 313 BGB**: (–) bei Zahlungsunfähigkeit des Schuldners, da typisches Risiko des Bürgen; § 313 BGB aber möglich bei Scheidung der Ehe oder Auflösung der neLG, wenn der Sicherungszweck der Bürgschaft allein der Schutz vor Vermögensverschiebungen war (ohne Scheidung/Auflösung kann vor der Vermögensverschiebung der Inanspruchnahme zumindest § 242 BGB entgegengehalten werden). Denn mit der Scheidung besteht diese Gefahr nicht mehr (gegen § 313 BGB zT die Literatur mit dem Wahnsinns-Argument: »*keine Flucht in die Scheidung*«).
- **§§ 491 ff. BGB**: (–), auch nicht analog, da die Bürgschaft kein Verbraucherkreditvertrag ist, zudem ausreichender Schutz des Bürgen durch §§ 766, 768 ff. BGB gewährleistet.
- **§ 771 BGB (Einrede der Vorausklage)**: Diese Einrede greift idR nicht, weil der Bürge (§ 773 I Nr. 1 BGB) im Bürgschaftsvertrag idR *in praxi* darauf verzichtet, oder wg. § 349 HGB bei Kaufleuten. Dann spricht man von einer sog. **selbstschuldnerischen Bürgschaft.**
- **§ 242 BGB**: Der Bürge hat einen Missbrauchseinwand, wenn der Gläubiger den wirtschaftlichen Zusammenbruch des Hauptschuldners schuldhaft verursacht und damit den Rückgriff des Bürgen vereitelt, ebenso wenn der Gläubiger den Bürgschaftsfall treuwidrig herbeiführt. Die Inanspruchnahme eines Bürgen vor der Verwertung von für den gleichen Zweck bestellten Immobiliarsicherheiten stellt dagegen keine unzulässige Rechtsausübung dar. Desgleichen ist im Verhältnis zum Gläubiger auch unerheblich, dass der Hauptschuldner dem Bürgen zugesagt hat, für dessen »*Entlassung aus der Bürgschaft*« zu sorgen (Beispiel aus einer Klausur im **Oktobertermin 2013**).
- **§ 138 I BGB**: (+), wenn Gläubiger verwerflich auf die Entscheidungsfreiheit des Bürgen einwirkt, indem er das Risiko der Bürgschaft verharmlost. Zudem sind sog. **Angehörigenbürgschaften** sittenwidrig bei »**krasser finanzieller Überforderung**« und Übernahme der Bürgschaft aus emotionaler Verbundenheit, wenn zusätzlich der Gläubiger die Lage des Bürgen bewusst ausgenutzt hat.[282] Bei krasser finanzieller Überforderung werden die beiden letzten Voraussetzungen vermutet. Das kennen Sie noch aus dem Ersten. Im Zweiten gibt es kaum Klausuren dazu.
  - Die Angehörigen-Rspr. gilt **auch für den Schuldbeitritt** eines Angehörigen, **nicht** aber für Bürgschaften oder Schuldbeitritte von Nichtangehörigen, **für Mitdarlehensnehmer oder für Hypotheken-/Grundschuldbestellungen**. Diese Rechtsgeschäfte sind also auch bei krasser finanzieller Überforderung nicht ohne Weiteres sittenwidrig (Prinzip der Selbstverantwortung).
  - Die Angehörigen-Rspr. gilt **nicht** für Bürgschaften eines Gesellschafters oder Geschäftsführers für die Gesellschaft, da diese ein wirtschaftliches Interesse an der Bürgschaft haben (Ausnahme: bloße Bagatellbeteiligung) bzw. beim Geschäftsführer dieser kraft seiner Stellung die Entstehung von Gesellschaftsschulden beeinflussen kann.
  - Sittenwidrigkeit nach der Angehörigen-Rspr. aber (–) bei **unmittelbarem geldwerten Vorteil** der Bürgschaft auch für den Bürgen (vor allem Miteigentum an der Anschaffung) oder bei berechtigtem Interesse der Bank am **Schutz vor Vermögensverlagerungen** innerhalb der Familie (wenn dieser Schutzzweck eindeutig im Vertrag festgelegt wurde).[283]

---

281 Palandt/*Sprau* BGB § 765 Rn. 16.
282 Details bei Palandt/*Ellenberger* BGB § 138 Rn. 37 ff. Nichts lernen!
283 BGH NJW 2002, 2228 ff.

Eine anderweitige Sicherheit der Bank schließt § 138 I BGB nur aus, wenn sichergestellt ist, dass den Bürgen/Schuldbeitretenden nur eine Ausfallhaftung trifft.

> **Klausurtipp**: Der Überforderungsgedanke spielt auch bei sog. **Globalbürgschaften** eine Rolle. Hier ist in der Bürgschaftsurkunde eine – idR unwirksame – globale Zweckerklärung enthalten, dass sich die Bürgschaft auch auf alle zukünftigen Verbindlichkeiten des Hauptschuldners (deshalb »global«) beziehen soll. Die Rspr. dazu steht im Palandt unter § 765 BGB. Nichts weiter lernen, Sie sollten nur wissen, dass das ein Problem ist und wo man das schnell nachschlagen kann. Die dort kommentierte Rspr. gilt auch für (Global-)Schuldbeitritte. Zuletzt lief dazu nach vielen Jahren Pause eine Klausur im **Märztermin 2015**.

2. Einwendungen aus der gesicherten Forderung/Hauptschuld

Die sich auf die Hauptforderung beziehenden Einwendungen des Bürgen lassen sich wie folgt systematisieren:

- **§ 767 I 1 BGB**: Einwendung, dass die Hauptschuld (teilweise) erloschen ist oder sich umgewandelt hat (zB durch Rücktritt oder Anfechtung); Ausnahme: Hauptschuldner – und damit auch die Forderung – ist wg. Vermögenslosigkeit und Löschung im Handelsregister ganz fortgefallen, dann »**Vorrang des Sicherungszwecks vor dem Akzessorietätsgrundsatz**«: Die Bürgschaft bleibt als nunmehr selbstständige Schuld bestehen.[284]
- **§ 768 BGB**: Der Bürge kann die dem Hauptschuldner zustehenden Einreden gegen die Hauptschuld geltend machen. »Einreden« ist hier nicht wörtlich zu verstehen, sondern meint die Einwendungen des Schuldners wie zB Stundung, § 313 BGB oder **Verjährung der Hauptschuld**. Wenn der Darlehensvertrag mit einem anderen Vertrag (idR Kaufvertrag) ein verbundenes Geschäft nach §§ 358 f. BGB darstellt, kann der Darlehensnehmer nach § 359 S. 1 BGB Einwendungen aus dem Kaufvertrag auch dem Darlehen entgegenhalten. Über § 768 BGB gilt dies dann auch für den Bürgen.
- **§ 770 BGB**: Einrede, dass der Schuldner anfechten oder der Gläubiger gegen eine fällige Forderung des Hauptschuldners aufrechnen könnte. § 770 BGB gilt analog für alle anderen Gestaltungsrechte des Schuldners (zB Kündigung, Rücktritt), nicht jedoch für den Fall, dass der Schuldner aufrechnen kann (umstr.).[285]
- **§ 776 BGB**: Aufgabe einer weiteren Sicherheit durch den Bürgschaftsgläubiger. Diese Rechtsfolge entfällt nicht dadurch, dass der Gläubiger die zunächst aufgegebene Sicherheit später zurückerwirbt oder neu begründet.

Hat der Bürge trotz **fehlender Einstandspflicht** an den Bürgschaftsgläubiger gezahlt, kann er aus LK die Summe von diesem zurückverlangen (keine vorrangige Leistungsbeziehung Bürge – Hauptschuldner). Auch der Hauptschuldner kann in den Fällen der ungerechtfertigten Inanspruchnahme des Bürgen gegen den Bürgschaftsgläubiger vorgehen, lesen Sie dazu im Ernstfall Palandt/*Sprau* BGB Einf v § 765 Rn. 4a.

C. Die Übertragung der Hauptforderung und Bürgschaft auf einen Dritten

Wird die Forderung abgetreten, geht die Bürgschaft nach **§ 401 BGB** mit über. Nach **§ 404 BGB** behält der Bürge gegenüber dem neuen Gläubiger seine Rechte. Lesen Sie auch einmal den **§ 405 BGB**.

D. Der Rückgriff des Bürgen nach der Inanspruchnahme durch den Gläubiger

Wenn der Bürge den Gläubiger befriedigt (Zahlung, Aufrechnung), geht die Forderung des Gläubigers gegen den Hauptschuldner nach § 774 I 1 BGB auf den Bürgen über (*cessio legis*). Gem. § 774 I 3 BGB verbleiben dem Hauptschuldner aber die Einwendungen aus dem Innenverhältnis zum Bürgen und Einwendungen iSv §§ 412, 404 ff. BGB. Daneben können dem

---

284 Palandt/*Sprau* BGB § 765 Rn. 29 f.
285 Palandt/*Sprau* BGB § 770 Rn. 3 mwN; Argument: Wortlaut § 770 II BGB. Für die aA spricht sicherlich der Bürgenschutz.

Bürgen für den Fall seiner Zahlung auch aus dem Innenverhältnis zum Schuldner Rückgriffs-ansprüche zustehen (Auftrag oder zumindest GoA).

Klausurtipp: Wie ist es, wenn der Hauptschuldner ggü. dem Regress einwendet, die Eingehung der Bürgschaft sei »**eine Schenkung**« des Bürgen gewesen? Erst selbst nachdenken, dann Fußnote lesen![286]

Neben diese Ansprüche treten aber ggf. noch **andere Sicherheiten**: Wegen §§ 774 I 1, 412, 401 BGB gehen mit der Hauptforderung auch die dafür gegebenen akzessorischen Sicherhei-ten Dritter wie zB ein Schuldbeitritt, andere Bürgschaften/Hypotheken auf den zahlenden Bürgen über. Wenn nicht-akzessorische Sicherheiten wie Sicherungsgrundschul-den/Sicherungseigentum bestellt sind, hat der Bürge analog §§ 774 I, 401 BGB einen schuld-rechtlichen Anspruch gegen den Gläubiger auf Übertragung dieser Sicherungen.

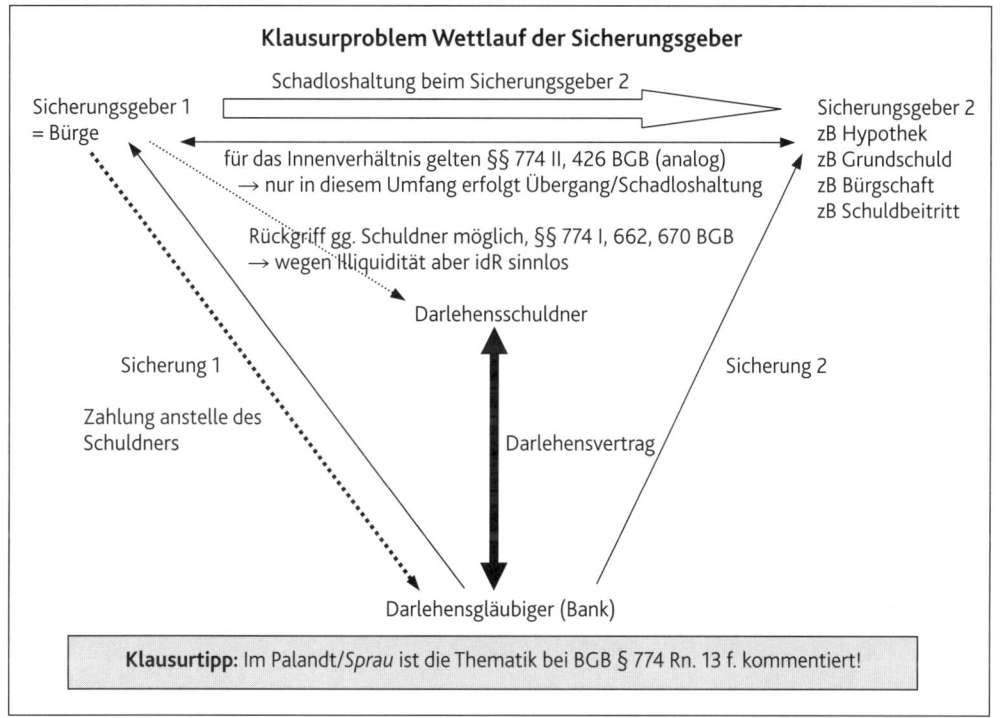

Klausurproblem Wettlauf der Sicherungsgeber

Schadloshaltung beim Sicherungsgeber 2

Sicherungsgeber 1 = Bürge

Sicherungsgeber 2
zB Hypothek
zB Grundschuld
zB Bürgschaft
zB Schuldbeitritt

für das Innenverhältnis gelten §§ 774 II, 426 BGB (analog)
→ nur in diesem Umfang erfolgt Übergang/Schadloshaltung

Rückgriff gg. Schuldner möglich, §§ 774 I, 662, 670 BGB
→ wegen Illiquidität aber idR sinnlos

Darlehensschuldner

Sicherung 1

Zahlung anstelle des Schuldners

Sicherung 2

Darlehensvertrag

Darlehensgläubiger (Bank)

Klausurtipp: Im Palandt/*Sprau* ist die Thematik bei BGB § 774 Rn. 13 f. kommentiert!

Dann kann es zum Problem des **Wettlaufs der Sicherungsgeber** (= Problem des Innenregres-ses bei mehreren Sicherungsgebern) kommen: Auch bei anderen Sicherheiten sieht das Gesetz eine *cessio legis* und daher einen Übergang von Sicherheiten vor (zB §§ 1143, 1125 BGB bei der Hypothek u. Pfandrecht). Beließe man es bei dem oben geschilderten Übergang der Sicherheiten auf den zuerst zahlenden Sicherungsgeber, würde das ungerechte Ergebnis ein-treten, dass bei Zusammentreffen mehrerer Sicherungsgeber derjenige, der zuerst zahlt, alle anderen Sicherheiten voll erwirbt (bzw. bei nicht-akzessorischen Sicherheiten einen schuld-rechtlichen Anspruch auf deren Übertragung hätte). Das wird als unbillig empfunden. §§ 774 II, 426 I BGB (lesen!) beschränken daher bei Mitbürgen den Übergang der anderen Bürgschaftsforderung auf den Umfang des gleichzeitig bestehenden internen Gesamtschuld-ner-Regressanspruches (vgl. § 769 BGB). Bei anderen Sicherungsrechten werden §§ 774 II, 426 I BGB analog angewendet, weil dort wertungsmäßig nichts anderes gelten kann, sodass auch dort die jeweils anderen Sicherheiten nur anteilig übergehen bzw. bei nicht akzesso-rischen Sicherheiten nur in anteiliger Höhe ein Anspruch auf Übertragung besteht. In Höhe

---

286 Der Schenkungseinwand würde den Regress ausschließen. Eine Schenkung wäre aber nur dann zu beja-hen, wenn der Bürge auf den Rückgriff – ggf. konkludent – verzichtet hat. Der Formmangel der Schen-kung wird durch die Eingehung der Bürgschaftsschuld geheilt, vgl. § 518 II BGB.

des Restes geht die Sicherheit unter, bzw. bei Grundschulden/Hypotheken entsteht in dieser Höhe eine Eigentümergrundschuld (Folge: Grundbuch wird falsch).

Merke: Der Übergang des anderen Sicherungsrechts bestimmt sich also idR nach dem sich aus §§ 774 II, 426 I BGB (analog) ergebenden, im Innenverhältnis bestehenden Anteilsverhältnis (»Ausgleichsgemeinschaft« der Sicherungsgeber).

Klausurtipp: Der andere Sicherungsgeber, der vom zahlenden Sicherungsgeber in Anspruch genommen wird, kann seiner Inanspruchnahme nach §§ (412), 404 ff. BGB alle Einwendungen entgegenhalten, die er vor der *cessio legis* ggü. seinem ehemaligen Gläubiger hatte.

§ 2 Der Darlehensvertrag

A. Einstieg

Das Darlehensrecht gliedert sich wie folgt: 70

- §§ 488 ff. BGB: Gelddarlehen
- §§ 491 ff. BGB: Gelddarlehen für Verbraucher
- §§ 506 ff. BGB: Zahlungsaufschub (zB Mobilfunkvertrag mit gekoppeltem Handy-Kaufvertrag)[287] – zuletzt Thema der Z IV-Klausur **Januar 2011** in vielen Bundesländern!
- §§ 607 ff. BGB: Sachdarlehen (zB Flaschenpfand)[288] – zuletzt als Flaschenpfand-Klausur im **September 2011 und fast identisch September 2012!**

Am klausurrelevantesten ist das Gelddarlehen, sodass wir uns bzw. Sie sich hierauf beschränken können.

B. Das Wichtigste zum Gelddarlehensvertrag in Kürze

Der Darlehensvertrag kommt durch Angebot und Annahme zustande, Schriftform ist nicht   71
erforderlich. Möglich ist auch ein sog. **Vereinbarungsdarlehen:** Hier vereinbart der Schuldner von Geld (zB der Käufer aus einem Kaufvertrag) mit seinem Gläubiger (hier: Verkäufer), dass der Betrag künftig als Darlehen geschuldet werden soll. Der Gläubiger muss diesen Betrag dann nicht mehr zur Verfügung stellen, da er schon beim Schuldner ist. Das heißt, kurz gesagt behält der Käufer einfach den Kaufpreis als Darlehen vom Verkäufer. Das alles passiert in Klausuren oft konkludent und Sie müssen das dann entsprechend auslegen bzw. untersuchen (so im **Junitermin 2015**).

Einstieg in der Klausur ist idR das **Rückzahlungsverlangen des Darlehensgebers nach § 488 I 2, III 1 BGB.** Letzterer ist für das Bestehen des Darlehensvertrags, die Auszahlung der Valuta (§ 362 II BGB bei Auszahlung an Dritte beachten!) und die Fälligkeit beweispflichtig. Die **Fälligkeit der Rückzahlung** ist entweder zeitlich bestimmt (zB konkludente Laufzeitabrede durch eine »Besserungsklausel«) oder von der (ggf. in der Klage liegenden konkludenten) Kündigung des Darlehens abhängig, vgl. § 488 III BGB. Die Parteien können **Kündigungsgründe** vereinbaren, gesetzliche Kündigungsmöglichkeiten ergeben sich aus §§ 488 ff. BGB. Die gleichzeitig abgegebene persönliche Unterwerfungserklärung des Darlehensnehmers in einer notariellen Urkunde nach § 794 I Nr. 5 ZPO beseitigt das Rechtsschutzbedürfnis für eine auf das Darlehen gestützte Rückzahlungsklage des Darlehensgebers nicht, weil die Unterwerfungserklärung idR lediglich den in der notariellen Urkunde gleichzeitig vereinbarten Anspruch aus §§ 780, 781 BGB, nicht aber die Darlehensforderung tituliert (zuletzt **Oktober 2015!**).[289] Der Anspruch aus dem Darlehen und aus §§ 780 f. BGB stehen also nebeneinander.

> **Klausurtipp: Beruft sich der Geldempfänger auf eine Schenkung**, muss nach allg. Beweisgrundsätzen (das hat nichts mit § 1006 BGB zu tun!) der Anspruchsteller beweisen, dass das Geld nicht schenkweise, sondern als Darlehen gegeben wurde. Aus den Umständen des Einzelfalls können sich Beweisanzeichen oder sogar eine tatsächliche Vermutung für ein konkludentes Darlehen ergeben.[290] Ggf. gibt es auch Darlehensschuldscheine, die dann ggf. als deklaratorisches Schuldanerkenntnis zu qualifizieren sind (**Julitermin 2015!**). Gelingt dem **Anspruchsteller** der Beweis eines Darlehens nicht, kann er sich **hilfsweise auf die LK berufen** (§ 985 BGB greift nicht, denn es geht nicht um das Eigentum an bestimmten Geldscheinen, sondern um eine Geldsumme!). Doch auch bei der LK trägt er die Beweislast dafür, dass kein Rechtsgrund – dh keine Schenkung – vorliegt (→ Rn. 64). Daher der Volksmund: Bei Geld hört die Freundschaft auf. Darlehen immer lecker schriftlich!

---

287 Vgl. dazu bei Interesse *Limbach* NJW 2011, 3770 ff.; *Diercks-Harms* MDR 2011, 827 ff. und LG Lüneburg NJOZ 2011, 1971 f.
288 Vgl. dazu bei Interesse BGH JA 2007, 737 ff. und Palandt/*Bassenge* BGB Überbl v § 1204 Rn. 7.
289 Vgl. → Rn. 88 und BGH WM 2007, 588 ff.; ein leicht in jede Darlehensklausur einbaubares Problem!
290 *Kaiser* JA 2016, 215 ff. mwN.

Beruft sich der Geldempfänger darauf, dass statt eines Darlehens eine **Leihe** vereinbart wurde (**Beispiel aus dem Dezembertermin 2013!**), so ist das Quatsch. Die Überlassung von Geld auf Zeit ohne Zins ist auch ein Darlehen, ein unverzinsliches Darlehen eben (vgl. § 488 I 2 BGB). Bei Geld scheidet eine Leihe immer aus, weil bei ihr die bestimmte entliehene Sache wieder zurückzugeben ist.

Bezüglich der **Verzinsung des Darlehens** trägt nach der Rspr. der Darlehensgeber die Beweislast für eine entsprechende Zinsvereinbarung.[291] Verlangt der Darlehensgeber die Valuta zurück und ist der **Kreditvertrag wg. Sittenwidrigkeit (»zu hohe Zinsen«)**[292] **nach § 138 I BGB unwirksam** (so zuletzt im **Januartermin 2013**), ergibt sich sein Rückforderungsanspruch aus LK. § 817 S. 2 BGB sperrt dann nur die vorzeitige Rückforderung (→ Rn. 64), im Übrigen bleibt es nach der Rspr. bei dem vertraglich vereinbarten Tilgungsplan bzw. bei den (dann analog anwendbaren) gesetzlichen Kündigungsgründen. Die vereinbarten Zinsen können bei Sittenwidrigkeit nicht gefordert werden, auch nicht aus § 818 II BGB, da hier die Wertungen von § 817 S. 2 BGB entgegenstehen.[293] Ein Anspruch auf gesetzliche Zinsen ergibt sich nur ab Fälligkeit der Rückzahlung aus §§ 812 I 1 Alt. 1, 819 I, 818 IV, 291 BGB bzw. beim Verbraucherdarlehen aus § 497 BGB analog. Etwaig gezahlte aber nicht geschuldete Zinsen bekommt der Darlehensnehmer aus LK und aus § 817 S. 1 BGB zurück, ohne dass § 817 S. 2 BGB sperrt.

Beachte: § 817 S. 2 BGB steht nur dann der kompletten Rückforderung des Darlehens durch den Darlehensgeber entgegen, wenn es nicht um die Sittenwidrigkeit wg. zu hoher Zinsen, sondern wg. anderer »verbotener Absichten« geht (zB Darlehen für verbotenes Glücksspiel, Darlehen für Schenkkreisteilnahme).[294]

§§ 491 ff. BGB enthalten Sonderregelungen für den entgeltlichen (!) Verbraucherkredit. Hier könnte der Verweis des § 495 BGB auf das Verbraucherwiderrufsrecht aus § 355 BGB relevant werden, beachten Sie auch die 2016 neu geschaffenen §§ 514 II, 515 BGB für unentgeltliche Darlehen/Finanzierungshilfen. §§ 491 ff. BGB sind analog auf den **Schuldbeitritt** zu einem Darlehensvertrag anwendbar, wenn der Beitretende selbst Verbraucher ist.

C. Das verbundene Geschäft, §§ 358 ff. BGB

72 Wird ein Darlehensvertrag zur Finanzierung eines anderen Vertrages (idR Kaufvertrag) geschlossen, so regeln §§ 358 ff. BGB den Schutz des Verbrauchers (**verbundenes Geschäft**). § 358 I, II BGB enthalten den sog. **Widerrufsdurchgriff** zwischen beiden Verträgen, § 359 BGB den sog. **Einwendungsdurchgriff** auf den Darlehensvertrag. Warum steht das hier so kurz? Ganz einfach: Weil das in den Assessorklausuren ein totes Thema ist. §§ 358 ff. BGB regeln nichts zur Frage der Rückabwicklung, wenn der verbundene Kaufvertrag außerhalb des Widerrufs unwirksam ist oder wenn dort Mängelrechte geltend gemacht werden (»**Rückforderungsdurchgriff**«). Im Assessorexamen haben wir dazu in den ganzen letzten 15 Jahren nur eine Klausur im Ringtausch und eine in Bayern gesehen, sodass Sie hier getrost mit **Palandt/*Grüneberg* BGB § 359 Rn. 5 ff.** arbeiten können.

Die **hM wendet §§ 358 ff. BGB auf das Finanzierungsleasing nicht an**, weil hier der Leasingnehmer gerade nicht zwei Verträge abschließt und daher §§ 358 ff. BGB nicht passen.[295] Die §§ 358 ff. BGB finden ferner **keine Anwendung**, wenn der verbundene Darlehensvertrag zinslos ist (**0%-Finanzierung**). Dies soll sich aus dem Wortlaut der Vorschriften, die im Laufe des Gesetzgebungsverfahrens bewusst an den in § 491 BGB verwandten Begriff des Verbraucherdarlehensvertrages angepasst worden sind, ergeben.

---

291 Palandt/*Weidenkaff* BGB § 488 Rn. 28 mwN.
292 Palandt/*Ellenberger* BGB § 138 Rn. 24 ff.
293 Damit würde man sonst »durch die Hintertür« des § 818 II BGB das sittenwidrige Darlehen doch anerkennen, vgl. *Medicus/Petersen* BürgerlR Rn. 700.
294 Palandt/*Sprau* BGB § 817 Rn. 21.
295 BGH NJW 2014, 1519 ff. mwN; *Omlor* NJW 2010, 2694 ff.; Palandt/*Grüneberg* BGB § 358 Rn. 10; *Bayerle* JA 2013, 659 ff.

§ 3 Das Factoring

Factoring-Probleme sind im Assessorexamen bislang nicht anzutreffen. Beim **echten Factoring** kauft der Factor Forderungen (Rechtskauf, § 453 BGB), er trägt dabei das Delkredererisiko, also das Risiko, dass der Schuldner der übertragenen Forderungen diese nicht begleichen kann. Beim **unechten Factoring** dagegen ist bei dessen Nichtzahlung ggf. ein Rückgriff beim Zedenten möglich. Der unechte Factoringvertrag wird von der hM als Darlehen angesehen. Der einzig denkbare Klausurfall wäre die Kollision des Factorings mit anderen Sicherungsmitteln. In diesen Fällen verlangt der andere Sicherungsnehmer vom Factor Auskehr des eingezogenen Betrages. Der Factor ist dann Nichtberechtigter iSd **§ 816 II BGB**, wenn die Factoring-Abtretung an ihn unwirksam war. Inzident ist dann zu prüfen, wie sich die beiden kollidierenden Abtretungen zueinander verhalten. Blättern Sie einmal bei Gelegenheit zu Palandt/*Grüneberg* BGB § 398 Rn. 38 ff., dort steht alles. Mehr müssen Sie dazu nicht wissen.

73

§ 4 Der Mäklervertrag, §§ 652 ff. BGB

A. Einstieg

74 Das Mäklerrecht nach §§ 652 ff. BGB[296] war in den Assessorexamensklausuren lange ein Dauerbrenner, **wird seit 2012 allerdings kaum noch in Klausuren eingebaut**. Klausureinstieg war idR die Provisionsklage des Mäklers gegen seinen Auftraggeber (Verkäufer oder Käufer einer Immobilie) aus § 652 BGB. Bisweilen begehrt der Mäkler im Wege der Stufenklage iSv § 254 ZPO **Auskunft** von seinem Auftraggeber, ob der vermittelte Vertrag mit einem Dritten zustande gekommen ist und wie hoch der Kaufpreis war. Der Auskunftsanspruch ergibt sich in diesen Fällen aus § 242 BGB (→ Rn. 19). Lesen Sie zur Stufenklage *Kaiser/Kaiser/Kaiser* **Anwaltsklausur Rn. 32**. In Klausuren stand idR die **Vermittlung von Immobilien** zum Kauf im Vordergrund, sodass wir uns im Folgenden darauf beschränken. Für die **Vermittlung von Wohnungsmietverträgen** gilt vorrangig das **WoVermG** (im Palandt bei § 652 BGB kommentiert!), ergänzend auch §§ 652 ff. BGB. Hierzu gab es mit Wirkung zum 1.6.2015 mehrere Änderungen, die entscheidende Unterschiede zum Immobilienmäklerrecht mit sich gebracht haben (Textform als Formpflicht des Mäklervertrages, Bestellerprinzip). Lesen Sie dazu den Aufsatz von *Fischer* **NJW 2015, 1560 ff.**

> **Merke:** Die Ausführungen hier im Skript gelten daher nur, wenn kein Wohnungsmietvertrag vermittelt wird!

> **Klausurtipp:** Eine Mängelhaftung des Verkäufers aufgrund **falscher Angaben des von ihm eingeschalteten Mäklers** kommt nach **§ 434 I 3 BGB** in Betracht, weil der Mäkler als Gehilfe des Verkäufers angesehen wird. Auch dessen **arglistige Täuschung** kann nach §§ 278, 166 BGB (analog) **dem Verkäufer zugerechnet** werden, wenn er dem Mäkler die Führung der wesentlichen Vertragsverhandlungen überlassen hat.[297] Letzteres wird relevant, um über § 444 BGB einen vereinbarten Gewährleistungsausschluss zu überwinden. Diese Zurechnungsproblematik kann leicht in jede Kaufrechtsklausur eingebaut werden. Umgekehrt ist das anders: Der Makler haftet grds. nicht für die Richtigkeit der vom Verkäufer gemachten Angaben. Nur wenn ihm entweder die Unrichtigkeit der Angaben positiv bekannt ist oder ihn ausnahmsweise eine Erkundigungs- oder Nachprüfungspflicht trifft, ist eine Haftung aus §§ 280, 241 II BGB möglich.

B. Der Provisionsanspruch des Mäklers, § 652 I 1 BGB

> **Voraussetzungen für einen Zahlungsanspruch aus § 652 I 1 BGB:**
> 1. Zustandekommen eines Mäklervertrags
> 2. Erbringung der Mäklerleistung
> 3. Rechtsgültiges Zustandekommen des Vertrags mit einem Dritten
> 4. Kausalzusammenhang zwischen Mäklerleistung und Vertrag
> 5. Kein Ausschluss nach § 654 BGB
> 6. Höhe des Anspruches (je nach Vereinbarung, sonst nach § 653 I BGB die übliche Vergütung)

I. Zustandekommen eines Mäklervertrags

Oft läuft es in Klausuren auf einen **konkludenten Vertragsschluss** hinaus, der dann von Ihnen sauber darzustellen ist. Die Rspr. stellt idR **strenge Anforderungen**. Die bloße Entgegennahme von Informationen (Telefongespräch, Besichtigungstermin) wird oft nicht als ausreichend angesehen. Anders aber, wenn der Kunde in Kenntnis eines **eindeutigen Provisionsverlangens** des Mäklers dessen Dienste in Anspruch nimmt. Eine Mithaftung des Ehegatten über § 1357 BGB scheidet grds. aus. Ggf. ist ein Verbraucherwiderruf nach §§ 312b, 312c, 312g BGB zu prüfen.

Der Mäklervertrag bedarf grds. keiner Form (Ausnahme: § 2 I 2 WoVermG!). **§ 311b I 1 BGB** gilt aber dann, wenn durch die Ausgestaltung des Vertrages die Entschließungsfreiheit des

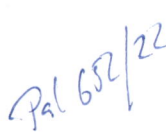

---

296 Die Vorschriften der §§ 652 ff. BGB gelten nur für den Zivilmäkler, auf den Handelsmakler nach §§ 93 ff. HGB finden sie nur subsidiär Anwendung.

297 OLG Stuttgart NJW-RR 2011, 918 ff.; AG Hannover Urt. v. 28.5.2014 – 418 C 8155/13.

Auftraggebers unangemessen beeinträchtigt wird. Die übliche Einkleidung in der Klausur ist hier die Aufwandsentschädigung, die sich der Mäkler für den Fall des Scheiterns seiner Vermittlung versprechen lässt. Je nach dessen Höhe ist der Druck dann »unangemessen« und § 311b I 1 BGB greift ein.[298] Ein etwaiger Formmangel wird analog § 311b I 2 BGB mit dem formwirksamen Abschluss des vermittelten Grundstückkaufvertrags geheilt, nicht erst mit der Eintragung ins Grundbuch.

Eine nach hM beim Mäklervertrag für den Auftraggeber analog § 671 BGB jederzeit mögliche **Kündigung** wirkt sich jedenfalls nach Erbringung der Mäklerleistung nicht auf den Zahlungsanspruch des Mäklers aus. Der Auftraggeber könnte sich sonst durch eine Kündigung der Pflicht zur Zahlung der Provision entziehen. Der Mäkler dagegen kann nur unter den Voraussetzungen von § 314 BGB kündigen (umstr.).

> **Mögliche Lohnansprüche des Mäklers, wenn kein Mäklervertrag zustande gekommen ist:**
>
> - Anspruch aus § 354 HGB idR (–), da § 354 HGB voraussetzt, dass zw. Mäkler und Kaufinteressent »ein Verhältnis besteht, das die Tätigkeit des Maklers rechtfertigt«[299]; bei fehlendem Vertrag ist dies idR zu verneinen.
> - Anspruch aus GoA (–) aus denselben Gründen wie in den Erbensucher-Fällen (vgl. → Rn. 34).
> - LK (–), da keine Leistung aus Sicht des Kunden vorliegt; zudem würde sonst § 652 BGB unterlaufen.
> - Anspruch aus § 652 iVm § 242 BGB (–), nur bei schwerem Treuebruch. Grds. obliegt es aber dem Mäkler, frühzeitig auf sein Provisionsverlangen hinzuweisen.

II. Erbringen der Mäklerleistung (Nachweis oder Vermittlung)

Bei einem **Nachweis** weist der Mäkler eine bisher unbekannte, jedoch bereits bestehende konkrete Möglichkeit eines Vertragsabschlusses nach. Die **Vermittlung** ist hingegen die bewusste Herbeiführung der Abschlussbereitschaft des Dritten durch ein Einwirken auf diesen durch den Mäkler. Fehlt eine ausdrückliche Konkretisierung der von dem Mäkler zu erbringenden Leistungen, handelt es sich im Zweifel sowohl um einen Nachweis- als auch um einen Vermittlungsvertrag.

Nach dem Leitbild des § 652 BGB ist der Mäkler grds. nicht verpflichtet, tätig zu werden. Wenn die Parteien allerdings eine Tätigkeitspflicht vereinbaren (anzunehmen nach der Rspr. zB beim sog. **Alleinauftrag** an den Mäkler), liegt ein sog. **Mäklerdienstvertrag** vor, auf den aber ebenfalls die Vorschriften des Mäklerrrechts Anwendung finden, weil er »im Kern« ein Mäklervertrag bleibt (kommentiert bei Palandt/*Sprau* BGB § 652 Rn. 73 ff.).

III. Rechtsgültiges Zustandekommen des Vertrags mit einem Dritten

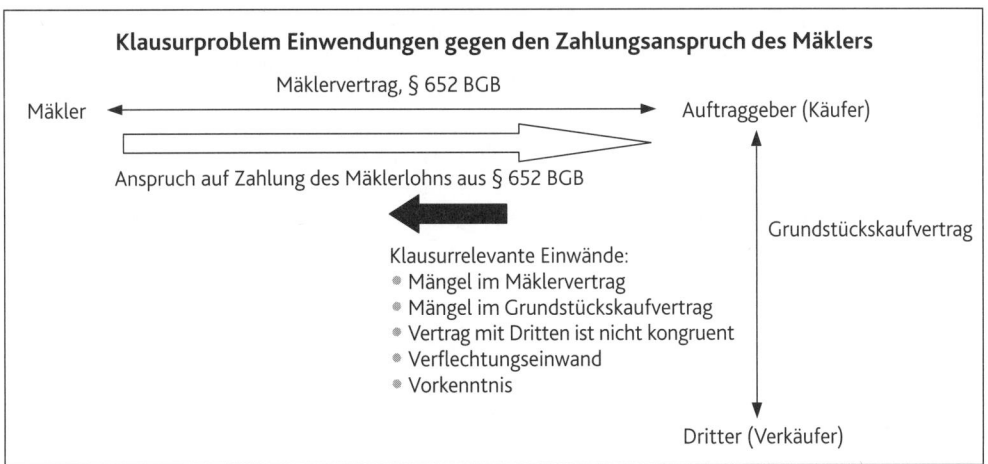

Klausurproblem Einwendungen gegen den Zahlungsanspruch des Mäklers

Mäkler — Mäklervertrag, § 652 BGB → Auftraggeber (Käufer)

Anspruch auf Zahlung des Mäklerlohns aus § 652 BGB

Klausurrelevante Einwände:
- Mängel im Mäklervertrag
- Mängel im Grundstückskaufvertrag
- Vertrag mit Dritten ist nicht kongruent
- Verflechtungseinwand
- Vorkenntnis

Grundstückskaufvertrag

Dritter (Verkäufer)

---

298 Palandt/*Grüneberg* BGB § 311b Rn. 13; vgl. Palandt/*Sprau* BGB Einf v § 652 Rn. 17 zur Vereinbarkeit mit
    §§ 307 ff. BGB.
299 BGHZ 95, 393 ff.

Es ist ein **wirksamer schuldrechtlicher Vertrag** des Auftraggebers mit dem Dritten nötig, idR ein Grundstückskaufvertrag (Erwerb durch Zwangsversteigerung reicht nicht). Dazu haben sich in den letzten Jahren drei typische Klausurprobleme herauskristallisiert, die komplett **im Palandt bei § 652 BGB kommentiert** sind:

Problem: (Mangelnde) Kongruenz des Vertrages mit dem Dritten

- Inhaltliche Abweichungen sind unschädlich, wenn sie unwesentlich sind (Erwerb nicht zu Allein-, sondern zu Miteigentum; Abschluss nur über einen Teil des Kaufobjekts; Erwerb mit Kaufpreisdifferenz, die sich in »*erwartbarem Rahmen*« hält), persönliche Abweichungen sind unschädlich, wenn zw. dem Vertragsschließenden und dem eigentlich als Vertragspartner vorgesehenen Auftraggeber enge persönliche oder wirtschaftliche Beziehungen bestehen. Argument jeweils: Dann wird durch den vermittelten Vertrag derselbe wirtschaftliche Erfolg erzielt.

Problem: Mängel des Vertrags mit dem Dritten

- Der Mäkler trägt das Risiko für das Zustandekommen des Vertrags, nicht aber für dessen ordnungsgemäße Durchführung. Bei **Abschlussmängeln** (zB Anfechtung, anfängliche Unwirksamkeit) besteht daher kein Provisionsanspruch, bei **Durchführungsmängeln** (zB Ausübung von Gewährleistungsrechten, Kündigung, nachträgliche Aufhebung des Vertrages) bleibt der Provisionsanspruch erhalten. Die Rechtsfolgen der Ausübung eines vertraglichen Rücktrittsrechts sind Auslegungsfrage.[300] **Die gesamte Problematik gehört zu den am häufigsten abgeprüften Problemen im gesamten Mäklerrecht!**
- Liegt im Fall eines Durchführungsmangels gleichzeitig eine anfängliche Unvollkommenheit vor (»doppelte Unvollkommenheit«), die alternativ eine Auflösung *ex tunc* ermöglicht hätte (zB Rücktritt oder Aufhebungsvereinbarung – gleichzeitig Anfechtung möglich), ist idR insgesamt von einer anfänglichen Unvollkommenheit auszugehen (»Makel der Anfechtbarkeit«). Geht der Käufer allerdings im Wege des Schadensersatzes statt der ganzen Leistung vor, bleibt der Lohnanspruch erhalten, weil Schadensersatz und Anfechtung nicht vergleichbar sind.
- Bei Zahlung des Lohns trotz Abschlussmangel: Rückforderung über LK möglich (eine überragend passende Klausurvorlage und tolle Übung für Sie wäre hier **OLG Hamm NJW-RR 2014, 1393 ff.**).

Problem: Vertrag mit (k)einem Dritten, sog. »Verflechtungseinwand«

Der Mäkler darf nicht derart mit dem Dritten, mit dem der Auftraggeber den vermittelten Vertrag schließt, verflochten sein, dass er einem Interessenkonflikt unterliegt (Ausnahme: Provisionsversprechen in Kenntnis der Verflechtung). Die Rspr. ist hier wie folgt:

- Provisionsanspruch (–), wenn der Mäkler und der Dritte derart wirtschaftlich identisch sind, dass es dem Mäkler oder dem Dritten von vornherein an einer eigenen Entscheidungsbefugnis fehlt (sog. »**echte Verflechtung**«). Wenn zwar kein derartiges Beherrschungsverhältnis existiert, aber zB über eine Verbindung durch Dienst- o. Arbeitsverträge oder persönliche Beziehungen (Ehegatten) ein »institutionalisierter Interessenkonflikt« besteht, sodass sich der Makler im Falle eines Streits bei regelmäßigem Verlauf auf die Seite des Vertragsgegners stellen wird (sog. »**unechte Verflechtung**«), scheidet ein Anspruch auch aus.
- Rückforderung des Lohns bei dennoch erfolgter Zahlung wieder über LK möglich.

Beachte: Der Mäkler trägt bei der Lohnklage die **Beweislast** für alle anspruchsbegründenden Tatsachen, so zB für den Abschluss des Mäklervertrages, für seine Tätigkeit und für den Abschluss des wirksamen Hauptvertrages mit einem Dritten. Dazu dürfte auch gehören, dass keine Verflechtung und kein Abschlussmangel bestehen.[301]

---

300 Ist die Rücktrittsklausel Ausdruck der anfänglichen Unvollkommenheit oder soll der Vertrag anfänglich wirksam sein? Ersteres wird anzunehmen sein, wenn eine Unsicherheit vorliegt, deren Behebung außerhalb der Macht der Parteien liegt.

301 OLG Schleswig NZM 2010, 873.

IV. Kausalzusammenhang zwischen Mäklerleistung und Vertrag

Die Kausalität wird grds. vermutet, wenn der Vertrag mit dem Dritten in engem zeitlichen Zusammenhang geschlossen wird. Beliebt ist hier der sog. »**Einwand der Vorkenntnis**« durch den Auftraggeber, der einer Kausalität entgegenstehen würde. Nach hM muss der Auftraggeber seine Vorkenntnis ggü. dem Mäkler grds. nicht offenbaren. Verschweigt er diese jedoch, sind die Konsequenzen aus dieser Nichtoffenbarung umstritten.[302] Eine Entscheidung des Meinungsstreits können Sie idR allerdings dahinstehen lassen, da selbst bei (vom Auftraggeber zu beweisender) Vorkenntnis die Kausalität zu bejahen ist, wenn der Mäkler dem Kunden zusätzliche wesentliche Informationen geliefert hat (was in der Klausur idR der Fall ist). Es reicht also die sog. »**Mitursächlichkeit**«.

V. Kein Ausschluss nach § 654 BGB (treuwidrige Doppeltätigkeit)

Treuwidrig ist die Tätigkeit dann, wenn sie dem Mäkler vertraglich verboten ist oder wenn die Doppeltätigkeit zu einer Pflichtverletzung des Mäklers wegen Interessenkollision führt.

C. Sonstige Ansprüche (häufiges Klausurthema!)

Ein Provisionsanspruch für den Mäkler kann sich auch aus dem Kaufvertrag zwischen dem Verkäufer und dem Käufer ergeben, wenn dieser eine sog. **Mäklerklausel** (nach überwiegender Praxis ein VzD) enthält. Die Anfechtung des Kaufvertrages führt grds. dazu, dass der Anspruch aus der Mäklerklausel untergeht, ebenso bei Aufhebung des Kaufvertrages.[303] Bislang ging die Rspr. davon aus, dass für den Fall des Rücktritts der Anspruch ebenfalls untergeht, sofern jedenfalls eine Auslegung der Mäklerklausel nichts anderes ergibt. Allerdings hat der BGH in NJW 2005, 3778 f. die Tendenz erkennen lassen, auch bei der Mäklerklausel die oben zu § 652 BGB dargestellten Grundsätze – also die Differenzierung zwischen Abschluss- u. Durchführungsmängeln – anzuwenden. Ob der Verstoß gegen das Identitätsverbot Einfluss auf den Anspruch hat, ist Auslegungsfrage.[304]

Oft war in Klausuren ein Schadensersatzanspruch des Auftraggebers gg. den Mäkler aus **§§ 280 I, 241 II BGB/pVV** zu prüfen, wenn Letzterer Aufklärungspflichten (zB hinsichtlich eines Mangels am Objekt) verletzt hat. Der Auftraggeber kann vom Mäkler dann idR beanspruchen, so gestellt zu werden, als habe er den vermittelten Kaufvertrag nicht abgeschlossen (vor allem Ersatz der Erwerbskosten und Zinsschaden). Der Anspruch richtet sich aber nicht auf die Mangelbeseitigungskosten (diese können höchstens ggü. dem Verkäufer geltend gemacht werden!). Im **Novembertermin 2014** ging es in einer Klausur in Hessen um den Verstoß gg. Geheimhaltungspflichten in einem Personalvermittlungsvertrag (idR Mäklerdienstvertrag). Für Interessierte: Es handelte sich bei dieser Klausur – wie praktisch immer – um eine aktuelle Entscheidung, hier OLG Frankfurt a.M. NJW 2014, 3376 f. Zudem verwirkt der Mäkler **analog § 654 BGB** bei einer vorsätzlichen/grob fahrlässigen **besonders schweren Treuepflichtverletzung** seinen Provisionsanspruch (Rückforderung des dennoch gezahlten Lohns wieder über LK möglich).

> **Klausurtipp:** Auch im Falle der **Mäklerklausel** hat der Mäkler Rücksichtnahmepflichten ggü. seinem Zahlungsschuldner (zB Aufklärung darüber, dass der Verkäufer falsche Angaben bezüglich des Kaufobjekts macht). Bei Verstoß greift für den Auftraggeber mangels Schuldverhältnis mit dem Mäkler nicht die pVV/§§ 280, 241 II BGB, sondern »nur« die c.i.c.

---

302 Palandt/*Sprau* BGB § 652 Rn. 49 mwN; *Fischer* NJW 2007, 183 ff. mwN. Wie Sie sich entscheiden ist egal, solange Sie das Problem ansprechen. Vgl. Palandt/*Sprau* BGB § 652 Rn. 67 zu nach der Rspr. wirksamen »**Vorkenntnisklauseln**« in Maklerverträgen.

303 Palandt/*Grüneberg* BGB § 328 Rn. 4; Argument: § 328 II BGB.

304 BGH NJW 1998, 1552 f.: kein Anspruch bei Kenntniserlangung von Verflechtung durch Auftraggeber erst nach Vertragsschluss.

D. Besondere Arten des Mäklervertrags

I. Ehemäkler- und Ehemäklerdienstvertrag, § 656 BGB

75–76 Aus **§ 656 I 1 BGB** ergibt sich, dass der Ehemäklervertrag keine Verbindlichkeit begründet (Naturalobligation; dies schließt die Haftung des Ehemäklers für Pflichtverletzungen nicht aus!). Eine Rückforderung des trotz Naturalobligation dennoch Geleisteten ist durch § 656 I 2 BGB ausgeschlossen. Ein Ehemäklerdienstvertrag liegt vor, wenn der Ehemäkler zur Tätigkeit verpflichtet ist und der Auftraggeber eine Provision für die Ehepartnervorschläge zahlen muss. Nach der Rspr. liegt dann ein reiner Dienstvertrag vor, auf den aber § 656 BGB analog angewendet wird.

> **Merke:** Ehemäkler- u. Ehemäklerdienstverträge kommen in der Assessorklausur nicht mehr vor, da sie auch in der Praxis vom Partnervermittlungsvertrag abgelöst wurden. Dieser ist der einzig relevante Vertragstyp aus diesem Bereich.

II. Partnervermittlungsvertrag

76a Der Partnervermittlungsvertrag wird als nicht per se sittenwidriger **Dienstvertrag** angesehen, sodass die Kündigungsvorschriften der §§ 620 ff. BGB und vor allem **§ 627 BGB Anwendung finden**, §§ 323 ff. BGB sind gesperrt. §§ 626, 627 f. BGB können beim Partnervermittlungsvertrag durch AGB nicht ausgeschlossen werden. Ist der Vertrag ein Haustürgeschäft (oder sonstwie außerhalb von Geschäftsräumen iSv § 312b BGB geschlossen worden) oder ein Online-Geschäft, so steht dem Verbraucher ein **Widerrufsrecht nach §§ 312b, 312c, 312g, 355 BGB** zu.

> **Merke:** Partnervermittlungs- und »normale« Mäklerverträge zwischen Unternehmen und Verbrauchern unterfallen den Regelungen der Verbraucherverträge nach §§ 312 ff. BGB.

> **Klausurtipp:** Die auf eine Schlechtleistung gestützte **Rückforderung** des an den Vermittler gezahlten Lohnes außerhalb von § 355 BGB kann nach einer (ggf. konkludenten) Kündigung idR über **§ 628 I 3 BGB** erfolgreich sein. Wegen § 628 I 1 BGB kann aber grds. nur die Rückzahlung der Vorauszahlung für die noch nicht erbrachten Partnervorschläge verlangt werden (»*pro rata temporis*«), dh, der Vermittler kann das gezahlte Geld nur behalten, soweit er es sich bereits verdient hat. Auch § 628 I 2 BGB greift nach seinem Wortlaut nicht, weil bei einer Schlechtleistung die bisherigen Leistungen nicht »infolge der Kündigung«, sondern von vornherein untauglich waren. Trotzdem wird von der hM im Falle der Schlechtleistung eine komplette Rückforderung des Lohns mit unterschiedlichen Ansätzen zugelassen: Nach eA[305] soll über § 280 BGB eine Rückforderung für den bereits »verbrauchten« mangelhaften Lohnanteil möglich sein. Nach aA[306] soll entgegen seinem Wortlaut erst recht ein Interessenfortfall von § 628 I 2 BGB vorliegen, sodass der komplette Lohn nach § 628 I 3 BGB zurückgefordert werden kann. Bei besonders dreisten Vermittlern geht die Rspr. zuweilen auch den Weg über Sittenwidrigkeit und LK.[307]

Auch für den Partnervermittlungsvertrag gilt **§ 656 BGB analog**, und zwar sowohl für den Vergütungsanspruch des Mäklers (diese fordern daher idR vor Tätigwerden die Vergütung im Voraus, was auch in AGB zulässig ist) als auch für das Rückzahlungsverlangen des Vertragspartners. Nach hM schließt § 656 I 2 BGB aber nur solche Rückforderungsansprüche aus, die

---

305 OLG München NJW-RR 1986, 796 f.; LG Hamburg Urt. v. 18.3.1996 – 326 O 163/95, BeckRS 1996, 12851; wohl auch OLG Koblenz NJW-RR 1989, 1074 f.; so auch die hM generell zu Schlechtleistung bei Dienstverträgen (vgl. → Rn. 89).

306 LG Hamburg NJW-RR 1991, 884; OLG Hamm NJW-RR 1987, 243; LG Bremen Urt. v. 27.3.2013 – 4 O 240/12; AG Bochum NJW-RR 1991, 1207; AG Daun Urt. v. 12.3.2003 – 3 C 13/02; MüKoBGB/*Roth* § 656 Rn. 21; Staudinger/*Reuter* BGB § 656 Rn. 20; so auch OLG Hamm Urt. v. 5.9.2014 – 26 U 21/13, BeckRS 2014, 19893 und Palandt/*Weidenkaff* BGB § 628 Rn. 4 bei »Wertlosigkeit« der Leistung. Es führen viele Wege nach Rom, das Ergebnis ist nach hM immer gleich: Der Lohn muss komplett zurückgezahlt werden, dies gebietet schon die Wertung. Der BGH hat sich mit dieser Problematik in NJW-RR 2010, 410 f. leider nicht auseinandergesetzt.

307 Vgl. zB LG Düsseldorf Urt. v. 30.10.2015 – 20 O 7/14, BeckRS 2015, 19501.

darauf gestützt werden, dass schon von Anfang an eine Zahlung wegen § 656 I 1 BGB nicht geschuldet war. Wird die Rückzahlung auf andere Gründe wie etwa Sittenwidrigkeit, Widerruf, Schlechtleistung oder Kündigung gestützt, sperrt § 656 BGB nicht.[308]

Zur (ggf. unbilligen) Aufteilung der Vergütung auf bestimmte Leistungen des Partnervermittlers lesen Sie **BGH NJW 2010, 150 ff.** Die Entscheidung ist schon mehrfach gelaufen, zuletzt wieder **Januar 2014.**

---

308 Palandt/*Sprau* BGB § 656 Rn. 3; BGH NJW 2005, 2543 f.; 1989, 1479 f.; 1984, 2407 f.; 1983, 2817 ff.; stramm immer gegen die hM OLG Koblenz.

§ 5 Der Reisevertrag, §§ 651a ff. BGB

A. Einstieg

77 Reiserechtsklausuren kommen im Ringtausch der Prüfungsämter selten vor. Die einschlägigen Normen und die Probleme sind auch überschaubar.

B. Das Zustandekommen des Reisevertrags

Ein Reisevertrag liegt vor, wenn sich der Reiseveranstalter gegen Zahlung eines Reisepreises verpflichtet, für den Reisenden eine **Gesamtheit von Reiseleistungen** – also mindestens zwei Einzelleistungen – zu erbringen (zB Pauschalurlaub, Kreuzfahrt). Bei der Einbeziehung von AGB gilt zusätzlich zu §§ 305 ff. BGB der § 6 BGB-InfoVO. UU sind §§ 651a ff. BGB analog auch bei Erbringung einer **Einzelleistung** durch einen Reiseveranstalter anwendbar. Lesen Sie dazu Palandt/*Sprau* BGB Einf v § 651a Rn. 5. Lesen Sie auch **BGH NJW 2013, 598 ff.** (Online-Flugbuchung für Mr. »noch unbekannt«).

> **Klausurtipp:** Das **Reisebüro** ist idR Handelsvertreter (§ 84 HGB) und vermittelt lediglich den Vertrag (idR für den Reiseveranstalter). Es kann auch Erklärungsbote für den Reisenden sein. Der Vertrag zwischen dem Reisenden und dem Reisebüro wird als **Reisevermittlungsvertrag** bezeichnet und ist als Geschäftsbesorgungsvertrag nach § 675 BGB mit werkvertraglichem Charakter zu qualifizieren mit der Folge, dass das Reisebüro für eigene Pflichtverletzungen nach §§ 675, 280 ff. BGB einstehen muss. In Klausuren geht es idR um Aufklärungs- u. Beratungsfehler, für die nach der Rspr. nach §§ 675, 631, 280 BGB gehaftet wird. **Mitreisende** können bzgl. Pflichtverletzungen aus dem Reisevermittlungsvertrag über die Grundsätze des VSD geschützt werden (→ Rn. 66). Eigene Beratungspflichten des Reisebüros bestehen nur bis zur Auswahlentscheidung des Reisenden, danach handelt das Reisebüro idR nur als Erfüllungsgehilfe für den Reiseveranstalter. Eine eigene Haftung ist dann nur noch aus c.i.c. möglich. Tritt allerdings das Reisebüro aus der Sicht des Reisenden wie ein Reiseveranstalter und nicht wie ein bloßer Vermittler auf, können statt § 675 BGB die §§ 651a ff. BGB anwendbar sein, vgl. § 651a II BGB.
> **Leistungsträger vor Ort** (Hotel, Tennislehrer, Animateur) sind idR Erfüllungsgehilfen des Veranstalters, für die er nach **§ 278 BGB** (nicht aber nach § 831 BGB) einzustehen hat. Die vom Reiseveranstalter mit den Leistungsträgern geschlossenen Verträge fallen zudem unter **§ 328 BGB (VzD**; § 334 BGB soll dabei aber konkludent abbedungen sein), sodass diese auch direkt in Anspruch genommen werden können.

Reisevertragspartner ist nur, wer den Vertrag selbst schließt. Bei **Mitreisenden** werden idR die Voraussetzungen von §§ 164 ff. und vor allem bei größeren Reisen § 1357 I BGB nicht vorliegen, sodass diese nicht Vertragspartner werden. Allerdings wird bei der Buchung für Mitreisende, die erkennbar Familienangehörige oder Partner einer neLG sind, idR ein **VzD nach § 328 I BGB** angenommen (→ Rn. 65). Dadurch stehen den Mitreisenden über § 328 I BGB eigene Erfüllungsansprüche zu, jedoch keine Gewährleistungsrechte. Eigene Schadensansprüche kommen aber aus § 651f BGB iVm Grundsätzen des **VSD** und aus § 823 BGB in Betracht (→ Rn. 66 zum VSD).[309] **Der Reisevertrag ist dann gleichzeitig sowohl ein VzD als auch ein VSD! Von dieser Besonderheit sollten Sie mal gehört haben.**

> **Beachte:** Oft macht der **Vertragspartner die Schadensersatzansprüche des Mitreisenden mit geltend**. Dies ist zum einen unter den Voraussetzungen der gewillkürten Prozessstandschaft möglich.[310] Neben dieser Möglichkeit billigt der BGH nunmehr dem Reisevertragspartner als Versprechensempfänger des VzD nach § 335 BGB eine eigene Klagemöglichkeit auch für Sekundäransprüche des Mitreisenden zu.[311] Wurden die Fremdansprüche an den Kläger abgetreten, stellt sich das Problem nicht, da es nunmehr eigene Ansprüche sind. Abtretungsverbote in den Reise-AGB stehen hier auch nicht entgegen, da diese idR unwirksam sind.[312]

---

309 BGH NJW 1980, 1947 ff.; Palandt/*Sprau* BGB § 651a Rn. 2
310 *Kaiser/Kaiser/Kaiser* Zivilgerichtsklausur I Rn. 353 ff.
311 BGH NJW 2010, 2950 ff.; LG Frankfurt a.M. NJW-RR 2015, 54 ff.
312 Palandt/*Grüneberg* BGB § 399 Rn. 10 mwN.

C. Die mangelhafte Reise

I. Das Vorliegen eines Reisemangels, § 651c I BGB

Für die Soll-Beschaffenheit der Reise sind zB Angaben in dem Buchungsprospekt (BGB-InfoV § 4) oder die Reiseart relevant (Luxus- oder Billigreise, notwendige Einschränkungen bei Massentourismus, landestypische Besonderheiten etc.). Erforderlich ist, dass der Nutzen der Reise nicht unwesentlich beeinträchtigt wird. Situationen, die zum »allgemeinen Lebensrisiko«, zum »Gefahrenbereich des Reisenden« oder als »bloße hinzunehmende Unannehmlichkeiten« zählen, stellen keinen Reisemangel dar. In der Klausur ist es dann Ihre Aufgabe, **sauber mit dem Klausursachverhalt und diesen Schlagwörtern zu argumentieren.** Auch ein Unfall des Reisenden, der durch eine Verletzung der VSP des Reiseveranstalters (zB im Hotel) entstanden ist, stellt einen Reisemangel dar. Ein Reisemangel liegt auch bei Fehlen einer zugesicherten Eigenschaft vor, wobei eine Zusicherung **auch durch das Reisebüro** erfolgen kann, da der Veranstalter nach §§ 84 ff. bzw. 54 HGB für dessen Erklärungen einzustehen hat.[313]

> **Klausurtipp:** Der Reiseveranstalter haftet nur für seine Vertragsleistungen und die seiner Erfüllungsgehilfen. Für vom Kunden vor Ort separat gebuchte Leistungen haftet nur der jeweilige Vertragspartner. Nur wenn sich eine separat angebotene **Fremdleistung** (Wasserrutsche, Wüstenausflug, Rail & Fly Ticket) durch das tatsächliche Auftreten des Reiseveranstalters aus Sicht des Reisenden als Teil des Leistungsangebots des Reiseveranstalters darstellt, soll der Veranstalter auch dafür haften.[314]

II. Die Rechte des Reisenden bei Mängeln

§§ 651c ff. BGB sind für den Reisenden **ab Vertragsschluss vorrangig,** §§ 280 ff., 323 ff., 119 II BGB, c.i.c. sind ausgeschlossen, soweit die Pflichtverletzung einen Reisemangel darstellt (**»BT schlägt AT«,** das kennen Sie schon!).

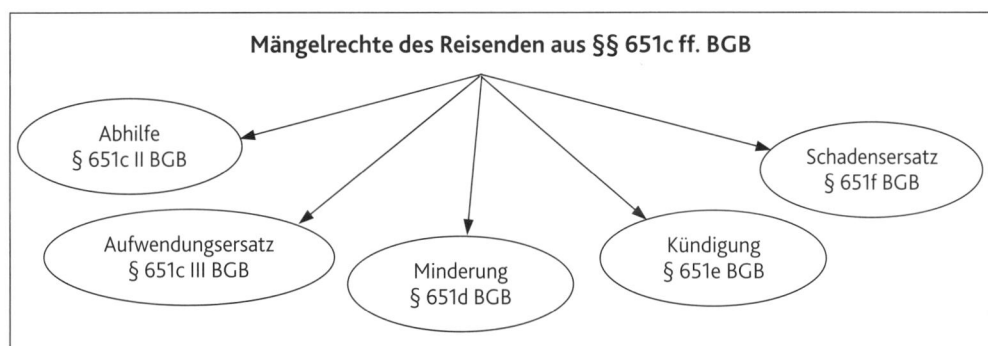

Der Reisende kann zunächst kostenlose **Abhilfe** verlangen, § 651c II 1 BGB. Das Abhilfeverlangen muss an den Reiseveranstalter oder dessen örtliche Reiseleitung oder ersatzweise an den jeweiligen Leistungsträger gerichtet werden. Das Recht auf Selbstabhilfe mit **Aufwendungsersatzanspruch** entsteht nach fruchtlosem Ablauf einer zur Abhilfe gesetzten Frist, § 651c III BGB. Der Reisende hat – wie bei § 536a II BGB im Mietrecht – aus § 242 BGB einen entsprechenden zweckgebundenen Vorschussanspruch. Außerdem kann der Reisende nach § 651d BGB den Reisepreis **mindern** (Eintritt kraft Gesetzes; anteiliger Rückzahlungsanspruch aus §§ 651d I 2, 638 IV, 346 BGB), wenn er ggü. dem Reiseveranstalter/dessen örtlicher Reiseleitung den Mangel angezeigt hat, § 651d II BGB. Die **Mängelanzeige** fällt idR mit dem Abhilfeverlangen iSd § 651c II BGB zusammen. Hinsichtlich der Berechnung der **Höhe der Minderung** ist § 287 ZPO anwendbar (Schätzung). In der Praxis wird idR die ADAC-Tabelle zur Reisepreisminderung benutzt.

---

313 BGHZ 82, 219 ff.; Palandt/*Sprau* BGB § 651a Rn. 2.
314 BGH Urt. v. 12.1.2016 – X ZR 4/15; BGH NJW-RR 2007, 1501 ff.

Wann ist die Mängelanzeige für Minderung/Schadensersatz entbehrlich[315]?

- Reiseveranstalter kennt Mangel (zB bewusste Überbuchung)
- wenn Abhilfe nicht möglich ist (zB Großbaustelle, Fehlen einer für die Entgegennahme der Mängelanzeige zuständigen Person) oder Anzeige am eingetretenen Schaden nichts geändert hätte
- Verschulden an unterlassener Mängelanzeige zu verneinen, wenn Belehrung nach § 6 II Nr. 7 BGB-InfoVO (lesen!) fehlt

Die im Falle eines Reisemangels außerdem bestehende **Kündigungsmöglichkeit** nach **§ 651e BGB** tritt an die Stelle des nach Reisebeginn nicht mehr gegebenen Rücktrittsrechts aus § 651i BGB. § 651e BGB regelt auch die weiteren Folgen einer Kündigung.

Klausurtipp: Als Loslösungsrechte des Reisenden vor Reisebeginn kommen §§ 651b, 651i, 651j BGB in Betracht. Lesen Sie zu den Storno-Gebühren §§ 651i II, III, 651j II BGB.

Zuletzt kann der Reisende bei Verschulden des Reiseveranstalters (wird vermutet) **Schadensersatz gem. § 651f BGB** verlangen. **Analog § 651d II BGB** ist auch dafür nach hM eine **Mängelanzeige** erforderlich. § 651f I BGB deckt alle durch den Reisemangel entstandenen Schäden einschließlich der MFS. IdR werden diejenigen Schäden erfasst, die nicht schon durch die Minderung abgegolten sind (zB Kosten eines Deckungsgeschäftes, Körper- u. Sachschäden, iVm § 253 II BGB auch Schmerzensgeld). Ggf. muss die Herausforderungsproblematik angesprochen werden, wenn die letzte Schädigungshandlung vom Reisenden selbst stammt (→ Rn. 56). Beachten Sie auch den Anspruch aus **§ 651f II BGB** bzgl. der **nutzlos aufgewendeten Urlaubstage**, der nach § 287 ZPO im Prozess als unbeziffter Antrag gestellt werden kann. Ggf. ist der Anspruch aus § 651f BGB **wegen § 254 BGB zu kürzen**. Scheidet § 651f BGB zB mangels Vertretenmüssens aus, kann wegen der abschließenden Regelung in §§ 651a ff. BGB ein Anspruch aus **§ 536a I BGB** nur greifen, wenn der Reiseveranstalter selbst Eigentümer der Mietsache, insbes. des Hotels ist.[316] An welche Norm müssen Sie noch denken, wenn Sie Schadensersatzansprüche des Reisenden gegen den Veranstalter prüfen? Erst nachdenken, dann Fußnote lesen![317]

Klausurtipp: Wenn Kinder zu Schaden kommen, sollten Sie neben der Prüfung des eigenen Mitverschuldens (§ 828 BGB!) daran denken, dass das **Mitverschulden der Eltern** (Aufsichtsverletzung) nach §§ 254 II, 278 BGB dem Kind zugerechnet werden kann. Zudem taucht in diesen Fällen wegen § 1664 BGB auch das Problem der **gestörten Gesamtschuld** auf (→ Rn. 62).

Beachten Sie hinsichtlich der vorstehenden Mängelrechte des Reisenden die **Ausschlussfrist in § 651g I 1 BGB** (lesen!). Adressat ist der Veranstalter, die von ihm angegebene Stelle oder wg. § 91 II HGB auch das Reisebüro (nicht ausreichend: Hotelleitung). Die hM lässt auch die örtliche Reiseleitung als Adressat zu, wenn und soweit diese aus Sicht des Reisenden als Vertreter des Reiseveranstalters auftritt. Da sowohl für die Mängelrechte selbst in §§ 651c II, 651d II BGB als auch zur Verhinderung der Ausschlussfrist eine Erklärung des Reisenden erforderlich ist, spricht man vom Erfordernis einer sog. »Doppelanmeldung«. Es genügt jedoch auch die Mängelrüge während der Reise, wenn der Reisende ausdrücklich Mängelansprüche ankündigt und nicht bloße Abhilfe geltend macht und die Erklärung an die richtige Stelle gerichtet (oder weiterleitet) wird. Die Verjährung der Mängelansprüche ist in **§ 651g II BGB** geregelt, wobei diese kurze Verjährung nicht auch für konkurrierende Ansprüche aus Delikt gilt.

---

315 Vgl. dazu Palandt/*Sprau* BGB § 651d Rn. 4.
316 Palandt/*Sprau* BGB Vorb v §§ 651c-g Rn. 10.
317 An § 823 BGB wg. Verletzung von VSP! Die VSP gebietet, dass der Reiseveranstalter die von ihm eingesetzten Leistungsträger sorgfältig aussucht und diese sowie deren Leistungen regelmäßig (mindestens einmal zu Beginn jeder Saison, bei begründeten Zweifeln/Beschwerden auch häufiger) überwacht, vgl. BGHZ 103, 298 ff. § 831 BGB scheidet dagegen aus, da die Leistungsträger nicht Verrichtungsgehilfen sind.

§ 6 Der Mietvertrag, §§ 535 ff. BGB

A. Einstieg und Abgrenzungsfragen

Mietrecht ist sehr praxisrelevant und hat eine **Riesenbedeutung in Assessorklausuren.**   78

> **Die Struktur des Mietrechts ist wie folgt:**
> - §§ 535 ff. BGB = Allgemeine Vorschriften für alle Mietverträge
> - §§ 549 ff. BGB = Sonderregelungen für die Wohnraummiete
> - §§ 578 ff. BGB = Mietvertrag über andere Sachen, zB Grundstücke, Geschäftsräume
> - §§ 581 ff. BGB = Pacht und Landpacht

Der Mietvertrag ist ein Vertrag über die entgeltliche Gebrauchsüberlassung. Im Unterschied dazu ist bei der **Pacht** zusätzlich eine Fruchtziehung möglich (Gaststätte, Tankstelle). Gem. **§ 581 II BGB** sind die Vorschriften über die Miete entsprechend anwendbar, sofern sich aus den §§ 582 ff. BGB nichts Abweichendes ergibt. Dies kann dann auch mal der Einstieg in eine Mietrechtsklausur sein (so wie mehrfach in letzter Zeit: **Juli und August 2014, Januar 2015:** Pacht einer Gaststätte, einer Tierarztpraxis und eines Jagdbezirks).

Im Unterschied zum Mietvertrag schuldet der Verwahrer beim **Verwahrungsvertrag** iSd §§ 688 ff. BGB zusätzlich die Obhut (zB bewachter Parkplatz, Tiereinstell- bzw. Pensionsvertrag; vgl. dazu die gute **Originalklausur** *Theissen* **JA 2009, 366 ff.**). Bei Unentgeltlichkeit ist die Abgrenzung zur reinen Gefälligkeit nötig (→ Rn. 4). Als sog. **unregelmäßige Verwahrung nach § 700 BGB** wird nach hM das **Giroguthaben** angesehen, sodass sich aus §§ 700 I 1, 488 I 2 BGB ein Auszahlungsanspruch gegen die Bank ergibt, wenn auf dem Konto ein Guthaben ist (da die Gutschrift ein abstraktes Schuldanerkenntnis iSv §§ 780 f. BGB ist,[318] wird in der Praxis oft alternativ auf §§ 780 f. BGB als Anspruchsgrundlage abgestellt; beides ist in der Klausur vertretbar).

Die **Leihe** iSv §§ 598 ff. BGB ist die unentgeltliche Gebrauchsüberlassung einer Sache und **wird in den Klausuren fast immer konkludent geschlossen**, sodass der »Clou« stets darin lag, eine Leihe überhaupt zu erkennen und dann sauber unter §§ 598 ff. BGB zu subsumieren (Stellung eines Ersatzfahrzeugs durch Werkstatt, vom Eigentümer geduldete Benutzung von Regenrohren/eines Weges durch Nachbarn, unentgeltliche Überlassung einer Wohnung, Überlassung eines Gemäldes zu Ausstellungszwecken, längerfristige Überlassung eines Kfz durch Verkäufer an Käufer zur Probe – in allen Beispielen stets **RBW nötig, sonst nur reine Gefälligkeit!**). Eine lecker Klausur aus 2013 dazu ist BGH NJW-RR 2012, 1007 (Leihe eines Pferdes), die können Sie bei ausreichend Zeit einmal lesen. Eine zukünftige Klausur wird BGH MDR 2016, 509 ff. sein. Bitte unbedingt lesen!

> **Klausurtipp:** Sie sollten wissen, dass derjenige, der sich iRd Rückforderung auf einen mittlerweile abgelaufenen/gekündigten **Leihvertrag** beruft, gegenüber dem Einwand des Gegners, es liege Schenkung vor, das Vorliegen einer Leihe nach den allgemeinen **Beweisregeln** beweisen muss. Für den dinglichen Anspruch aus § 985 BGB ist § 1006 BGB zu beachten (→ Rn. 47).

B. Das Zustandekommen und der Inhalt des Mietvertrags

Der Mietvertrag ist grds. formfrei, außer bei Mietverträgen, die für länger als ein Jahr geschlossen werden, vgl. **Schriftformerfordernis in § 550 BGB.** Zu den strengen Anforderungen von § 550 BGB auch hinsichtlich Nebenabreden und Nachträgen etc. hat sich eine sehr unübersichtliche Kasuistik gebildet, bei der Sie ausschließlich mit dem Palandt arbeiten sollten (so wie jeder Praktiker!). Wichtig ist, dass Sie überhaupt an die Norm denken. Bei Nichteinhaltung des § 550 BGB ist der Mietvertrag nicht nach § 125 S. 1 BGB unwirksam, da § 550 S. 1 BGB eine Sonderregelung trifft: Der Vertrag ist **als unbefristeter Mietvertrag wirksam** mit der sich daran anschließenden Möglichkeit der ordentlichen Kündigung. Ob eine solche ordentliche Kündigung unter Berufung auf den Formmangel nach **§ 242 BGB treuwidrig** ist oder nicht, muss in der Klausur **fast immer problematisiert** werden (Details dazu bei Palandt/*Weidenkaff* BGB § 550

---

318 Palandt/*Sprau* BGB § 781 Rn. 10, § 675f Rn. 28.

Rn. 12). § 550 BGB greift nicht, wenn der Mietvertrag für unbestimmte Zeit geschlossen wurde, was wegen des Befristungsverbotes in § 575 BGB idR bei der Wohnungsmiete der Fall ist. Befristete Verträge sind dagegen vor allem **bei der Gewerberaummiete** zulässig und üblich, sodass **insbesondere hier § 550 über § 578 I BGB relevant wird (zuletzt wieder im September- u. Novembertermin 2015)**. Beachte: Liegen die Voraussetzungen von § 575 BGB nicht vor, ist die Befristung eines Wohnungsmietvertrages unwirksam und der Vertrag gilt auf unbestimmte Zeit geschlossen. Für die Dauer der unwirksamen Befristung ist aber im Wege ergänzender Vertragsauslegung ein beidseitiger Kündigungsverzicht anzunehmen.[319]

> **Beachte:** Die rechtliche Einordnung eines **Mischmietvertrages** richtet sich nach dem überwiegenden Vertragszweck bei Vertragsschluss. Lässt sich ein Überwiegen der gewerblichen Nutzung nicht feststellen, sind vorrangig die für die Wohnraummiete geltenden Vorschriften anzuwenden. Im letzteren Fall braucht sich der Eigenbedarf des Vermieters iSv § 573 II BGB nach BGH nur auf die Wohnräume zu beziehen.

C. Die Hauptpflichten des Vermieters und Mieters

79 Die Hauptpflichten des Vermieters ergeben sich aus § 535 I BGB: Zum ersten die vertragsgemäße Gebrauchsüberlassung der Mietsache. Dazu gehört auch der Schutz gegen Störung des vertragsgemäßen Gebrauchs. Zum zweiten schuldet er die Instandhaltung der Mietsache während der Mietzeit (Pendant zur Nacherfüllung im Kauf- u. Werkrecht). Die für den Vermieter lästigen **Schönheitsreparaturen** werden häufig per AGB auf den Mieter abgewälzt. Dies verstößt nicht per se gegen § 307 BGB, allerdings darf die Überwälzung nicht unbillig oder unklar sein. Zwei aktuelle bahnbrechende Urteile dazu sind **BGH NJW 2015, 1594 ff. und 1871 ff. Lesen!**

> **Merke:** Arbeiten Sie zur Frage, wann bestimmte AGB (zB Schönheitsreparaturen, Quotenabgeltungsklausel, Fachhandwerkerklausel, Farbwahl, Haustierhaltung) unwirksam sind, immer mit dem Palandt, vor allem bei § 535 BGB. Fangen Sie bloß nicht an, hier Details auswendig zu lernen! Das ist ja das Schöne am Zweiten Examen: Sie haben einen Palandt und müssen nicht irgendwelche Rep-Übersichten auswendig können.

> **Klausurtipp:** Permanent führt der Mieter in Klausuren in Unkenntnis der **Unwirksamkeit der Klausel** nach Beendigung des Vertrages Schönheitsreparaturen aus und verlangt dann »Entschädigung«. Kann er das?[320]

Die Hauptpflichten des Mieters sind die Zahlung der Miete (§ 535 II BGB, in §§ 556d ff. BGB ist die neue Mietpreisbremse geregelt) inklusive Betriebskosten und die Ausführung der ihm idR übertragenen Schönheitsreparaturen. § 537 BGB regelt die Mietentrichtungspflicht bei persönlicher Verhinderung des Mieters. Die Miete wird wegen § 320 BGB grds. erst ab Gebrauchsüberlassung durch den Vermieter geschuldet.[321] In **§ 556 BGB** sind die **Betriebskosten** bei der Wohnraummiete geregelt (der Kommentierung bei Palandt/*Weidenkaff* BGB § 556 und bei § 535 Rn. 90 ff. können Sie bei Bedarf spezielle Fragen der Betriebskosten entnehmen). § 556 III 2 BGB gilt analog bei der Geschäftsraummiete, nicht allerdings die Ausschlussfrist von § 556 III 3 BGB.[322] **Klausuren zu Betriebskosten gibt es massig, weil das ganz typische Praktiker-Fälle sind.**

---

319 BGH NJW 2013, 2820 f. Dies gilt nur, wenn ein Individualvertrag vorliegt, denn bei AGB würde wohl das Verbot der geltungserhaltenden Reduktion einer ergänzenden Vertragsauslegung mit diesem Ergebnis entgegenstehen.

320 Ja, natürlich! Ein Aufwendungsersatzanspruch ergibt sich aus §§ 812 I 1 Alt. 1, 818 II BGB. § 539 BGB iVm GoA greift nach der Rspr. dagegen nicht, da zumindest der FGW fehle. **Bei schuldhafter Verwendung unwirksamer AGB ist auch ein Anspruch aus c.i.c. möglich.** Für den Ersatzanspruch des Mieters gilt die kurze Frist von § 548 II BGB, so zuletzt wieder BGH NJW 2012, 3031 ff. mwN. Der Wertersatz bemisst sich nach dem, was der Mieter billigerweise neben dem Einsatz an freier Zeit als Kosten für das Material sowie als Vergütung für die Arbeitsleistung seiner Helfer aus dem Verwandten- und Bekanntenkreis aufgewendet hat oder hätte aufwenden müssen.

321 Unterbleibt die Überlassung zum vereinbarten Termin, wird dem Vermieter seine Leistung nach hM nachträglich wg. Zeitablaufs unmöglich, § 275 I BGB. Dann: Rückforderung ggf. zuvor gezahlter Miete durch den Mieter nach §§ 275 I, 326 I, IV, 346 BGB möglich (früher § 812 BGB).

322 BGH NJW 2010, 1065 ff.

D. Die Rechte der Parteien bei Nichterfüllung der Hauptpflichten aus dem Mietvertrag

I. Die Rechte des Mieters

Erfüllt der Vermieter die oben genannten Hauptpflichten nicht – insbesondere wenn ein **80** Mangel vorliegt oder während der Mietzeit auftritt –, hat der Mieter folgende Rechte:

- Mängelbeseitigungsanspruch, § 535 I 1, 2 BGB
- Gewährleistungsrechte, §§ 536 ff. BGB (ab Übergabe der Mietsache)
- Kündigung, § 543 I, II 1 Nr. 1 BGB (Kündigung ersetzt den Rücktritt im Mietrecht!)

Ein **Mietmangel** liegt vor, wenn die Ist- von der Soll-Beschaffenheit negativ abweicht und dies den vertragsgemäßen Gebrauch unmittelbar **erheblich beeinträchtigt,** § 536 I 3 BGB. Bei der Beurteilung des Vorliegens eines Mangels ist, wenn Parteiabreden fehlen, jedenfalls die Einhaltung der maßgeblichen technischen Normen geschuldet.[323] Klausurbeispiele: exzessiver Lärm[324], Schimmelflecken, Wohnfläche liegt mehr als 10% unter der im Mietvertrag angegebenen »cirka-«Wohnfläche, Verletzung des (jedem Gewerbemietvertrag immanenten!) Konkurrenzschutzgebotes, äußere Gefahrenquellen (»Umfeldmangel«), öff.-rechtliche Beschränkungen, wenn sie ihre Ursache in der konkreten Beschaffenheit der Mietsache und nicht in den persönlichen oder betrieblichen Umständen des Mieters haben. **§ 536 III BGB regelt den Rechtsmangel** (das beliebteste Beispiel ist sonst nur Stoff von Fernsehkomödien: die **Doppelvermietung durch den Vermieter**[325]). Lesen Sie zur Frage des Mietmangels bei einer im Keller gelagerten und dann geklauten EBK BGH Urt. v. 13.4.2016 – VIII ZR 198/15, BeckRS 2016, 08890.

Den **Mängelbeseitigungsanspruch** kann der Mieter dem Anspruch des Vermieters auf Zahlung der Miete dabei **als ZBR nach § 320 BGB** entgegenhalten. Dies jedoch erst, nachdem er dem Vermieter den Mangel angezeigt hat (Argument: sonst kann ZBR »Druckfunktion« nicht erfüllen). Der Mieter darf dabei unabhängig von einer etwaigen Minderung einen drei- bis fünffachen Minderungsbetrag zurückhalten.[326] Fazit: **Minderung und ZBR sind nebeneinander möglich** (Mieter als »heilige Kuh« des BGH, sozialer Mieterschutz).

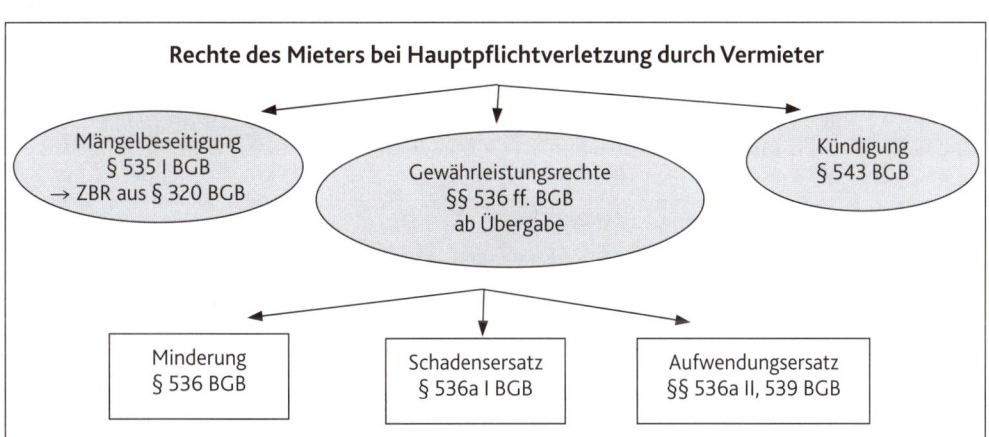

Rechte des Mieters bei Hauptpflichtverletzung durch Vermieter

---

323 Palandt/*Weidenkaff* BGB § 536 Rn. 16. Dabei ist nach der Rspr. der bei Gebäudeerrichtung geltende Maßstab anzulegen.

324 **Lärm vom Nachbargrundstück** ist jedenfalls dann kein Mietmangel, wenn der Vermieter diese Geräusche selbst gegenüber dem Lärmerzeuger nach **§ 906 I BGB** entschädigungslos zu dulden hätte. Bei Kinderlärm (nicht bei Jugendlichen – ab 14 Jahren!) gilt das Toleranzgebot des § 22 Ia BImSchG (dann keine wesentliche Beeinträchtigung), vgl. BGH NJW 2015, 2177.

325 KG NJOZ 2015, 685 f.; LG Berlin NJW-RR 2014, 14 ff.; Palandt/*Weidenkaff* BGB § 536 Rn. 30. In Klausuren ist die Problematik häufig mit verbotener Eigenmacht gekoppelt, vgl. §§ 858 ff. BGB. Hierzu müssen Sie wissen, dass nach der Rspr. ein Mieter selbst im Falle der Doppelvermietung seinen Besitzüberlassungsanspruch als erster Mieter gegenüber dem Vermieter nicht durch eine einstweilige Verfügung sichern lassen kann, vgl. Palandt/*Bassenge* BGB § 861 Rn. 11 mwN.

326 Palandt/*Weidenkaff* BGB § 536 Rn. 6. Auf § 320 BGB kommt es vor allem dann an, wenn die Minderung an § 536b BGB scheitert.

Nach Übergabe verdrängen §§ 536 ff. BGB in ihrem Anwendungsbereich – dh wenn die Pflichtverletzung ein Mangel betrifft – für den Mieter **das Leistungsstörungsrecht AT** (zB § 119 II BGB, nicht aber § 123 BGB!) und die c.i.c. (Ausnahme: c.i.c. möglich bei Verletzung einer vorvertraglichen Aufklärungspflicht bzgl. eines Umstandes, der keinen Mietmangel begründet oder bei Arglist/Vorsatz des Vermieters). Nach hM wird allerdings § 536 III BGB so verstanden, dass bei Rechtsmängeln eine Übergabe der Sache für §§ 536 ff. BGB nicht erforderlich ist.[327]

Wann sind Mängelrechte aus §§ 536 ff. BGB ausgeschlossen? Gesetzlich nach Maßgabe von **§§ 536b, 536c, 536d BGB** oder nach **§ 326 II 1 Alt. 1 BGB analog** (Mieter hat Mangel zu vertreten; anders in den **Küchenbrand-Fällen**, wenn der Vermieter eine Gebäudeversicherung abgeschlossen hat, deren Kosten der Mieter trägt – dann muss der Vermieter den vom Mieter leicht fahrlässig verursachten Brandschaden beseitigen und hat die mietvertragliche Pflicht, die Versicherung in Anspruch zu nehmen, sog. »versicherungsrechtliche Lösung« des BGH. Der Mieter haftet weder dem Vermieter noch kann die Versicherung über § 86 VVG gegen ihn vorgehen, da nach der Rspr. in diesen Fällen ein Regressverzicht aus einer ergänzenden Auslegung des Gebäudeversicherungsvertrags abgeleitet wird). Auch § 242 BGB kann der Geltendmachung von Mängelrechten entgegenstehen (zB wenn Mieter entgegen § 555a BGB die Mängelbeseitigung durch den Vermieter verweigert). Oft werden **Mängelrechte im Mietvertrag ausgeschlossen**, hier können Sie die Rspr. dazu im Palandt bei § 536 und 536a BGB nachschlagen.

Zu den Gewährleistungsrechten im Einzelnen:

Die **Minderung** nach § 536 I 1 BGB tritt für die Zeit, in der sich der Mangel auf die Gebrauchstauglichkeit auswirkt, kraft Gesetzes (»*ipso iure*«) ein (keine Minderungserklärung nötig!). Zuviel gezahlte Miete kann **aus LK** zurückgefordert werden (ggf. ist die Erklärung des Mieters, er »mindere« die Miete und zahle daher weniger, als Aufrechnungserklärung mit dem Anspruch aus LK auszulegen), wobei der Rückforderung ggf. § 814 BGB entgegensteht, weil in der Rspr. bei einem bekannten Mangel idR auch von einer Kenntnis des Mieters iSv § 814 BGB ausgegangen wird. Zur Bestimmung der Minderungshöhe wird in der Praxis oft die Tabelle von *Börstinghaus* benutzt (Mündliche!).

> **Klausurtipp:** Wenn der Vermieter nach **§ 543 II Nr. 3 BGB** wg. Zahlungsverzug kündigt, müssen Sie prüfen, ob überhaupt Verzug vorliegt (Verschulden nötig!). Oft wird sich der Mieter auf Mängel berufen, sodass inzident die Minderung und/oder das ZBR nach § 320 BGB (s. oben) zu untersuchen sind (**Schachtelprüfung**). Beachten Sie, dass bei Geldschulden wirtschaftliche Schwierigkeiten (oder die Nichtzahlung durch das Jobcenter) das Verschulden grds. nicht ausschließen (»*Geld hat man zu haben*«).

Der **Schadensersatzanspruch** nach § 536a I Alt. 1 BGB gilt für Mängel bei Vertragsschluss (Vorliegen der Gefahrquelle reicht). Der Anspruch nach § 536a I Alt. 2 BGB gilt für Mängel nach Vertragsschluss und setzt anders als Alt. 1 Verschulden voraus. Es ist daher die entscheidende Weichenstellung, ob der Mietmangel bereits anfänglich schon vorlag oder eben nicht. § 536a I BGB erfasst alle Schäden aufgrund des Mangels (zB Kosten der einstweiligen Unterbringung, Verdienstausfall, Sachschäden) und iVm § 284 BGB auch nutzlose Aufwendungen. Daneben ist auch § 823 BGB möglich. Für das Bestehen eines Schadensersatzanspruches ist eine spätere Kündigung unerheblich.

Der **Aufwendungsersatzanspruch** für die Mängelbeseitigung ergibt sich aus § 536a II Nr. 1, 2 BGB (lesen!). Nach der Rspr. hat der Mieter nach § 242 BGB sogar einen Anspruch auf entsprechenden zweckgebundenen Kostenvorschuss. Zuviel oder nicht in angemessener Frist verwendeter Kostenvorschuss ist nach § 812 BGB zurückzugewähren.[328] Denken Sie in diesem Zusammenhang an den versteckten **§ 556b II BGB** (lesen!).

---

327 BGH NJW 1996, 714 ff.; NW 1991, 3277 f.; zuletzt wieder LG Berlin NJW-RR 2014, 14 ff. zur Doppelvermietung.

328 OLG Celle Beschl. v. 28.1.2010 – 2 U 134/09, BeckRS 2010, 04941.

> **Klausurtipp: § 536a II BGB** ist abschließend für **Aufwendungen des Mieters** zur Mängelbeseitigung. Fehlt es an den Voraussetzungen von § 536a II BGB (zB nicht dringende Mängelbeseitigung ohne Verzug), so kann der Mieter seine Aufwendungen zur Mängelbeseitigung nicht über §§ 536a I, 539, 812 BGB oder GoA geltend machen, da sonst die strengen Voraussetzungen von § 536a II BGB leerliefen.[329] Für Aufwendungen auf die Mietsache außerhalb der Mängelbeseitigung (zB Renovierung, Verschönerungen) ist **§ 539 I BGB** (Rechtsgrundverweisung auf die GoA) abschließend. Stets ist dann genau zu prüfen, ob die Voraussetzungen der GoA – also insbesondere der FGW (idR dienen die Aufwendung in erster Linie dem eigenen Interesse am schönen Wohnen, daher FGW oft zu verneinen!) – vorliegen. Neben § 539 I BGB kann der Mieter grds. nicht über §§ 536a, 951, 812 BGB gehen. Allerdings werden aus Wertungsgesichtspunkten hier Ausnahmen zugelassen. So soll **§ 812 BGB** dann möglich sein, wenn entweder das Mietverhältnis früher endet als vereinbart und der Vermieter dadurch auch früher in den Genuss der durch die Aufwendungen bewirkten Wertsteigerung kommt oder der Mieter in der Erwartung späteren Eigentumserwerbs Aufwendungen auf die Mietsache macht und dieser Plan sich zerschlägt. Prägen Sie sich das alles gut ein. **Klausuren, bei denen man bzgl. Aufwendungen des Mieters auf die Mietsache die obigen Abgrenzungsfragen beherrschen musste, gab es in den letzten Jahren permanent! Sie müssen das schlicht auswendig lernen, in der Klausur bleibt nicht die Zeit, das alles im Kommentar nachzuschlagen. Fragen Sie mal Kandidaten, die das Examen schon hinter sich haben!**
> Ein **Wegnahmerecht** für eingebaute Einrichtungen (zB Wandschrank, WC-Deckel, Waschbecken; umstr. für Einbauküche) regeln abschließend §§ 539 II, 552, 578 II BGB.

Anhaltspunkte Pal 539/2
Pal 536a/6a E
536a/17

Das **Kündigungsrecht** ergibt sich aus § 543 BGB (→ Rn. 86). Dieses greift schon vor Übergabe der Mietsache.

II. Die Rechte des Vermieters

Bei Nichtzahlung der Miete kann der Vermieter neben dem Erfüllungsanspruch aus § 535 II **81** BGB einen Verzugsschaden nach §§ 280 II, 286 BGB geltend machen und nach §§ 543 I, II 1 Nr. 3, 569 III BGB kündigen. Ob der Vermieter wegen seines ZBR nach § 320 BGB den Strom oder den Wasseranschluss sperren darf (sog. Versorgungssperre), ist wegen der darin liegenden »Selbstvollstreckung« umstritten. Die wohl hM bejaht das.

Zieht der Mieter ohne Durchführung der ihm wirksam (Inzidentprüfung!) auferlegten **Schönheitsreparaturen** aus, muss der Vermieter ihm unter konkreter Nennung, in welchen Räumen welche Arbeiten erforderlich sind (Rspr. ist hier zugunsten der Mieter eher streng!), **eine Frist setzen** (angemessen: 14 Tage, bei einer zu kurzen Frist wird automatisch eine angemessene in Gang gesetzt) und kann erst nach fruchtlosem Ablauf nach **§ 281 I BGB** Schadensersatz statt der Leistung verlangen (GoA und § 812 BGB daneben gesperrt, damit Fristsetzung nicht unterlaufen wird). Will der Vermieter nach dem Auszug umbauen, wandelt sich nach dem Umbau die Renovierungspflicht des Mieters in einen Ausgleichsanspruch des Vermieters aus ergänzender Vertragsauslegung um. Führt der **Nachmieter** nach Ablauf der dem Vormieter gesetzten Frist die Schönheitsreparaturen aus, wird der Vormieter nur nach § 267 BGB befreit, wenn der Nachmieter Fremdtilgungswillen hat, was idR zu verneinen ist. Daher bleibt es idR beim Anspruch des Vermieters aus § 281 BGB, die Arbeit des Nachmieters wird dem Vormieter nicht »gutgeschrieben« (keine Vorteilsanrechnung).[330] Dem Nachmieter dürfte aber analog § 255 BGB ein Anspruch gegen den Vermieter auf Abtretung dieses Anspruchs zustehen, weil er aufgrund der Arbeiten letztlich der Geschädigte ist und der Vermieter einen Anspruch gegen den Vormieter hat, ohne einen echten Schaden zu haben.[331]

---

329 Palandt/*Weidenkaff* BGB § 536a Rn. 6; BGH NJW 2008, 1216 ff.; *Klein* JuS 2015, 156 ff.
330 AG Münster WuM 2004, 562; BGHZ 49, 56 ff.; *Tempel/Graßnack/Kosziol/Seyderhelm* Materielles Recht 106.
331 Andere Lösungsvariante: DSL, allerdings dürfte hier keine zufällige Schadensverlagerung vorliegen. Direkte Ansprüche des Nachmieters gg. den Vormieter zB aus GoA, §§ 812, 426 BGB scheiden idR aus, vgl. OLG Hamburg ZMR 1984, 342 ff. mwN; Palandt/*Weidenkaff* BGB § 535 Rn. 52.

E. Die Nebenpflichten und deren Verletzung

I. Die Nebenpflichten des Vermieters

82 Den Vermieter treffen Schutzpflichten aus § 241 II BGB (Schutz der Rechtsgütersphäre des Mieters), Folge bei Verletzung: Anspruch aus pVV und § 823 BGB. Zudem muss er die **Mietkaution iSv § 551 BGB** nach Beendigung des Mietverhältnisses nach Ablauf einer Prüfungsfrist (idR 3–6 Monate) zurückzahlen (Anspruchsgrundlage: ergänzende Auslegung der Kautionsabrede).[332]

II. Die Nebenpflichten des Mieters

Auch den Mieter treffen Schutzpflichten iSv § 241 II BGB, vor allem die **Einhaltung des vertragsgemäßen Gebrauchs**. Beispiele für Verletzung: Beschädigung oder wesentlicher Umbau der Mietsache, Überwachung des Hausflurs mit einem Video-Türspion (wg. APR der Mitmieter), Nichtgewährung des Zutritts,[333] unerlaubte Tierhaltung, exzessives Rauchen, wesentliche Geschäftstätigkeit in Mietwohnung, Rückgabe der neutral dekoriert übernommenen Wohnung mit »kunterbuntem« Anstrich, nicht vom Vermieter genehmigte und auch nicht nach § 242 BGB iVm Art. 5, 4 GG – Stichwort: mittelbare horizontale Drittwirkung von Grundrechten (objektiver Wertgehalt der Grundrechte wird zur Ausfüllung von Generalklauseln im BGB herangezogen) – zu duldende (Abwägung!) Anbringung einer Antenne, Verlust eines zu einer Schließanlage gehörenden **Hausschlüssels (Oktobertermin 2015!)**.[334] Bei Schäden an der Mietsache ist zu **§ 538 BGB** abzugrenzen. »Normale« Abnutzungen iSv § 538 BGB hat der Mieter nicht zu vertreten. Weitere Nebenpflichten sind die Duldung von Reparaturen und Modernisierungen nach **§§ 555a ff. BGB** und die Zahlung der vereinbarten Kaution als zusätzliche Sicherheit für den Vermieter. Das heißt, der Mieter kann nicht einfach keine Miete zahlen und dem Vermieter mitteilen, für April werde jetzt »die Kaution abgewohnt«.

Ansprüche des Vermieters bei Verletzung der Nebenpflichten durch den Mieter:

- Unterlassungsanspruch aus **§ 541 BGB** (*lex specialis* zu § 1004 BGB)
- Schadensersatzanspruch aus **pVV/§§ 280, 241 II BGB**[335] **und § 823 BGB** (mit kurzer Verjährung nach § 548 I BGB!). Die Schädigung durch Erfüllungsgehilfen wird dem Mieter nach § 278 BGB zugerechnet (zB Gäste, Mitmieter,[336] vom Mieter beauftragte Handwerker; bei Beauftragung durch den Vermieter sind Handwerker dessen Erfüllungsgehilfen ggü. dem Mieter, zuletzt **Januartermin 2016!**).
- Ggf. ist sogar die fristlose **Kündigung** nach § 543 I BGB möglich

> **Klausurtipp:** Der Umfang des zulässigen Gebrauchs kann sich auch durch eine **Hausordnung** (idR AGB!) ergeben, die einer Einbeziehung in den Vertrag bedarf. Die Hausordnung kann dann auch Schutzwirkungen zugunsten der anderen Bewohner des Hauses nach entfalten (VSD!). Auch gut zu wissen, oder?

F. Die Verjährung der mietrechtlichen Ansprüche

83 **§ 548 BGB** regelt die kurze Verjährung bestimmter Ansprüche (lesen). »Zurückerhalten« iSv § 548 BGB meint, dass zum einen der Vermieter in die Lage versetzt werden muss, sich durch

---

332 **Weitere Einzelheiten zur Kaution/Sicherheitsleistung des Mieters bei Palandt/*Weidenkaff* BGB Einf v § 535 Rn. 120 ff. und bei § 551 BGB!**

333 Nach der Rspr. steht dem Vermieter ein Recht, die Mietsache auch ohne besonderen Anlass in einem regelmäßigen zeitlichen Abstand zu besichtigen, nicht zu. Vielmehr besteht nur eine aus § 242 BGB herzuleitende Nebenpflicht des Mieters, dem Vermieter – nach entsprechender Vorankündigung – den Zutritt zu seiner Wohnung zu gewähren, wenn es hierfür einen konkreten sachlichen Grund gibt.

334 Hier vorheriger Austausch der Schließanlage nötig, keine abstrakte Abrechnung auf Kostenvoranschlagbasis, so BGH NJW 2014, 1653 f.

335 Palandt/*Weidenkaff* BGB § 535 Rn. 85 u. § 538 Rn. 8; BGH NJW 2014, 1653 ff.; 2014, 143 f.; ZMR 2010, 431; NJW 2010, 3087 f; OLG Schleswig MDR 2014, 1442; OLG Naumburg Urt. v. 30.8.2012 – 1 U 26/12, BeckRS 2013, 01879; OLG Düsseldorf MDR 2009, 1036.

336 OLG Hamm NJW-RR 2013, 974 ff.; AG Gießen NJW-RR 2008, 392; **aA Palandt/*Grüneberg* BGB § 425 Rn. 16!**

Ausübung der unmittelbaren Sachherrschaft ein Bild vom Zustand der Mietsache zu machen und zum anderen, dass der Mieter den Besitz vollständig und eindeutig aufgibt, wobei der Vermieter hiervon Kenntnis erlangen muss (lief zuletzt **rauf und runter im Februartermin 2014!**). Die Zurechnung der Kenntnis eines Hauswarts erfolgt nach Maßgabe des § 166 BGB analog nur, wenn dieser Wissensvertreter ist (vgl. → Rn. 112). Die Beendigung des Mietvertrags ist für den Verjährungsbeginn keine Voraussetzung. § 548 I BGB wird grds. weit ausgelegt und **gilt daher für alle Ansprüche des Vermieters wegen Verschlechterung/Veränderung der** Mietsache, so zB auch für §§ 280 ff. BGB, Delikt (außer § 826 BGB), GoA, § 812 BGB, Ansprüche gegen im Schutzbereich des Mietvertrages befindliche Dritte und c.i.c. (Argument: Sinn und Zweck des § 548 BGB ist die schnelle Abwicklung des Mietverhältnisses). Verweigert der Vermieter die Rücknahme der Mietsache, ist anhand von § 242 BGB zu bestimmen, ob er sich auf die fehlende Rückgabe berufen kann. Alle übrigen Ansprüche des Vermieters verjähren nach §§ 195 ff. BGB.

§ 548 II BGB gilt bzgl. der Aufwendungsersatzansprüche und der Gestattung der Wegnahme seitens des Mieters. Sonst gelten für ihn nur §§ 195 ff. BGB, vor allem auch für seine Gewährleistungsrechte. Nur der Mängelbeseitigungsanspruch aus § 535 I 2 BGB verjährt als Dauerverpflichtung des Vermieters nie.

G. Dritte im Mietverhältnis

I. Der Schutz des Mieters gegenüber Dritten

Ggü. Dritten hat der Mieter die Rechte aus §§ 858 ff., 1004, 1007, 823 BGB. Gegenüber dem 84 neuen Eigentümer bei Veräußerung der Mietsache besteht ein RzB aus § 986 II BGB bzw. § 566 BGB (→ Rn. 86).

II. Der Mietvertrag als VSD

Der Mietvertrag kann ein VSD sein. Einbezogene Personen sind vor allem die **Angestellten** bei der Gewerberaummiete und die **zur Hausgemeinschaft gehörenden Personen** bei Wohnraum, nicht aber Gäste oder der Untermieter (s. unten).

III. Die Untermiete/Aufnahme von Dritten in die Mietwohnung

Die Untermiete/Aufnahme von Dritten in die Mietwohnung sind teilweise in **§§ 540, 553 BGB** (lesen!) geregelt. § 540 BGB gilt dabei für alle Formen der Gebrauchsüberlassung (vollständige oder teilweise Untervermietung, Mitgebrauch) bei allen Mietverhältnissen, der in § 553 BGB geregelte Anspruch des Mieters auf Erlaubniserteilung durch den Vermieter nur für die Teilüberlassung einer Wohnung. Wenn der Vermieter die geschuldete Zustimmung nach § 553 I BGB zu Unrecht verweigert, verletzt er eine mietvertragliche Pflicht und ist zum Ersatz des daraus entstandenen Schadens (Mietausfalls) verpflichtet. Nach stRspr werden wg. Art. 6 GG Familienangehörige nicht als »Dritte« iSd §§ 540, 553 BGB angesehen, sodass die Aufnahme in die Wohnung nie unbefugt ist. Gleiches gilt für den Lebenspartner nach dem LPartG, nach BGH aber nicht für den Lebensgefährten einer neLG. **§ 540 II BGB** bestimmt, dass ein Verschulden des Untermieters/Dritten dem Hauptmieter zugerechnet wird.

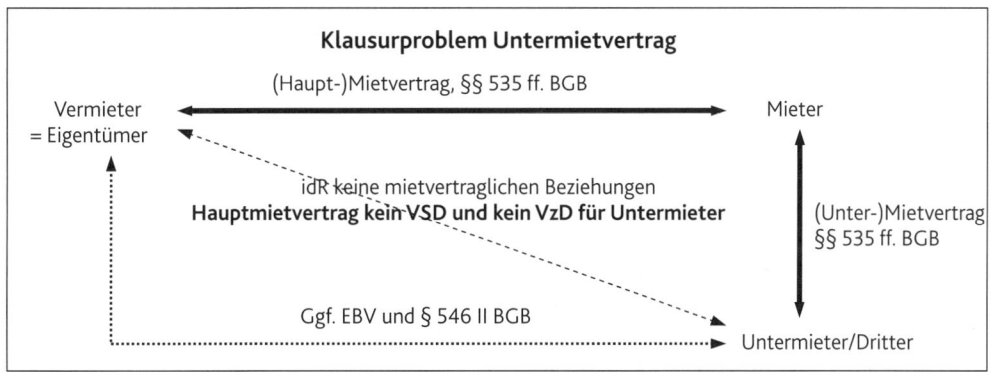

Klausurproblem Untermietvertrag

(Haupt-)Mietvertrag, §§ 535 ff. BGB

Vermieter = Eigentümer — Mieter

idR keine mietvertraglichen Beziehungen
Hauptmietvertrag kein VSD und kein VzD für Untermieter

(Unter-)Mietvertrag §§ 535 ff. BGB

Ggf. EBV und § 546 II BGB

Untermieter/Dritter

Zwei Probleme treten in diesem Zusammenhang häufig in Examensklausuren auf:

Problem: Anspruch des Eigentümer-Vermieters gg. Mieter auf Herausgabe der gezahlten Untermiete bei unbefugter Untermiete während bestehendem Hauptmietverhältnis?

- §§ 280 I, 241 II BGB/pVV (–), da kein Schaden des Vermieters vorliegt: Der Vermieter hätte mangels eigener Möglichkeit zur Untervermietung den Untermietzins nie erzielen können; ein (entgangener) Mietzuschlag nach § 553 II BGB als Schaden scheitert an der fehlenden Einwilligung zur Mieterhöhung durch den Mieter.
- EBV (–), da Mietvertrag = RzB; »Nicht-so-berechtigter-Besitzer« wird von Rspr. abgelehnt, → Rn. 46.
- § 823 I BGB (–), keine Rechtsgutsverletzung.
- GoA (–), kein fremdes Geschäft, da das Gebrauchsrecht an der Mietsache dem Mieter zusteht.
- § 816 I 1 BGB direkt und analog (–), da Untervermietung keine Verfügung iSd § 816 BGB.
- § 812 I 1 Alt. 2 BGB (–), kein Eingriff in den Zuweisungsgehalt eines Rechts des Vermieters, da Gebrauchs- und Verwertungsmöglichkeit durch Mietvertrag auf Mieter übergegangen sind.
- Anspruch daher (–)[337], aber Unterlassungsanspruch gegen Mieter aus § 541 BGB und Kündigung nach §§ 543 II 1 Nr. 2, 573 II Nr. 1 BGB wegen unbefugter Gebrauchsüberlassung möglich (stets Interessenabwägung nötig!). Hat der Mieter zur Zeit der Kündigung nach § 553 BGB ein Anspruch auf Erlaubniserteilung und diese auch erbeten, kann dem Unterlassungsanspruch/der Kündigung des Vermieters aber § 242 BGB entgegenstehen.
- **Anders nach wirksam beendetem Hauptmietvertrag:** Dann liegt ggü. Mieter und Untermieter unser allseits geschätztes EBV vor, sodass §§ 987 ff. BGB greifen. Ab Rechtshängigkeit einer Räumungsklage greift § 987 BGB auch über §§ 546 I, II, 292 BGB.[338]

Problem: Wie bekommt der Eigentümer-Vermieter den Untermieter aus dem Haus?

- Antwort: Wenn er den Hauptmietvertrag gekündigt hat über § 546 II BGB. Zusätzlich greift dann auch § 985 BGB. Ein Räumungstitel des Vermieters gegen den Hauptmieter entfaltet keine Bindungswirkung/materielle Rechtskraft gegenüber dem Untermieter (nur nach **§ 325 ZPO** möglich). Ohne Kündigung des Hauptmietvertrages bekommt er den Untermieter nur raus, wenn die Untermiete unbefugt ist (Untermieter ist kein Familienangehöriger + keine Erlaubnis), da dann kein abgeleitetes RzB besteht und § 985 BGB greift.
- Ggf. Gegenansprüche des Untermieters bei Verwendungen auf Mietsache zB nach EBV, GoA, § 812 BGB, nicht jedoch aus §§ 536a, 539 I BGB, da diese nicht im Verhältnis (Haupt-)Vermieter – Untermieter gelten.

> **Beachte:** In §§ 563 ff. BGB ist geregelt, ob und wann bestimmte Personen bei Tod des Mieters im Wege der **Sonderrechtsnachfolge** in den Mietvertrag eintreten.

H. Das Vermieterpfandrecht, §§ 562 ff. BGB

85 Lesen Sie § 562 I, II BGB. Das Vermieterpfandrecht dient der Sicherung von Forderungen des Vermieters gegen seinen Mieter aus dem Mietverhältnis (auch künftige Forderungen und auch bei der Gewerberaummiete, § 578 II BGB!). Kein Vermieterpfandrecht entsteht danach an den Sachen, die nach § 811 ZPO nicht pfändbar sind (Achillesverse von § 562 BGB – dann Inzidentprüfung von § 811 ZPO) oder an denen der **Mieter schon bei Einbringung kein Eigentum** hat. Ein **gutgläubiger Erwerb** des Vermieterpfandrechts ist – wie beim Werkunternehmerpfandrecht – **ausgeschlossen.** Der Vermieter hat die Rechte aus §§ 562a, 562b, 1257 BGB. Gem. § 1257 iVm §§ 1228 ff. BGB stehen ihm zudem die Rechte des Gläubigers eines vertraglichen Pfandrechts zu, zB das Recht zur öffentlichen Versteigerung (nicht aber die Fruchtziehung, sonst Herausgabe der Früchte/Nutzungen nach BGH idR aus GoA oder

---

337 Ein direkter Anspruch gegen den Untermieter scheidet dann auch aus, da es keinen Unterschied machen kann, ob der Untermieter bereits an den (Haupt-)Mieter gezahlt hat oder nicht. Insbesondere Ansprüche aus dem EBV gg. den Untermieter scheitern an § 991 BGB.

338 BGH MDR 2014, 644; NJW-RR 2009, 1522 ff.; OLG Düsseldorf NJOZ 2011, 2004.

§ 687 II BGB; Ausnahme: Nutzungspfand nach §§ 1213 f. BGB vereinbart). Der Schutz des Pfandrechts wird durch §§ 1257, 1227, 985 ff., 1004, 823 I, II (iVm § 289 StGB) BGB gewährleistet. Bei Veräußerung der Mietsache iSv § 566 BGB entsteht neben dem Vermieterpfandrecht des Veräußerers ein neues, gleichrangiges Vermieterpfandrecht des Erwerbers, welches sich auf die gleichen Sachen des Mieters erstreckt.

Wie kommt das Vermieterpfandrecht idR in Klausuren vor?

Oft als Kollisionsproblem mit dem Sicherungseigentum eines Dritten:

1. **Bei § 805 ZPO**
   Dritter (behaupteter Sicherungseigentümer) vollstreckt in die Sache des Mieters, der Vermieter macht sein Vermieterpfandrecht geltend.[339]
2. **Bei § 771 ZPO**
   Vermieter vollstreckt aufgrund seines Vermieterpfandrechts in die Sache des Mieters, der Dritte (behaupteter Sicherungseigentümer) macht sein Sicherungseigentum geltend.[340]
3. **Selten: Hinterlegung**
   Vermieter lässt die Gegenstände des Mieters unter Berufung auf sein Vermieterpfandrecht versteigern und hinterlegt den Erlös. Der Dritte (behauptete Sicherungseigentümer) und der Vermieter streiten sich über die Freigabe (vgl. → Rn. 64 und bei ausreichend Zeit den tollen Übungsfall vom BGH NJW 1992, 1156 ff.).
4. **Selten: Vermieter macht Rechte aus §§ 562b, 1257 BGB geltend**
   Zur exakten Bezifferung seiner Ansprüche aus §§ 562b, 1257 BGB hat der Vermieter aus § 260 BGB einen Auskunftsanspruch. IdR ist der Einstieg eine einstweilige Verfügung, die Dringlichkeit ergibt sich aus § 562b II 2 BGB.[341] Eine Vorwegnahme der Hauptsache ist hier ausnahmsweise zulässig (Argument: Vermieterschutz, Vergleichbarkeit mit verbotener Eigenmacht).

Häufig geht es – wie oben geschildert – um den **Konflikt Vermieterpfandrecht – Sicherungsübereignung**.[342] Steht die Sache bereits bei Einbringung durch den Mieter im Sicherungseigentum eines Dritten, so kann kein Vermieterpfandrecht entstehen (s. oben). Eine Besonderheit liegt vor, wenn der Mieter die Sache erst im Zeitpunkt der Einbringung zB im Wege der vorweggenommenen Sicherungsübereignung an einen Dritten übereignet und daher die Entstehung des Vermieterpfandrechts und die Sicherungsübereignung zeitgleich kollidieren. Hier hat zur Vermeidung von dessen Aushöhlung das Vermieterpfandrecht Vorrang. Das Sicherungseigentum ist daher in diesen Fällen mit einem Vermieterpfandrecht belastet. Gleiches gilt, wenn der Mieter seine Sache zuerst in die Mieträume einbringt und diese dann später an einen Dritten sicherungsübereignet. Das Sicherungseigentum ist dann mit einem Vermieterpfandrecht belastet, welches nur unter den Voraussetzungen des § 936 BGB gutgläubig wegerworben werden kann (→ Rn. 39).

Klausurtipp: Hat der Mieter an einer eingebrachten Sache wegen eines EV nur ein AWR, **entsteht am AWR des Mieters das Vermieterpfandrecht** (AWR als »wesensgleiches Minus« zum Eigentum, → Rn. 40) und setzt sich mit Eigentumserwerb des Mieters analog § 1247 S. 2 BGB am Vollrecht fort (dingliche Surrogation). Veräußert der Mieter sein AWR an einen Dritten, bleibt das Vermieterpfandrecht sozusagen am AWR »kleben« und setzt sich nachher ebenfalls am entstehenden Vollrecht fort. Der Dritte kann das Pfandrecht nur unter den Voraussetzungen von § 936 BGB gutgläubig wegerwerben (→ Rn. 39).

Beachten Sie die **Erlöschensgründe** in §§ 936, 562a, 562b II 2 BGB. Klausurträchtig ist neben **§ 936 BGB** (→ Rn. 39) vor allem **§ 562a BGB**, der in jeder Klausur zum Vermieterpfandrecht zu prüfen ist. Zu § 562a BGB ist problematisch, ob unter diese Norm auch das kurzzeitige **nur vorübergehende Entfernen** (vor allem bei Kfz aus Garage) fällt, wenn dies den gewöhnlichen Lebensverhältnissen entspricht. Nach eA liegt wegen des systematischen Zusammenhangs mit § 1253 I BGB kein Fall von § 562a BGB vor (das Vermieterpfandrecht bleibt also

---

339 *Kaiser/Kaiser/Kaiser* Zwangsvollstreckungsklausur Rn. 89 ff.
340 *Kaiser/Kaiser/Kaiser* Zwangsvollstreckungsklausur Rn. 43 f.
341 OLG Rostock MDR 2004, 1109 f. Die Entscheidung kam bereits in mehreren Klausurdurchgängen!
342 Vgl. dazu Palandt/*Weidenkaff* BGB § 562 Rn. 10.

bestehen), nach aA erlischt das Pfandrecht und entsteht mit Wiedereinbringung neu. Konsequenzen kann dieser Streit auf den Rang des Vermieterpfandrechts haben. Er ist kommentiert im Palandt bei § 562a BGB.

J. Die Beendigung des Mietverhältnisses

86 Der Vermieter hat, wenn er Eigentümer der Mietsache ist, nach Beendigung des Mietvertrages Herausgabeansprüche aus **§ 546 und aus §§ 985, 812 BGB**. In der Praxis und in der Klausur steht **§ 546 BGB immer im Vordergrund**, da er weiter reicht als §§ 985, 812 BGB (er umfasst neben der Herausgabe auch die Räumung, dh die Wegnahme von eingebrachten Sachen, den Rückbau von baulichen Veränderungen, die Beseitigung von Schäden und die Rückgabe frei vom Untermieter). Beachten Sie auch § 570 und § 547 BGB.

> **Merke:** Kündigungsprobleme werden in Examensklausuren idR über den Räumungsrechtsstreit als Einstieg gestellt. Lesen Sie bitte unbedingt BGH NJW 2014, 2199 ff. (keine Erledigung nach Herausgabe in der Zwangsvollstreckung).

Die **Kündigungserklärung** ist als Gestaltungsrecht **bedingungsfeindlich**. Eine Kündigung kann (auch im Prozess, ggf. dort sogar konkludent) aber hilfsweise für den Fall erklärt werden, dass eine vorherige Kündigung unwirksam ist (zulässige Rechtsbedingung). Oft wird die außerordentliche Kündigung erklärt und hilfsweise die ordentliche. Ein Mietverhältnis, an dem auf **Vermieter- oder Mieterseite mehrere Personen** beteiligt sind, kann wirksam nur von bzw. gegenüber allen gekündigt werden (hier auf ggf. konkludente Bevollmächtigung achten!).[343] Beachten Sie, dass die Kündigungserklärung nach **§ 174 BGB** zurückgewiesen werden kann. Das Kündigungsrecht ist nach mittlerweile hM abtretbar.

Beendigt werden kann der Mietvertrag zB durch einen formlos möglichen Aufhebungsvertrag, durch Zeitablauf (vgl. § 542 II BGB, auf § 545 BGB achten) und durch Kündigung, § 542 I BGB.

* **Ordentliche Kündigung** = Kündigung ohne Grund (Ausnahme: § 573 BGB für Vermieter bei Wohnraum Grund nötig), jedoch mit Frist. Eine ordentliche Kündigung ist nur bei unbefristetem Mietvertrag möglich, nicht aber bei Mietverträgen mit einer festen Laufzeit. Die Wirksamkeit von die Kündigung betreffenden Klauseln ist im Palandt bei § 573c, § 557a und § 580a II BGB kommentiert. Nichts lernen!
* **Außerordentliche Kündigung** = Kündigung nur mit Grund, idR ohne Frist. Die Kündigungsgründe für die außerordentliche Kündigung stehen in §§ 543, 569 BGB. Eine unwirksame außerordentliche Kündigung kann ggf. nach § 140 BGB in eine wirksame ordentliche Kündigung **umgedeutet** werden (nicht aber umgekehrt, da außerordentliche Kündigung ein »Plus« ist).

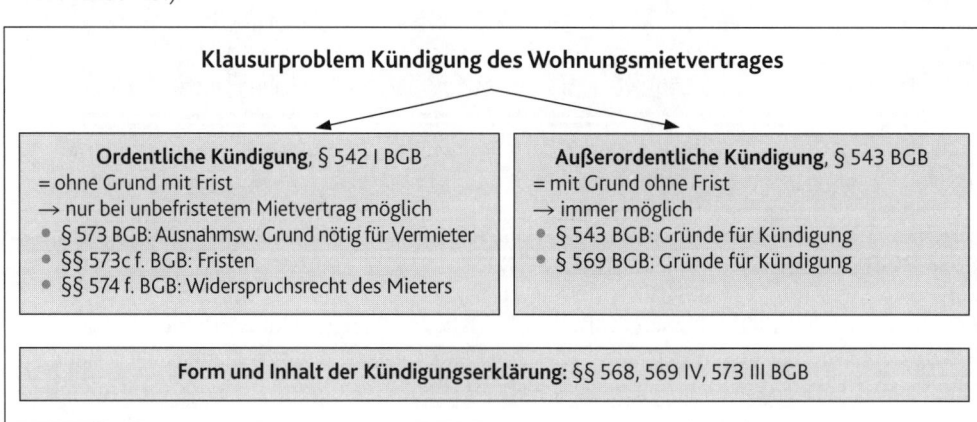

---

343 Palandt/*Weidenkaff* BGB § 542 Rn. 18 zu den Einzelheiten, insbesondere auch zum **Auszug eines Mietmieters**. §§ 1361b, 1568a BGB enthalten zusätzliche Regelungen für Ehegatten.

Handelt es sich nicht um eine Wohnraummiete (zB **Geschäftsraummiete**), so müssen Sie in **§ 578 BGB** schauen, welche Normen aus den §§ 549 ff. BGB anwendbar sind. Zudem gilt **§ 580a BGB (lesen!)**. Grob gesagt ist dort eine Kündigung einfacher möglich, vor allem weil §§ 568, 569 IV, 573 ff. BGB nicht gelten.

Die Prüfung der Kündigungsgründe **§§ 573 ff., 543, 569, 580a BGB** ist der **Schwerpunkt von Kündigungsklausuren**, die Normen sollten Sie einmal lesen. Spezialfragen lösen Sie mit dem Kommentar. Wichtig ist hier eine ausführliche Argumentation unter Aufgreifen des konkreten Klausursachverhalts. In den Examensvoten stehen häufig Sätze wie: »*Im Rahmen der Erörterung der Wirksamkeit der Kündigung nach § 543 II BGB war eine inhaltliche Auseinandersetzung mit dem konkreten Parteivortrag gefordert.*« Hier wird kein Sonderwissen verlangt, sondern Arbeit am konkreten Fall! In Klausuren wird gerne mit diversen Argumenten vorgetragen, der **Kündigung stehe § 242 BGB entgegen**. Das müssen Sie dann prüfen und praxisnah etwas dazu formulieren. Eine gute Hilfestellung ist dann die Kommentierung bei Palandt/*Weidenkaff* BGB § 543 und § 573 (dort insbes. Rn. 24, 29 f.).

§§ 57 ff. ZVG sind Sonderregeln für die Kündigung des neuen Eigentümers (lesen Sie dazu *Kaiser* JA 2015, 208 ff.!) nach der **Zwangsversteigerung** des Grundstücks, die neben die Kündigungsgründe aus dem BGB-Mietrecht treten (in letzter Zeit immer beliebter bei den LJPAs, zuletzt **Juli- u. August 2013 hintereinander und dann wieder Januar 2015!**). In einer Klausur ging es zudem um die Frage, ob der Ersteigerer an einen Mietvertrag gebunden ist, den der ehemalige Eigentümer mit dem Mieter nach der Beschlagnahme des Grundstücks aber vor dem Zuschlag noch schnell über eine lächerlich kleine Miete geschlossen hatte. Erst nachdenken, dann Fußnote lesen![344]

> **Beachte:** Nach Maßgabe der § 543 II 2, 3 BGB und § 569 III Nr. 2 BGB kann die auf den Zahlungsverzug des Mieters gestützte außerordentliche Kündigung **durch Zahlung der Rückstände** oder unverzügliche Aufrechnung **geheilt werden** (»Nachholungsrecht des Mieters«; Rechtsfolge bei Heilung im Prozess: Erledigungsproblematik[345] bzw. bei Heilung nach Titelerlass: Vollstreckungsgegenklage[346]). Die Heilungsmöglichkeiten gelten nach hM nicht für die ordentliche Kündigung nach § 573 BGB und nicht für die auf § 543 I BGB gestützte außerordentliche Kündigung.

> **Klausurtipp:** Ist die Kündigung des Vermieters materiell ungerechtfertigt, kann der Mieter seinen **Kündigungsfolgeschaden** aus pVV beim Vermieter liquidieren.[347] Dem Anspruch des Mieters steht sein freiwilliger Auszug nicht entgegen, weil der Auszug herausgefordert wurde. Ob ein Räumungsvergleich den Zurechnungszusammenhang zwischen der Vortäuschung eines Kündigungsgrundes und dem später vom Mieter geltend gemachten Schaden unterbricht, ist im Wege der Auslegung des Vergleichs zu beurteilen (Anspruchsverzicht durch Mieter?). Die Kündigungsschadenproblematik gilt auch bei der Kündigung anderer Verträge (zB Reiserecht, Dienstrecht, Darlehensrecht, Leasing).

Der Mieter hat, ohne kündigen zu müssen, einen Anspruch aus § 242 BGB auf vorzeitige Vertragsaufhebung, wenn er dem Vermieter einen **akzeptablen Nachmieter** stellt und er ein **berechtigtes Interesse** am vorzeitigen Auszug hat, welches das Interesse des Vermieters am Bestand des Mietvertrags ganz erheblich überwiegt.[348]

Bei **Nichterfüllung der Rückgabepflicht** durch Nichtauszug (oder Auszug unter Zurücklassen erheblicher Mengen Gerümpel etc. – dh, das Zurücklassen von wenigem Gerümpel steht der Rückgabe nicht entgegen!) hat der Vermieter gegen den Mieter neben dem Rückgabeanspruch ein Anspruch auf Zahlung einer **Nutzungsausfallentschädigung aus § 546a I BGB und aus**

---

344 Nein, ist er nicht. Mietverträge, die nicht mehr zur ordnungsgemäßen Bewirtschaftung des Grundstückes gehören, sind nach den §§ 23, 24 ZVG iVm § 135 I BGB ggü. dem Ersteigerer relativ unwirksam. Die Lösung ergibt sich aus dem Gesetz. Der Klausur lag übrigens OLG Frankfurt a.M. Urt. v. 9.2.2011 – 2 U 230/10, BeckRS 2013, 22828 zugrunde.

345 *Kaiser/Kaiser/Kaiser* Zivilgerichtsklausur I Rn. 416 ff.

346 *Kaiser/Kaiser/Kaiser* Zwangsvollstreckungsklausur Rn. 6 ff.

347 BGH JA 2011, 306 f.: nicht bei nur formellen Fehlern wie zB Verstoß gegen §§ 568 I, 573 III BGB, da nur Obliegenheitsverletzung.

348 Palandt/*Weidenkaff* BGB § 537 Rn. 8 ff. Bei der Gewerberaummiete gelten dabei noch strengere Maßstäbe als bei Wohnraum.

EBV und aus § 812 I 2 Alt. 1 BGB[349] für die Dauer der Vorenthaltung, die er oft nach §§ 260, 259 ZPO zusammen mit der Räumungsklage geltend macht. Daneben sind nach § 546a II BGB weitergehende Schadensersatzansprüche möglich. Damit sind vor allem Vorenthaltungsschäden des Vermieters gemeint (zB Schadensersatzleistungen an den vertrösteten Nachfolgemieter, entgangene höhere Miete durch einen Nachfolgemieter), die er nach § 280 BGB und § 286 BGB/Verzug ersetzt verlangen kann, allerdings ist bei Wohnraum § 571 BGB zu beachten. Die Nutzungsausfallentschädigung gegen **unbefugte Untermieter/Dritte** kann sich nicht aus § 546a BGB ergeben, da zwischen Hauptvermieter und Untermieter kein Mietvertrag bestand. Gegen diesen hat der Vermieter nur Ansprüche aus EBV und/oder § 812 BGB. Hauptmieter und Untermieter haften dann nach der Rspr. analog §§ 421 ff. BGB.

Gibt der Mieter die Sache gar nicht zurück, so kann der Vermieter **Schadensersatz statt der ganzen Leistung** nach § 281 BGB verlangen. Wenn in diesen Fällen die herauszugebende Mietsache noch vorhanden ist, dürfte der Mieter analog § 255 BGB vom Eigentümer die Übereignung der Mietsache verlangen können (umstr. bei Mietwohnungen, vgl. Palandt/*Grüneberg* BGB § 281 Rn. 4).

Hat der Mieter **eingebrachte Sachen nicht entfernt** und/oder Einbauten nicht zurückgebaut, so hat der Vermieter einen Schadensersatzanspruch aus § 281 BGB (mit Frist!).[350] Bei **sonstigen Schäden** an der Mietsache geht die Rspr. über pVV und § 823 BGB (→ Rn. 82) und nicht über § 281 BGB.

Beachte: Achten Sie auch auf die **prozessualen Aspekte** der besonders klausurrelevanten Räumungsklage. Für die sachliche Zuständigkeit der Amtsgerichte bei Wohnraummiete ist **§ 23 Nr. 2a GVG** (lesen!) eine abschließende Regelung, sonst gelten die allgemeinen Vorschriften, so vor allem § 8 ZPO für den Zuständigkeitsstreitwert. **§ 29a ZPO** ist eine abschließende Regelung für die örtliche Zuständigkeit, wobei § 29a ZPO auch bei der Gewerberaummiete gilt. Beide Vorschriften werden eher weit ausgelegt. Wussten Sie, dass das GVG im Thomas/Putzo hinten kommentiert ist?

> **Der Tenor des Räumungsurteils bei Erfolg lautet zB:**
> Der Beklagte wird verurteilt, die Wohnung … (genaue Bezeichnung) zu räumen und an den Kläger herauszugeben.

Die Gewährung einer Räumungsfrist nach§ 721 ZPO ist stets vAw zu prüfen. Denken Sie an § 708 Nr. 7 ZPO bzgl. der vorläufigen Vollstreckbarkeit.

Mehrere Vermieter sind zwar grds. materiell notwendige Streitgenossen, allerdings gilt § 432 BGB. Mehrere Mieter schulden die Rückgabe iSv § 546 BGB als Gesamtschuldner, jedoch mit der Besonderheit, dass die Haftung beider Mitmieter solange bestehen bleibt, bis beide Mieter ausgezogen sind. Häufig wird der Vermieter auch nicht im Mietvertrag aufgenommene Ehegatten oder Partner einer nichtehelichen Gemeinschaft mitverklagen, damit eine Vollstreckung nicht an § 750 ZPO scheitert.[351] Einer Räumungsklage auch gegen die Kinder des Mieters fehlt das Rechtsschutzbedürfnis, weil die Kinder nur Besitzdiener sind und daher ein Titel gegen sie zur Vollstreckung nicht erforderlich ist.

Beachten Sie schließlich die **gesetzliche Vertragsneubegründung in § 566 BGB** (»Kauf bricht nicht Miete«). Nach § 566 I BGB entsteht mit Beendigung des Erwerbstatbestandes (auch Erwerb nach ZVG) zwischen dem Erwerber und dem Mieter ein mit dem alten inhaltsgleiches neues Mietverhältnis. **Welche Rechte beim alten Vermieter bleiben und welche auf den neuen übergehen**, hat die Rspr. geklärt. In der Klausur arbeiten Sie hier mit dem Palandt. § 566 II BGB regelt die Bürgenhaftung des bisherigen Vermieters. **§§ 566a ff. BGB** regeln weitere Details.

Beachte: Wenn das Grundstück im Rahmen der Zwangsvollstreckung eines Gläubigers des Vermieters unter **Zwangsverwaltung** gestellt wird, rückt der Zwangsverwalter in die Pflichtenstellung des Vermieters ein, vgl. § 152 I, II ZVG. Im Prozess ist er Partei kraft Amtes.

---

349 Ansprüche aus § 812 BGB sind hier aus Schutzwürdigkeitsgesichtspunkten ausnahmsweise neben EBV anwendbar, BGH NJW 1989, 2133 ff.; 1968, 197 ff. § 546a BGB sperrt hier nach der Rspr. auch das EBV nicht.
350 BGH NZM 2010, 403 und NJW-RR 2006, 989 ff.; OLG Düsseldorf MDR 2009, 977; OLG Brandenburg Urt. v. 16.7.2013 – 6 U 11/12, BeckRS 2013, 13588; KG MDR 2010, 1446 und NJW-RR 2007, 1602; LG Berlin Urt. v. 6.7.2010 – 65 S 355/09, BeckRS 2010, 24120.
351 *Kaiser/Kaiser/Kaiser* Zwangsvollstreckungsklausur Rn. 80.

§ 7 Der Leasingvertrag

A. Einstieg

Der Leasingvertrag ist **im Palandt in der Vorbemerkung zum Mietrecht kommentiert.** Im **87** Folgenden eine kleine Einführung, dann wenden wir uns den klassischen Klausurfragen zu.

Es gibt verschiedene Grundarten des Leasingvertrags, von denen **nur der Finanzierungsleasingvertrag klausurrelevant** und daher im Fokus der nachfolgenden Ausführungen ist: Hier besteht idR eine längere Überlassungszeit, das Leasingentgelt wird in Raten gezahlt und dient idR zur vollen Amortisation der Kosten des Leasinggebers (plus Gewinnzuschlag, der Leasinggeber ist ja nicht dumm). Es entsteht das »**leasingtypische Dreiecksverhältnis**«: ein Kaufvertrag zwischen Leasinggeber und Lieferant und ein Leasingvertrag zwischen Leasinggeber und Leasingnehmer. Manchmal schließt auch der Leasingnehmer zuerst den Kaufvertrag mit dem Lieferanten ab, der Leasinggeber übernimmt den Kaufvertrag später und verleast den Wagen dann an den Leasingnehmer (**Eintrittsmodell**). IdR besteht die zulässige Vereinbarung, dass der Leasingnehmer die Sach- und Preisgefahr wie ein Käufer trägt und am Ende eine Kaufoption hat. Der Finanzierungsleasingvertrag wird von der hM als ein **atypischer Mietvertrag** qualifiziert, auf den die Vorschriften des Mietrechts grds. entsprechend anwendbar sind. Er ist deshalb atypisch, weil im Gegensatz zum Mietvertrag für den Leasingnehmer eine Finanzierungs- und für den Leasinggeber eine Amortisationsfunktion hinzukommt und der Leasingnehmer idR die Instandhaltungspflicht trägt. **Zudem** sind auf den Finanzierungsleasingvertrag nach Maßgabe von § 506 BGB (»sonstige entgeltliche Finanzierungshilfe«) die **Vorschriften des Verbraucherdarlehensrechts anwendbar.** Von den Examenskorrektoren wird hier immer bemängelt, dass die Bearbeiter den § 506 BGB (fast) »*durchweg nicht gesehen haben*«. Also schauen Sie sich mal in Ruhe § 506 und vor allem §§ 498, 495 BGB an.

B. Das Wichtigste zum Finanzierungsleasing

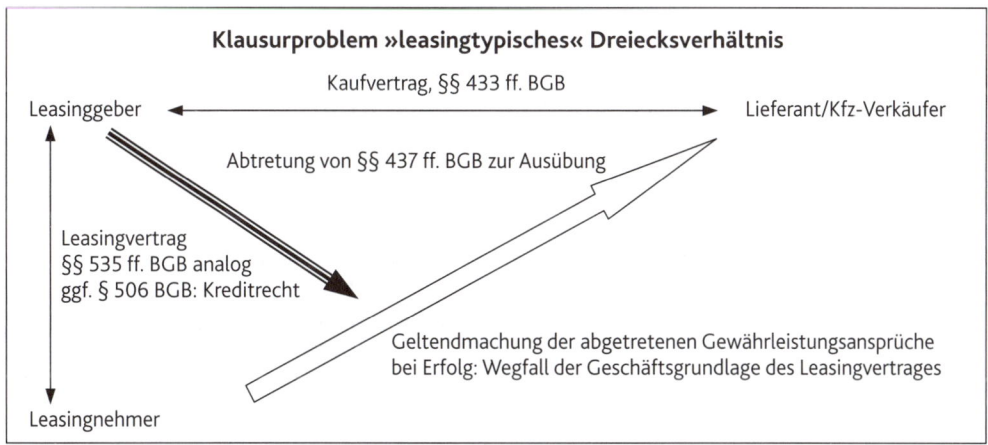

Klausurproblem »leasingtypisches« Dreiecksverhältnis

- Leasinggeber — Kaufvertrag, §§ 433 ff. BGB — Lieferant/Kfz-Verkäufer
- Abtretung von §§ 437 ff. BGB zur Ausübung
- Leasingvertrag §§ 535 ff. BGB analog ggf. § 506 BGB: Kreditrecht
- Leasingnehmer
- Geltendmachung der abgetretenen Gewährleistungsansprüche bei Erfolg: Wegfall der Geschäftsgrundlage des Leasingvertrages

I. Das Verhältnis Leasinggeber – Lieferant

Hier gelten §§ 433 ff. BGB. Die kaufrechtlichen Gewährleistungsrechte sind jedoch idR seitens des Leasinggebers an den Leasingnehmer abgetreten worden (s. unten).

II. Das Verhältnis Leasinggeber – Leasingnehmer

Hier gelten §§ 535 ff. BGB analog und ggf. §§ 506, 491a ff. BGB, bei Nebenpflichtverletzungen §§ 280, 241 II BGB. Ggf. schaltet der Leasinggeber den Lieferanten aktiv mit ein, sodass Letzterer dessen Stellvertreter oder Bote und auch Erfüllungsgehilfe sein kann.[352] Hinsichtlich

---

352 BGH MDR 2013, 1332 f.; NJW 2011, 2877; *Meyer* MDR 2012, 688 ff.; zB Zurechnung einer vorvertraglichen Aufklärungspflichtverletzung des Lieferanten an den Leasinggeber (Lieferant verspricht, das Geschäft sei »kostenneutral« – stimmt nicht!), Folge: c.i.c. iVm § 278 BGB gegen den Leasinggeber. Vom BGH aber abgelehnt, da Versprechen nur »bei Gelegenheit« der übertragenen Aufgabe erfolgt ist.

§ 123 II BGB ist der Lieferant Dritter, es sei denn, er tritt als Vertrauensperson/ Repräsentant des Leasinggebers auf (→ Rn. 13). Bei **Mangelhaftigkeit** der Leasingsache kann sich der Leasingnehmer aus Mietrecht nicht an den Leasinggeber halten, da die §§ 535 I 2, 536 ff. BGB idR gegen Abtretung der Gewährleistungsrechte gegen den Lieferanten abbedungen werden, was zulässig ist (s. unten). Der Leasingnehmer muss sich bei Mängeln daher zuerst aus Kaufrecht an den Lieferanten halten.

Problem: Ansprüche wg. Beschädigung der Leasingsache durch Dritte

- Ansprüche des Leasinggebers und Leasingnehmers gg. Dritten aus § 823 BGB und ggf. §§ 7, 18 StVG: Der **Leasinggeber kann grds. den Substanzschaden ersetzt verlangen** (wg. des Vollamortisationsanspruches ggü. Leasingnehmer aber nicht die entgangenen Raten). Der **Leasingnehmer kann idR nur seinen sog. Nutzungsausfallschaden** wie vor allem Mietwagenkosten geltend machen. Den Substanzschaden kann der Leasingnehmer nur unter dem Gesichtspunkt des Haftungsschadens geltend machen, nämlich wenn er im Leasingvertrag die Verpflichtung übernommen hat, den durch einen Dritten verursachten Schaden auf eigene Kosten zu beseitigen.[353] Die Belastung mit den Leasingraten ist aber kein Schaden des Leasingnehmers, weil die Raten auch ohne den Unfall hätten gezahlt werden müssen (Kausalität fehlt).
- Bei Beschädigung durch einen Verkehrsunfall muss sich der Leasinggeber das Mitverschulden des Halters oder Fahrers des Leasingwagens im Rahmen des Anspruches aus § 823 BGB ggü. dem Dritten nicht nach §§ 17, 9 StVG anrechnen lassen (→ Rn. 55). Auch § 254 BGB greift idR wg. §§ 254 II 2, 278 BGB nicht (→ Rn. 62).

Problem: Die Sache ist mangelhaft, der Leasingnehmer verlangt vom Leasinggeber die Rückzahlung der bisher geleisteten Raten und verweigert die Zahlung der noch ausstehenden Raten

- Anspruch auf Rückerstattung nach §§ 536a I 1, 812 I 1 Alt. 1 BGB (–)
  - Im Leasingvertrag sind §§ 536 ff. BGB idR vertraglich ausgeschlossen. Dies ist zulässig (auch in AGB), wenn der Leasinggeber dem Leasingnehmer dafür die ihm zustehenden Gewährleistungsansprüche gegen den Lieferanten abtritt und diese Ansprüche durchsetzbar sind (sog. »leasingtypische Abtretungskonstruktion«).
- Anspruch auf Rückzahlung nach ausgeübtem Verbraucherwiderruf nach §§ 506, 495, 355 ff. BGB grds. möglich, aber idR ist die Frist des § 355 II BGB abgelaufen.
- Anspruch auf Rückerstattung aus §§ 313 III 1, 346 I BGB nach wirksam ausgeübtem Rücktritt grds. (+)
  - **Der Kaufvertrag ist Geschäftsgrundlage des Leasingvertrages.** Diese Geschäftsgrundlage **fehlt von Anfang an**, wenn der Leasingnehmer das ihm abgetretene Rücktrittsrecht bzgl. des Kaufvertrages wirksam ausübt. Da eine Anpassung des Leasingvertrags ohne die Leasingsache nicht möglich ist, erfolgt eine Rückabwicklung des Leasingvertrages im Verhältnis Leasinggeber – Leasingnehmer nach **§§ 313 III 1, 346 ff. BGB (hM).**[354]
  - Die Ansprüche im Verhältnis Leasinggeber – Lieferant folgen nach wirksamem Rücktritt aus §§ 346 ff. BGB (Lieferant bekommt Sache samt Wertersatz für die gezogenen Nutzungen, Leasinggeber den Kaufpreis).

---

353 Können beide den Substanzschaden verlangen, dann besteht Anspruchskonkurrenz, wobei der Schädiger natürlich nur einmal zahlen muss. Probleme bei der Abwicklung lassen sich dann über die Anwendung von § 428 BGB lösen (hier aber umstr.), wobei idR in den Leasingverträgen geregelt ist, wer den Schaden ggü. dem Schädiger geltend machen soll (Abtretung, gewillkürte Prozessstandschaft).

354 KG NJOZ 2014, 658 ff.; OLG Frankfurt a.M. MDR 2009, 497; *Looschelders* SchuldR BT Rn. 516; *Medicus/ Petersen* BürgerlR Rn. 323; MüKoBGB/*Koch* Leasing Rn. 112; davon geht wohl auch BGH NJW 2014, 1583 aus; **aA Palandt/***Weidenkaff* **BGB Einf v § 535 Rn. 58** für §§ 812 ff. BGB. Das heißt, obwohl der Leasingvertrag ein Dauerschuldverhältnis ist, finden hier auf dessen Rückabwicklung die Rücktrittsvorschriften Anwendung.

Klausurtipp: Wenn zwischen Lieferant und Leasinggeber ein Handelsgeschäft iSd **§ 377 HGB** vorliegt und der Leasingnehmer auf die Geltendmachung von kaufrechtlichen Gewährleistungsansprüchen gegen den Lieferanten verwiesen wird, hat der Leasinggeber entweder dafür Sorge zu tragen, dass der Lieferant auf die Rügeobliegenheit im Vertrag verzichtet oder er muss den Leasingnehmer über die Rügeobliegenheit unterrichten, damit dieser rechtzeitig rügen kann. Andernfalls macht sich der Leasinggeber gegenüber dem Leasingnehmer schadensersatzpflichtig und hat diesen so zu stellen, wie er bei Beachtung der Untersuchungs- und Rügepflicht stehen würde.[355]

Akzeptiert der Lieferant den vom Leasingnehmer erklärten Rücktritt nicht, so fällt die Geschäftsgrundlage des Leasingvertrages erst weg, wenn im Verhältnis Lieferant – Leasingnehmer **gerichtlich geklärt** wurde, dass der **Rücktritt wirksam ist**. Um den Leasinggeber daran zu binden, muss ihm der Leasingnehmer im Prozess gegen den Lieferanten nicht den Streit verkünden, da die Bindungswirkung automatisch eintritt.[356] Der Leasingnehmer tritt dann idR als **gewillkürter Prozessstandschafter** des Leasinggebers auf und muss grds. auf Rückzahlung des Kaufpreises an den Leasinggeber Zug um Zug gegen Rückgabe des Leasinggegenstandes klagen.[357] Lesen Sie zur gewillkürten Prozessstandschaft das Formulierungsbeispiel bei *Kaiser/Kaiser/Kaiser* Zivilgerichtsklausur I Rn. 353 ff. Der Leasingnehmer kann dann auch **erst ab Erhebung dieser Klage** – und nicht bereits bei einer bloßen Mangelbehauptung oder bei einem Nachbesserungsverlangen – **die Zahlung der Leasingraten** gegenüber dem Leasinggeber **einstellen**, ohne in Verzug zu kommen. Während dieses Prozesses gegen den Lieferanten sind nach § 205 BGB die Zahlungsansprüche des Leasinggebers gegen den Leasingnehmer gehemmt. Bei Insolvenz des Lieferanten muss der Leasingnehmer seine Gewährleistungsansprüche durch Anmeldung zur Insolvenztabelle und bei einem Bestreiten des Insolvenzverwalters durch Klage auf Feststellung zur Tabelle geltend machen.[358]

Merke: Die oben dargestellte Problematik der mangelhaften Leasingsache kann ebenso in der umgekehrten Situation abgeprüft werden. Dann ist der Leasinggeber Anspruchsteller und verlangt Zahlung der Leasingraten, der Leasingnehmer verteidigt sich gegen seine Inanspruchnahme mit § 313 BGB und erhebt zB eine Widerklage bzgl. der trotz des Mangels gezahlten Leasingraten.

---

355 KG NJOZ 2014, 658 ff. mwN.

356 Es wäre widersinnig, wenn der Rechtsinhaber einem anderen die Prozessführungsbefugnis erteilt, sich aber am Ergebnis nicht festhalten lassen müsste. Vgl. dazu Thomas/Putzo/*Reichold* ZPO § 325 Rn. 4, BGH NJW 1985, 1535 f.

357 Die Ansprüche **aus dem** Rücktritt nach §§ 346 ff. BGB werden idR nicht an den Leasingnehmer abgetreten, vgl. BGH NJW 2014, 1970 f.

358 BGH NJW 2016, 397; MDR 2014, 264 f.

allen put in Pal
781/3 II.
✓

§ 8 Das Schuldversprechen/Schuldanerkenntnis, §§ 780, 781 BGB

A. Einstieg

88 Probleme aus dem Bereich der §§ 780, 781 BGB kommen häufig in Klausuren vor, zum Teil sehr versteckt, zB bei vorprozessualen Äußerungen einer Partei. Hier müssen Sie genau prüfen, ob tatsächlich ein Schuldanerkenntnis vorliegt und wenn ja, welches und ob dieses wirksam/einredefrei ist.

B. Das Wichtigste in Kürze

§§ 780, 781 BGB regeln nur das **abstrakte/konstitutive Schuldanerkenntnis** bzw. Schuldversprechen und dessen Schriftformerfordernis (§ 782 BGB u. § 350 HGB beachten!). Darunter versteht man einen einseitig verpflichtenden Vertrag, der unabhängig von einem Schuldgrund eine Leistung verspricht/eine Schuld anerkennt.[359] Vorteil für Gläubiger: eigener (ggf. zusätzlicher) Anspruch, zudem Urkundenprozess möglich. Wird das abstrakte Schuldanerkenntnis schenkweise erteilt, so gilt nach **§ 518 I 2 BGB** auch für das Schuldanerkenntnis die notarielle Form. Erst mit Erfüllung der Schuld würde eine Heilung durch Vollzug nach § 518 II BGB vorliegen.

Dagegen bestätigt das formfrei mögliche und nicht in §§ 780 f. BGB geregelte **deklaratorische Schuldanerkenntnis** lediglich einen schon bestehenden Schuldgrund, über den Streit oder Ungewissheit besteht (Schuldbestätigungsvertrag). Es soll die Möglichkeit der Erhebung von Einwendungen ausschließen (gleichsam Einwendungsverzicht) und betrifft daher nur solche Einwendungen, die der Schuldner bei Abgabe der Erklärung kannte/mit denen er rechnete (Reichweite ist Frage der Auslegung!). Nicht unter diese Thematik fällt das negative Schuldanerkenntnis, vgl. hierzu § 397 II BGB.

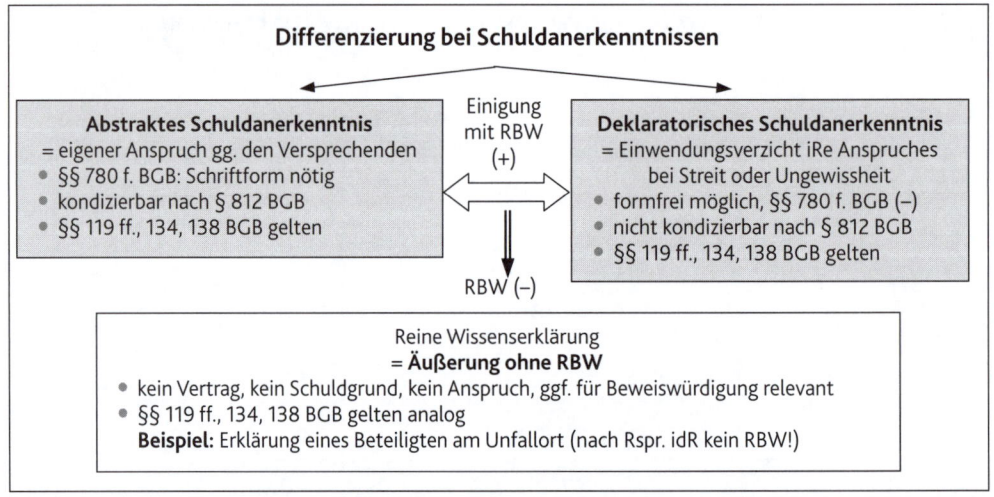

Die **Abgrenzung abstraktes – deklaratorisches Schuldanerkenntnis** erfolgt durch Auslegung des Parteiwillens und des Wortlauts des Gesagten: Soll mit RBW eine streitige Schuld bestätigt oder ein neuer Anspruch geschaffen werden? Es stehen viele Beispiele im Palandt bei §§ 780, 781 BGB, jede Klausur könnte damit gelöst werden. Wichtig war, dass Sie überhaupt an §§ 780 f. BGB denken, wenn eine Partei in der Klausur eine entsprechende Haftungserklärung abgibt! Häufiger Fall eines abstrakten Schuldanerkenntnisses ist die zusätzliche Übernahme der **persönlichen Haftung bei Grundschuldbestellungen** (idR mit Vollstreckungsunterwerfung iSv § 794 I Nr. 5 ZPO, der »UWE« aus dem Crash-Kurs – dann Vollstreckung in

---

359 Eigentlich müsste § 311 I BGB mitzitiert werden, da §§ 780 f. BGB nur Formvorschriften sind. In der Praxis wird das aber nicht gemacht. Dort werden §§ 780, 781 BGB auch immer zusammen zitiert, ohne dass zwischen beiden Normen unterschieden wird. Sie machen das bitte auch so!

das gesamte Vermogen zulassig). Kein Schuldanerkenntnis ist idR die (Teil-)Zahlung auf eine Rechnung oder auf eine Betriebskostenabrechnung.

Problem: Einwendungen gegen das Schuldanerkenntnis

- Einwand, dass das Schuldanerkenntnis ohne Rechtsgrund abgegeben wurde, §§ 821, 812 I, II BGB: nur beim abstrakten und nicht beim dekl. Schuldanerkenntnis möglich. Das heißt, das **abstrakte Schuldanerkenntnis kann bei Fehlen oder Wegfallen seines Rechtsgrundes kondiziert werden** (bzw. gegen die Inanspruchnahme kann die Einrede des §§ 821, 812 I, II BGB[360] erhoben bzw. gezahlte Beträge nach § 812 I BGB zurückgefordert werden). Als Rechtsgrund kommt idR die durch das Schuldanerkenntnis gesicherte Forderung in Betracht. Dies ist eine große Besonderheit, denn normalerweise sind Schuldverträge die causa für eine Leistung. Hier braucht der Vertrag (= §§ 780, 781 BGB) selbst eine causa, um kondiktionsfest zu sein. Eine Kondiktion des abstrakten Schuldanerkenntnisses kann aber nach § 814 BGB (Leistung in Kenntnis des fehlenden Grundgeschäftes) oder dann ausgeschlossen sein, wenn durch das Schuldanerkenntnis gerade Streit/Ungewissheit über die Gültigkeit des Kausalgeschäfts ausgeräumt werden sollte.
- §§ 104 ff., **119 ff.**, 134, 138, 307 ff. BGB: möglich beim abstrakten und deklaratorischen Schuldanerkenntnis, wobei §§ 119 ff. BGB auch bei der reinen Wissenserklärung als rechtsgeschäftsähnliche Handlung über einen »Erst-recht-Schluss« analog gelten.
- **Einwendungen aus zugrunde liegendem Rechtsverhältnis gg. das Schuldanerkenntnis?**
  - Beim **deklaratorischen Schuldanerkenntnis grds. möglich**, jedoch dann (–), wenn durch das Schuldanerkenntnis der Streit über das Bestehen der konkreten Einwendung gerade beseitigt werden sollte
  - Beim **abstrakten Schuldanerkenntnis grds. (–)** wg. dessen Abstraktheit, Ausnahme: Rechtsgrund fehlt oder ist weggefallen (zB durch Aufrechnung) – dann ungerechtfertigte Bereicherung (s. oben). Zudem können in Fällen der zusätzlichen Übernahme der persönlichen Haftung iRv **Grundschuldbestellungen** wegen des Sicherungscharakters des Schuldanerkenntnisses Einwendungen aus dem gesicherten Darlehen ggü. der Inanspruchnahme aus dem abstrakten Schuldanerkenntnis eingewendet werden.[361] Auf eine Verjährung der Darlehensforderungen kann sich der Schuldner hinsichtlich des abstrakten Schuldanerkenntnisses analog § 216 II BGB allerdings nicht berufen (häufiges Problem in Zwangsvollstreckungsklausuren, zuletzt **September 2014!**).[362]

---

360 § 821 BGB gilt »erst recht« vor Verjährung, wenn die Eingehung der Verbindlichkeit ohne Rechtsgrund erfolgt ist.

361 Palandt/*Bassenge* BGB § 1191 Rn. 2 mwN: Das abstrakte Schuldanerkenntnis teilt den Sicherungszweck der Grundschuld. Das gilt natürlich nicht nur in den Grundschuldfällen, sondern generell. Wird das abstrakte Schuldanerkenntnis zur Sicherheit abgegeben, können **Einwendungen aus der Sicherungsabrede** der Inanspruchnahme entgegengehalten werden (vgl. → Rn. 38; OLG Düsseldorf NJOZ 2016, 324 ff.).

362 Palandt/*Sprau* BGB § 812 Rn. 81 mwN. Dies könnte im Rahmen einer Vollstreckungsgegenklage abgeprüft werden.

§ 9 Der Dienstvertrag, §§ 611 ff. BGB

A. Einstieg

89 Durch die stark gestiegene **Beliebtheit der atypischen Verträge in den Examensdurchgängen** der letzten Jahre ist auch die Bedeutung der §§ 611 ff. BGB gewachsen. Bei vielen atypischen Verträgen landet man nämlich über kurz oder lang im Dienstrecht (wiederholen Sie dazu die Ausführungen unter → Rn. 2).

B. Das Wichtigste in Kürze

Inhalt des Dienstvertrags ist die Dienstleistung gegen Entgelt oder eine andere Vergütung. Der Arbeitsvertrag ist ein Dienstvertrag, bei dem der Dienstverpflichtete in einem persönlichen Abhängigkeitsverhältnis zum Dienstherrn steht und weisungsgebunden ist. Beim Werkvertrag wird ein Erfolg geschuldet, beim Dienstvertrag bloß die Tätigkeit als solche. Eigentlich ist das ungenau (aber die Prüfer wollen das so hören), denn beim Dienstvertrag wird ja nicht gar kein Erfolg geschuldet. Jeder Anwalt/Arzt muss *de lege artis* arbeiten. Es wird nur kein zusätzlicher gegenständlich »fassbarer« Erfolg in Form eines Resultates geschuldet. Die Abgrenzung kann mitunter schwierig sein. So ist manche Einordnung in der Rspr. nur zu verstehen, wenn man bedenkt, dass die Rspr. oft »von hinten« an die Sache rangeht: Wenn Werkrecht gewollt ist, wird ein geschuldeter Erfolg konstruiert und gut ist. Wenn kein Werkrecht gewollt ist, dann wird postuliert, dass eben nur eine Tätigkeit ohne Erfolg geschuldet ist. So läuft es in der Praxis.

Werkvertrag: Reinigungsvertrag, Architektenvertrag, Autowäsche, AKU durch Tierarzt (große Ausnahme, da idR Arztvertrag = Dienstvertrag), Winterdienstvertrag (Schneeräumung), Internet-System-Vertrag.

Dienstvertrag: Behandlungsvertrag mit Arzt (dann iVm §§ 630a ff. BGB, wenn ein Mensch behandelt wird; §§ 630a ff. BGB nF gelten grds. nicht bei der Tierbehandlung, der BGH hat das aber jüngst zu § 630h BGB aufgeweicht; haben Sie bitte auch die deliktische Haftung des Arztes im Blick!), Hausmeistertätigkeit, Unterrichtsvertrag, Anstellungsvertrag mit Geschäftsführer, Partnervermittlung.

Besteht der Dienst/die Werkleistung in einer entgeltlichen **Geschäftsbesorgung** (Wahrnehmung fremder Vermögensinteressen, zB Anwalt), **gilt § 675 BGB** (lesen!). Das unentgeltliche Pendant zu §§ 611, 631, 675 BGB ist der **Auftrag** nach §§ 662 ff. BGB. Aus dem Auftragsrecht sind vor allem **§§ 666, 667 und § 670 BGB** relevant, die über den Schlenker des § 675 BGB auch bei Klausuren mit Geschäftsbesorgungsverträgen dann oft zu prüfen sind.

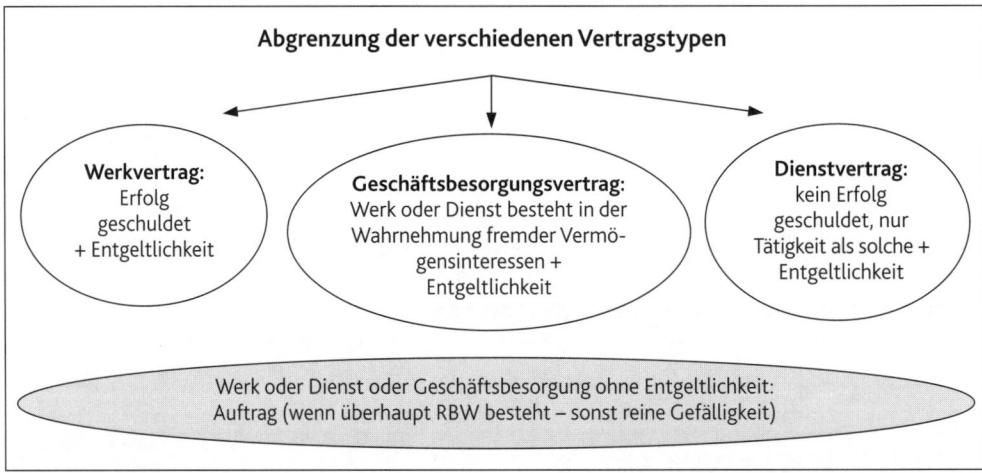

Abgrenzung der verschiedenen Vertragstypen

Werkvertrag: Erfolg geschuldet + Entgeltlichkeit

Geschäftsbesorgungsvertrag: Werk oder Dienst besteht in der Wahrnehmung fremder Vermögensinteressen + Entgeltlichkeit

Dienstvertrag: kein Erfolg geschuldet, nur Tätigkeit als solche + Entgeltlichkeit

Werk oder Dienst oder Geschäftsbesorgung ohne Entgeltlichkeit: Auftrag (wenn überhaupt RBW besteht – sonst reine Gefälligkeit)

Merke: Wichtig wird die Abgrenzung Dienstvertrag – Werkvertrag vor allem hinsichtlich der Sekundäransprüche. Werkverträge unterliegen dem Gewährleistungsrecht der §§ 634 ff. BGB, Dienstverträge haben keine eigenen Gewährleistungsvorschriften, es gilt nur das Leistungsstörungsrecht AT (→ Rn. 20 ff.).

Bei einer **Schlechtleistung** des Dienstverpflichteten, die zu einem Schaden beim Dienstberechtigten führt, hat dieser einen Schadensersatzanspruch aus **§§ 611, 280 I BGB** (aA §§ 280, 241 II BGB).[363] Daneben kommt § 823 BGB infrage. Ein Recht zur Nachbesserung wird dem Dienstverpflichteten von der Rspr. nur in Ausnahmefällen als Ausfluss der Schadensminderungspflicht gewährt (vor allem beim Zahnarztvertrag), sodass nur in diesen Fällen § 281 BGB einschlägig ist. Eine Kündigung nach § 626 BGB (und bei »Vertrauens«-Dienstverträgen zusätzlich nach § 627 BGB) kommt bei einer Schlechtleistung natürlich auch in Betracht.

Problem: Examensprobleme beim Anwaltsvertrag (besonders klausurrelevant!)

* Der Anwalt schuldet eine erschöpfende und umfassende Beratung/Aufklärung. Er muss im Prozess auch zugunsten des Mandanten existierende Rspr. vortragen (»*iura novit advocatus*«). Dh **Schachtelprüfung bei Regress gegen den (jetzt ehemaligen) Anwalt nach §§ 675, 611, 280 I BGB.** Was wäre die juristisch korrekte Beratung/Vorgehensweise gewesen? Die Rspr. ist hier ulkig: Es kommt nicht darauf an, wie das Gericht den Vorprozess ohne den Anwaltsfehler entschieden hätte, sondern wie der Vorprozess ohne den Fehler richtig zu entscheiden gewesen wäre (Argument: im Wege des Schadensersatzes soll man nicht mehr erhalten als einem nach materiellem Recht zusteht). Im **Palandt** ist bei **§ 280 BGB** ein eigener Abschnitt zur Anwaltshaftung! Zudem sollten sie das Stichwort »**Vermutung aufklärungsrichtigen Verhaltens**« kennen (Palandt/*Grüneberg* BGB § 280 Rn. 39).

* Bei **unterlassenem Hinweis des Anwalts** auf die Abrechnung des Mandats nach dem Gegenstandswert (§ 49b V BRAO), auf Tätigkeit für den Gegner in derselben Rechtssache (§ 43a IV BRAO, § 3 BORA; wenn es nicht dieselbe Sache ist, der Anwalt aber generell häufig für den Gegner tätig ist, muss er dies auch offenbaren) oder auf ein krasses Missverhältnis zwischen den Gebühren und dem vom Mandanten verfolgten Ziel: Anspruch des Mandanten aus **c.i.c. auf Freihaltung von der Gebührenforderung** möglich.[364]

* Dem **Rechtsschutzbedürfnis** einer Honorarklage des Anwalts steht **§ 11 RVG** (Gebührenfestsetzung durch das Gericht auf Antrag des Anwalts – gilt nur für wg. gerichtlicher Vertretung entstandene Gebühren) nur dann entgegen, wenn der Mandant gebührenrechtliche Einwendungen erhebt. Diese sind grds. im vorrangigen Verfahren nach § 11 RVG zu klären. Erhebt der Mandant sonstige Einwendungen (vor allem Schlechtleistung, Aufrechnung), ist ein Vorgehen über § 11 RVG nicht der einfachere Weg, sodass das normale Klageverfahren greifen kann.

* Eine Vergütungsvereinbarung, die gegen die **Formvorschriften** §§ 3a, 4a RVG verstößt, ist nach neuer Rspr. dennoch wirksam. Aus ihr kann die vereinbarte Vergütung bis zur Höhe der gesetzl. Gebühr gefordert werden.

> **Klausurtipp:** Wenn der Klausureinstieg das Fordern von **Dienstlohn** ist und der Dienstberechtigte unter Hinweis auf die **mangelhafte Dienstleistung** nicht zahlen will, ist die Lösung nicht ganz einfach, da es im Dienstrecht keine Gewährleistungsrechte und keine Minderung gibt und – um dies nicht zu umgehen – auch ein ZBR nach §§ 273, 320 BGB ausscheiden muss. Die hM gibt dem Dienstberechtigten in diesen Fällen einen Schadensersatzanspruch aus **§ 280 I BGB**, der bei noch nicht gezahltem Lohn (Lohn = Mindestschaden) im Wege der **Freistellung** dem Dienstlohnanspruch entgegengehalten werden kann, ohne dass es einer Aufrechnung bedarf.[365] Im Falle einer Kündigung nach §§ 626, 627 BGB kann § 628 I 1, 2 BGB zum Untergang des Dienstlohnanspruchs führen. Gleiches kann über §§ 312c, 312g, 355 BGB gelten, sofern der Anwaltsvertrag überhaupt ein Fernabsatzvertrag sein kann (was umstr. ist).

---

363 Vgl. für Interessierte die diversen Nachweise bei *Kaiser* JA 2012, 279 ff.

364 Palandt/*Grüneberg* BGB § 280 Rn. 73; BGH MDR 2009, 1251; NJW 2008, 1307; LG Duisburg NJW-RR 2013, 434. Dasselbe gilt für Architekten. Auch sie haben eine vorvertragliche Aufklärungspflicht bzgl. der Kostenvorstellungen des Auftraggebers, vgl. BGH NJW 2013, 1593 ff.

365 Palandt/*Weidenkaff* BGB § 611 Rn. 16; § 630a Rn. 14; BeckOK BGB/*Fuchs* § 611 Rn. 88 mwN; *Kaiser* JA 2012, 279 ff. mwN. Zuletzt wieder OLG Düsseldorf JurBüro 2013, 42 ff. Nach aA hat der Dienstverpflichtete auch im Falle einer Schlechtleistung grds. den vollen Dienstlohnanspruch. Doch der dann gebetsmühlenartige Verweis darauf, dass »das Dienstvertragsrecht keine Gewährleistung kenne«, geht schon wertungsmäßig fehl.

Im umgekehrten Fall, wenn also der unzufriedene Dienstberechtigte den **Lohn zurückfordern** will, so kommt dafür ein Anspruch aus § 280 I BGB in Betracht (Lohn als Mindestschaden).[366] Im Fall einer Kündigung ist an § 628 I 3 BGB zu denken (vgl. → Rn. 76a zum identischen Problem bei der Partnervermittlung).

Wehrt sich der Dienstberechtigte damit, dass der Dienstverpflichtete **überhaupt keine Dienstleistung** erbracht hat, so gilt Folgendes: Der Dienstlohnanspruch wird gem. § 614 BGB erst nach Leistung der Diensttätigkeit fällig (»*kein Lohn ohne Arbeit*«). Ausnahmen sind in §§ 615 S. 1 (Annahmeverzug des Dienstberechtigten – hier spielt die Abgrenzung zwischen Annahmeverzug und Unmöglichkeit eine Rolle, vgl. Palandt bei § 293 Rn. 3 ff.), 616 BGB (vorübergehende Verhinderung an der Arbeit) und § 615 S. 3 BGB (Konstellationen des Betriebsrisikos) geregelt. Hier besteht der Lohnanspruch, ohne dass der Dienstverpflichtete gearbeitet hat. Wenn andersherum der Arzt seinen Lohn geltend macht, obwohl der **Patient zum Behandlungstermin nicht erschienen** ist (sog. **Verweilgebühr**), so kann der Arzt nach wohl überwiegender Rspr. nicht über Annahmeverzug iSv §§ 615 S. 1, 296 BGB seinen Lohn verlangen, da die Vereinbarung eines Termins nur der Sicherung eines geordneten Behandlungsablaufs dient und daher keine kalendermäßige Bestimmung der Leistungszeit iSv § 296 BGB beinhaltet. Auch ein Anspruch aus pVV wird idR verneint (*in praxi* scheitert es entweder an der Darlegung der Schadenshöhe oder es wird wg. der jederzeitigen Kündbarkeit des Vertrages nach §§ 521 Nr. 5, 627 BGB schon die Nebenpflichtverletzung des Patienten verneint).[367]

Die wichtigste (Neben-)Pflichtverletzung des Dienstberechtigten ist die Verletzung der ihm obliegenden **Fürsorgepflicht**, §§ 617 ff., 241 II BGB (zB Gefahrvermeidung im Betrieb). Der geschädigte Dienstverpflichtete hat einen Anspruch aus pVV iVm § 618 III BGB und Delikt. Bei Besorgung einzelner Geschäfte iRd Dienstvertrages kann der Dienstverpflichtete vom Dienstberechtigten zudem ggf. nach **§ 670 BGB analog Aufwendungsersatz** sowie Ersatz der mit der Betätigung typischerweise verbundenen Sachschäden verlangen, wenn das Geschäft vor allem im Interesse des Dienstberechtigten übernommen wurde. Das Schulbeispiel ist hier der Unfall mit einem Privatfahrzeug im Zusammenhang mit einer betrieblichen Tätigkeit (→ Rn. 116). Auch andersherum kann Auftragsrecht analog anwendbar sein. **Der Prüfungshit dazu ist BAG NZA 2015, 94 ff. (Krematorium-Zahngold-Fall). Lesen!**

Kündigungsnormen im Dienstrecht finden Sie in **§§ 621 ff. BGB** (Rücktritt im Dienstrecht nicht möglich!). Die Schriftform ist in § 623 BGB geregelt. Eine unwirksame außerordentliche Kündigung kann nach § 140 BGB in eine ordentliche Kündigung umgedeutet werden (nicht aber umgekehrt, da außerordentliche Kündigung ein »Plus« ist).

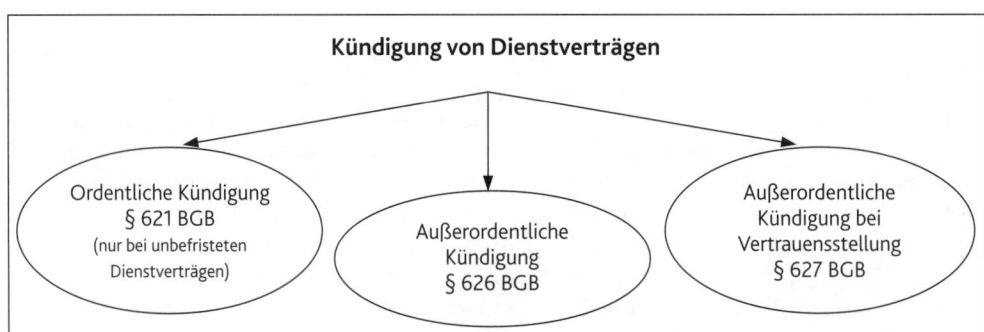

Die wichtigste Vorschrift ist **§ 626 BGB** als *lex specialis* zu § 314 BGB (der häufigste Anwendungsfall von § 314 BGB in Klausuren sind atypische Verträge wie der Bierlieferungsvertrag, der Gastschulvertrag oder der Strom-/Gas-/Wasserbezugsvertrag, weil für diese die BT-Sondervorschriften §§ 626, 543, 549 BGB nicht gelten). Ist die Frist nach § 626 II BGB gewahrt, untersuchen Sie das Vorliegen eines **wichtigen Grundes** iSd § 626 BGB (umfassende Abwägung der beteiligten Interessengesichtspunkte, »Ultima-Ratio-Prinzip«).

---

366 OLG Köln NJOZ 2015, 810 ff.; KG NJOZ 2011, 905 mwN; OLG Celle NJW 2003, 3638 f.
367 **Achtung: anders Palandt/*Grüneberg* BGB § 296 Rn. 1.**

§ 627 BGB regelt die Kündigung von besonderen Vertrauensverhältnissen (Partnervermittlung, Anwalt, Arzt, Steuerberater). Wenn der Dienstvertrag nach den Vorschriften der §§ 626, 627 BGB gekündigt wurde, denken Sie an die spezielle **Rückforderungsnorm des § 628 BGB** (→ Rn. 76a zur Partnervermittlung).

§ 10 Der Schenkungsvertrag, §§ 516 ff. BGB

A. Einstieg

90 Rechtsfolge einer Schenkung nach §§ 516, 518 BGB ist ein schuldrechtlicher Anspruch auf Vollzug der versprochenen Leistung. Ein wirksamer Schenkungsvertrag stellt dann den Rechtsgrund für das Behaltendürfen iSv § 812 BGB dar. Bei unentgeltlichen Zuwendungen unter Ehegatten um der Ehe willen (»unbenannte Zuwendungen«) wird die Anwendung der §§ 516 ff. BGB grds. abgelehnt (→ Rn. 95; gilt auch für neLG). Schenkungsgegenstand kann auch der Erlass einer Forderung sein.

> **Beachte:** Die **Auslobung** iSv §§ 657 ff. BGB stellt im Gegensatz zur Schenkung ein einseitiges öffentlich abgegebenes Angebot hinsichtlich einer Belohnung dar, welches keiner Annahme bedarf (zB »Wer wird Millionär« bei RTL). Ansprüche aus §§ 657 ff. BGB sind einklagbar. **Spiel und Wette** nach §§ 762 ff. BGB (dienen Unterhaltungszweck) sind dagegen unverbindliche Verträge.

B. Das Zustandekommen der Schenkung

Der Schenkungsvertrag kommt wie üblich nach §§ 145 ff. BGB zustande. Nur das Schenkungsversprechen des Schenkers bedarf nach **§ 518 I BGB** der notariellen Beurkundung (anders bei Grundstücksschenkungen: § 311b I 1 BGB). Nach **§ 518 II BGB** ist eine Heilung des Formmangels durch Vollzug möglich. Für den **Vollzug** ist stets zu beachten, was überhaupt geschenkt wurde. Wird zB das Eigentum an einer beweglichen Sache geschenkt, so ist für einen Vollzug grds. erforderlich, dass eine Übereignung nach §§ 929 ff. BGB vorliegt. Wird ein Recht geschenkt, so ist Vollzug mit Übertragung des Rechts gegeben. Wird die Zuwendung dem Beschenkten sofort verschafft, fallen also die Vornahme des schuldrechtlichen Rechtsgeschäftes und die Bewirkung zeitlich zusammen, liegt eine sog. **Handschenkung** vor, die nicht unter § 518 I BGB fällt. Wiederholen Sie zu den äußerst relevanten **Beweislastregeln** die Ausführungen unter → Rn. 47 und → Rn. 71 zum Schenkungseinwand im Zusammenhang mit Klagen des (angeblichen) Eigentümers bzw. Darlehensgebers.

C. Das Wichtigste in Kürze

Tja, was ist hier wichtig? Zum einen kann es ggf. um **§ 521 BGB (lesen!)** und um die saubere Prüfung der Rückforderungsmöglichkeiten nach **§§ 527 ff. BGB** gehen. Hier gilt: kein Geheimwissen nötig, sondern bei Spezialfragen den Palandt konsultieren und sauber die in der Klausur aufgeworfenen Fragen abarbeiten!

> **Klausurtipp:** Insbesondere bei Grundstücksschenkungen ist das **Rückübereignungsverlangen** des Schenkers immer mal wieder Gegenstand von Examensklausuren. Mögliche Anspruchsgrundlagen sind eine ausdrückliche Parteivereinbarung im Schenkungsvertrag (»Widerrufsklauseln«) oder §§ 323 ff. BGB (bei Grundstücksübertragung gegen Gegenleistung), §§ 527 ff., § 812 BGB (bei Zweckschenkung; die Zweckvereinbarung bedarf dabei nicht der Form von § 311b BGB, da es sich nur um eine tatsächliche und nicht um eine rechtsgeschäftliche Einigung handelt) und/oder § 313 BGB. Erben des Schenkers haben ggf. Ansprüche aus § 2287 BGB (analog) oder § 2113 iVm §§ 894, 985 BGB (vgl. → Rn. 97, 99).

Der **Umfang der Rückforderungsrechte aus §§ 528, 530 BGB (lesen!)** wird problematisch, wenn es sich um eine **gemischte Schenkung** handelt (dh, Zuwendung und Gegenleistungen stehen in einem Missverhältnis und Parteien sind sich einig, dass die Wertdifferenz unentgeltlich erfolgen soll) und der Schenkungsgegenstand (zB Grundstück) unteilbar ist:[368] Wenn der entgeltliche Teil überwiegt, so ist nur der die Gegenleistung übersteigende Mehrwert als Ausgleich zu zahlen. Wenn der unentgeltliche Teil überwiegt, geht der Anspruch auf Herausgabe des gesamten Zuwendungsgegenstandes Zug um Zug gegen Rückgewähr der Gegenleistung. Wenn dieser Anspruch durch den Sozialhilfeträger des Schenkers geltend gemacht wird, ist

---

368 BGH NJW 2012, 605 ff.; BGHZ 107, 156 ff.; 30, 120 ff.; *Looschelders* SchuldR BT Rn. 331 ff.

dies durch die Überleitung im Wege der schriftlichen Anzeige gegenüber dem Beschenkten gemäß § 93 SGB XII zulässig. Sie stellt einen Verwaltungsakt dar, der den Übergang des Anspruchs auf den Hilfeträger bewirkt (Aktivlegitimation im Prozess).

Klausurträchtig sind daneben Schenkungen, die nicht dem reinen Grundmuster der §§ 516 ff. BGB entsprechen.

Problem: »Komische Schenkungen«

- Eine Schenkung unter **Auflage nach §§ 525 ff. BGB** liegt vor, wenn der Beschenkte nach Erhalt des Gegenstandes zu einer bestimmten Leistung verpflichtet sein soll, wobei diese Leistung aus dem Wert des Zuwendungsgegenstandes zu entnehmen ist. Dieses Kriterium wird nicht immer streng durchgehalten, es genügt auch ein Tun/Unterlassen. Die Leistung kann dabei nicht echte Gegenleistung sein (sonst liegt keine Schenkung vor!), sondern nur ein Ausgleich, der erst auf Grundlage der Zuwendung erbracht wird. Bei Nichtvollziehung der Auflage gelten § 527 und §§ 280 ff. BGB.
- Eine **Zweckschenkung** liegt vor, wenn mit der Schenkung ein bestimmter vereinbarter Zweck verfolgt wird, wobei sich die Parteien einig sind, dass kein Anspruch auf dessen Vollziehung bestehen soll (nicht einklagbar). Es reicht, wenn der Beschenkte den durch den Schenker verfolgten Zweck erkennt und die Leistung entgegennimmt, ohne zu widersprechen. Bei Zweckverfehlung greift die *condictio ob rem*. Ist der Zweck nicht vereinbart, sondern lediglich vorausgesetzt, kommt nur § 313 BGB in Betracht. Die Schenkung kann auch auflösend bedingt sein, sodass bei Nichteintritt der Bedingung ein Rückforderungsanspruch direkt aus dem Schenkungsvertrag besteht.
- Eine Schenkung unter einer idR konkludenten **Überlebensbedingung** fällt unter **§ 2301 BGB** und nicht unter §§ 516 ff. BGB. § 2301 BGB wird bei der Lebensversicherung (→ Rn. 65) und in den Bonifatius-/Sparbuchfällen relevant (s. unten).

Problem: Abgrenzung §§ 516, 518 – § 2301 BGB

Ein Klassiker sind Klausuren, die dem Bonifatius-Fall[369] nachgebildet sind: Nach dem Tod des Erblassers überbringt dessen Bote dem Beschenkten das Geschenk (und das Schenkungsangebot des Erblassers). Der Erblasser wollte den Gegenstand nur übereignen, wenn er vor dem Beschenkten stirbt. Die Erbin verlangt das Geschenk heraus.

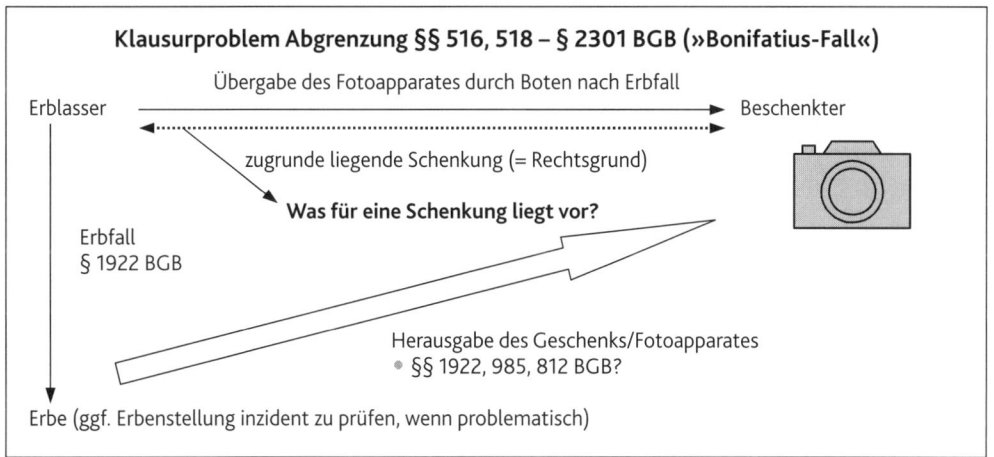

- **Anspruch der Erbin aus §§ 1922, 985 BGB?** (–), da der Beschenkte nach § 929 BGB Eigentümer geworden ist. Der Bote überbringt zumindest konkludent das Übereignungsangebot des Erblassers, der Zugang der Annahme ist dabei entbehrlich, §§ 130 II, 153, 151 BGB. Das Fortbestehen der Einigung bei Übergabe wird nach hM vermutet.[370] Mit Übergabe ist ein Widerruf der dinglichen Einigungserklärung des Erblassers durch den Erben ausgeschlossen.

---

369 RGZ 83, 223 ff.
370 AA RG: Einigung muss auch noch bei Übergabe bestehen, hier (–), da Erbin Übereignung nicht will. Die hM macht das anders (→ Rn. 37).

- Anspruch aus §§ 1922, 812 I 1 Alt. 1 BGB? Ist das Eigentum kondiktionsfest? Hier könnte eine Schenkung Erblasser – Beschenkter als Rechtsgrund infrage kommen.
  - Die Schenkung kommt idR konkludent zustande. Zu fragen ist, welche Formvorschriften für die Schenkung gelten: §§ 516, 518 BGB? Dann wäre eine Heilung nach § 518 II BGB zu bejahen (Heilung durch Bewirken der Leistung = Übergabe und Übereignung des Geschenks, dies ist auch nach dem Tod des Erblassers möglich). Oder liegt eine besondere Schenkung unter einer Überlebensbedingung nach §§ 2301 I 1, 2276 BGB vor? Dann wäre eine »Heilung« iSd § 2301 II BGB problematisch, da für die Anwendung von § 2301 II BGB grds. der Schenkende selbst zu Lebzeiten und nicht erst sein Erbe das Vermögensopfer erbracht haben muss (»lebzeitiges Vermögensopfer« des Erblassers nötig; Argument: Wortlaut von § 2301 II BGB »*Vollzieht der Schenker ...*« – vgl. Palandt bei § 2301 BGB mit vielen Beispielen zum lebzeitigen Vermögensopfer! hier kein lebzeitiges Vermögensopfer des Erblassers, weil er zu Lebzeiten lediglich »seine WE losschickt«). Liegt also eine »normale« Schenkung nach §§ 516, 518 BGB oder eine Schenkung auf den Todesfall nach § 2301 BGB vor?[371] **Beide Schenkungsformen schließen sich hier nicht gegenseitig aus, es kommt auf die Überlebensbedingung an. Mit Überlebensbedingung: § 2301 BGB – ohne Überlebensbedingung: § 516 BGB.** Im Beispiel: Weil hier die Schenkung in der sicheren Annahme gemacht wurde, dass der Schenker bald sterben werde und das Überleben des Bedachten damit (konkludent) Bedingung der Schenkung sein sollte (für die konkludente Überlebensbedingung gelten in der Praxis keine großen Hürden), liegt eine Überlebensbedingung und damit Schenkung nach § 2301 I 1 BGB vor. § 2301 II BGB ist hier nicht genügt, also: Rechtsgrund (–), Kondiktion durch die Erbin möglich. Eine Rückforderung des Geschenks kommt schließlich auch bei entsprechenden Anhaltspunkten nach § 2287 BGB (→ Rn. 97) oder im Falle einer Schenkung nach § 516 BGB über §§ 528, 530 BGB in Betracht, wobei allerdings die Vererblichkeit der §§ 528, 530 BGB problematisch ist (vgl. dortige Kommentierung im Palandt!). Zudem stellt § 528 BGB darauf ab, dass die Verarmung nach der Vollziehung der Schenkung eingetreten sein muss. In den Klausurfällen ist jedoch der Schenkungsvertrag idR erst nach dem Tod des Schenkers zustande gekommen.

Die möglichen **Abwandlungen des Bonifatius-Falles** liegen auf der Hand: Bereits zu Lebzeiten des Erblassers übergibt dieser der Lebensgefährtin das Diamant-Collier. Nach dem Tod des Erblassers verlangt die Erbin das Collier heraus, die Lebensgefährtin beruft sich auf »Schenkung« (meint schenkweise Übereignung). Dasselbe in grün, wenn die Lebensgefährtin erst nach dem Tod des Erblassers das Collier an sich nimmt und eine vorherige »Schenkung« durch den Erblasser behauptet. Ansprüche der Erbin aus §§ 1922, 985 BGB scheiden aus, da idR eine wirksame Übereignung des Erblassers nach § 929 BGB vorliegt (vgl. zur einseitigen Besitzergreifung als Übergabe → Rn. 38), sodass es für §§ 1922, 812 I 1 Alt. 1 BGB wieder auf die Schenkung im Innenverhältnis ankommt (§§ 516 ff. oder § 2301 BGB? Heilung? s. oben).

Ähnliche Abgrenzungsprobleme zwischen §§ 516, 518 BGB und § 2301 BGB ergeben sich bei **Kontovollmachten des Erblassers** für Dritte (zB neue Lebensgefährtin des Erblassers). Der Dritte hebt nach dem Erbfall Geld für sich ab und behauptet eine Schenkung, die Erbin verlangt Herausgabe aus §§ 1922, 812 I 1 Alt. 2 BGB (→ Rn. 64). Auch dann muss im Valutaverhältnis geprüft werden, ob eine Schenkung nach §§ 516, 518 BGB oder nach § 2301 BGB vorliegt und ob diese geheilt wurde. Denken Sie daran, dass ggf. auch übergegangene vertragliche Ansprüche aus dem Innenverhältnis zwischen Erblasser und Kontobevollmächtigten (vor allem § 667 BGB, → Rn. 4) in Betracht kommen können. Aus dieser bereits zigfach (!) in Aktenvorträgen und Examensklausuren gestellten Konstellation haben wir eine **Musterklausur** konzipiert: *Kaiser* JA 2011, 49 ff.

---

371 Die in diesen Bonifatius-/Kontovollmachts-/Sparbuchfällen zT für möglich gehaltene Umdeutung einer formunwirksamen Schenkung nach § 2301 I BGB in ein Vermächtnis im Innenverhältnis nach § 2147 BGB wird in der Praxis idR ausscheiden. Entweder es wird schon an der Form des § 2247 BGB mangeln, es wird kein ausreichender Testierwille vorhanden oder die Zuwendung wird für ein Vermächtnis nicht ausreichend bestimmt sein (»*Du darfst dir mal was nehmen von meinem Konto, wenn ich sterbe*« ist zu unbestimmt!).

Problem: Abgrenzung §§ 516, 518 – § 2301 BGB in den Fällen von § 331 BGB

Das Verhältnis von §§ 516 ff. zu § 2301 BGB verkompliziert sich, wenn die die Zuwendung übermittelnde Person einen Vertrag nach § 331 BGB mit dem Erblasser geschlossen hat: Der Erblasser legt bei der Bank ein **Sparbuch** für seinen Enkel an. Dieser soll Kontoinhaber und nach dem Tod des Erblassers Verfügungsberechtigter sein. Nach dem Todesfall übergibt die Bank – wie mit dem Erblasser vereinbart – dem Enkel das Sparbuch. Der Erbe des Erblassers verlangt nun vom Enkel die Herausgabe des Sparbuchs, weil dieses »*in die Erbschaft falle*«.

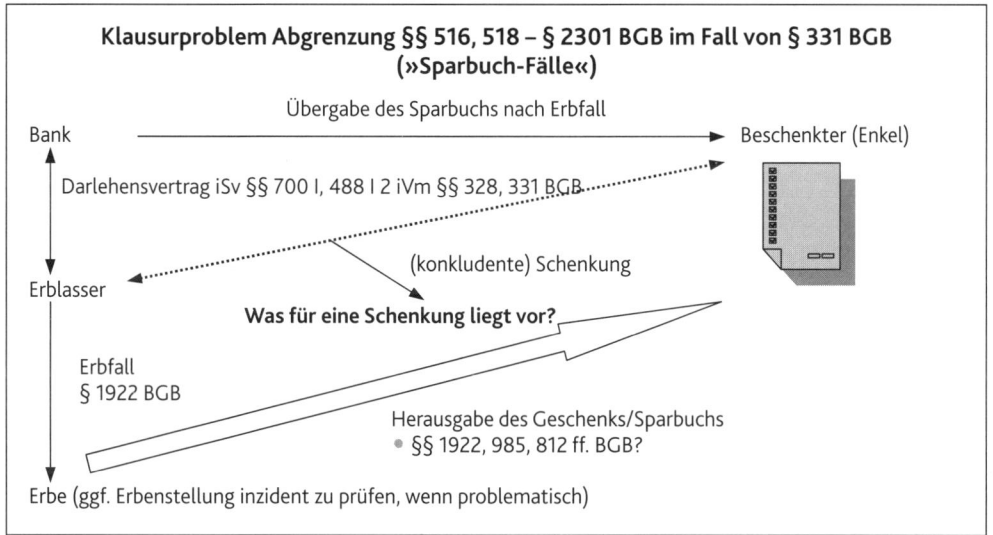

Der Vertrag zwischen Erblasser und Bank ist idR ein sog. Darlehens(spar)vertrag zugunsten Dritter auf den Todesfall nach §§ 700 I, 488 I 2 iVm §§ 328, 331 BGB (vgl. → Rn. 65).

- Anspruch des Erben gegen den Enkel aus **§§ 1922, 985 BGB?** (–), Enkel ist Eigentümer des Sparbuchs, da ihm das »Recht aus dem Papier« iSv §§ 328, 331 BGB nach dem Tod des Erblassers zusteht, vgl. § 952 BGB.
- Anspruch des Erben gegen den Enkel aus **§§ 1922, 816 II BGB?** (–), da Enkel nicht »Nichtberechtigter« wg. seiner Auszahlungsberechtigung ggü. der Bank aus dem Darlehensvertrag iSv §§ 328, 331 BGB.
- Anspruch des Erben gegen den Enkel aus **§§ 1922, 812 BGB?**
  - Problematisch ist, ob dies eine Leistungs- o. Eingriffskondition ist. Vorzugswürdig ist die Annahme einer Leistungskondition, da aus Sicht des Enkels die Aushändigung des Sparbuches eine Leistung des Erblassers darstellt. In dessen Rechtsposition tritt der Erbe nach § 1922 BGB ein.
  - Erlangtes »Etwas« ist der Anspruch des Enkels gegen die Bank aus dem Darlehensvertrag iSv §§ 700 I, 488 I 2 iVm §§ 328, 331 BGB,[372] verbrieft durch das Sparbuch. Das Sparbuch ist daher (mittelbar) ebenfalls erlangt iSv § 812 BGB. Ist das alles konditionsfest?
  - Rechtsgrund ist die (konkludente) Schenkung im Valutaverhältnis Erblasser – Enkel. Richtet sich die Form der Schenkung durch den Erblasser nach §§ 516, 518 BGB, dann wäre gem. § 518 II BGB Heilung durch Vollzug eingetreten, da mit dem Tod des Erblassers der Enkel den Anspruch gegen die Bank erworben hat. Liegt eine Schenkung nach §§ 2301 I 1, 2276 BGB vor, dann wäre die »Heilung« nach § 2301 II BGB problematisch, da ein lebzeitiges Vermögensopfer des Erblassers nötig wäre. Ob hierfür der Abschluss des VzD reicht, ist problematisch, dürfte aber jedenfalls dann zu verneinen sein, wenn der Erblasser noch im Besitz des Sparbuches geblieben ist. Daher wieder die Frage

---

372 Der Erbe könnte in der Klausur auch neben der Herausgabe des Sparbuches die Abtretung des Anspruches des Beschenkten gegen die Bank verlangen. Auch dann ist die LK zu prüfen, die Probleme sind in beiden Konstellationen identisch.

aus dem Bonifatius-Fall: Liegt eine »normale« Schenkung nach §§ 516, 518 BGB oder eine Schenkung auf den Todesfall nach § 2301 BGB vor? Nach dem BGH **gelten hier für die Schenkung im Valutaverhältnis §§ 516, 518 BGB, da § 2301 BGB bei Schenkungen iRv VzD auf den Todesfall nie anwendbar ist.** Warum? Dies ergibt sich aus einer Auslegung von § 331 BGB. Der Gesetzgeber hat mit § 331 BGB einen bestimmten VzD geregelt. § 331 BGB erwähnt die erbrechtlichen Formvorschriften nicht und geht (also) davon aus, dass ein Leistungsversprechen zugunsten eines Dritten auch dann wirksam ist, wenn die Leistung erst nach dem Tod des Versprechensempfängers erfolgen soll.[373] Diese Regelung würde ins Leere laufen, wenn im Innenverhältnis zum Berechtigten/Enkel die strengere Form von § 2301 I BGB Anwendung fände. Liegt zwischen Bank und Erblasser daher ein schuldrechtliches Rechtsgeschäft iSv § 331 BGB vor, muss konsequenterweise auch das Valutaverhältnis zwischen Erblasser und Beschenkten nach Schuldrecht und nicht nach Erbrecht behandelt werden (→ Rn. 65 wiederholen **zum selben Problem bei Lebensversicherungsverträgen!**).[374]

– Ergebnis: Der Formmangel ist geheilt, Rechtsgrund (+), der Enkel darf das Sparbuch behalten.[375] Lediglich im Falle eines Erbvertrages könnte dem Erben noch § 2287 BGB helfen (→ Rn. 97). Für eine Rückforderung vom Enkel sind bei entsprechenden Anhaltspunkten schließlich noch §§ 528, 530 BGB anzuprüfen (s. oben).

Klausurtipp: In der oben beschriebenen Konstellation kann es sein, dass der Erbe das **Guthaben** bei der Bank **sperren lässt**, damit der Enkel des Erblassers nicht an sein Geld gelangt. In dieser Variation tritt der Enkel als Kläger auf und verlangt vom Erben die Freigabeerklärung. Was ist die Anspruchsgrundlage und wo bzw. wie prüft man die konkludente Schenkung des Erblassers? Erst nachdenken, dann die Fußnote lesen![376]
Möglich ist auch, dass der Erbe das **Sparbuch an sich nimmt** und der Enkel auf Herausgabe klagt. Anspruchsgrundlagen sind dann § 985 BGB (dann inzident § 952 BGB prüfen) und Eingriffskondiktion. Wenn der Erbe zusätzlich bereits Geld abgehoben hat, kommt ein Anspruch aus § 816 II BGB und aus Eingriffskondiktion in Betracht. In allen Fällen wird der Erbe idR ebenfalls die Dolo-agit-Einrede erheben.

Beachte: Der **Erbe** kann – wie in den Lebensversicherungsfällen (→ Rn. 65) – die wirksame Schenkung dadurch verhindern, dass er entweder unter den Voraussetzungen von § 130 I 2 BGB gegenüber dem Begünstigten das Schenkungsangebot oder nach §§ 671, 168 S. 1 BGB gegenüber der Bank vor Übermittlung des Schenkungsangebotes den Auftrag zur Übermittlung (und damit auch die Botenmacht) **widerruft**, wenn das Widerrufsrecht nicht ausgeschlossen wurde. Dann würde die Bank als Botin ohne Botenmacht handeln, es gelten §§ 177 ff. BGB analog. Dies gilt selbstverständlich auch in den Bonifatius-Varianten von oben.
Dieselben Spielchen können die LJPAs mit Ihnen spielen, wenn statt eines Sparbuches ein **Sparbrief** für den Dritten angelegt wird (so zB in der **Novemberkampagne 2012!**).

Schließlich sollten Sie den Auskunftsanspruch aus **§ 2028 BGB** kennen, der leicht in Klausuren mit Geschenken an Lebensgefährtinnen, Kontovollmachten, Sparbüchern und Lebensver-

---

373 *Medicus/Petersen* BürgerlR Rn. 394.

374 Palandt/*Grüneberg* BGB § 331 Rn. 1 u. 4; Palandt/*Weidlich* BGB § 2301 Rn. 17 ff.

375 Gleiches würde für in der Zwischenzeit abgehobene Beträge gelten. Die im Ergebnis nicht durchgreifenden, aber in der Klausur anzuprüfenden Anspruchsgrundlagen des Erben für eine Rückzahlung der Beträge wären dann §§ 1922, 812 I 1 BGB und §§ 1922, 816 II BGB. Ob hier ein Fall der Leistungs- o. Nichtleistungskondiktion vorliegt, ist problematisch, spielt aber im Ergebnis idR keine Rolle.

376 Das kennen Sie schon aus dem Bereicherungsrecht, → Rn. 64: die Eingriffskondiktion! Das fremde Recht, in dessen Zuweisungsgehalt eingegriffen wurde, ist der Anspruch aus §§ 328, 331 BGB des Enkels gegen die Bank. Erlangt hat der Erbe die durch die Sperrung erreichte Blockierstellung. Die **Dolo-agit-Einrede nach § 242 BGB zugunsten des Erben** greift im vorliegenden Fall dann, wenn der Enkel das Guthaben sofort wieder – zB über § 812 BGB – an den Erben herausgeben müsste, was dann inzident zu prüfen ist. Ob ein Rückzahlungsanspruch besteht, hängt davon ab, ob eine wirksame Schenkung zwischen Erblasser und Enkel vorliegt (s. oben). Wie Sie sehen, geht es bei dieser Variation im Wesentlichen um dieselben Probleme wie im Ausgangsfall, nur mit vertauschten Rollen und einem anderen Aufbau.

sicherungsscheinen eingebaut werden kann (so wie zuletzt im **März 2014!**). An was denken Sie bei Auskunftsansprüchen? Erst nachdenken, dann Fußnote lesen![377]

Merke: Dieses Kapitel zur Schenkung inklusive der Sparbuch-, Lebensversicherung-, Kontovollmacht-Problematiken hat gigantische Klausurbedeutung. Bitte lesen Sie es sich mindestens zehn Mal durch, da die Thematik nicht kompakt an einer Stelle im Palandt kommentiert ist. Das gehört zum nötigen Basiswissen!

---

377 An die Stufenklage nach § 254 ZPO! Vgl. *Kaiser/Kaiser/Kaiser* Anwaltsklausur Rn. 32.

§ 11 Exkurs: Die Anfechtung nach dem AnfG

A. Einstieg

91 Wenn sich ein Vermögensverfall oder die Zwangsvollstreckung abzeichnen, übertragen Schuldner zuweilen ihr Vermögen auf Dritte, um es dem Zugriff des Gläubigers zu entziehen. In diesen Fällen bewirkt die Anfechtung nach dem AnfG, dass der Dritte die ihm übertragene Vermögensposition **dem Gläubiger zur Verfügung stellen muss.** Die Anfechtbarkeit eines Rechtsgeschäftes nach dem AnfG hat dabei nur schuldrechtliche Wirkungen zwischen dem Anfechtungsberechtigten und dem Dritten/Anfechtungsgegner. Die dingliche Rechtslage und die schuldrechtliche Rechtslage zwischen Schuldner und Drittem werden nicht berührt.

> **Beachte:** Die Anfechtung von Rechtshandlungen des Schuldners durch den Insolvenzverwalter (bzw. bei der Verbraucherinsolvenz durch die Gläubiger, vgl. § 313 II InsO) ist in **§§ 129 ff. InsO** geregelt. Klausuren aus diesem Bereich dürften (außerhalb Bayerns und Hessens) eher nicht zu erwarten sein.

B. Das Anfechtungsrecht nach dem AnfG in der Assessorklausur

Die Anfechtung nach dem AnfG kann entweder als **Anfechtungsklage nach § 13 AnfG** oder im Wege der **Anfechtungseinrede nach § 9 AnfG** vorkommen. Die Anfechtungseinrede spielt in Klausuren vor allem bei §§ 771, 805 ZPO als Einwand des Beklagten und bei der Einziehungsklage als Einwand des Klägers eine Rolle.[378]

Hier soll der Blick auf die Anfechtungsklage gelenkt werden: Der Anfechtungsgegner ist der Empfänger der anfechtbaren Leistung. Im **Tenor** des stattgebenden Urteils nach § 11 I 1 AnfG wird der Beklagte verurteilt, **»wegen einer Forderung des Klägers iHv ... in ... die Zwangsvollstreckung zu dulden«** lauten (Ausnahme: anfechtbare Rechtshandlung ist eine Geldübertragung: dann Zahlungstenor), auch wenn die angefochtene Rechtshandlung eine Forderungsabtretung ist. Ist die Zwangsvollstreckung in den erlangten Gegenstand aber nicht mehr möglich (zB Untergang, Verwertung der Sache, Einziehung der Forderung), wird nach Maßgabe von § 11 I 2, II AnfG Wertersatz geschuldet (dann auch Zahlungstenor). Der Anfechtungsgegner kann den Duldungsanspruch aus § 11 I 1 AnfG durch Zahlung eines entsprechenden Geldbetrages analog § 1147 BGB abwehren (sog. »Einlösungsbefugnis«).[379]

Die wichtigsten **Zulässigkeitsprobleme** der Anfechtungsklage nach dem AnfG sind:

Problem: Zuständigkeit des Gerichts

- Nach hM gelten §§ 12 ff. ZPO. Die sachliche Zuständigkeit richtet sich nach §§ 23, 71 GVG iVm § 6 ZPO. Das heißt, es zählt der Betrag der Forderung, wegen deren Sicherstellung der Kläger nach dem AnfG vorgeht, alternativ der Wert des übertragenen Gegenstandes, wenn dieser niedriger ist.

Problem: Voraussetzungen des § 2 AnfG (sog. »Anfechtungsberechtigung«)

- Vollstreckbarer Schuldtitel gegen den Schuldner: Der titulierte Anspruch muss auf Zahlung von Geld gerichtet sein (ergibt sich nicht aus Wortlaut von § 2 AnfG). Der Anfechtungsgegner kann sich dabei nicht auf materielle Einwendungen des Schuldners gegen den titulierten Anspruch berufen, es sei denn, diese sind analog § 767 II ZPO nach der letzten mündlichen Tatsachenverhandlung im Vorprozess entstanden.[380] Wenn der Titel ein Vergleich ist, können die Einwendungen ohne die Beschränkung von § 767 II ZPO geltend gemacht werden (Argument: Vergleichbarkeit mit Situation bei § 767 ZPO).[381] Eine Klausel braucht der Gläubiger nicht zu haben.

---

378 Lesen Sie dazu *Kaiser/Kaiser/Kaiser* Zwangsvollstreckungsklausur Rn. 45, 53 und Rn. 98.
379 BGH MDR 2011, 387 f.
380 BGH NJW 2000, 2022 ff.; ZIP 1999, 33 f.
381 BGH WM 1999, 33; *Kaiser/Kaiser/Kaiser* Zwangsvollstreckungsklausur Rn. 24.

- **Unzulänglichkeit des Schuldnervermögens (wird in Klausuren häufig übersehen!)**: Es ist eine fruchtlose Zwangsvollstreckung bei diesem erfolgt oder eine solche wäre jedenfalls von vorneherein aussichtslos.[382]

Problem: Rechtsschutzbedürfnis

- Das Rechtsschutzbedürfnis fehlt nicht deshalb, weil der Kläger eine Drittwiderspruchs-klage des Anfechtungsgegners nach § 771 ZPO abwarten müsste (Argument: Anfech-tungsberechtigter muss selbst die Rechtslage klären können, ohne auf eine Klage des Geg-ners zu warten).
- Das Rechtsschutzbedürfnis fehlt aber dann, wenn das Insolvenzverfahren über das Schuld-nervermögen eröffnet wurde (**Vorrang der InsO über AnfG**).

In der **Begründetheit** der Klage prüfen Sie die Anfechtungsrechte aus §§ 3, 4 AnfG mit den dort geregelten **Fristen**. Die Beweislast für das Vorliegen der §§ 2 ff. AnfG trägt der Kläger. Alle Anfechtungsgründe aus §§ 3 f. AnfG setzen eine Rechtshandlung des Schuldners voraus, die seine Gläubiger benachteiligt (**objektive Gläubigerbenachteiligung**). Dies liegt vor, wenn der Zugriff des Anfechtenden auf die Vermögenswerte des Schuldners vereitelt, erschwert, gefährdet oder verzögert wird. In der Regel wird es sich dabei um eine Verfügung an den Dritten/Anfechtungsgegner handeln. Eine Benachteiligung liegt dagegen nicht vor, wenn der Schuldner über Gegenstände verfügt, die ohnehin nicht der Zwangsvollstreckung unterliegen, die wertlos sind, die zugunsten anderer Gläubiger wertausschöpfend belastet sind oder wenn der Schuldner eine wertmäßig adäquate Gegenleistung erhält.[383]

Die **Anfechtungsgründe aus §§ 3, 4 AnfG** lesen Sie sich bitte erst einmal durch. Hierzu sind zwei Aspekte wichtig: Zum einen sollten Sie wissen, dass **§ 3 I AnfG** mit der sog. **vorsätz-lichen Gläubigerbenachteiligungsabsicht** steht und fällt, die Sie dann sauber darzustellen haben. Wenn der Schuldner dem Anfechtungsgegner eine inkongruente Sicherung analog § 131 InsO gewährt hat, besteht idR ein starkes Beweisanzeichen für die Benachteiligungsab-sicht. Eine inkongruente Sicherung liegt dann vor, wenn der Anfechtungsgegner nach dem Grundgeschäft mit dem Schuldner keinen Anspruch auf die Übertragung der konkreten Sache hat. Wenn zB der Schuldner vom Anfechtungsgegner ein Darlehen vereinbarungsgemäß nur bekommt, wenn er ihm einen bestimmten Gegenstand zur Sicherheit übereignet, so ist die Sicherungsübereignung kongruent. Vereinbaren die Parteien erst später das Sicherungsge-schäft, ist die Übereignung inkongruent.[384] Bei Vorliegen einer inkongruenten Sicherung wird nach der Rspr. auch die Kenntnis des Anfechtungsgegners von der Benachteiligungsabsicht des Schuldners vermutet. Zum anderen sollte man zu **§ 4 AnfG** wissen, dass hier die **Unent-geltlichkeit das entscheidende Tatbestandsmerkmal** ist. Unentgeltlichkeit liegt dann vor, wenn die Leistung ohne Rechtspflicht erfolgt und keine Gegenleistung geflossen ist. Daher liegt bei der Erfüllung einer Verbindlichkeit oder bei der Sicherung eigener Schulden keine Unentgeltlichkeit vor.[385] Unbenannte Zuwendungen unter Ehegatten fallen dagegen unter § 4 AnfG, weil hier eine Rechtspflicht nicht besteht.[386]

> **Klausurtipp:** Der Anfechtungsberechtigte/Gläubiger kann zur Vorbereitung einer Anfechtung/eines Anfechtungsprozesses vom Anfechtungsgegner nach **§ 242 BGB** über Art und Umfang ggf. an-fechtbarer Rechtshandlungen Auskunft verlangen, wenn der Anfechtungsanspruch bereits dem Grunde nach feststeht.[387] Prozessual kann es dann zu einer Stufenklage nach § 254 ZPO kommen.

---

382 Die Uneinbringlichkeit der Forderung wird nicht dadurch ausgeschlossen, dass dem Gläubiger Siche-rungsrechte vom Schuldner eingeräumt wurden, da es grds. keine Verpflichtung zur Inanspruchnahme der Sicherungsmittel gibt.

383 BGH FamRZ 1993, 1307; WM 1995, 450 ff.

384 BGH MDR 1986, 316.

385 BGH NJW 1990, 2626; dies gilt auch, wenn die Sicherung erst nachträglich vereinbart wird, vgl. *Wittschier* JuS 2009, 841 ff. mwN.

386 BGH MDR 2008, 1358.

387 BGH WM 1978, 872.

Etwaige **Wertverbesserungen** an dem zur Verfügung zu stellenden Gegenstand kann der Anfechtungsgegner nicht im Wege eines ZBR geltend machen.[388]

> **Merke:** Der Duldungsanspruch nach dem AnfG kann durch eine einstweilige Verfügung nach § 935 ZPO gesichert werden. Einer Glaubhaftmachung des Verfügungsgrundes bedarf es analog §§ 885 I 2, 899 II 2 BGB grds. nicht.[389] Die einstweilige Verfügung geht in diesen Fällen idR auf ein Verfügungsverbot. Bei Grundstücken ist eine Sicherung durch Eintragung einer Vormerkung nicht möglich.[390]

---

388 BGH NJW 1984, 2890 ff. Der Aufwendungsersatzanspruch (zB aus § 812 BGB) kann nämlich erst in der Zwangsvollstreckung bei der Verteilung des Erlöses berücksichtigt werden. Auch etwaige Gegenleistungen an den Schuldner bleiben unberücksichtigt.
389 OLG Koblenz ZIP 1992, 1754.
390 BGH NJW 2008, 376 ff.

§ 12 Der Prozessvergleich

A. Einstieg

Der Prozessvergleich ist ein Prozessvertrag der Parteien, der den Rechtsstreit durch Einigung **92** beseitigen soll. Er hat eine **Doppelnatur**, weil er sowohl eine prozessuale als auch eine materielle Komponente besitzt. Prozessual beendet der Vergleich den Prozess und dient als Titel (§ 794 I Nr. 1 ZPO), materiell-rechtlich führt er dazu, dass die Rechtsbeziehungen der Parteien bzgl. der streitigen Punkte neu geregelt werden und dass noch nicht rechtskräftige Urteile, die im selben Rechtsstreit ergangen sind, automatisch wirkungslos werden. **§ 278 VI ZPO** regelt den Prozessvergleich im schriftlichen Verfahren (**August 2014!**). Auch Dritte können sich am Vergleich beteiligen.[391]

B. Wirksamkeitsvoraussetzungen des Prozessvergleichs

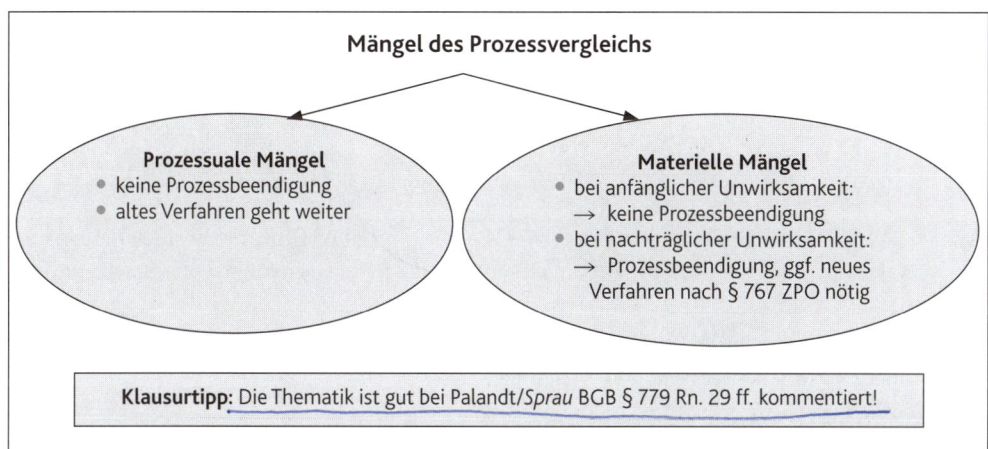

Mängel des Prozessvergleichs

Prozessuale Mängel
- keine Prozessbeendigung
- altes Verfahren geht weiter

Materielle Mängel
- bei anfänglicher Unwirksamkeit:
  → keine Prozessbeendigung
- bei nachträglicher Unwirksamkeit:
  → Prozessbeendigung, ggf. neues Verfahren nach § 767 ZPO nötig

Klausurtipp: Die Thematik ist gut bei Palandt/*Sprau* BGB § 779 Rn. 29 ff. kommentiert!

I. Prozessuale Voraussetzungen

Die wichtigsten Normen, die formell eingehalten werden müssen, sind § 78 ZPO (Anwaltszwang vor Landgericht), § 794 I Nr. 1 ZPO (Abschluss vor einem deutschen Gericht; auch Strafgericht), §§ 160 ff. ZPO (Protokollierung, Vorspielen und Genehmigung des den Prozessvergleich enthaltenden Protokolls und **»v.u.g.«-Vermerk im Protokoll**, Unterschreiben des Protokolls) und ggf. § 278 VI ZPO (dazu **BGH NJW 2015, 2965 f. lesen!**). Sofern materiell-rechtlich eine Beurkundung erforderlich wäre (zB § 311b I 1 BGB), wird diese durch die Protokollierung des Prozessvergleichs ersetzt, § 127a BGB, § 160 III ZPO. Ein schönes Schmankerl war im **Oktobertermin 2012 – und dann nochmal im Februartermin 2015 –** enthalten (Einstieg war § 767 ZPO): Hier wollte der Kläger die Unzulässigkeit der Zwangsvollstreckung aus einem Prozessvergleich damit begründen, dass der »v.u.g.«-Vermerk im Protokoll fehlte. Dies war zwar richtig, doch hat der Richter den Vergleich vorgelesen und genehmigt, nur wurde dies eben nicht ins Protokoll mit aufgenommen. Kann sich der Kläger trotzdem darauf berufen?[392]

---

391 Thomas/Putzo/*Seiler* ZPO § 794 Rn. 9. Anwaltliche Vertretung des Dritten ist dabei selbst beim LG nach hM nicht nötig.

392 Hier ist schon problematisch, ob der Vergleich überhaupt unwirksam ist, weil die Anforderungen von § 162 I 1, 2 ZPO ja beachtet wurden und nur der Vermerk dazu fehlt (so aber die wohl hM). Für eine Wirksamkeit könnte der »Gleichlauf« mit den Anforderungen an die Wirksamkeit notarieller Beurkundungen (§ 13 I 2, 3 BeurkG) sprechen. Zumindest aber ist der Vortrag der Unwirksamkeit treuwidrig, weil und wenn die Voraussetzungen einer Protokollberichtigung nach § 164 ZPO vorliegen.

II. Materielle Voraussetzungen

Weil der Prozessvergleich ein ganz normaler schuldrechtlicher Vertrag ist, finden die allgemeinen Vorschriften Anwendung, insbes. §§ 104 ff., 138, 145 ff., 119 ff., 280 ff., 313, 323 ff., 779 BGB.[393] Lesen Sie zur Anfechtung eines Prozessvergleiches nach § 123 BGB einmal zum Schmunzeln BAG NZA 2010, 1250. Zudem ist oft ein **Widerrufsvorbehalt** vereinbart worden, wobei der Widerruf nach hM dann ggü. dem Gericht oder der anderen Partei erfolgen kann, wenn nichts Abweichendes vereinbart ist. Wegen des vertraglichen Charakters auch der Widerrufsfrist können Parteien über die Frist frei verfügen, ohne dass das Gericht mitwirken müsste. Eine Wiedereinsetzung in die Widerrufsfrist nach § 233 ZPO ist nicht möglich (keine Notfrist!).

> **Klausurtipp:** Häufig will eine Partei den Vergleich wegen Irrtums **anfechten**. Bezieht sich der Irrtum auf den als feststehend zugrunde gelegten Sachverhalt (**Vergleichsgrundlage**), so kommt eine Unwirksamkeit nach § 779 BGB in Betracht. Greift § 779 BGB nicht, sind ergänzende Vertragsauslegung, § 123 BGB und § 313 BGB möglich. § 119 II BGB scheidet dagegen aus (nach der Rspr. ist ein Irrtum über die Vergleichsgrundlage ein unbeachtlicher Motivirrtum). Bezieht sich der Irrtum auf einen streitigen Punkt, der gerade Gegenstand des Vergleichs war (**Vergleichsgegenstand**), ist eine Anfechtung nach § 119 II BGB ebenfalls ausgeschlossen (anders § 123 BGB), denn die Unklarheiten sollten ja gerade durch den Vergleich endgültig erledigt werden! § 779 BGB scheidet schon nach seinem Wortlaut aus. Hier kommt ggf. § 313 BGB infrage, der allerdings oft an der fehlenden Unzumutbarkeit scheitert. Der Irrtum ist nämlich idR einseitiges Risiko.

Auch **§ 242 BGB** kann eine Rolle spielen, vor allem wenn bei **Abfindungsvergleichen** spätere Schäden geltend gemacht werden und die Berufung auf die Regelungen des Vergleichs unbillig ist.[394]

Beachten Sie, dass nur die materiellen Voraussetzungen eine Rolle spielen, wenn es sich um einen außergerichtlichen »Privat«-Vergleich handelt.

C. Fehlerfolgen beim Prozessvergleich

Ist der Vergleich **aus prozessualen Gründen unwirksam**, entfällt die den Prozess beendigende Wirkung. Der alte Prozess ist weiterzuführen, wobei ggf. der materielle Teil des Vergleichs bei Beurteilung der materiellen Rechtslage zu berücksichtigen ist. Einer neuen Klage kann der Beklagte die anderweitige Rechtshängigkeit entgegenhalten. Ist der Vergleich wegen **materieller Mängel von Anfang an** unwirksam (zB §§ 119 ff., 138, 779 BGB, Widerruf), entfällt grds. auch die prozessuale Seite. Mangels wirksamer Prozessbeendigung ist dann ebenfalls der alte Prozess weiterzuführen. Dies gilt idR auch für die auf die anfängliche Unwirksamkeit gestützte klageweise Rückforderung der auf den Vergleich gezahlten Summe (aus LK). In allen diesen Fällen ist der Wurm sozusagen schon im Apfel drin, als der Vergleich geschlossen wurde. **Diese strenge Differenzierung weicht der BGH**[395] **neuerdings etwas auf:** Den Parteien stehe es frei, übereinstimmend einen Zivilprozess als durch Vergleich beendet anzusehen, unabhängig davon, ob dieser wegen prozessualer oder materiell-rechtlicher Mängel von Anfang an unwirksam ist. Das Gericht der neuen Klage darf dann nicht die Klage mit dem Hinweis auf die anderweitige Rechtshängigkeit des alten Prozesses als unzulässig zurückweisen. Der Einwand, aufgrund der anfänglichen Unwirksamkeit des Vergleichs müsse das Ursprungsverfahren fortgesetzt werden, ist zudem eine verzichtbare prozessuale Rüge, die wegen Präklusion nach §§ 296 III, 282 III ZPO zurückgewiesen werden kann.

---

393 Beachten Sie, dass § 779 BGB nur bei Vergleichen gilt, die durch ein gegenseitiges Nachgeben gekennzeichnet sind. Fehlt es an einem Streit oder einer Ungewissheit oder findet kein gegenseitiges Nachgeben statt, dann liegt schon begrifflich kein Fall von § 779 BGB vor, vgl. BeckOK BGB/*Fischer* § 779 Rn. 3.

394 Palandt/*Grüneberg* BGB § 313 Rn. 44.

395 BGH NJW 2014, 394 ff. Der BGH hat das nur für diesen Fall entschieden. Die anderweitige Rechtshängigkeit ist ansonsten v.A.w. zu prüfen!

Pal 779/31

Merke: Wie wird denn der alte Prozess fortgeführt? Indem auf Antrag der Partei, die die anfängliche Unwirksamkeit des Vergleiches behauptet, das alte Gericht einen neuen Termin zur mündlichen Verhandlung bestimmt. Wer von den Parteien den Vergleich für wirksam hält, beantragt die Feststellung, dass der Prozess durch Vergleich beendet wurde und stellt nur hilfsweise seine alten Sachanträge. Wer sich auf die Unwirksamkeit beruft, beantragt die Fortsetzung und stellt seine alten Sachanträge (und kann zusätzlich noch die Feststellung beantragen, dass der Prozess durch den Vergleich nicht beendet wurde). Der Richter prüft dann, ob der Vergleich tatsächlich anfänglich unwirksam ist (Zwischenurteil möglich), und entscheidet – wenn dies zutrifft – nur über die ursprünglichen Anträge, die natürlich nachträglich auch noch geändert werden können. Sollte der Vergleich dagegen wirksam sein, so ergeht ein (Feststellungs-)Endurteil mit dem Inhalt, dass der Rechtsstreit durch den Vergleich beendet ist.

Anders verhält es sich bei Mängeln mit **Ex-nunc**-Wirkung bzw. bei Einwendungen aus nachträglichen Tatsachen (zB § 313 BGB, Rücktritt, Aufhebungsvertrag). Hier ist bei Streit über die Einwendung eine neue Klage zu erheben, der § 261 III Nr. 1 ZPO nicht entgegensteht, da das alte Verfahren beendet ist. Gleiches gilt, wenn es um die Schlechterfüllung der Pflichten aus einem Vergleich geht. In diesen Fällen kommt der Wurm erst später in den Apfel. So kann man sich das gut merken.

Merke: Der Prozessvergleich spielt auch bei § 767 ZPO eine extrem wichtige Rolle. Lesen Sie *Kaiser/Kaiser/Kaiser* Zwangsvollstreckungsklausur Rn. 11, 24.

3. Teil. Die wichtigsten zivilrechtlichen Nebengebiete

§ 1 Das Familienrecht, §§ 1297 ff. BGB

A. Einstieg

Nur in **Bayern, Baden-Württemberg, Hessen und (selten) auch in Sachsen** spielt das Familienrecht im Assessorexamen eine Rolle. Diesen Referendaren empfehlen wir unseren **Crash-Kurs zur Familienrechtsklausur im Assessorexamen und das dazugehörige spezielle Kursskript**. Um den Rahmen dieses Skriptes nicht zu sprengen, werden im Folgenden nur die unabdingbaren »**Basics**« des Familienrechts aufgezeigt, die Referendare der zuerst genannten Bundesländer ohnehin können müssen und – sozusagen als Starter – vor dem Durcharbeiten unserer Kursinhalte aus dem Crash-Kurs zum Familienrecht oder kurz vor ihren Klausuren als schnellen Check-Up wiederholen sollten. **Für die übrigen Referendare gilt:** Examensrelevant war bislang aus dem Familienrecht nur die Problematik der Arbeitsleistungen für und der unbenannten Zuwendung zugunsten des anderen Ehegatten (bzw. Partner der neLG). Außerdem sollten Sie §§ 1362, 1365, 1369 BGB kennen, sonst können Sie im Familienrecht relativ gefahrlos auf Lücke setzen. Beachten Sie, dass das **FamFG**[396] im Thomas/Putzo kommentiert ist!

93

B. Das Wichtigste in Kürze

I. Probleme zur Eheschließung und zu den allgemeinen Ehewirkungen

Die Voraussetzungen der Eheschließung sind in §§ 1303 ff. BGB, die allgemeinen Ehewirkungen vor allem in §§ 1353 ff. BGB normiert. Aus diesem Bereich sind folgende Themen gerne Examensgegenstand:

Problem: Vergütungsanspruch bei Arbeitsleistungen für den anderen Ehegatten (zB Arbeit im Haus des anderen Partners oder in dessen Betrieb)

Grundsätzlich gilt – Schlagwort bitte merken – für die Zugewinngemeinschaft das sog. **Ausschließlichkeitsprinzip**. Das heißt, neben dem Zugewinnausgleich sollen eigentlich keine anderen Ausgleichregelungen zwischen Ehegatten bei Beendigung der Ehe infrage kommen. Daher ist die Rspr. hier restriktiv. Selbst wenn bei Gütertrennung kein Zugewinnausgleich existiert, ist die Rspr. auch dort sehr zurückhaltend. Welche Ansprüche kommen in Betracht?

- (Konkl.) Arbeits- o. Dienstvertrag möglich, idR aber (–), wg. Näheverhältnis kein RBW.
- **Anspruch aus GbR** (konkludente Ehegatteninnengesellschaft) nach §§ 723, 730 ff., 738 BGB analog[397] möglich, wenn ein gemeinsamer, über die Ehe (»Tisch und Bett«) hinausgehender Zweck verfolgt wird. Nach der restriktiven Rspr. entsprechender RBW idR nur bei Schaffung gemeinsamer erheblicher Vermögenswerte sowie gleichberechtigter Mitarbeit beider Ehegatten zu bejahen. IdR wird dies verneint, Anspruch also (–).
- Anspruch aus §§ 530, 812 I 2 Alt. 1 BGB idR (–), keine Schenkung, da keine Unentgeltlichkeit vorliegt (Leistung erfolgt idR »um der Ehe willen«), zudem keine schenkungstypische Substanzübertragung.
- Anspruch aus GoA idR (–), da die Ehe die sonstige Berechtigung iSv § 677 BGB darstellt; außerdem dürfte ein eigenes Geschäft vorliegen oder zumindest der FGW fehlen.
- Anspruch aus §§ 662, 670 BGB idR (–) mangels RBW, zudem keine auftragstypische Fremdnützigkeit.

---

396 Vgl. zur ersten Einführung *Zimmermann* JuS 2009, 692 ff.
397 Analog deshalb, da die reine Innengesellschaft idR kein eigenes Gesellschaftsvermögen hat, welches nach §§ 730 ff. BGB auseinandergesetzt werden könnte.

- § 812 I 1 Alt. 1 BGB idR (–), da ein »ehebezogenes Geschäft eigener Art« bzw. ein »**familienrechtlicher Vertrag sui generis**« der Rechtsgrund für das Zurverfügungstellen der Arbeitskraft ist.[398] Zudem greift § 814 BGB.
- § 812 I 2 Alt. 1 BGB idR (–), da keine Verpflichtung zur Mitarbeit besteht, die später wegfallen kann.
- § 812 I 2 Alt. 2 BGB idR (–), da idR keine konkrete Zweckvereinbarung bewiesen werden kann.
- Anspruch aus § 1353 I 2 BGB grds. (–), da nach hM keine eigene Anspruchsgrundlage.
- Besonderer familienrechtlicher **Ausgleichsanspruch nach den Regeln von § 313 BGB.**
  - Durch die Scheidung ist die Ehe als Geschäftsgrundlage des familienrechtlichen Vertrags sui generis weggefallen.
  - Der BGH wendet hier die Rspr. an, die er zu den unbenannten Zuwendungen zwischen den Ehegatten entwickelt hat (→ Rn. 95): Wegen des Ausschließlichkeitsprinzips hat der Zugewinnausgleich Vorrang. Nur in »*extremen Ausnahmefällen*« kann ein Ausgleich über § 313 BGB in Betracht kommen. Bei Gütertrennung ist § 313 BGB eher möglich, wird aber nur bei Unzumutbarkeit der Beibehaltung der Vermögenssituation bejaht.

> **Beachte:** Sie dürfen bei der Prüfung der Ausgleichsansprüche für geleistete Mitarbeit zwischen den Ehegatten **auf keinen Fall** schreiben, dass eine **unbenannte Zuwendung** vorliegt! Denn Arbeitsleistungen können nach der Rspr. begrifflich schon nicht als Zuwendung aufgefasst werden, da es sich dabei stets um die Übertragung von Vermögenssubstanz handeln muss. Trotzdem löst die Rspr. diese Fälle nach identischen Regeln wie im Falle einer echten unbenannten Zuwendung, weil Arbeitsleistungen wirtschaftlich betrachtet ebenso eine geldwerte Leistung darstellen wie die Übertragung von Vermögenssubstanz.
>
> An der oben genannten Prüfung können Sie sich auch orientieren, wenn es sich nicht um Ehegatten, sondern um **Lebenspartner oder die Partner einer neLG** handelt, bei der neLG jedoch mit den unter → Rn. 95 geschilderten, vor allem formulierungsmäßigen Besonderheiten.

Problem: Wirkungen des § 1357 BGB (Verpflichtungsermächtigung des handelnden Ehegatten)

- Der andere Ehegatte wird dadurch automatisch mitverpflichtet bzw. mitberechtigt. Dies gilt nur für »Haushaltsgeschäfte« iSd § 1357 I 1 BGB, dh bei Geschäften, die nicht typischerweise nur von beiden Ehegatten zusammen getätigt werden. Hierzu hat sich eine umfangreiche Kasuistik entwickelt, sodass Sie hier ausschließlich mit dem Palandt arbeiten sollten, wenn der Fall unklar ist.
- Der Vertragspartner erhält faktisch einen weiteren Schuldner/Vertragspartner: Ehegatten werden passiv Gesamtschuldner iSd §§ 421 ff. BGB und aktiv Gesamtgläubiger nach § 428 BGB.[399]
- Bei einer Inanspruchnahme durch den Vertragspartner darf der nicht tätig gewordene Ehegatte gem. § 417 BGB analog alle auch seinem Partner zustehenden **Einwendungen** gegen den Anspruch geltend machen und **Gestaltungsrechte** ausüben.[400]
- **§ 1357 BGB wirkt nicht für das dingliche Rechtsgeschäft.** Ein gemeinsamer Rechtserwerb kommt nur nach allgemeinen Grundsätzen in Betracht (zB über eine Stellvertretung auf dinglicher Ebene, vgl. → Rn. 95).
- Die Verpflichtung aus § 1357 BGB **endet nicht automatisch durch eine spätere Trennung.** Für die Zeit nach der Trennung kann sich nach wohl hM eine fortbestehende Mithaftung für neu entstehende Verbindlichkeiten aus vor der Trennung begründeten Dauerschuldverhältnissen verhindern lassen, indem der Gläubiger von der Trennung benachrichtigt wird. Ab dann besteht nämlich für ihn kein schützenswertes Vertrauen mehr.[401]

---

398 BGH NJW 1999, 2962; FamRZ 1994, 1167 ff.; *Jobst* JA 2014, 659 ff. mwN aus der Rspr.
399 LG Heidelberg NJW-RR 2014, 777; Palandt/*Brudermüller* BGB § 1357 Rn. 21 ff.
400 Palandt/*Brudermüller* BGB § 1357 Rn. 22; Argument: Schutzwürdigkeit des Ehegatten.
401 LG Karlsruhe NJW-RR 2013, 1326; LG Oldenburg Urt. v. 5.10.2005 – 5 S 590/04, BeckRS 2005, 31165650.

Beachte: Beachten Sie, dass § 1357 BGB wegen § 8 II LPartG auch für Lebenspartner gilt, nach hM aber nicht auch für die nichteheliche Lebensgemeinschaft (neLG). Generell sollten Sie bei Klausuren, in denen eine eingetragene Lebenspartnerschaft vorkommt, einen Blick in das **LPartG** werfen. Eine **nichteheliche Lebensgemeinschaft** liegt grds. bei der auf Dauer angelegten Verbindung zwischen Mann und Frau zwecks gemeinsamer Lebensführung ohne Trauschein vor (der BGH hat zuletzt in NJW 2008, 443 ff. die Voraussetzung der Geschlechtsverschiedenheit weggelassen, was als Aufgabe dieser Voraussetzung angesehen werden kann).[402] Zur neLG können Sie sich merken, dass nach hM und der Rspr. die Vorschriften des Eherechts und auch des Erbrechts grds. nicht gelten. Dies wird mit dem besonderen Schutzauftrag des Staates aus Art. 6 GG begründet, der den meisten Regelungen des Familienrechts zugrunde liegt.

Problem: Die Eigentumsvermutung des § 1362 BGB

- Diese Vorschrift wird oft in der Zwangsvollstreckungsklausur relevant (idR bei §§ 771, 766 ZPO).[403]
- § 1362 I BGB kann auch bei sachenrechtlichen Klausuren eine Rolle spielen: Wenn ein Ehegatte einen Gegenstand iSv § 1362 I BGB an einen Dritten übereignet, so wird wegen der Vermutung des § 1362 I BGB vom Alleineigentümer erworben. Der Dritte muss sich also nicht tatsächliches (oder wegen § 1006 I BGB vermutetes) Miteigentum des anderen Ehegatten entgegenhalten lassen, es sei denn es liegt eine der Ausnahmen nach § 1362 I 2, II BGB vor. Der andere Ehegatte kann sich aber auf § 1006 II BGB berufen.
- Eine analoge Anwendung von § 739 ZPO und § 1362 BGB auf die neLG wird von der Rspr. abgelehnt.[404]

Problem: Die allgemeinen Wirkungen des Verlöbnisses als Vorstufe der Ehe

- Sollte es in Ihrer Klausur tatsächlich um die Geltung der allgemeinen Vorschriften (zB §§ 116 ff. BGB) oder um Rücktritt, Schadensersatz und Rückforderung bei Scheitern des Verlöbnisses gehen, finden Sie alle relevanten Probleme im Palandt/*Brudermüller* BGB Einf v § 1297 und in der Kommentierung zu § 1301 BGB.

Problem: Deliktischer Schutz der Ehe

- Nur für den räumlich-gegenständlichen Bereich der Ehe ist diese als sonstiges Rechtsgut iSv § 823 I BGB geschützt (Beispiel: Ehebruch in der Ehewohnung). Rechtsfolge ist allerdings nur ein Unterlassungs- und Beseitigungsanspruch analog § 1004 BGB gegen den untreuen Ehegatten und den Dritten. Ein weitergehender deliktischer Schutz wird von der Rspr. grds. abgelehnt (Argument bzgl. untreuen Ehegatten: abschließende Regelung durch das Familienrecht; Argument bzgl. Dritten: Pflicht zur ehelichen Treue bindet Dritten nicht).
- Bei Zahlung von Unterhalt für das nicht gezeugte Kind des anderen Ehegatten kann es ggf. zu einer *cessio legis* der Unterhaltsansprüche kommen, vgl. §§ 1615l III 1, 1607 III BGB (sog. »Scheinvaterregress«). Zusätzlich sind Ansprüche aus Rückgriffskondiktion gegen den leiblichen Vater denkbar. Um diesen Regress durchzusetzen, hat der Scheinvater nach dem **BGH** einen Auskunftsanspruch gegen die Kindsmutter aus § 242 BGB. Das sieht das **BVerfG** wg. des APR der Mutter neuerdings anders. Ein Scheinvater, der seinen Regress durchsetzen will, hat keinen Auskunftsanspruch gegen die Kindesmutter, die ihn moralisch und geldmäßig betrogen hat? Bedenkliche Entscheidung! Dies ist bei **Palandt/***Bruder-**müller* BGB § 1607 Rn. 16 kommentiert.

II. Probleme aus dem ehelichen Güterrecht

Wenn nichts Abweichendes vereinbart oder eine Vereinbarung (zB Ehevertrag, §§ 1408, 1410 **94** BGB) wirksam angefochten worden ist, gelten die Regeln der Zugewinngemeinschaft nach §§ 1363 ff. BGB für die Ehegatten (sog. **gesetzlicher Güterstand**). Die drei wesentlichen Prinzipien der Zugewinngemeinschaft sind die Trennung der Vermögensmassen beider

---

402 Vgl. *von Proff* NJW 2008, 445 f.
403 *Kaiser/Kaiser/Kaiser* Zwangsvollstreckungsklausur Rn. 35 und 77.
404 *Kaiser/Kaiser/Kaiser* Zwangsvollstreckungsklausur Rn. 77 mwN.

Ehegatten, die Verpflichtungs- u. Verfügungsbeschränkungen nach §§ 1365, 1369 BGB (§§ 1423 ff. BGB treffen eine ähnliche Regelung bei Gütergemeinschaft) und der Zugewinnausgleich nach §§ 1372 ff. BGB vor allem nach Beendigung der Ehe. Danach wird übrigens zT in der Mündlichen gefragt.

Zu §§ 1365, 1369 BGB (erstmal bitte die Normen lesen!) sollten Sie Folgendes wissen:

- §§ 1365, 1369 BGB sind **absolute Verfügungsverbote**, die auch bei Gutgläubigkeit nicht überwunden werden können. Sie gelten auch bei Getrenntleben der Ehegatten und **erfassen sowohl das Verpflichtungs- als auch das Verfügungsgeschäft**. Die Zustimmung (und Genehmigung) kann auch konkludent erteilt werden.
- § 1369 BGB erstreckt sich nicht nur auf **Haushaltsgegenstände**, die im Eigentum des verfügenden Ehegatten liegen, sondern (erst recht) auch auf die dem anderen gehörenden Gegenstände. Derartige Verfügungen scheitern aber bei beweglichen Sachen idR schon an § 935 BGB, wenn der andere Ehegatte Mitbesitzer war.
- § 1365 BGB greift auch, wenn nur einzelne Gegenstände veräußert (oder wertausschöpfend mit Grundpfandrechten belastet) werden, die so gut wie das ganze Vermögen ausmachen, dies aber nur, wenn der Vertragspartner von dieser Tatsache im Zeitpunkt des Verpflichtungsgeschäftes Kenntnis hat (**subjektive Einzeltheorie**). Beweislast für die Kenntnis: derjenige, der sich auf die Wirkungen des § 1365 BGB beruft.
- Bei Verstoß gegen §§ 1365, 1369 BGB kann der andere Ehegatte das Geschäft genehmigen oder dies verweigern. Bis dahin ist es schwebend unwirksam, §§ 1366, 1369 III BGB. Eine Zustimmung nur zum Verpflichtungsgeschäft deckt auch die spätere Verfügung und umgekehrt. Verweigert der andere Ehegatte die Genehmigung, kann auch er gem. §§ 1368, 1369 III BGB aus den einschlägigen Anspruchsgrundlagen, insbes. §§ 985, 894, 812 I 1 Alt. 1 BGB, das fremde Recht im eigenen Namen geltend machen und die Zuwendung zurückfordern. (**Revokationsrecht = gesetzliche Prozessstandschaft, also in Zulässigkeit der Klage ansprechen!**). Der Antrag muss idR – wie grds. bei Prozessstandschaften – auf Leistung an den Eigentümer-Ehegatten lauten, ansonsten wäre die Klage unbegründet. Die Zustimmungsverweigerung begründet im Innenverhältnis der Ehegatten grds. keine Schadensersatzpflicht.[405]
- Wird die Unwirksamkeit einer Verfügung nach §§ 1365, 1369 BGB geltend gemacht, kann der Beklagte **kein ZBR** wegen Aufwendungen auf die fremde Sache oder wegen des gezahlten Kaufpreises nach §§ 273, 812 I 1 Alt. 1 BGB geltend machen (Argument: keine Umgehung der §§ 1365, 1369 BGB, Vorrang des Familienschutzes).[406]
- Gestützt auf § 812 I 1 Alt. 1 BGB kann der durch §§ 1365, 1369 BGB benachteiligte Vertragspartner natürlich den gezahlten Kaufpreis vom Empfänger zurückverlangen. Bei einer Täuschung des handelnden Ehegatten über die familienrechtliche Situation steht ihm außerdem ein Schadensersatzanspruch aus § 823 II BGB iVm § 263 StGB, § 826 BGB und §§ 311 II, 241 II, 280 BGB/c.i.c. auf Ersatz des negativen Interesses zu.

Wenn der Güterstand der Ehegatten beendet wird, kann es zu einem Wirksamwerden des nach §§ 1366, 1369 BGB schwebend unwirksamen Geschäfts kommen (sog. **Konvaleszenz**), wenn der Zustimmungsberechtigte stirbt.

Beachte: Das Revokationsverfahren nach § 1368 BGB ist Familiensache, weil es zu den Streitigkeiten aus dem ehelichen Güterrecht zählt, vgl. § 111 Nr. 9 FamFG.

III. Probleme aus dem Scheidungsrecht und den Folgesachen, §§ 1564 ff. BGB

95 Die materiellen Voraussetzungen der Scheidung sind in §§ 1564 ff. BGB aufgeführt, die Verfahrensfragen sind in §§ 113, 124 ff. FamFG geregelt. Die Scheidung wird auf Antrag eines oder beider Ehegatten durch einen Beschluss des Gerichts durchgeführt, wenn die **Ehe gescheitert** ist, § 1565 I 1 BGB (Stichwort: »Zerrüttung«[407]). Dieser (einzige) Scheidungsgrund kann nach §§ 1565, 1566 BGB auf dreifache Art nachgewiesen werden:

---

405 OLG Hamm Beschl. v. 29.9.2011 – II-4 WF 20/11, BeckRS 2011, 25022.
406 Palandt/*Brudermüller* BGB § 1368 Rn. 3.
407 Wenn Sie dazu mal etwas Lustiges lesen wollen: BGH NJW 1967, 1078 f.

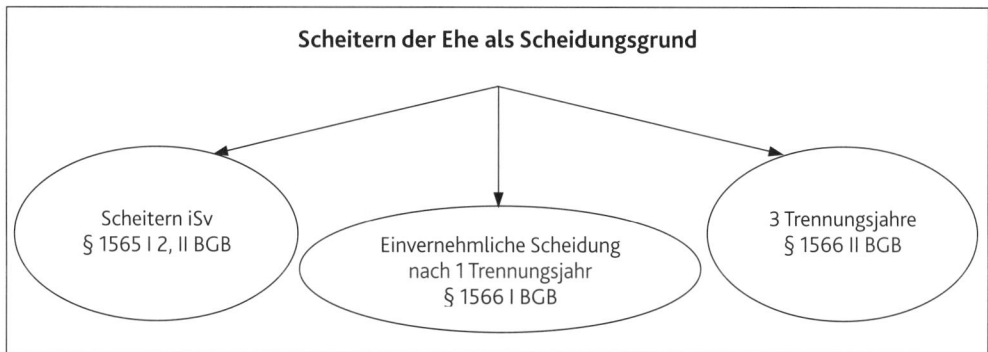

Es reicht, wenn die Voraussetzungen der ein- bzw. dreijährigen Trennung am Schluss der mündlichen Verhandlung vorliegen. Das Getrenntleben ist in § 1567 BGB legaldefiniert, etwaige Klausurprobleme ließen sich hier stets dem Palandt entnehmen. In § 1568 BGB ist eine Härteklausel normiert (Scheidungsverbot).

Beachte: Wenn bei der Eheschließung einer der **Aufhebungsgründe** von § 1314 BGB vorgelegen hat, dann wird die Ehe nicht geschieden, sondern auf Antrag nach §§ 1316 ff. BGB aufgehoben. Achten Sie auf diese terminologische Differenzierung. Das Verfahren der Aufhebung ist in §§ 121 ff. FamFG geregelt.

IdR wird es auf die Prüfung von **§ 1565 I 2, II BGB** hinauslaufen, weil die beiden anderen Scheidungsgründe kaum Klausurprobleme aufwerfen. Wichtig ist, dass die Unzumutbarkeit iSv § 1565 II BGB sich nicht auf die Lebensgemeinschaft bezieht, sondern auf das sog. »Eheband«, dh das »Weiter-miteinander-verheiratet-Sein«.[408]

Für den Zeitraum der Trennung bis zur Rechtskraft der Scheidung hat der bedürftige Ehegatte gegen den anderen Ehegatten einen Anspruch auf **Trennungsunterhalt**, vgl. § 1361 BGB. § 1361 II BGB regelt, inwieweit den bedürftigen Ehegatten eine eigene Erwerbsobliegenheit trifft, die ggf. zum Ausschluss der Bedürftigkeit führt. Zur (komplizierten!) Berechnung der Anspruchshöhe gibt es jede Menge Einzelfall-Rspr. (Palandt bei § 1361 BGB!), zudem gibt es diverse Leitlinien der OLGs und die sog. Düsseldorfer Tabelle, auf die in der Praxis zurückgegriffen wird. Bei zu viel gezahltem Unterhalt ist §§ 1361 IV, 1360b BGB zu beachten.

Besonders praxisrelevant sind die **Folgesachen bei einer Scheidung**:

- Der Zugewinnausgleich nach §§ 1372 ff. BGB,
- der sog. Scheidungsunterhalt nach §§ 1569 ff. BGB (nicht Trennungsunterhalt! wird dieser mit der Scheidung geltend gemacht, wird diesbezüglich idR abgetrennt),
- die Regelung des Versorgungsausgleichs nach § 1587 BGB iVm dem neuen Versorgungsausgleichsgesetz
- die Regelung des Sorge- u. Umgangsrecht bei Kindern nach §§ 1671 ff., 1626 ff., 1684 ff. BGB
- und die Regelung des Unterhaltsanspruches des Kindes (Kindesunterhalt) nach §§ 1601 ff. BGB.

Fragen des Namensrechts sind in § 1355 BGB geregelt. Klausurrelevant davon dürften allerdings – wenn überhaupt – nur der Zugewinnausgleich, Unterhaltsfragen und das Sorge- u. Umgangsrecht sein. Über diese Angelegenheiten ist im Verbund mit der Scheidung zu entscheiden, wenn dies die Parteien beantragen. Nur der Versorgungsausgleich wird auch ohne Antrag durchgeführt, vgl. § 137 FamFG.

Klausurtipp: Oft werden Unterhalts- und Zugewinnansprüche im Wege der **Stufenklage** geltend gemacht, § 254 ZPO. Klausurrelevante Auskunftsansprüche ergeben sich aus §§ 1605, 1580, 1379 BGB. Eine weitere Klausurvariante (vor allem bei Unterhaltsansprüchen) ist der Einstieg über den einstweiligen Rechtsschutz. Die im Familienrecht vorrangigen Regelungen über den einstweiligen Rechtsschutz sind in §§ 49, 246 ff. FamFG enthalten (**einstweilige Anordnung**). Bayerische Referen-

---

408 Palandt/*Brudermüller* BGB § 1565 Rn. 9 ff. mit Beispielen.

dare sollten dazu *Fest* NJW 2012, 428 ff. lesen. Eine weitere Variante könnte das sog. vereinfachte Verfahren nach §§ 249 ff. FamFG sein. Schließlich kann nach **§ 94 SGB XII** auch der Sozialhilfeträger als Kläger auftreten. Diese Vorschrift regelt, dass wenn eine sozialleistungsberechtigte Person für die Zeit, für die Sozialleistungen erbracht werden, einen Unterhaltsanspruch hat, dieser bis zur Höhe der geleisteten Aufwendungen zusammen mit dem unterhaltsrechtlichen Auskunftsanspruch auf den Träger der Sozialhilfe übergeht (*cessio legis*).

Zum **Zugewinnausgleich nach §§ 1372 ff. BGB** sollten Sie Folgendes wissen: Wenn die Ehe durch den Tod eines Ehegatten beendet wird, dann wird der Zugewinn dergestalt ausgeglichen, dass der überlebende Ehegatte nach §§ 1931 III, 1371 I BGB eine höhere Erbquote erhält (sog. erbrechtliche Lösung).[409] Dies gilt nicht, wenn der Ehegatte bereits letztwillig (zB durch ein Berliner Testament) zum Erben gemacht wurde. Wenn die Ehe durch Scheidung oder Aufhebung beendet wird, erfolgt ein schuldrechtlicher Zugewinnausgleich nach §§ 1372 ff. BGB (sog. güterrechtliche Lösung).[410] §§ 1385 f. BGB enthalten Sonderregelungen für den vorzeitigen Zugewinnausgleich bei Getrenntleben. Der Ausgleich des Zugewinns nach §§ 1372 ff. BGB bedeutet, dass der Ehegatte, der während der Ehe mehr als der andere erwirtschaftet hat, die Hälfte dieses mehr erwirtschafteten Betrages (der sog. Zugewinn) an den anderen Ehegatten zahlen muss, vgl. § 1378 BGB. Der Zugewinn ist dabei der Betrag, um den das Endvermögen des Ehegatten sein Anfangsvermögen bei Beginn der Ehe übersteigt, vgl. **§ 1373 BGB**. Die Wertermittlung von Anfangs- u. Endvermögen regelt § 1376 BGB. Sie gehört in der Praxis mit zu den umstrittensten und schwierigsten Aspekten des Zugewinnausgleichs (zB insbesondere die Bewertung von Unternehmen, Freiberuflerpraxen, Grundstücken etc.). Aus diesem Grunde wird in der Klausur idR der Bearbeitervermerk die Werte vorgeben oder es wird sich um einfach gelagerte Sachverhalte handeln.

Beispiel:

- Ehegatte 1: Anfangsvermögen 5.000 EUR, Endvermögen 45.000 EUR = Zugewinn von 40.000 EUR.
- Ehegatte 2: Anfangsvermögen 10.000 EUR, Endvermögen 20.000 EUR = Zugewinn von 10.000 EUR.

Ehegatte 1 hat 30.000 EUR mehr Zugewinn, dh Ausgleichsanspruch von Ehegatte 2 in Höhe der Hälfte der Differenz, also 30.000 : 2 = 15.000 EUR.

Problem: Anfangsvermögen, § 1374 BGB

- Ein negatives Anfangsvermögen ist möglich, vgl. § 1374 III BGB.
- § 1374 II BGB regelt, wann auch **spätere Zuwendungen** nicht dem Endvermögen, sondern dem Anfangsvermögen zuzurechnen sind (Schenkungen Dritter, Erbschaften und Leistungen aus Lebensversicherungen; Schenkungen iSv § 1374 II BGB sind nach neuer Rspr. auch Schenkungen der Schwiegereltern, lesen Sie BGH NJW 2010, 2202 ff. zur konkreten etwas atypischen Berechnung in diesen Fällen). Unter § 1374 II BGB fallen aber nicht Lottogewinne, Schmerzensgelder sowie unentgeltliche u. unbenannte Zuwendungen unter Ehegatten.[411] Eine sich für Bayern, Baden-Württemberg, Hessen und Sachsen als Klausur anbietende Entscheidung ist **BGH NJW 2014, 294 ff.**
- Die Geldentwertung wird dadurch rechnerisch ausgeglichen, dass der Kaufkraftschwund durch einen rechnerischen Faktor erhöht wird.[412]

Problem: Endvermögen, § 1375 BGB

- Der für die Berechnung des Endvermögens maßgebliche Zeitpunkt ist bei Scheidung die Rechtshängigkeit des Scheidungsantrages (§ 1384 BGB), auch wenn es danach noch Vermögensverluste gegeben hat.[413]

---

409 Palandt/*Brüdermüller* BGB § 1371 Rn. 2.
410 Palandt/*Brüdermüller* BGB § 1372 Rn. 1.
411 BGH NJW 2013, 3645 f.; NJW 2011, 72 f.; *Muscheler* FamR Rn. 359 ff.
412 Vgl. zur Berechnung Palandt/*Brudermüller* BGB § 1376 Rn. 25 ff.
413 BGH NJW 2012, 2657 ff. Ggf. Korrektur über § 1381 BGB möglich.

- Von dem Aktivvermögen sind die **Verbindlichkeiten** abzuziehen, sogar ein negatives Endvermögen ist dadurch möglich, vgl. § 1375 I 2 BGB. Schulden der Ehegatten sind bei jedem mit dem Betrag anzusetzen, der im Innenverhältnis auf ihn fällt, egal wer nach außen Schuldner ist.
- Bestimmte, den Ausgleichsanspruch **vereitelnde Vermögensabgänge** (zB einseitig vorgenommene Schenkungen an Dritte innerhalb von 10 Jahren vor Beendigung des Güterstandes) sind nach Maßgabe von § 1375 II BGB dem Endvermögen wieder hinzuzurechnen. Zusätzlich greifen dann §§ 1378 II 2, 1390 BGB.
- Hausrat, der beiden Ehegatten gehört, wird nicht mitgerechnet, da die Verteilung nach § 1568b BGB iVm §§ 200 ff. FamFG Vorrang hat. Zum Hausrat im Alleineigentum eines Ehegatten vgl. BGH NJW 2011, 2289 ff.

Problem: Ausgleichsanspruch, §§ 1378 ff. BGB

- Schwierig ist die Berücksichtigung von Vorausempfängen, insbesondere von **unentgeltlichen Zuwendungen unter Ehegatten**. § 1380 BGB kommt zur Anwendung, wenn der zugewinnausgleichsberechtigte Ehegatte vom ausgleichspflichtigen Ehegatten eine Zuwendung erhalten hat, die nach dem Willen des Zuwendenden auf die spätere Zugewinnausgleichsforderung angerechnet werden soll (vgl. Vermutung in § 1380 I 2 BGB). Auch und gerade unbenannte Zuwendungen sind idR davon erfasst. Das komplizierte Berechnungsverfahren der hM lässt sich wie folgt zusammenfassen:[414] Der Wert der Zuwendung wird beim Zuwendenden dem Zugewinn hinzugefügt. Beim Zuwendungsempfänger wird der Wert der Zuwendung vom Zugewinn abgezogen, auch wenn der Zuwendungsgegenstand nicht mehr in seinem Vermögen vorhanden ist. Auch von der danach verbleibenden Ausgleichsforderung wird der Wert der Zuwendung abgezogen.
- § 1381 BGB gibt dem ausgleichspflichtigen Ehegatten die Einrede der groben Unbilligkeit.
- Der nachträglichen Geltendmachung einer im Zugewinnverfahren »vergessenen« Einzelforderung kann ggf. § 242 BGB entgegenstehen.[415]

Der **Scheidungsunterhalt** ist in §§ 1569 ff. BGB geregelt. Da die Ehe bereits geschieden ist, wird hier der Solidargedanke vom Grundsatz der Eigenverantwortlichkeit verdrängt.[416] Maßstab für die Anspruchshöhe sind die ehelichen Lebensverhältnisse bis zur Rechtskraft der Scheidung. In der Praxis wird sich an die Düsseldorfer Tabelle in der Ausprägung des jeweiligen Oberlandesgerichts (Leitlinien der OLGs) gehalten, vgl. der dortige Abschnitt B. § 1577 BGB regelt die Bedürftigkeit des Unterhaltsberechtigten, § 1581 BGB die Leistungsfähigkeit des Verpflichteten. Beachten Sie die Besonderheit des § 1585b BGB, der den Scheidungsunterhalt für die Vergangenheit ausschließt (in §§ 1361 IV 4, 1360a III, 1613 I BGB ist eine ähnliche Regelung für den Trennungsunterhalt enthalten), wenn der Schuldner nicht in Verzug gesetzt oder der Anspruch rechtshängig gemacht wurde.

Der **Kindesunterhalt** ist in §§ 1601 ff. BGB (Regeln über den Verwandtenunterhalt) geregelt, die Praxis orientiert sich idR an der Düsseldorfer Tabelle in der Ausprägung des jeweiligen Oberlandesgerichts (Leitlinien der OLGs). Beide Elternteile haften idR anteilig oder nur ein Elternteil allein, § 1606 III 1, 2 BGB. Zahlt ein Elternteil den Unterhalt des anderen Elternteils mit, so entsteht im Innenverhältnis ein Ausgleichsanspruch *sui generis* (sog. familienrechtlicher Ausgleichsanspruch).[417] **Die vom Familienrecht betroffenen Referendare** lesen hierzu **BGH NJW 2015, 3434!**

> **Klausurtipp:** Üblicherweise wird der Anspruch des minderjährigen Kindes durch das klagende (iSv § 1606 III 2 BGB betreuende) Elternteil in gesetzlicher Prozessstandschaft nach § 1629 III BGB mit geltend gemacht.

Die **elterliche Sorge** (Personensorge und Vermögenssorge) für ein Kind bleibt auch nach der Trennung/Scheidung grds. in den Händen beider Eltern, vgl. §§ 1626 I ff., 1671 BGB. Die

---

414 Palandt/*Brudermüller* BGB § 1380 Rn. 9 ff.; *Muscheler* FamR Rn. 365.
415 BGH NJW 2009, 1343 ff.
416 *Muscheler* FamR Rn. 410 ff.
417 Palandt/*Brudermüller* BGB § 1606 Rn. 18.

Modalitäten der Ausübung regelt in diesen Fällen § 1687 BGB. § 1671 BGB normiert die Voraussetzungen, unter denen einem Elternteil die alleinige Sorge übertragen werden kann (Zustimmung beider Ehegatten oder Kindeswohlprinzip). Stellt ein Ehegatte diesen Antrag, dann muss eine Entscheidung über das Sorgerecht im Verbund mit der Scheidung erfolgen, sonst nicht. Auch das **Umgangsrecht** bleibt nach der Trennung/Scheidung bei beiden Elternteilen, vgl. § 1684 BGB. § 1684 III BGB regelt die Voraussetzungen der Beschränkung/Regelung des Umgangsrechts durch das Familiengericht (nur wenn eine solche Regelung durch das Gericht gewollt ist, wird im Verbund entschieden). Weil Prüfer manchmal komische Sachen prüfen: Für die Zuweisung von gemeinsamen Haustieren nach der Trennung/Scheidung gelten §§ 1361a II, 1568b BGB (»*Billigkeit*«), die Regelungen über das Umgangsrecht mit dem Kind können aber nicht entsprechend angewendet werden. Und: Die Mutter muss dem Samenspender nach § 1686 BGB Auskunft über das gemeinsame Kind erteilen. Zudem kann ein Kind, das durch eine künstliche heterologe Insemination gezeugt wurde, grds. von der Reproduktionsklinik aus § 242 BGB Auskunft über die Identität des anonymen Samenspenders verlangen.[418]

Nach einer vollzogenen Scheidung (jedoch vor dem Zugewinnausgleich durch Richterspruch) ergibt sich das Problem des **Ausgleichs von sog. unbenannten Zuwendungen**. Dies sind solche Vermögensübertragungen, die als Beitrag eines Ehegatten zur Verwirklichung und der Ausgestaltung der ehelichen Lebensgemeinschaft (»um der Ehe willen«) getätigt werden, wobei der Zuwendende die Vorstellung hegt, dass die eheliche Lebensgemeinschaft Bestand habe und er innerhalb dieser Gemeinschaft am Vermögenswert und dessen Früchten weiter teilhaben werde. Die Zuwendung eines Vermögenswerts, die der Absicherung des anderen Partners für den Fall dienen soll, dass der Zuwendende während des Bestands der Lebensgemeinschaft verstirbt, ist ebenfalls idR eine unbenannte Zuwendung.[419] Hinter der unten geschilderten Rspr. steckt der Wille, dass derartige Zuwendungen zwischen den Ehegatten **grds. nicht auszugleichen sind**. Beachten Sie, dass derartige Streitigkeiten – anders als bei der neLG – bei Ehegatten/Verlobten/Lebenspartnerschaften grds. Familiensachen sind, vgl. §§ 266 ff., 111 ff. FamFG.

> **Merke:** Wo steht das alles im Palandt? Für Ehegatten bei § 313 BGB und § 1372 BGB und für die neLG in der Einleitung zu § 1297 BGB!

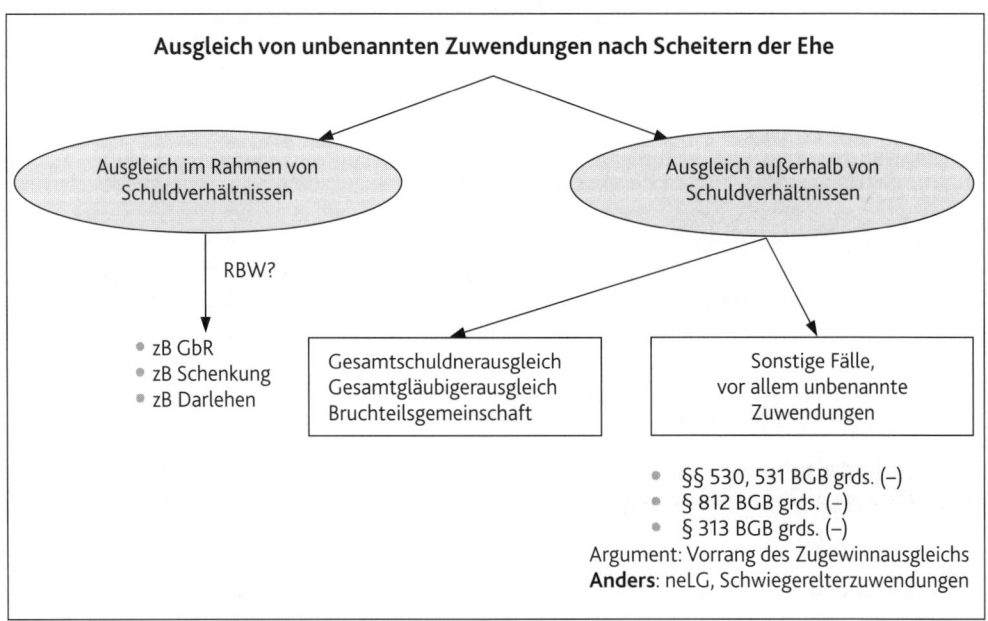

Ausgleich von unbenannten Zuwendungen nach Scheitern der Ehe

Ausgleich im Rahmen von Schuldverhältnissen

RBW?

- zB GbR
- zB Schenkung
- zB Darlehen

Ausgleich außerhalb von Schuldverhältnissen

Gesamtschuldnerausgleich
Gesamtgläubigerausgleich
Bruchteilsgemeinschaft

Sonstige Fälle,
vor allem unbenannte
Zuwendungen

- §§ 530, 531 BGB grds. (–)
- § 812 BGB grds. (–)
- § 313 BGB grds. (–)

Argument: Vorrang des Zugewinnausgleichs
Anders: neLG, Schwiegerelterzuwendungen

---

418 OLG Hamm MDR 2014, 838 f. und 2011, 104 f.; BGH JA 2015, 462 ff.
419 BGH NJW 2014, 2638 ff.

Problem: Mögliche Ausgleichsansprüche nach Scheitern der Ehe bei Zugewinngemeinschaft

- Ein Anspruch aus **Vertrag** ist möglich, idR fehlt aber aufgrund des Näheverhältnisses der RBW.

- Ein **Anspruch aus GbR** (konkludente Ehegatteninnengesellschaft) nach §§ 723, 730 ff., 738 BGB analog ist möglich, wenn mit der Zuwendung ein über die Ehe hinausgehender Zweck verfolgt wurde. Hier gilt grds. das bereits unter → Rn. 93 zur Mitarbeit im ehelichen Betrieb Gesagte, also: Anspruch idR (–) mangels RBW.

- Aus **GoA** idR (–), da Ehe = »sonstige Berechtigung« iSv § 677 BGB; außerdem dürfte oft ein eigenes Geschäft vorliegen oder zumindest der FGW fehlen. Nach der Trennung sind Ansprüche aus GoA aber möglich.

- Ein Ausgleichsanspruch aus **§ 426 I BGB** kommt in Betracht, wenn ein Ehegatte zB die gemeinsame Miete allein zahlt oder den gemeinsam aufgenommenen Kredit an die Bank allein zurückführt.
  - Anspruch aber (–) bei Zahlungen während des Zusammenlebens, da durch die Ehe idR »etwas anderes bestimmt« ist iSv § 426 I 1 BGB.
  - Anders ist dies für Zahlungen auf nach dem Scheitern/der Trennung (nicht erst nach Scheidung!) fällig gewordene Ansprüche, da dann das Gegenseitigkeitsverhältnis der Ehegatten nicht mehr besteht und der Ausgleichsanspruch wieder auflebt. Aus Wertungsgesichtspunkten kann aber auch hier ein Ausgleich entfallen (zB Kredit wurde nur von demjenigen, der ihn zurückgezahlt hat, genutzt).[420]
  - Wenn keine Gesamtschuldnerschaft vorliegt (zB Kredit wurde nur von einem Ehepartner aufgenommen), dann sind etwaige Ausgleichsansprüche (zB aus GoA, auch § 426 I BGBG analog möglich bei konkludenter Innen-Gesamtschuldnerabrede) für Zahlungen während des Zusammenlebens ebenfalls idR ausgeschlossen, danach aber möglich.[421]

- Ein Ausgleichsanspruch aus **Gesamtgläubigerschaft nach §§ 428, 430 BGB** ist vor allem anerkannt, wenn bei sog. **Oder-Konten** ein Ehegatte nach dem Scheitern/der Trennung mehr abhebt als ihm eigentlich zusteht. Den Ausgleich beim Einzelkonto nur eines Ehegatten, auf welches beide Einzahlungen vornehmen, regelt der BGH über §§ 741, 742, 749 BGB, wenn nach dem Willen der Parteien die Ersparnisse beiden zugute kommen sollen.[422]

- Bei **Stellung von Sicherheiten** (zB Hypothek, Grundschuld, Schuldbeitritt) für Schulden des Ehepartners wird von der Rspr. im Innenverhältnis der Ehegatten idR Auftragsrecht angewendet. Die Rückforderung stellt die Kündigung iSd § 671 II, III BGB dar, sodass der Ehegatte nach §§ 670, 257 BGB Freistellung verlangen kann.[423] Dieser Anspruch unterliegt jedoch Einschränkungen, die sich als Nachwirkung der Ehe sowie nach Treu und Glauben ergeben (zB statt sofortige Freistellung als »Minus« Tilgungsplan).

- §§ 530, 812 I 2 Alt. 1 BGB (–), **unbenannte Zuwendungen unter Ehegatten sind keine Schenkung**, da keine Unentgeltlichkeit vorliegt (Leistung erfolgt »um der Ehe willen«).

- Ein Anspruch aus § 812 I 1 Alt. 1 BGB wird ebenfalls verneint, da das »ehebezogene Geschäft eigener Art« bzw. der **»familienrechtliche Vertrag sui generis«** als Rechtsgrund angesehen wird.[424] Zudem greift § 814 BGB.

- § 812 I 2 Alt. 1 BGB (–): Der familienrechtliche Vertrag sui generis ist nicht auflösend bedingt und fällt nach der Trennung/Scheidung nicht für die Vergangenheit weg.[425] Außerdem ist der Zugewinnausgleich vorrangig.

- § 812 I 2 Alt. 2 BGB (–): Fortbestand der Ehe nur einseitiges Motiv, zudem Zugewinnausgleich vorrangig.

- **§ 313 BGB** ist anwendbar, da durch die Trennung bzw. Scheidung die Ehe als Geschäftsgrundlage des familienrechtlichen Vertrags sui generis weggefallen ist. Trotzdem wird § 313

420 Palandt/*Grüneberg* BGB § 426 Rn. 10 ff. Bei Ausgleichsansprüchen bzgl. der **Ehewohnung** ist das Verhältnis § 745 zu § 1361b BGB umstritten, hier arbeiten Sie bitte mit der Kommentierung im Palandt bei BGB § 1361b Rn. 20 mwN.
421 BGH MDR 2015, 515 f.; NJW 1981, 1502 f.; OLG Hamm NJOZ 2013, 1962 ff.
422 BGH NJW 2002, 3702 f.
423 Palandt/*Brudermüller* BGB § 1372 Rn. 10; BGH MDR 2015, 466 ff.
424 Palandt/*Grüneberg* BGB § 313 Rn. 50 mwN; *Halfmeier* JA 2008, 97 ff.
425 MüKoBGB/*Lieb* § 812 Rn. 192 mwN; OLG Nürnberg JuS 2006, 849 ff.

BGB idR wg. des **Vorrangs des Zugewinnausgleichs (Ausschließlichkeitsprinzip)** verneint. Dies soll nach der Rspr. nur anders sein, wenn durch besondere Umstände die güterrechtliche Lösung nicht tragbar wäre (*»extremer Ausnahmefall«*?). Diese Voraussetzungen sollten Sie nur restriktiv bejahen. Wenn zwischen den Ehegatten **Gütertrennung** vereinbart wurde und der Zugewinnausgleich daher ausscheidet, ist ein Ausgleich über § 313 BGB eher möglich. § 313 BGB greift dennoch nur dann, wenn die Beibehaltung der Zuwendung unzumutbar ist.[426] Ist § 313 BGB anwendbar, dann richtet sich die Höhe des Anspruches nach den Umständen des Einzelfalls (Umfang der Zuwendung, Dauer der Ehe, noch vorhandene Vermögensmehrung beim Schuldner, Vermögensverhältnisse der Parteien etc.).

> **Beachte:** Die oben dargestellten Grundsätze gelten nur für unbenannte Zuwendungen! **So kann eine Vermögensübertragung zwischen Eheleuten auch eine Schenkung nach §§ 516 ff. BGB darstellen**, wenn gerade keine ehebezogene Zuwendung vorliegt[427] oder die Eheleute können auch einen Vertrag schließen (wenn RBW zu bejahen ist). Gleiches gilt natürlich für die Lebenspartnerschaft und die neLG.

Auch bei Vermögensverschiebungen zwischen Partnern einer **Lebenspartnerschaft** nach dem LPartG gilt der Vorrang der Zugewinngemeinschaft, § 6 LPartG.

Zuwendungen der Schwiegereltern, die um der Ehe ihres Kindes Willen ohne Gegenleistung **an das Schwiegerkind** erfolgen, sind nach neuer Rspr. keine nicht rückforderbare unbenannte Zuwendung, sondern – falls zB ein Darlehen nicht vorliegt – eine Schenkung.[428] Erfolgt diese Schenkung unter der für das Schwiegerkind erkennbaren Vorstellung, dass die Ehe fortbesteht und daher die Schenkung auch dem eigenen Kind dauerhaft zugutekommt, kann das Scheitern der Ehe über **§ 313 BGB** (ein Fall von § 530 BGB liegt idR nicht vor) bei Unzumutbarkeit zu einer Rückabwicklung der Schenkung führen. Der Vorrang der güterrechtlichen Abwicklung spielt keine Rolle, da das Güterrecht nur das Verhältnis zwischen den Eheleuten betrifft. Auch bzw. alternativ ist die *condictio ob rem* möglich, jedoch ist eine entsprechende Zweckvereinbarung vielfach nicht beweisbar.

> **Klausurtipp:** In einigen immer wieder gestellten Examensklausuren geht es um die auf das Alleineigentum (§ 985 BGB!) gestützte **Herausgabe** von während der Ehe/der neLG **gemeinsam angeschafften beweglichen (idR Hausrats-)Gegenständen**, wo aber nur ein Partner den Gegenstand abgeholt und ihn dann in die gemeinsame Wohnung gebracht hat. Nach der Trennung verlangt der Anspruchsteller »seinen« Gegenstand heraus. Problematisch ist dann oft, an wen der Gegenstand durch den Verkäufer übereignet wurde, was von dem Willen der Parteien abhängt. Bei entsprechender Vertretungsmacht und Vertretungswillen des Anschaffenden kann der andere Partner Alleinoder Miteigentum über die »Übereignung an den, den es angeht« erwerben (→ Rn. 6). Auf den Willen kann häufig nur über Indizien geschlossen werden (zB Eintragung als Erwerber im Kaufvertrag, Eintragung im Kfz-Brief/Schein, Finanzierung u. Nutzung des Gegenstandes). Ist ein Wille des Anschaffenden nicht ermittelbar, so gilt für Ehegatten bei Hausrat idR die Miteigentumsvermutung beider Ehegatten,[429] bei der neLG dagegen in erster Linie die Vermutung des Alleineigentums desjenigen, der den Gegenstand anschafft (umstr.).[430] Bei Ehegatten gelten für die Verteilung von Hausrat vorrangig §§ 1361a, 1568a f. BGB, §§ 200 ff. FamFG.

---

426 BGH NJW 2012, 3374 ff.; OLG Bremen NJW-RR 2008, 1457 f.

427 **Eine Schenkung liegt vor, wenn** die Zuwendung unentgeltlich im Sinne echter Freigiebigkeit erfolgt und nicht an die Erwartung des Fortbestehens der Ehe geknüpft, sondern zur freien Verfügung des Empfängers geleistet wird.

428 BGH MDR 2015, 219 ff.; Palandt/*Grüneberg* BGB § 313 Rn. 53 mwN. Die Verjährung des Rückforderungsanspruches richtet sich bei Grundstücksschenkungen nach neuer Rspr. an § 196 BGB (Kenntnis des Scheiterns der Ehe plus 10 Jahre!).

429 BGH NJW 1991, 2283 ff.; OLG München NJW 1972, 542; Palandt/*Bassenge* BGB § 929 Rn. 6. Dann gelten §§ 741 ff., 749 ff. BGB!

430 Palandt/*Brudermüller* BGB Einl v § 1297 Rn. 20; nach aA auch hier idR Miteigentum.

Problem: Ausgleichsanspruch nach Scheitern der Verlobung

- Zunächst prüfen Sie §§ 1298 ff. BGB, klausurrelevant sind insbesondere § 1298 und § 1301 BGB.
- Ansonsten gilt die zum Ausgleich nach Scheitern der Ehe dargestellte Prüfung der Anspruchsgrundlagen ebenfalls. Der Zuwendung während der Verlobungszeit liegt dann ein **stillschweigender Kooperationsvertrag** zwischen den Verlobten zugrunde (entspricht dem »ehebezogene Geschäft eigener Art« bei der Ehe).[431] Durch die Auflösung der Verlobung fällt die zukünftige Ehe als Geschäftsgrundlage dieses Kooperationsvertrags weg, sodass § 313 BGB eingreifen kann. Der Zugewinnausgleich sperrt nicht, da es bei Verlobten keinen gibt.

Problem: Ausgleichsanspruch unbenannter Zuwendungen nach dem Scheitern einer neLG

- Hier ist – soweit es um Beiträge zur Aufrechterhaltung der Gemeinschaft (= unbenannte Zuwendungen) geht – grds. wie bei der Ehe davon auszugehen, dass derartige Leistungen nicht gegeneinander aufgerechnet bzw. vergütet werden. Daher werden von der Rspr. auch hier die **oben** zum Ausgleichsanspruch nach Scheitern der Ehe **dargestellten Anspruchsgrundlagen** mit praktisch identischen Erwägungen **geprüft und idR abgelehnt.**
- Durch die Auflösung der neLG fällt die gemeinsame Lebensgemeinschaft als Geschäftsgrundlage der neLG weg, sodass jedoch **§ 313 BGB** eingreifen könnte. Nachdem der BGH bislang einen Ausgleich nach § 313 BGB strikt abgelehnt hatte (Argument: persönliche Beziehungen stehen derart im Vordergrund, dass sie auch das die Gemeinschaft betreffende vermögensmäßige Handeln der Partner bestimmen, daher keine Rechtsgemeinschaft), hat sich die **Rspr. mittlerweile geändert:** Ansprüche aus *condictio ob rem* und aus § 313 BGB kommen bei Zuwendungen in Betracht, die **deutlich über »das übliche Maß«, dh über das hinausgehen, »was das tägliche Zusammenleben erst ermöglicht«.** Für die *condictio ob rem* ist dann der Beweis einer konkreten Zweckvereinbarung über das bloße Zusammenleben hinaus erforderlich (idR nicht zu beweisen!), für § 313 BGB die Unzumutbarkeit der Beibehaltung der Vermögenslage.[432] Dies gilt nach der Rspr. sowohl für unbenannte Zuwendungen als auch für die eigene Arbeitsleistung um der neLG Willen. Mit dem Tod des Zuwendenden können Ausgleichsansprüche (durch die Erben) aus § 313 BGB oder § 812 BGB allerdings nicht begründet werden, denn die Lebensgemeinschaft (gilt für neLG und Ehe!) ist dann nicht gescheitert, sondern hat mit dem Tod ihr natürliches Ende gefunden.[433] Der Zweck einer lebenslangen Teilhabe ist erfüllt.

---

431 OLG Hamm FamRZ 1983, 494; BGHZ 115, 261 ff.

432 BGH NJW 2013, 2187 ff. mwN. Wenn eine *condictio ob rem* bejaht wird, dürfte allerdings § 313 BGB ausscheiden. Denn wenn der weggefallene Zweck vereinbart ist, kann er nicht gleichzeitig Geschäftsgrundlage sein, so *Henke/Keßler* JuS 2011, 583 ff.

433 BGH NJW 2013, 2025 ff.; 2010, 998 ff. Schöne Übungsklausur dazu von *Jobst* JA 2014, 659 ff.

§ 2 Das Erbrecht, §§ 1922 ff. BGB

A. Einstieg

96 Auch hier gilt Ähnliches wie zum Familienrecht: **Reine Erbrechtsklausuren kommen praktisch nur in Bayern, ab und zu in Baden-Württemberg und vereinzelt in Sachsen vor.** In den übrigen Bundesländern gehört das Erbrecht zwar zum Prüfungsstoff, Erbrechtsklausuren sind – nimmt man die letzten Jahre Ringtausch der LJPAs als Maßstab – dennoch selten. Wie sorgfältig Sie die nachfolgenden Ausführungen zum Erbrecht durcharbeiten, hängt also davon ab, wo Sie Ihr Examen schreiben und wie groß Ihr Mut zur Lücke ist. Im Übrigen gilt hier: Für Erbrecht muss man kein Einstein sein! Es ist im BGB sehr umfangreich geregelt und es lassen sich viele Klausurfragen durch einfache Subsumtion unter die korrekten Normen lösen, ohne auf irgendwelche Rspr.-Grundsätze zurückgreifen zu müssen, die man sich vorher umständlich eingeprägt hat. Das ist anders als im Schuldrecht! Für die Bayern, Baden-Württemberger und Sachsen **empfehlen wir unseren Crash-Kurs zur erbrechtlichen Klausur im Assessorexamen** und das **kursbegleitende Spezialskript**.

B. Das Wichtigste in Kürze

I. Gesetzliche Erbfolge, gewillkürte Erbfolge und »Basics« zum Testament

97 Die **gewillkürte Erbfolge** hat **Vorrang** vor der gesetzlichen, § 1937 BGB. Nur wenn der Erblasser seine erbrechtliche Nachfolge nicht, nicht vollständig oder nicht wirksam geregelt hat, greift die gesetzliche Erbfolge ein. Da ist juristisches Standardwissen. Falls es bei Ihnen nach hinten gerutscht ist, jetzt eine kleine Wiederholung:

> **Prüfungsschritte bzgl. der Erbfolge**
>
> 1. **Wirksame gewillkürte Erbfolge**
>   - Auslegung der letztwilligen Verfügung: Was hat Erblasser gemeint/verfügt?
>   - Wirksamkeit der (ggf. ausgelegten) letztwilligen Verfügung prüfen
>   - zB Testament: §§ 2229 ff., 2064 f., 2247 BGB
>   - zB Gemeinschaftliches Testament: §§ 2265 ff. BGB
>   - zB Erbvertrag: §§ 1941, 2274 ff. BGB
>   - Keine Anfechtung oder Widerruf, §§ 2253 ff., 2078 ff., 2290 ff., 2281 ff. BGB
>   - Keine Ausschlagung, §§ 1943 ff. BGB
> 2. **Gesetzliche Erbfolge**
>   - §§ 1924 ff. BGB: Erbfolge nach Ordnungen, ggf. zusätzlich Ehegatte nach § 1931 BGB

Bei der **gesetzlichen Erbfolge** erben grds. die Verwandten des Erblassers, jeweils aber differenziert nach dem Grad der Verwandtschaft, §§ 1924 ff. BGB. Dabei schließen die Verwandten der vorhergehenden Ordnung (dh die näheren Verwandten) die Verwandten der späteren Ordnung (dh die entfernteren Verwandten) von der Erbfolge aus (1. Ordnung schlägt 2. Ordnung, 2. Ordnung schlägt 3. Ordnung etc.). Die Ordnungen sind in §§ 1924 ff. BGB geregelt (dann Blick ins Gesetz!). Ist der Erblasser verheiratet, tritt neben das gesetzliche Verwandtenerbrecht das **Erbrecht des Ehegatten**, § 1931 BGB. Dessen gesetzlicher Erbteil ist davon abhängig, neben wem er Erbe ist. Sein Erbteil kann sich je nach Güterstand der Ehegatten nochmals erhöhen, vgl. § 1931 IV, III iVm § 1371 BGB. Das gesetzliche Ehegattenerbrecht ist unter den Voraussetzungen des § 1933 BGB ausgeschlossen.[434] Beachten Sie dann auch die Regelung in § 2077 BGB bei letztwilligen Verfügungen.

---

434 Achtung: Hier könnte über § 1933 BGB eine Inzidentprüfung der Voraussetzungen einer Scheidung nach §§ 1565 ff. BGB erfolgen!

Klausurtipp: Ein von den LJPAs gern in Klausuren eingebauter Vortrag ist, dass die **Erbenstellung ja bereits durch den erteilten Erbschein feststehe**. Ist das so? Erst nachdenken, dann Fußnote lesen![435]

Beachte: Das Erbrecht des Lebenspartners ist über **§§ 6 ff. LPartG** im Wesentlichen dem Erbrecht des Ehegatten gleichgestellt worden. Dies gilt nach hM aber **nicht für den Partner einer neLG**. Auf diesen ist nur § 1969 BGB anwendbar, sonst muss er letztwillig als Erbe eingesetzt werden.

Wie kann das alles in Klausuren vorkommen? Einstieg ist oft die **Feststellungsklage** hinsichtlich der Erbenstellung nach § 256 ZPO (Erbscheinsverfahren nicht vorrangig, weil dort über Erbrecht nicht rechtskräftig entschieden wird, s. oben; das ist ein **beliebtes Schmankerl in Klausuren!**), eine **Stufenklage** nach §§ 2018 ff. BGB iVm § 254 ZPO oder **Herausgabeklage** des Erben nach §§ 1922, 985 BGB bei einzelnen Gegenständen. Inzident geht es dann immer um die Frage, wer nun Erbe ist. Denken Sie in der Zulässigkeit der Klage an **§ 27 ZPO** (lesen!).

Bevor geprüft werden kann, ob ein Testament wirksam ist und wie es ggf. beseitigt werden kann, sollten die im Testament getroffenen letztwilligen Verfügungen inhaltlich ausgelegt werden (**Auslegung vor Angriff**).

Problem: Grundsätze zur Auslegung einer letztwilligen Verfügung

- Nach § 133 BGB ist grds. **nur der Erblasserwille** relevant und nicht der objektive Empfängerhorizont (Hintergrund: im Erbrecht zählt der Erblasserwille, nicht Vertrauensschutz des Rechtsverkehrs).
- Nach dem BGH ist der wirkliche (oder subsidiär der mutmaßliche) Wille des Erblassers anhand der von ihm gewählten Worte und **auch anhand sämtlicher sonstiger Umstände** zu erforschen. Daher können auch sonstige Schreiben oder Äußerungen des Erblassers oder sein Sprachgebrauch wichtig werden (hilfreiche Beispiele im Palandt bei § 2084 BGB!). Das durch Auslegung Ermittelte muss dabei stets zumindest ansatzweise/zwischen den Zeilen in der Verfügung angedeutet sein (sog. **Andeutungstheorie** der Rspr. als Grenze der Auslegungsmöglichkeit).[436]
- Wenn der Text eines Testaments in der Form eines Konditionalsatzes auf die Umstände der Errichtung Bezug nimmt (»**sollte ich bei der Gallenoperation sterben …**«) und der Erblasser später trotz geänderter Umstände nicht widerruft bzw. neu testiert, wird dies idR so ausgelegt, dass das Testament nicht bedingt ist, sondern der Erblasser nur den Anlass der Testamentserrichtung ausdrücken wollte. Dazu gibt es viele Entscheidungen!
- Führt die individuelle Auslegung der letztwilligen Verfügung zu keinem Ergebnis, können die speziellen gesetzlichen Auslegungsregeln der §§ 2087, 2077, 2066 ff. BGB herangezogen werden. Beachten Sie hierbei insbes. **§ 2087 I, II BGB**, der die Frage der Erbeinsetzung zum Gegenstand hat, wenn der Bedachte lediglich einzelne Gegenstände zugewendet bekommen hat. Gerade bei Testamenten juristischer Laien wird entgegen dem Wortlaut von § 2087 II BGB in der Zuwendung von Einzelgegenständen aber aufgrund individueller Auslegung des Testaments nicht selten eine Erbeinsetzung zu sehen sein. Jedoch kommt es stets auf den Einzelfall an, insbesondere auf den Willen des Erblassers und das Werteverhältnis der zugewendeten Gegenstände.
- Ist der Wille nicht hinreichend bestimmt und per Auslegung zu ermitteln, ist die Verfügung unwirksam.

Problem: Welche Anordnung hat der Erblasser mit der letztwilligen Verfügung getroffen?

- Enterbung, **§ 1938 BGB** (dann nur Pflichtteil), oder Enterbung plus Pflichtteilsentzug, **§ 2333 BGB**.
- Bestimmung von Ersatzerben, §§ 2096 ff. BGB

---

435 Natürlich nicht. Entscheidungen im Erbscheinsverfahren haben keine Rechtskraft bzgl. der Erbenfeststellung, was sich bereits aus § 2361 BGB ergibt (ein falscher Erbschein kann eingezogen werden). Auch die öff. Urkundsbeweisregeln nach §§ 415 ff. ZPO gelten hier nicht, da der Erbschein keine von einer Behörde abgegebene Erklärung enthält. **Vor allem in Bayern kommt diese Thematik in schöner Regelmäßigkeit!**

436 BGH NJW 1985, 1555; OLG Düsseldorf MDR 2012, 231 f.

- Anordnung von **Vor- und Nacherbenschaft**, §§ 2100 ff. BGB (beide sind Rechtsnachfolger des Erblassers und zwar hintereinander, hier sind vor allem die Verfügungsbeschränkungen des Vorerben nach §§ 2112 ff. BGB wichtig)
- Einsetzung als **Vollerbe und Schlusserbe** (hier werden die Kinder bzgl. des Vorversterbenden enterbt)
- **Vermächtnis**, §§ 1939, 2147 ff. BGB: Vermächtnisnehmer erhält in einem Testament gegen den Beschwerten/Erben einen schuldrechtlichen Anspruch aus §§ 2147, 2174 BGB.
  - Die Kenntnis des **Abgrenzungsklassikers Vermächtnis – Erbeneinsetzung** ist ein »Muss«. Dieses Problem stellt sich vor allem, wenn der Bedachte nur bestimmte Gegenstände erhalten soll (s. oben).
  - Die Abgrenzung erfolgt durch die oben geschilderte Auslegung der letztwilligen Verfügung: Soll der Bedachte unmittelbar Rechte am Gesamtnachlass (Aktiva und Passiva?) haben oder nur einen schuldrechtlichen Anspruch gegen den beschwerten Erben? Wie ist das Wertverhältnis der Zuwendung im Verhältnis zum Gesamtnachlass? Welche sonstigen Umstände lassen auf einen entsprechenden aus der Urkunde hervorgehenden **Willen der Erbeinsetzung** schließen? Lesen Sie einmal in Ruhe die für das Vermächtnis relevanten Vorschriften §§ 2074, 2075, 2147 ff. BGB (vor allem §§ 2169, 2170 BGB). Hat die Auslegung ergeben, dass ein Vermächtnis vorliegt, so ergab sich die Lösung weiterer Klausurprobleme in aller Regel aus der Lektüre des Gesetzes. Kein Sonderwissen!
- **Auflage**, §§ 1940, 2192 ff. BGB (Beschwerter/Erbe wird verpflichtet, an einen Dritten zu leisten, zB Erbe soll monatlich 10 EUR an das Tierheim zahlen; der Dritte hat kein eigenes Forderungsrecht)
- **Teilungsanordnung**, § 2048 BGB (Bestimmung, wie der Nachlass zwischen den Erben iRd Miterbenauseinandersetzung nach §§ 2042 ff. BGB aufgeteilt werden soll). Die zugewiesenen Gegenstände werden dabei auf die Erbquote angerechnet. Der Miterbe hat bei einer überquotalen Teilungsanordnung zu seinen Gunsten den Mehrwert durch Zahlung an die Miterben auszugleichen. In Klausuren ist dann fast immer eine **Abgrenzung zum Vorausvermächtnis** nach § 2150 BGB (einklagbarer schuldrechtlicher Individualanspruch des Erben) nötig: Hier findet keine Anrechnung statt, den Gegenstand des Vorausvermächtnis erhält der Empfänger vorab zusätzlich zur Erbquote, ohne dass eine Ausgleichspflicht besteht. Wie immer ist durch Auslegung der Wille des Verfügenden zu ermitteln (bei einseitigem Begünstigungswillen zugunsten des Erben: eher Vorausvermächtnis; bei Wille zur gleichmäßigen Behandlung der Erben: eher Teilungsanordnung). Beachte: Egal ob Teilungsanordnung oder Vorausvermächtnis vorliegt, der Gegenstand ist in beiden Fällen bis zur Auseinandersetzung bzw. Erfüllung Teil des Nachlasses.
- Anordnung der **Testamentsvollstreckung**, §§ 2197 ff. BGB
- Letztwillige Verfügungen können auch **bedingt** werden, vgl. §§ 2074 f. BGB.

Eine schöne Vorlage und Übung für eine Vermächtnis-Klausur ist **OLG Schleswig Urt. v. 3.12.2013 – 3 U 16/13, BeckRS 2014, 03994.**

> **Klausurtipp:** Das Vermächtnis ist in einigen Klausuren von der **Schenkung von Todes wegen** iSv § 2301 BGB abzugrenzen, da beide Rechtsinstitute sich ähnlich sind: Der Bedachte erhält mit dem Erbfall einen (schuldrechtlichen) Übereignungsanspruch gegen den Erben. Dabei kommt es auf den Willen des Erblassers an: Will dieser sich nicht fest binden, liegt idR ein Vermächtnis vor (dieses kann jederzeit nach §§ 2253 ff. BGB widerrufen werden). Bei der Schenkung nach § 2301 BGB tritt dagegen schon zu Lebzeiten des Erblassers eine Bindung ein. Zu beachten ist aber stets die für das Schenkungsversprechen erforderliche im Vergleich zum Vermächtnis (Schriftform, vgl. § 2247 BGB) noch strengere Form der §§ 2301 I, 2276 BGB (notarielle Beurkundung, vgl. zu § 2301 BGB → Rn. 90).

Problem: Examensprobleme zur Prüfung der Wirksamkeit des Testaments

- § 2229 BGB: Testierfähigkeit des Erblassers (ggf. per Beweisaufnahme zu klären!)
- § 2064 BGB: Höchstpersönlichkeit der letztwilligen Verfügung (dh keine Stellvertretung möglich!)
- § 2065 BGB: **Verbot der Fremdbestimmung** bzgl. Gültigkeit der letztwilligen Verfügung oder bzgl. des Bedachten (hiervon gibt es aber eng begrenzte Ausnahmen → in der Klausur mit Palandt arbeiten!)

- §§ 2231, **2247** BGB: **Eigenhändig geschrieben und unterschrieben.** Hier kommen gerne Spezialfragen zur Einhaltung der Form des § 2247 BGB, die man stets im Palandt fand. Nix lernen, dafür gibt es den Palandt! Zu den weiteren Sonder-Testamenten in §§ 2232, 2249 ff. BGB (Notar, Nottestament etc.) gibt es kaum Klausuren.
- § 134 BGB iVm § 14 HeimG: Diese Vorschriften werden vor allem bei der Erbeinsetzung des Pflegeheims oder des Pflegepersonals durch Heiminsassen relevant (Einzelheiten im Palandt bei § 134 BGB Rn. 19!).
- § 138 I BGB: Nur in Ausnahmefällen zu bejahen (Argument: Testierfreiheit). Bei **Geliebtentestamenten** soll die Sittenwidrigkeit nur bei einer »Hergabe ausschließlich für die sexuelle Hingabe« vorliegen.
- Keine Beseitigung des Testaments durch
  - **Widerruf, §§ 2253 ff. BGB** (Widerrufstestament, Vernichtung; Einschränkung durch § 2271 I BGB beachten!). Beachten Sie, dass der Widerruf eines Testaments durch einen Dritten iSv § 2255 BGB (zB Dritter zerreißt das Testament) zulässig ist, wenn dieser im Auftrag und mit Willen des Erblassers handelt. Eine nachträgliche Genehmigung durch den Erblasser ist jedoch nicht möglich, § 184 BGB ist nicht anwendbar.[437]
  - **Anfechtung, §§ 2078 ff. BGB und §§ 2281 ff. BGB.** Der Erblasser kann das Testament nicht anfechten, da er nach §§ 2253 ff. BGB widerrufen kann. Anders ist dies nach §§ 2281 ff. BGB bei Erbverträgen.

Eine Sonderform des Testaments stellt das sog. **gemeinschaftliche Testament** zwischen Ehegatten dar, das in §§ 2265 ff. BGB geregelt ist. Die klassische Form des gemeinschaftlichen Testaments ist das sog. **Berliner Testament**, bei dem sich die Ehegatten gegenseitig als Erben des Vorverstorbenen einsetzen. Ein gemeinschaftliches Testament kann auch durch zwei getrennte Einzelverfügungen zustande kommen.[438] Ein nichtiges gemeinschaftliches Testament kann ggf. auch in ein Einzeltestament **umgedeutet** werden.[439]

Gestaltungsmöglichkeiten beim Berliner Testament

Einheitslösung
= Erbe geht voll auf überlebenden Ehegatten über:
→ Vollerbe – Schlusserbe
- Kinder werden bzgl. Erstversterbenden enterbt
- Freie Verfügungsbefugnis des überlebenden Ehegatten über das Vermögen
  - Ausnahme: § 2287 BGB analog
  - Ausnahme: Einschränkungen im Testament

Trennungslösung
= Erbe bleibt vom Vermögen des überlebenden Ehegatten getrennt:
→ Vor- und Nacherbschaft
- Kinder werden nicht enterbt
- Keine freie Verfügungsbefugnis des überlebenden Ehegatten, vgl. §§ 2112 f. BGB
  - vertragliche Befreiung von Grenzen der §§ 2112 f. BGB möglich

bei wechselseitigen Verfügungen:
Bindungswirkung nach §§ 2270 ff. BGB

Im Wesentlichen haben die Ehegatten bei der Ausgestaltung des Berliner Testaments die Wahl zwischen der sog. **Einheitslösung** und der **Trennungslösung**. Bei der Einheitslösung wird der Längerlebende Vollerbe des Erblassers, die Kinder sind nur Schlusserben des Längerlebenden. Dies bedeutet, dass die Kinder hinsichtlich des Erbes des Vorversterbenden enterbt werden (Risiko: Pflichtteilsansprüche der Kinder!). Der Längerlebende kann dann frei über das Erbe verfügen, und die beiden Vermögensmassen verschmelzen. Dies allerdings nur in den

---

437 Palandt/*Weidlich* BGB § 2255 Rn. 4.
438 Vgl. Palandt/*Weidlich* BGB Einf v § 2265 Rn. 7.
439 Palandt/*Weidlich* BGB § 2265 Rn. 3. Ein mangels Unterschrift der Ehefrau gescheitertes gemeinschaftliches Testament kann jedoch idR mangels Einzelverfügungswillen kein Einzeltestament des den Entwurf verfassenden Ehemanns sein, so OLG Hamm Beschl. v. 21.2.2014 – 15 W 46/14, BeckRS 2014, 19797.

Grenzen des beim gemeinschaftlichen Testament nach dem Tod des Vorversterbenden auf wechselbezügliche Verfügungen **analog** anzuwendenden **§ 2287 BGB.** Das heißt, dass Schenkungen des Längerlebenden nach dem ersten Erbfall, die im Widerspruch zu den bindend gewordenen wechselbezüglichen Verfügungen stehen, dem Schlusserben das Recht geben, vom Beschenkten unter den Voraussetzungen von § 2287 BGB analog die Herausgabe des Geschenks zu fordern.

Nach dem Trennungsprinzip erfolgt eine Trennung der Vermögensmassen. Das Vermögen des Vorversterbenden geht (quasi »treuhänderisch«) auf den überlebenden Ehegatten als Vorerben über, der gem. §§ 2112 ff. BGB in seiner Verfügungsgewalt über das Erblasservermögen beschränkt ist (daneben gilt auch hier § 2287 BGB analog für Verfügungen über das eigene Vermögen). Die Kinder werden also gerade nicht enterbt, da diese als Nacherben des Vorversterbenden bedacht wurden, §§ 2100 ff. BGB (vor allem § 2111 und § 2134 BGB lesen!). Beim Tod des Längerlebenden geht das Vorerbe dann auf die Nacherben über. Diese sind dann insoweit Erben des Erstversterbenden, nur der Anfall hat sich zeitlich verzögert. Wenn der Längerlebende stirbt, geht gleichzeitig dessen (vom Erstversterbenden getrenntes) Vermögen auf die Kinder als Vollerben über. Es finden also zwei getrennte Erbgänge statt. Aufgrund dieser unterschiedlichen Rechtsfolgen wird es in der Klausur ggf. darauf ankommen, **im Wege der Auslegung zu ermitteln, welche der beiden oben genannten Lösungen die Erblasser angestrebt haben.** Hierbei ist in erster Linie darauf abzustellen, wie sie die Vermögensmassen behandelt wissen wollen (einheitlich oder getrennt?). Bei Unklarheit ist nach Maßgabe von § 2269 I BGB im Zweifel von der Einheitslösung auszugehen.

Merke: Beim gemeinschaftlichen Testament gilt § 2287 BGB analog für bindend gewordene Verfügungen.

ZT kommen in diesem Zusammenhang auch **Wiederverheiratungsklauseln** vor. Die hierbei möglichen Gestaltungskonstellationen ergeben sich aus der guten Kommentierung bei **Palandt/***Weidlich* **BGB § 2269 Rn. 16 ff.**

Beachten Sie bei gemeinschaftlichen Testamenten die **Bindungswirkung von wechselseitigen Verfügungen gem. §§ 2270 ff. BGB (vor allem in Bayern ein Thema mit gigantischer Klausurrelevanz!).** Wechselbezüglich sind Verfügungen, von denen anzunehmen ist, dass die eine nicht ohne die andere getroffen worden wäre. Im **Palandt bei § 2270 BGB** sind viele Beispiele für wechselbezügliche Verfügungen enthalten. Die Prüfung und die genaue Begründung des Vorliegens wechselbezüglicher Verfügungen anhand der Klausurakte (keine Floskelbegründungen, sondern rein in die Klausur!) ist in der Klausur idR ein **Schwerpunkt**, wenn ein gemeinschaftliches Testament vom LJPA in die Klausur eingebaut wurde. Arbeiten Sie also nicht vorschnell mit der Vermutung von § 2270 II BGB (Vermutung beim Berliner Testament, dass die gegenseitigen Erbeinsetzungen der Ehegatten iSd Einheitslösung jeweils auch im Verhältnis zur Schlusserbeneinsetzung des anderen Ehegatten als wechselbezüglich anzusehen sind). Die Nichtigkeit oder der Widerruf der einen wechselbezüglichen Verfügung gilt stets für beide Verfügungen, § 2270 I BGB. Zu Lebzeiten beider Ehegatten können diese ihre eigene wechselseitige Verfügung nur nach Maßgabe von §§ 2271 I 1, 2296 BGB widerrufen. Nach dem Tod eines Ehegatten erlischt dieses Widerrufsrecht, § 2271 II 1 Hs. 1 BGB (Ausnahme: Änderungsvorbehalt). Es besteht dann aber für den überlebenden Ehegatten, der sich von seiner Verfügung lösen will, die Möglichkeit, die Erbschaft auszuschlagen (§ 2271 II 1 Hs. 2 iVm §§ 1942 ff. BGB), wodurch sein Widerrufsrecht nach § 2271 I 1 iVm §§ 2253 ff. BGB wieder auflebt. Alternativ zur Ausschlagung kann er auch analog §§ 2281, 2078 BGB seine Verfügung anfechten.[440] Der Wegfall seiner eigenen Verfügung bewirkt in beiden Alternativen nach § 2270 I 1 BGB die Unwirksamkeit der Verfügung des Verstorbenen. **Die vom Erbrecht betroffenen Referendare lesen** zum Gesamtkomplex OLG Hamm NJW-RR 2015, 524 ff. und NJW-RR 2014, 781. Die LJPAs benutzen natürlich gerne Vorlagen aus der Rspr.

---

440 Palandt/*Weidlich* BGB § 2271 Rn. 28.

Klausurtipp: In §§ 2289, 2299 BGB ist die Bindungswirkung der in einem **Erbvertrag** iSv § 1941 BGB getätigten letztwilligen Verfügung geregelt (Differenzierung vertragsgemäße Verfügung – einseitige Verfügung).[441] Loslösungsrechte ergeben sich aus §§ 2281 ff., 2290 ff. BGB. **Der Klassiker dazu ist BGH NJW 2013, 3306 ff. (»Bierkönig«). § 2287 BGB** (Rechtsfolgenverweisung) **regelt sog. »bösliche Schenkungen«** des Erblassers an Dritte. Diese sind schuldrechtlich und dinglich zwar wirksam. Der Vertragserbe hat aber nach §§ 2287, 812 BGB gegenüber dem Verfügungsempfänger einen Anspruch auf Herausgabe des Erlangten (zB Besitz u. Eigentum an einem Grundstück). Zur Durchsetzung dieses Anspruches steht ihm ein Auskunftsanspruch nach § 242 BGB gegen den Verfügungsempfänger zu.[442] Der Übereignungsanspruch kann durch einstweilige Verfügung (zB Eintragung einer Vormerkung) gesichert werden. Der Vertragserbe kann dabei nach § 2287 iVm § 822 BGB auch vom Zweitbeschenkten Herausgabe des Geschenks verlangen (BGH).

II. Annahme und Ausschlagung der Erbschaft, §§ 1942 ff. BGB

Die Annahme und Ausschlagung der Erbschaft sind in §§ 1942 ff. BGB geregelt. Die Annahme kann auch konkludent erfolgen.[443] Sowohl die Annahme als auch die Ausschlagung sind nach §§ 1954 ff., 119 ff. BGB anfechtbar. Die Klassiker sind hier die (zulässige) **Anfechtung der konkludenten Annahme** nach § 119 I BGB wegen eines Irrtums darüber, dass die betreffende Handlung eine schlüssige Annahme darstellt[444] und die Anfechtung der Ausschlagung oder der Annahme nach § 119 II BGB bei einem **Irrtum über die Überschuldung** des Nachlasses. Im letzteren Fall muss der Irrtum auf unrichtigen Vorstellungen hinsichtlich der konkreten Zusammensetzung des Nachlasses beruhen. Schlägt ein Erbe die Erbschaft aus, weil er *»befürchtet, dass da nur Schulden sind«*, ohne konkrete Vorstellungen von den Verbindlichkeiten zu haben, so kann er, wenn sich später die Werthaltigkeit des Nachlasses herausstellt, seine Ausschlagungserklärung nicht wegen Irrtums anfechten.[445] Wesentliche Eigenschaft iSv § 119 II BGB ist auch hier wiederum nicht der Marktpreis einer Sache – hier des Nachlasses – selbst.[446] Auch die Anfechtung einer Erbschaftsannahme- o. Ausschlagung oder Fristversäumung nach § 1956 BGB ist anfechtbar. Für die Form gilt dann § 1955 BGB analog und die Frist § 121 BGB analog (BGH).

Vor erfolgter Ausschlagung (gleichbedeutend sind Handlungen vor erfolgter Anfechtung der Annahme) wird der Handelnde als **»vorläufiger Erbe«** bezeichnet.

> **Fall:** Der vorläufige Erbe verfügt über einen Nachlassgegenstand an einen gutgläubigen Dritten, später ficht der vorläufige Erbe (wirksam) die Annahme an. Der wahre Erbe verklagt nun den Dritten auf Herausgabe des Gegenstandes. Der Dritte weiß nichts von der Anfechtungsmöglichkeit und ist daher gutgläubig.

Zu prüfen ist der Anspruch des wahren Erben aus §§ 1922, 985 BGB:

- Der verfügende vorläufige Erbe ist nach §§ 1954, 1957, 1953 BGB (Anfechtung) oder jedenfalls nach §§ 1943 ff., 1953 BGB (Ausschlagung) rückwirkend bei der Verfügung **Nichtberechtigter** gewesen.
- Wirksamer Erwerb des Dritten ist nach § 1959 II BGB, § 185 II BGB oder §§ 932 ff. BGB möglich. Nach hM soll § 935 BGB trotz der Anordnung von §§ 1953, 857 BGB dem Erwerb nicht entgegenstehen, da hier eine doppelte Besitz-Fiktion vorliegt (§ 1953 und § 857

98

---

441 Palandt/*Weidlich* BGB § 2278 Rn. 2 ff.

442 BGHZ 97, 188 ff.: Auskunft kann man nicht schon dann fordern, wenn man auf diesem Weg eine Schenkung ausforschen will. Der Berechtigte muss vielmehr greifbare Anhaltspunkte für eine sein Recht beeinträchtigende Schenkung darlegen und beweisen.

443 ZB durch Veräußerung von wesentlichen Gegenständen des Nachlasses an Dritte oder Beantragung eines Erbscheins. Bloße sog. Fürsorge- u. Sicherungsmaßnahmen reichen allerdings nicht, was bereits durch § 1959 BGB deutlich wird.

444 Palandt/*Weidlich* BGB § 1954 Rn. 3 mwN.

445 OLG München NJW-RR 2015, 1418; OLG Düsseldorf FamRZ 2011, 1171. Der Erbe hat nur »befürchtet«, sich aber (juristisch) nicht geirrt.

446 Vgl. → Rn. 13 und OLG Rostock NJW-RR 2012, 1356 f.

BGB), die zu große Rechtsunsicherheit hervorruft. Der Schutz des Rechtsverkehrs geht also vor, Abhandenkommen zulasten des Erben über die Fiktionen scheidet aus.[447]

- Ergebnis: Anspruch idR (−)

Fall: In der oben genannten Konstellation verklagt der wahre Erbe nun den vorläufigen Erben auf Herausgabe des Kaufpreises für den Gegenstand.

- Ein Anspruch aus §§ 2018, 2019 I, 433 II BGB greift nicht, da nach hM der vorläufige Erbe nicht Erbschaftsbesitzer iSd §§ 2018 ff. BGB ist.
- Ein Anspruch aus §§ 1959 I, 681 S. 2, 667 BGB, aus § 816 I BGB und aus pVV des Treuhandverhältnisses zwischen wahrem und vorläufigem Erben nach idR (+).[448]

III. Rechtsstellung des Erben

99 Nach dem im Erbrecht geltenden **Grundsatz der Gesamtrechtsnachfolge** tritt der Erbe in alle Rechte und Pflichten des Erblassers ein, vgl. **§§ 1922, 1967 BGB.** Das Vermögen des Erblassers geht also als Ganzes auf den Erben über, ebenso Ansprüche des Erblassers gegen Dritte oder Ansprüche Dritter gegen den Erblasser. Auch der Besitz am Nachlass geht nach **§ 857 BGB** auf den Erben über, sodass er sich auf Besitzschutzansprüche aus §§ 861 ff., 812, 823, 1007 BGB und auf § 1006 BGB berufen kann. **Prozessual** sollten Sie § 239 ZPO kennen. Dabei reicht ein Testament als Nachweis der Rechtsnachfolge im Prozess aus. Der Erbe ist im von ihm übernommenen Prozess grds. nicht verpflichtet, sein Erbrecht durch einen Erbschein nachzuweisen, sondern kann diesen Nachweis auch in anderer Form führen (gilt nach BGH auch im Rechtsverkehr mit Banken!).

Zu der Rechtsstellung des Erben ergeben sich vor allem dann examensträchtige Probleme, wenn zunächst ein Dritter die Erbschaft in Besitz nimmt und erst später der wahre Erbe von seiner Rechtsstellung Kenntnis erlangt und sich nun an den Dritten hält. Lesen Sie zunächst **§§ 2018 ff. BGB** durch. § 2018 BGB ist ein Anspruch des **Erben gegen den Erbschaftsbesitzer,** der auf Herausgabe des Nachlasses geht, egal ob die Sachen tatsächlich dem Erblasser gehörten oder nicht. Anspruchsgegner ist derjenige, der etwas aus dem Nachlass unter Berufung auf sein vermeintliches Erbrecht in Besitz genommen hat.[449] Der Erbschaftsbesitz iSv § 2018 BGB erfordert daher eine objektive und subjektive Komponente. Erbschaftsbesitzer kann auch der Fiskus sein, der zunächst wg. § 1936 I BGB die Erbschaft übernommen hat und später ein echter Erbe aus dem Nichts erscheint (so jüngst der BGH). **Was kann der Gegner einwenden?** Er kann nach hM nicht nur die tatbestandlichen Voraussetzungen der §§ 2018 ff. BGB bestreiten (ggf. inzident zu prüfen: wer ist denn nun Erbe?), sondern gegenüber dem Erbschaftsanspruch – idR hilfsweise – auch alle Einzeleinwendungen aus seinem Verhältnis zum Erblasser (Übereignung, Schenkung, Leihe, Miete bzgl. einzelner Gegenstände) oder zum Erben geltend machen.

Verstirbt der Erbschaftsbesitzer, rückt dessen Erbe nach §§ 1922, 1967 BGB in die Verpflichtungen der §§ 2018 ff. BGB ein. **§ 2030 BGB** regelt Fälle, in denen ein Dritter den Nachlass durch Rechtsgeschäft vom Erbschaftsbesitzer erworben hat. In **§§ 2022 ff. BGB** sind weitergehende Ansprüche des Erben und des Erbschaftsbesitzers normiert, die den EBV-Ansprüchen entsprechen und §§ 987 ff. BGB daher verdrängen. Vor allem § 2022 BGB kann eine Rolle spielen: Ein Fall des Verwendungsersatzanspruchs aus § 2022 II BGB ist auch die Begleichung von Nachlassschulden durch den Erbschaftsbesitzer mit eigenen Mitteln. Hier hat der Erbschaftsbesitzer statt einem Vorgehen gegen den Erben nach § 2022 BGB alternativ die Möglichkeit, mit der Leistungskondiktion gegen den Nachlassgläubiger vorzugehen.[450] Beachten Sie auch **§ 2021 BGB** (lesen!).

---

447 Palandt/*Weidlich* BGB § 1953 Rn. 4.

448 Palandt/*Weidlich* BGB § 1959 Rn. 1 f.

449 §§ 2018 ff. BGB greifen daher nicht, wenn jemand Gegenstände nur aufgrund eines angeblichen Einzelrechtsgeschäfts – und nicht wegen seiner Erbenstellung – behalten zu dürfen meint (zB durch »Schenkung« des Erblassers oder Leihe/Miete etc.).

450 *Medicus/Petersen* BürgerlR Rn. 603j mwN.

Fall: Ein gutgläubiger Erbschaftsbesitzer (zB die Tochter des Erblassers, die irrtümlich denkt, sie selbst sei die Erbin) nimmt die Erbschaft in Besitz und veräußert einzelne Erbschaftsgegenstände an einen gutgläubigen Dritten. Nach zwölf Jahren erlangt der Sohn als wahrer Erbe von seiner Rechtsstellung Kenntnis und verklagt seine Schwester auf Herausgabe des Nachlasses.

Welche Ansprüche kann der wahre Erbe (Sohn) geltend machen?

- Anspruch gegen Scheinerben (Schwester) auf Herausgabe des Gesamtnachlasses, §§ 2018 ff. BGB (+)
  - Nach § 2026 BGB kann sich die Schwester als Scheinerbin nicht auf Ersitzung iSv § 937 BGB berufen.
  - Nach hM hat die Schwester **kein ZBR wegen ihres Pflichtteilsanspruchs** aus § 2303 BGB, da der Erbe die Nachlassgegenstände regelmäßig benötigt, um damit Nachlassverbindlichkeiten (wie den Pflichtteilsanspruch) zu erfüllen.[451] Achtung: Dies gilt auch ggü. sonstigen Ansprüchen des Erben betreffend den Nachlass (s. unten)!
  - Evtl. bestehen aber Gegenansprüche der Schwester als Scheinerbin nach § 2022 BGB (zB Verwendungsersatzanspruch). Diese Ansprüche können ein ZBR begründen oder zur Aufrechnung berechtigen.
  - Gem. **§ 2019 I BGB** umfasst der Anspruch des Sohnes als Erben aus § 2018 BGB auch den Erlös aus dem Verkauf von Erbschaftsgegenständen (sog. dingliche Surrogation; wenn der Kaufpreis noch nicht gezahlt wurde, steht dem Erben nach § 2019 I, II BGB die Kaufpreisforderung zu) und nach § 2020 BGB die Nutzungen.
- Daneben bestehen – wie sich aus **§ 2029 BGB** ergibt – die (allgemeinen) Ansprüche auf Herausgabe einzelner Nachlassgegenstände zB aus §§ 1922, 985, 812 ff. BGB oder §§ 1007, 861, 857 BGB. Auch hier kann sich der Erbschaftsbesitzer nicht auf § 937 BGB berufen, vgl. § 2029 iVm § 2026 BGB.

Beachte: Die Surrogation nach § 2019 I BGB erfasst auch den Fall, dass der Erbschaftsbesitzer **Forderungen des Erblassers einzieht**.

Gegen den Dritten/Erwerber einzelner Erbschaftsgegenstände kommen Ansprüche aus §§ 985, 858 ff., 1007, 812 ff. BGB in Betracht, sein gutgläubiger Erwerb scheitert idR an §§ 935, 857 BGB (Abhandenkommen zulasten des wahren Erben). Da der Erbe nicht zugleich den vom Dritten an den Erbschaftsbesitzer gezahlten Kaufpreis und den veräußerten Nachlassgegenstand selbst verlangen kann, hat er ein Wahlrecht, gegen wen er vorgeht.[452] Wird der Erbschaftsbesitzer verklagt, liegt darin nach hM zugleich die Genehmigung der Verfügung an den Dritten, diese jedoch aufschiebend bedingt durch die Herausgabe des Surrogats.[453]

Um einen konkreten Antrag (wegen § 253 II Nr. 2 ZPO Bezeichnung der Nachlassgegenstände nötig!) stellen zu können, erfolgt die Durchsetzung der §§ 2018 ff. BGB idR mit Hilfe der **Stufenklage nach § 254 ZPO**. Der Auskunftsanspruch ist in § 2027 BGB zu finden. In **§ 27 ZPO** ist wiederum ein besonderer Gerichtsstand geregelt, der vor allem dann vorteilhaft ist, wenn in die Erbschaft mehrere Grundstücke fallen und die jeweilige Anwendung von § 24 ZPO umständlich wäre. Das macht wegen der damit verbundenen Zweckmäßigkeitserwägungen die §§ 2018 ff. BGB auch zu einem **idealen Thema für die Anwaltsklausur. Lesen Sie** *Kaiser/Kaiser/Kaiser* **Anwaltsklausur Rn. 32.**

Eine ähnliche Konstellation besteht zwischen **Vorerben und Nacherben.** Wenn der Nacherbenfall eintritt, geht die Erbschaft sofort auf den Nacherben über. Der Vorerbe ist nach § 2130 I BGB zur Herausgabe der gesamten Vorerbschaft (samt Surrogate, § 2111 BGB) verpflichtet, nach §§ 2130 II, 259 BGB muss er zudem Rechenschaft über die Vorerbschaft ablegen. Sind die Gegenstände trotz der Herausgabepflicht nicht mehr vorhanden, kann sich aus §§ 2130, 280, 283 BGB eine Haftung ergeben. Zudem ist § 823 I BGB einschlägig, da nach hM der Nacherbe am Nachlass ein Anwartschaftsrecht erworben hat, das durch die Unmöglichkeit der Herausgabe verletzt wird. § 2134 BGB normiert einen speziellen Wertersatzanspruch des Nacherben. Die Gegenansprüche des Vorerben ergeben sich aus §§ 2124 f. BGB. Sind

---

451 Palandt/*Weidlich* BGB § 2018 Rn. 2 und § 273 Rn. 16.
452 *Medicus/Petersen* BürgerlR Rn. 603b.
453 Palandt/*Weidlich* BGB § 2019 Rn. 2.

Verfügungen des Vorerben über Erbschaftsgegenstände nach §§ 2113 ff. BGB unwirksam und liegt kein gutgläubiger Erwerb des Dritten nach § 2113 III BGB vor, so kann der Nacherbe auch gegen den Dritten (zB nach §§ 894, 985 BGB) vorgehen.

> **Beachte:** Die Rechtsstellung des Erben kann auch in den Fällen der Anordnung der **Testaments-vollstreckung** Klausurthema werden. In der Klausur geht es häufig nur um das Auffinden der relevanten Vorschrift aus den §§ 2197 ff. BGB, lernen Sie hier nichts auswendig. Gleiches gilt für Klausuren, die mit einem **Erbverzicht** nach §§ 2346 ff. BGB angedickt werden. Hier reicht oft das Finden der Norm, etwaige Spezialprobleme sollten Sie mit dem Palandt lösen.

Die Stellung des Erben kann auch iRd **Miterbengemeinschaft** nach §§ 2032 ff. BGB Klausurthema sein. Eine solche entsteht, wenn der Erblasser mehrere Erben hinterlässt. Der Nachlass steht im Eigentum der Miterbengemeinschaft. Jedem Miterben steht ein quotenmäßiger Anteil am gesamten Nachlass zu, der von seinem sonstigen Vermögen getrennt ist. In diesem Punkt unterscheidet sich die Gesamthand von der Bruchteilsgemeinschaft iSd §§ 741 ff. BGB, bei der jedem Miteigentümer ein ideeller Bruchteil an dem jeweiligen Gegenstand zusteht. In der Folge kann der Miterbe auch nicht einzelne Nachlassgegenstände oder seinen (grundsätzlich gar nicht bestehenden) Anteil an diesen veräußern, sondern nach Maßgabe von § 2033 I BGB nur seinen gesamten Erbteil. Diese Erbengemeinschaft als sog. Gesamthandsgemeinschaft ist im Gegensatz zur GbR weder rechts- noch parteifähig (vgl. → Rn. 111). Klagen oder verklagt werden können also grds. nur die Miterben in ihrer Stellung als Miterben »nach dem am ... verstorbenen [Name Erblasser] ...«. **§ 2039 BGB** (lesen!) regelt aber eine Einzelklagemöglichkeit (gesetzliche Prozessstandschaft) eines Miterben. Bei Passivprozessen gegen eine Miterbengemeinschaft kann der Kläger entweder die sog. Gesamthandklage nach § 2059 II BGB (gegen die Erbengemeinschaft als solche durch Verklagung aller Miterben) oder die sog. Gesamtschuldklage nach § 2058 BGB (Klage nur gegen einzelne Miterben als Gesamtschuldner) erheben.[454]

> **Merke:** Denken Sie bei Klagen von nur einem der Miterben an § 2039 BGB.

In der Regel geht es – wenn überhaupt Klausuren dazu gestellt werden – um die Wirksamkeit schuldrechtlicher oder dinglicher Geschäfte. Das Innenverhältnis der Miterbengemeinschaft wird von §§ 2038, 745 BGB geregelt. Maßnahmen der ordnungsgemäßen Verwaltung werden mit Stimmenmehrheit beschlossen, außerordentliche Verwaltungsmaßnahmen erfordern Einstimmigkeit, Maßnahmen der Notverwaltung kann jeder Miterbe alleine tätigen. Wichtiger ist das **Außenverhältnis: Hier ist zwischen Verpflichtungs- u. Verfügungsgeschäften zu differenzieren:** Für Verpflichtungsgeschäfte (Abschluss von Werkverträgen, Mietverträgen etc.) gelten ebenfalls die **§§ 2038, 745 BGB**, da derartige Verträge zu den Maßnahmen iSd § 2038 BGB gehören. Der grds. ausreichende Mehrheitsbeschluss gewährt dann der Mehrheit (oder ihrem Beauftragten) Vertretungsmacht zur Vertretung auch der überstimmten Erben. Liegt eine Notverwaltungsmaßnahme nach § 2038 I 2 Hs. 2 BGB vor, hat jeder Miterbe eine gesetzliche Alleinvertretungsmacht für die Miterbengemeinschaft. Handelt er dann im Namen der Erbengemeinschaft, wird diese berechtigt und verpflichtet (Rechtsfolge: **§§ 2058, 426 BGB,** lesen!). Handelt er im eigenen Namen, wird er persönlich berechtigt und verpflichtet. Im letzteren Fall hat er aber einen Befreiungsanspruch gegen die Gemeinschaft aus § 670 BGB und einen Anspruch aus §§ 2038 II, 748 BGB.

Für Verfügungsgeschäfte (zB Übereignung, Einziehung einer Forderung, Kündigung eines Mietvertrages) enthält **§ 2040 BGB** hingegen eine Spezialvorschrift, die für die Wirksamkeit gemeinschaftliches Handeln aller Miterben vorschreibt. Dies wird aber vielfach als zu umständlich angesehen und je nach Bedarf § 2038 I 2 BGB analog auch auf Verfügungsebene angewendet: So soll analog § 2038 I 2 Hs. 2 BGB für Notverwaltungsmaßnahmen auch auf Verfügungsebene das Handeln eines Miterben ausreichen.[455] Liegt keine Notverwaltung, sondern

---

454 Thomas/Putzo/*Hüßtege* ZPO § 62 Rn. 14. Eine materiell-rechtlich notwendige Streitgenossenschaft liegt nur dann vor, wenn die Leistung von den Gesamthändern (Miterben) nur gemeinsam erbracht werden kann (zB Grundbuchberichtigung).

455 Palandt/*Weidlich* BGB § 2038 Rn. 11 ff. Vgl. zum Ganzen *Stützel* NJW 2013, 3543 ff.

lediglich eine Maßnahme der ordnungsgemäßen Verwaltung vor, kann in Einzelfällen analog § 2038 I 2 Hs. 1 BGB auch auf Verfügungsebene Stimmenmehrheit ausreichen, wenn der Schutzzweck von § 2040 BGB gemeinschaftliches Handeln nicht erfordert (zB Kündigung von Mietverträgen oder eines Girovertrages, Einziehung einer Forderung).[456] Liegen die Wirksamkeitsvoraussetzungen von § 2040 BGB (ggf. verdrängt durch die analoge Anwendung von § 2038 BGB) und auch eine nachträgliche (ggf. konkludente) Genehmigung der anderen Miterben bei einer Übereignung nicht vor, kommt ein gutgläubiger Erwerb des Dritten nach §§ 932 ff., 892 f., 2366 BGB infrage, wobei aber der Eigentumsübergang bei beweglichen Sachen idR an §§ 935, 857 BGB scheitert: Die Miterben sind wg. § 857 BGB Mitbesitzer, ihnen kommt die Sache abhanden.

> **Beachte:** Verletzt ein Miterbe dergestalt seine Pflichten, dass er **ohne die erforderliche Zustimmung** der anderen Miterben einen Nachlassgegenstand an einen Dritten **veräußert**, so kommen gegen den Miterben Schadensersatzansprüche der Miterbengemeinschaft aus §§ 989, 990, 992, 823, 826 BGB infrage.[457] Herausgabe des Kaufpreises kann vor allem aus §§ 687 II, 816 BGB verlangt werden. Gegen den Dritten kommt ein Anspruch auf Herausgabe aus § 985 BGB in Betracht (Gegenansprüche aus §§ 994 ff. BGB möglich). Besteht wegen der unbefugten Veräußerung sowohl ein Anspruch gegen den Miterben auf Schadensersatz als auch gegen den Dritten auf Herausgabe, dürfte § 255 BGB zugunsten des Miterben gelten. Zieht der Miterbe unberechtigt eine Forderung der Miterbengemeinschaft ein, so ergeben sich Ansprüche der Miterbengemeinschaft gegen den Miterben aus §§ 816 II, 687 II, 826 BGB.

Schließlich wird die Stellung des Erben auch dann relevant, wenn es um **Pflichtteilsansprüche** geht. Pflichtteilsberechtigt sind die Abkömmlinge, die Eltern und der Ehegatte des Erblassers, wenn diese durch Verfügung von Todes wegen von der Erbfolge ausgeschlossen sind, § 2303 BGB. Sonderregelungen enthalten §§ 2305, 2326 BGB (lesen!). Die Höhe des Pflichtteils beträgt grds. die Hälfte des gesetzlichen Erbteilsanspruchs, vgl. § 2303 I 2 BGB. Der Entzug des Pflichtteils ist in §§ 2333 ff. BGB geregelt. Oft werden auch **Pflichtteilsergänzungsansprüche nach §§ 2325 ff. BGB** relevant, dies vor allem hinsichtlich Verfügungen des Erblassers vor Eintritt des Erbfalls. Der Pflichtteilsergänzungsanspruch nach § 2325 I BGB setzt nach der Rspr. nicht voraus, dass der Pflichtteilsberechtigte bereits im Zeitpunkt der Schenkung lebte. Zudem sollten Sie wissen, dass nach dem BGH unbenannte Zuwendungen unter Ehegatten – anders als sonst – jedenfalls im Rahmen des Pflichtteilsrechts idR als Schenkungen angesehen werden. Gleiches gilt für Zuwendungen des Erblassers an Dritte auf den Todesfall nach §§ 330, 331 BGB (zB Sparbuch). Bei Einsetzung eines Dritten als Bezugsberechtigten einer **Lebensversicherung** sind allerdings weder die gezahlten Prämien noch die Versicherungssumme Gegenstand der Schenkung. Der BGH stellt vielmehr auf den Wert ab, den der Erblasser aus der Lebensversicherung in der letzten – juristischen – Sekunde seines Lebens nach objektiven Kriterien für sein Vermögen hätte umsetzen können (idR Rückkaufswert).[458] Umstritten ist, ob auch eine Leistung iSv § 2325 III BGB vorliegt, wenn sich der Schenker an dem Grundstück bestimmte Rechte vorbehält.[459] Achten Sie auf die Abschmelzungs-Fristen von § 2325 III BGB. Klausuren aus diesem Bereich haben zumeist die **Stufenklage des Pflichtteilsberechtigten nach § 254 ZPO** als prozessualen Aufhänger. Der Auskunftsanspruch ergibt sich aus § 2314 BGB.

> **Klausurtipp:** Klagt der Pflichtteilsberechtigte gegen den beschwerten Erben, kann dieser im Gegenzug eine **Widerklage** erheben, um zB analog § 2057 BGB Auskunft über nach § 2315 BGB anzurechnende Zuwendungen zu erhalten.

---

456 Palandt/*Weidlich* BGB § 2038 Rn. 6 ff.
457 Die Vindikationslage ergibt sich daraus, dass nur die Gesamthand Eigentümerin des Nachlassgegenstandes ist (und gerade nicht der einzelne Miterbe!) und der Miterbe durch die unbefugte Aussonderung des Nachlassgegenstandes zur Veräußerung unerlaubt Alleinbesitz begründet (Aufschwingen vom berechtigten Fremdbesitzer zum unberechtigten Eigenbesitzer, vgl. → Rn. 46). Dies dürfte beim Miteigentum anders sein, da der Miteigentümer nicht Fremdbesitzer ist.
458 BGH JA 2010, 902 f.
459 Palandt/*Weidlich* BGB § 2325 Rn. 26 f.

§§ 2315 f. BGB regeln, wie sich **Vorempfänge auf den Pflichtteilsanspruch** auswirken. Lesen Sie dazu bei Interesse *Wellenhofer* JuS 2010, 922 ff. (gutes Thema für eine Kautelarklausur vor allem in Bayern!).

IV. Erbschein, §§ 2353, 2366 BGB

100 Der Erbschein ist ein Zeugnis des Nachlassgerichts über die Erbfolge. **Er spielt im Assessorexamen iRd gutgläubigen Erwerbs eines Dritten eine Rolle.** Anders in **Baden-Württemberg** und vereinzelt **Sachsen**: Dort gab es Klausuren zum Erbscheinsverfahren und zur Beschwerde nach §§ 352, 58 ff. FamFG, wobei hier die **Kommentierung zu § 2353 und § 2359 BGB** hilfreich ist. Zudem sollten die Referendare dieser Bundesländer auch den schönen Überblicksbeitrag von *Keller/von Schrenk* **JA 2016, 51 ff.** lesen. In Bayern wurde das Erbscheinsverfahren aus der JAPO genommen (ggf. aber im Übergangsjahr 2016 noch nicht völlig ausgeschlossen).

Nach § 2366 BGB wird der Erwerb vom Scheinerben genauso behandelt, als wenn vom wahren Erben erworben wurde, wenn dem Scheinerben ein (falscher) Erbschein erteilt wurde.[460] **Man erwirbt also so, als ob der Erblasser vor einem stünde.** Für den guten Glauben ist nicht erforderlich, dass der Erbschein vorgelegt wird oder der Erwerber die Existenz des Erbscheins kennt (**abstrakter Vertrauensschutz des Erbscheins**). Es reicht, wenn der Veräußerer im Besitz eines Erbscheins ist und der Erwerber irrig annimmt, vom vermeintlichen Erben einen Erbschaftsgegenstand zu erwerben. Bösgläubigkeit iSd § 2366 BGB liegt nur bei positiver Kenntnis der Unrichtigkeit des Erbscheins vor. Der Rechtsschein entfällt allerdings, wenn mehrere einander widersprechende Erbscheine vorliegen oder wenn der Erbschein eine Fälschung ist. In der Klausur ist wie folgt zu differenzieren:

Gutgläubiger Erwerb vom Scheinerben mit Erbschein

Erbe wäre selbst verfügungsberechtigt = Gegenstand fällt in den Nachlass	**Erbe wäre selbst nicht verfügungsberechtigt = Gegenstand fällt nicht in den Nachlass**
Bewegliche Sachen: §§ 929 ff., 2366 BGB Forderungen: §§ 398 ff., 2366 BGB Immobilien: §§ 873, 925, 2366 BGB → einfache Gutgläubigkeit ausreichend	Bewegliche Sachen: §§ 929, 932 ff., 2366 BGB Forderungen: Kein gutgl. Erwerb möglich Immobilien: §§ 873, 925, 892, 2366 BGB → doppelte Gutgläubigkeit erforderlich

Im Palandt/*Weidlich* ist das gut kommentiert bei BGB § 2366 Rn. 2 ff.

- Wäre der wahre **Erbe selbst verfügungsberechtigt** (dies ist dann der Fall, wenn der Erblasser Eigentümer des Gegenstandes bzw. Inhaber der Forderung war), richtet sich der Erwerb des Dritten bei beweglichen Sachen nach §§ 929 ff., 2366 BGB (§ 935 I 1 BGB sperrt hier nicht, weil die Fiktion des **§ 857 BGB wegen § 2366 BGB nicht greift!**), bei Forderungen nach §§ 398 ff., 2366 BGB (§ 2366 BGB ermöglicht daher sogar einen gutgläubigen Forderungserwerb) und bei Grundstücken nach §§ 873, 925, 2366 BGB. § 2366 BGB überwindet dann die fehlende Berechtigung des verfügenden Scheinerben.
- Wäre der wahre **Erbe selbst nicht verfügungsberechtigt** (weil der Erblasser selbst nicht Eigentümer bzw. Inhaber war), gelten die §§ 929, 932 ff., 2366 BGB bzw. §§ 873, 925, 892, 2366 BGB bei beweglichen Sachen bzw. Grundstücken. Erforderlich ist dann eine **doppelte Gutgläubigkeit**: § 2366 BGB überwindet die fehlende Berechtigung des Scheinerben, §§ 932 ff. BGB bei Mobilien und § 892 BGB bei Immobilien überwinden die fehlende Berechtigung des wahren Erben (dh die fehlende Zugehörigkeit zum Nachlass).

---

460 Für die Mündliche: In Art. 62 ff. Rom IV-VO ist das sog. **Europäische Nachlasszeugnis** geregelt, hier ist ebenfalls ein gutgl. Erwerb möglich.

Für den gutgläubigen Erwerb vom Scheinerben ist zu beachten, dass § 2366 BGB **Einfluss auf §§ 873, 925, 892 BGB** im Falle des Grundstückerwerbs hat. Denn nach hM **gilt § 892 II BGB nicht**, sodass für den Zeitpunkt des guten Glaubens grds. auf die Vollendung des Rechtserwerbs abzustellen ist (= Eintragung ins Grundbuch).[461] Dieser Zeitpunkt kann dennoch nach vorne verlagert werden: Denn wenn dem Erwerber nach §§ 883 ff., 2367, 2366 BGB (iVm §§ 893 Alt. 2, 892 BGB, wenn der wahre Erbe selbst nicht verfügungsberechtigt wäre) vom Scheinerben zudem eine **Vormerkung** bewilligt wurde, so hat dies Einfluss auf den maßgeblichen Zeitpunkt des guten Glaubens. Es reicht dann Gutgläubigkeit im Zeitpunkt der Eintragung der vom Scheinerben bewilligten Vormerkung.[462]

Sobald der **wahre Erbe oder der Scheinerbe als Eigentümer im Grundbuch** eingetragen ist, richtet sich der Erwerb des Dritten nur noch nach den allgemeinen Regeln der §§ 878, 925, 892 BGB. §§ 2366 ff. BGB finden dann keine Anwendung mehr.

§ 2367 BGB erweitert den Anwendungsbereich von § 2366 BGB auf bestimmte andere Geschäfte. Unter § 2367 BGB fallen zB die Bewilligung einer Vormerkung durch einen Scheinerben, die Erfüllung einer Nachlassschuld an den Scheinerben oder die Ausübung von Gestaltungsrechten (Kündigung).

§§ 2366, 2367 BGB gelten **nicht für schuldrechtliche Rechtsgeschäfte**. Das heißt, der Scheinerbe kann den wahren Erben nicht über §§ 2366 f. BGB schuldrechtlich verpflichten.

---

461 Palandt/*Weidlich* BGB § 2366 Rn. 2.
462 Umstritten, vgl. MüKoBGB/*Mayer* § 2366 Rn. 17; nach aA kann auch hier auf den Zeitpunkt der Antragstellung abgestellt werden.

§ 3 Das Handelsrecht

A. Einstieg

101 **Zur Examensrelevanz: Examensklausuren aus dem Handelsrecht kommen selten,** sodass Sie hier sicherlich nicht Ihren Schwerpunkt legen sollten. Nur in Bayern und Hessen gibt es Durchgänge, in denen vertiefte Handelsrechtsprobleme vorkommen (die man mit diesem Skript hervorragend lösen konnte!). Daher gilt auch hier: Wie gut Sie die folgenden Ausführungen durcharbeiten hängt davon ab, wo Sie Ihr Examen schreiben und wie groß Ihr Mut zur Lücke ist. Die in den letzten Jahren in den »normalen« Zivilrechtsklausuren am häufigsten verwendeten Probleme aus dem Handelsrecht betrafen die Normen §§ 15, 25 f., 350, 366, 377 HGB und das KBS. Prozessual kann die funktionelle Zuständigkeit der Kammer für Handelssachen relevant werden (vgl. → Rn. 379 ff. bei *Kaiser/Kaiser/Kaiser* Zivilgerichtsklausur I). Diese Themen sollten auf jeden Fall jedem Examenskandidaten bekannt sein.

Für die **Hessen** empfehlen wir in Anbetracht der AWR-Klausur den Besuch unseres **Crash-Kurses zur Arbeits- u. Wirtschaftsrechtsklausur im Assessorexamen und die kursbegleitenden Spezialskripte.** Die Hessen müssen hier mehr wissen als alle anderen, da »Wirtschaftsrecht« nach unserer Klausuranalyse der letzten Jahre eben mehr umfasst als Handels- u. Gesellschaftsrecht. Für die **Bayern** gilt das sowieso. Hier nun zu den »Basics«, los geht's:

B. Das Wichtigste in Kürze

I. Der Kaufmannsbegriff, §§ 1 ff. HGB

102 Die §§ 1 ff., 15 HGB regeln abschließend, wann eine Person als Kaufmann anzusehen ist. Wer danach kein Kaufmann ist, zB selbstständige Freiberufler, fällt nicht unter das HGB. Eine Partei wird nicht dadurch zum Kaufmann, dass sie im Prozess vom Gegner so bezeichnet wird. Die Kaufmannseigenschaft hängt von §§ 1 ff. HGB ab und muss im Einzelfall geprüft werden.

Zu unterscheiden sind folgende Kaufmannsbegriffe[463]:

- Kaufmann **kraft Gewerbes**
  - § 1 I, II HGB: Istkaufmann (Betreiben eines Handelsgewerbes iSd § 1 II HGB)
  - §§ 2, 3 HGB: Kannkaufmann (vor allem bei Kleingewerbetreibenden mit Eintragung)
  - § 5 HGB: Fiktivkaufmann/Kaufmann kraft Eintragung (wegen § 2 HGB unbedeutend)
- Kaufmann **kraft Rechtsform** (sog. Formkaufmann)
  - § 6 I HGB bei Handelsgesellschaften: OHG, KG und GmbH & Co. KG
  - § 6 II HGB iVm § 3 I AktG und § 13 III GmbHG (Aktiengesellschaft und GmbH)
- Kaufmann **kraft Rechtsscheins** (sog. Scheinkaufmann)
  - nach §§ 5, 15 HGB (bei falscher Eintragung im Handelsregister) oder
  - nach allgemeinen Grundsätzen der Rechtsscheinhaftung

---

463 In der **Mündlichen Prüfung** wird zT nach den Kaufmannsbegriffen gefragt: Istkaufmann, Kannkaufmann, Fiktivkaufmann, Formkaufmann, Scheinkaufmann. Wahnsinnig witzige Prüfer fügen dann noch den »Diplomkaufmann« an ... In der Prüfung sollten Sie dann mitlachen.

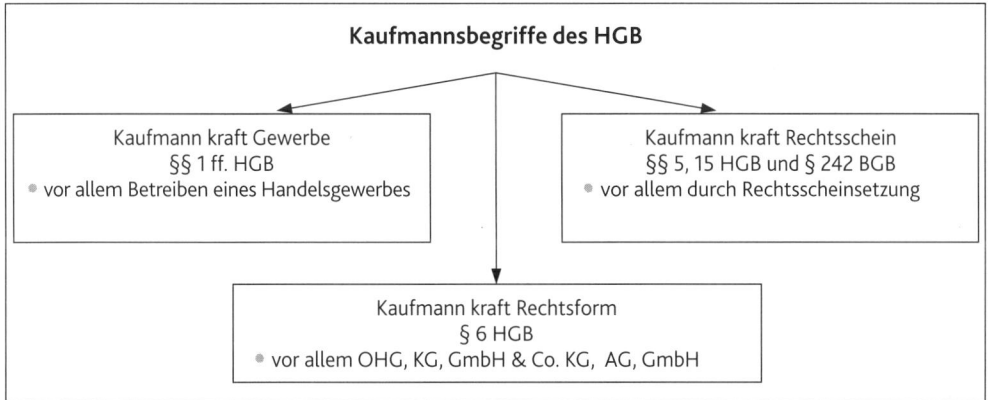

Beachten Sie, dass Kaufmann kraft Rechtsform nur die Gesellschaft selbst ist, nicht aber zB der Geschäftsführer der GmbH oder der Anteilseigner. Anders ist dies bei den Personengesellschaften, bei denen die persönlich haftenden Gesellschafter grds. als Kaufmann angesehen werden.

Problem: Begriff des Gewerbes iSd § 1 I, II HGB

- Definition: Jede planmäßige, erlaubte, auf Dauer angelegte selbstständige Tätigkeit mit dauerhafter Gewinnerzielungsabsicht,[464] die nicht freiberuflich,[465] künstlerisch oder wissenschaftlich ist. Grds. wird marktorientiertes Tätigwerden gefordert, sodass die eigene Bedarfsdeckung nicht ausreicht.[466]

Problem: Begriff des Handelsgewerbes iSd § 1 I, II HGB

- Ein Handelsgewerbe liegt vor, wenn der Betrieb nach Art und Umfang eine kaufmännische Einrichtung erfordert (nicht unbedingt: »hat«!). Kaufmännische Einrichtung bedeutet vor allem das Erfordernis kaufmännischer Bilanzierung und Buchführung. Maßgebend ist stets das Gesamtbild. Als Richtschnur sollten Sie wissen, dass bereits ab einem Umsatz von ca. 100.000 EUR ein Handelsgewerbe angenommen werden kann, wenn die Art des Betriebes dann auch eine kaufmännische Einrichtung erfordert.
- In der Klausur sind idR genügend Anhaltspunkte enthalten, sodass Sie unter § 1 II HGB subsumieren können.

Problem: Allgemeine Grundsätze der Rechtsscheinhaftung iSv § 242 BGB (wichtig!)

- Die Voraussetzungen sind:
  - Zurechenbarer Rechtsschein gesetzt (Gerieren als Kaufmann)
  - Redlichkeit/Schutzbedürftigkeit des Dritten, dh Vertrauen in Rechtsschein
  - Kausalität zwischen Rechtsschein und Handlung/Schaden
- Folge: Wahlrecht des Vertragspartners. Dieser kann sich entscheiden, ob er sich auf den Rechtsschein oder die Realität berufen will.

> **Merke:** Die Kaufmannseigenschaft ist in der Klausur nicht der Schwerpunkt! Oft werden die Voraussetzungen unstreitig oder sehr leicht festzustellen sein. Ausufernde (und theoretische) Ausführungen zum Kaufmannsbegriff langweilen den Korrektor und kosten Punkte, weil sie wie auswendig gelerntes Zeug aus dem Repetitorium klingen. Versuchen Sie sich deswegen in diesem Bereich möglichst kurz zu fassen, um zu zeigen, dass Sie eine problemorientierte Schwerpunktsetzung beherrschen.

---

464 Die Gewinnerzielungsabsicht ist für den handelsrechtlichen Kaufmannsbegriff nach der Rspr. unverzichtbar, vgl. BGHZ 155, 240 ff.

465 Für einige Berufe bestimmt das Gesetz ausdrücklich, dass sie freie Berufe sind (zB § 2 BRAO, § 1 II BundesärzteO). Sonst ist auf die Verkehrsanschauung abzustellen. Anhaltspunkte für eine freiberufliche Tätigkeit sind eine höchstpersönliche Leistungserbringung und die ausgeprägte Kreativität (sozusagen »Dienste höherer Art«).

466 *Hucke/Holfter* JuS 2011, 534 ff. mwN.

II. Die Vertretung des Kaufmanns, §§ 48 ff. HGB

103 Der Kaufmann kann anderen Personen ohne Weiteres eine Vollmacht iSd §§ 167 ff. BGB erteilen. In §§ 48 ff. HGB sind lediglich zwei Sonderformen rechtsgeschäftlicher Vertretungsmacht geregelt, nämlich die Prokura und die Handlungsvollmacht. **§ 56 HGB** (lesen!) wiederum regelt einen Sonderfall der Anscheinsvollmacht. Analog § 54 III HGB muss der Vertragspartner bei § 56 HGB allerdings redlich sein.

Die **Prokura** ist nach § 48 HGB grds. nur ausdrücklich und persönlich durch den Inhaber des Handelsgeschäfts zu erteilen. Die in § 53 HGB vorgeschriebene Eintragung in das Handelsregister ist für die Wirksamkeit (der Erteilung und des Widerrufs) nicht erforderlich, sie hat also nur deklaratorische Wirkung. Im Außenverhältnis ist der Umfang der Vertretungsmacht des Prokuristen nach §§ 49, 50 HGB unbeschränkt und unbeschränkbar, dh, der Prokurist ist grds. zu allen Geschäften ermächtigt, die der Betrieb **irgendeines** Handelsgewerbes mit sich bringt. Der Kaufmann ist natürlich nicht gehindert, im Innenverhältnis Richtlinien für den Gebrauch der Prokura aufzustellen. Überschreitet der Prokurist diese Vereinbarungen, ist das Geschäft nach außen dennoch wirksam. Dadurch ist das Auftreten eines Prokuristen im Examen ein häufiger Anwendungsfall des **Missbrauchs der Vertretungsmacht** (→ Rn. 6).

Die **Handlungsvollmacht** iSv § 54 I HGB erfasst im Gegensatz zur Prokura nur branchentypische Geschäfte »eines derartigen Handelsgewerbes«. Sie kann auch ohne ausdrückliche Erklärung erteilt werden. Beschränkungen der Handlungsvollmacht regelt § 54 III HGB.

III. Die Publizität des Handelsregisters, § 15 HGB

104 § 15 HGB enthält Publizitätswirkungen, die **nur für eintragungspflichtige Tatsachen** gelten.[467] Merken Sie sich für § 15 HGB die folgende Systematik:

> **Negative Publizität**, § 15 I HGB: »*Schweigen darf man vertrauen*«
>
> • Vertrauen auf die Nichtexistenz nicht eingetragener und/oder bekannt gemachter Tatsachen
>
> **Positive Publizität**, § 15 III HGB: »*Reden darf man vertrauen*«
>
> • Vertrauen auf die Existenz bekannt gemachter Tatsachen

Der gutgläubige Dritte hat stets ein **Wahlrecht**, ob er sich auf den Rechtsschein des § 15 HGB beruft oder die wahre Sachlage gelten lässt, wobei er sich innerhalb desselben Sachverhalts bzgl. einer eintragungspflichtigen Tatsache sogar gleichzeitig auf die wahre Rechtslage und auf den Rechtsschein berufen kann (sog. **Rosinentheorie**). Zur Rosinentheorie ein Beispiel[468]: Der B ist neben K persönlich haftender Gesellschafter der B-KG. Nach dem Gesellschaftsvertrag und dem Inhalt des Handelsregisters sind beide Gesellschafter nur gemeinschaftlich zur Vertretung der Gesellschaft berechtigt (vgl. § 125 II HGB). Mit Wirkung vom 1.10.2015 scheidet B aus der Gesellschaft aus; dies wird jedoch erst im Dezember ins Handelsregister eingetragen und bekanntgemacht. In der Zwischenzeit bestellt K für die B-KG Waren beim Kläger. Da die B-KG nicht zahlt, nimmt der Kläger den B wg. seiner persönlichen Haftung aus §§ 161 II, 128 HGB iVm § 433 II BGB in Anspruch. Hier kann sich nach der Rspr. der Kläger hinsichtlich des Vertragsschlusses auf die wahre Rechtslage (B ist ausgeschieden, also ist K Alleinkomplementär und damit alleine vertretungsbefugt) berufen, sich aber auch andererseits hinsichtlich der persönlichen Haftung des B nach § 15 I HGB auf den Rechtsschein des Handelsregisters stützen (danach kann B sein Ausscheiden nicht geltend machen, weil es eine eintragungspflichtige Tatsache ist, vgl. § 143 II HGB). Denn weder Wortlaut noch Sinn und Zweck von § 15 HGB würden dieses Vorgehen des Klägers verbieten.

---

467 Ob eine Tatsache eintragungspflichtig ist, ergibt sich aus dem HGB: zB Eintragung der Firma (§ 29 HGB), der Prokura (§ 53 HGB), die Gründung einer GmbH/AG/OHG/KG, der Ausschluss eines Gesellschafters von der Vertretung (§ 125 HGB) oder der Austritt eines Gesellschafters (§ 143 HGB). § 15 HGB gilt nicht bei lediglich eintragungsfähigen Tatsachen wie zB die Haftungsausschlüsse nach §§ 25 II, 28 II HGB oder die Gestattung des Selbstkontrahierens des Geschäftsführers einer KG.

468 Vgl. dazu Baumbach/Hopt/*Hopt* HGB § 15 Rn. 6, 22; Beispiel nach BGH NJW 1976, 569 f.

§ 15 I HGB normiert die **negative Publizität** des Handelsregisters: Nicht eingetragene und/ oder nicht bekannt gemachte Tatsachen gelten als nicht existent (»*Schweigen darf man vertrauen*«). Ein gutgläubiger Dritter braucht diese Tatsachen nicht gegen sich gelten zu lassen (zB Widerruf der Prokura, welche aber immer noch im Handelsregister steht). Nach hM ist noch nicht einmal die **Voreintragung** der Tatsache erforderlich (zB weder Erteilung noch Widerruf der Prokura sind eingetragen worden: hier kann sich der Dritte trotzdem auf die fehlende Eintragung des Widerrufs berufen). Letzteres nennt man die sog. »**sekundäre Unrichtigkeit**« des Handelsregisters.

Klausurtipp: Prüfen Sie zunächst ganz normal die Rechtslage ohne § 15 I HGB. An der Stelle der Lösungsskizze, wo die nicht eingetragene Tatsache konkret relevant wird, ist dann zu fragen, ob die Tatsache gegenüber dem Vertragspartner wegen § 15 I HGB überhaupt geltend gemacht werden kann.

Beachten Sie, dass der Schutz des § 15 I HGB nur bei positiver Kenntnis von der nicht eingetragenen Tatsache entfällt (Beweislast hat jedoch die andere Partei, vgl. Wortlaut »*... es sei denn ...*«). Nicht erforderlich ist, dass der Dritte das Handelsregister tatsächlich eingesehen hat (**abstrakter Vertrauensschutz**). Ferner findet § 15 I HGB keine Anwendung bei Deliktshaftung, da dieser nur »typisiertes Vertrauen« im Geschäftsverkehr schützt.

§ 15 III HGB normiert die **positive Publizität**, er schützt den guten Glauben an die Richtigkeit von bekannt gemachten Tatsachen (»*Reden darf man vertrauen*«). Entscheidendes Merkmal bei § 15 III HGB ist die »unrichtige Bekanntmachung« der Tatsache. Ob die Eintragung selbst richtig oder falsch ist, ist nicht entscheidend. Nach hM[469] wird § 15 III HGB (aber nicht § 15 I HGB) durch das sog. **Veranlasserprinzip** eingeschränkt: Um unbillige und unerwartete Haftungsfolgen auszuschließen, muss der erzeugte Rechtsschein dem Betroffenen zuzurechnen sein (vor allem indem er einen Eintragungsantrag gestellt hat). Als Argument dient der Wortlaut »*... in dessen Angelegenheiten die Tatsache einzutragen war ...*«. § 15 III HGB wird für den Fall der **unrichtigen Eintragung,** aber richtigen Bekanntmachung analog angewendet (wohl eher nur ein theoretischer Fall).[470]

IV. Allgemeine Vorschriften über Handelsgeschäfte, §§ 343 ff. HGB

Ein Handelsgeschäft ist ein Geschäft eines Kaufmanns, das zum Betriebe seines Handelsgewerbes gehört (vgl. die **Vermutung in § 344 I HGB**). Es reicht grds. für die Anwendung der §§ 343 ff. HGB aus, wenn das Geschäft zumindest für eine Partei ein Handelsgeschäft ist, vgl. § 345 HGB. Wenn ein beidseitiges Handelsgeschäft zwingend ist, ergibt sich dies aus der jeweiligen Norm, so zB bei § 377 HGB.

105

Relevant werden kann hier **§ 350 HGB**, der bei der Bürgschaft den Kaufmann von der Formvorschrift des § 766 BGB befreit. Bei der Bürgschaft eines GmbH-Gesellschafters oder des Geschäftsführers der GmbH gilt § 350 HGB nicht, da beide keine Kaufmänner sind (anders OHG-Gesellschafter und KG-Komplementäre!).

Beachten Sie **§ 366 I HGB**, der – anders als § 932 BGB – im Interesse des Verkehrsschutzes den guten Glauben an die Verfügungsermächtigung des Handelnden schützt. Hier weiß der Erwerber also, dass der veräußernde Kaufmann nicht Eigentümer der Sache ist, glaubt aber daran, dass ihn der wahre Eigentümer zur Veräußerung nach § 185 I BGB ermächtigt hat. Dieser gute Glaube wird dann geschützt. Ein häufiger Anwendungsfall ist die Veräußerung eines Gebrauchtwagens durch einen Händler, der nicht im Kfz-Brief als Halter eingetragen ist. Umstr. ist, ob § 366 I HGB auch den guten Glauben an die in Wirklichkeit nicht bestehende Vertretungsmacht des Kaufmanns schützt, wenn dieser als Vertreter für einen anderen auftritt.[471]

---

469 OLG Brandenburg MDR 2013, 105 f.; Baumbach/Hopt/*Hopt* HGB § 15 Rn. 19; *Müller* JA 2015, 740 ff.
470 Umstritten, vgl. Baumbach/Hopt/*Hopt* HGB § 15 Rn. 18. Nach aA keine analoge Anwendung, sondern Vertrauensschutz für den Dritten über die allgemeinen Rechtsscheingrundsätze (vgl. → Rn. 102).
471 *Medicus/Petersen* BürgerlR Rn. 567 mwN; Argument pro: Sicherheit des Handelsverkehrs; Argument contra: Vorrang der Rechtsscheinvollmachtsregelungen.

§ 366 HGB ist auf Scheinkaufleute nicht anwendbar. Kein gutgläubiger Erwerb nach § 366 HGB ist in Fällen von § 935 BGB (Abhandenkommen) möglich.

Der für die Klausur relevanteste Handelsbrauch iSd § 346 HGB ist das **kaufmännische Bestätigungsschreiben (KBS)**.[472] Unter Kaufleuten ist es üblich, dass eine Partei der anderen kurz schriftlich den (vermeintlichen) Vertragsschluss und dessen Inhalt bestätigt. Das Schweigen auf ein solches KBS gilt kraft Gewohnheitsrechts unter bestimmten Voraussetzungen als Zustimmung zu den geänderten Inhalten. Durch das KBS wird nach dessen Maßgabe der Vertrag geändert oder sogar geschlossen, wenn noch kein Vertrag geschlossen wurde. Dies gilt jedoch nicht im Fall von zwei sich kreuzenden KBS für den sich jeweils widersprechenden Inhalt, da hier der jeweilige Absender bei Schweigen der anderen Partei nicht davon ausgehen darf, dass diese dem Inhalt des jeweils anderen KBS zustimmt.[473] Eine **Anfechtung wegen Irrtums** über die Bedeutung des Schweigens scheidet als unbeachtlicher Rechtsfolgenirrtum aus. Alternativ wird die Anfechtung gern darauf gestützt, dass das KBS und die mündlichen Abreden voneinander abweichen und dies durch Nachlässigkeit nicht erkannt wurde. In diesen Fällen lässt die Rspr. eine Anfechtung ebenfalls nicht zu, da dies dem Sinn und Zweck des KBS zuwiderlaufen würde.

> **Klausurtipp:** Das KBS ist von der **Annahme eines Angebots** (Auftragsbestätigung) zu unterscheiden. Weicht nämlich die Annahme vom Angebot ab, kommt der Vertrag gerade nicht zustande, § 150 II BGB. Sie müssen dann durch Auslegung ermitteln, was vorliegt: Bestätigung der subjektiv schon geschlossenen Vereinbarung (dann KBS) oder Annahme des noch im Raum stehenden Angebots (dann Annahme).

In einigen Klausuren kommt es auf **§ 354 HGB** an. Danach kann ein Kaufmann, der in Ausübung seines Handelsgewerbes einem anderen Geschäfte besorgt oder Dienste leistet, von diesem Provision oder/und Lagergeld verlangen. Relevant wird dies zB dann, wenn ein entsprechender ausdrücklicher Verwahrungsvertrag nicht geschlossen wurde. Klausurrelevant ist der Fall, dass der Verkäufer im Annahmeverzug des Käufers die Kaufsache bei sich einlagert. Ohne § 354 HGB hätte der Verkäufer nur § 304 BGB. § 354 HGB setzt grds. voraus, dass zwischen den Parteien »ein Rechtsverhältnis besteht, das die Tätigkeit für den anderen rechtfertigt«.[474]

Auch **§ 354a I HGB** kann relevant werden. Danach ist eine Abtretung trotz eines Abtretungsverbotes iSv § 399 Alt. 2 BGB zwischen den Vertragsparteien eines Handelskaufs gleichwohl wirksam (vgl. → Rn. 37 zum verlängerten EV). Nach § 354a I 2 HGB kann der Schuldner trotzdem an den Zedenten leisten.[475]

In **§§ 369 ff. HGB** ist das kaufmännische Zurückbehaltungsrecht geregelt. Im Gegensatz zu § 273 BGB ist insbesondere keine Konnexität erforderlich.

§§ 373, 374 HGB sind Sondervorschriften für den Annahmeverzug des Käufers. Wenn dieser im Annahmeverzug ist, kann der Verkäufer als Erfüllungssurrogat zB nach § 373 II HGB einen sog. **Selbsthilfeverkauf** für Rechnung des säumigen Käufers veranlassen (zB Versteigerung der Ware). Mit dem eigenen Anspruch auf Ersatz der Versteigerungskosten (§ 373 III HGB iVm § 670 BGB) und dem Kaufpreisanspruch kann er dann ggü. dem Anspruch des Käufers auf Herausgabe des Erlöses aus § 667 BGB aufrechnen. Etwaige Lagerkosten kann er nach § 373 I HGB iVm § 670 BGB ersetzt verlangen.

In **§ 376 HGB** ist das relative Fixgeschäft unter Kaufleuten geregelt (Fixhandelskauf). Lesen die die Norm!

Die **Untersuchungs- und Rügeobliegenheit** des Kaufmanns hinsichtlich eines Mangels der gelieferten Ware nach **§ 377 I, III HGB** (lesen!) ist das häufigste Klausurthema aus dem HGB,

---

472 Vgl. zu den Voraussetzungen des KBS Palandt/*Ellenberger* BGB § 147 Rn. 8 ff. Sie brauchen nichts auswendig zu lernen!

473 *Lettl* JuS 2008, 849 ff.

474 OLG München NJOZ 2013, 254 ff.; Akquiseanstrengungen sind eigenes Risiko!

475 Dies gilt nach BGH WM 2005, 429 ff. auch für eine Aufrechnung.

welches sich wegen dessen Rechtsfolgen gut in jede Gewährleistungsklausur einbauen lässt. § 377 HGB gilt nur bei einem beidseitigen Handelskauf. Beide Parteien müssen daher Kaufleute sein und der Kaufvertrag oder Werklieferungsvertrag iSv § 381 II HGB zu dem Betrieb des jeweiligen Gewerbes gehören. Die Abgrenzung zwischen einem »offenen« und einem »versteckten« Mangel erfolgt danach, ob bei einer verkehrsüblichen Untersuchung[476] der Mangel erkennbar wäre. Ein verdeckter Mangel liegt dabei auch dann vor, wenn – obwohl geboten – keine Stichproben der gelieferten Waren genommen wurden, aber auch bei der Entnahme einer Stichprobe der Mangel mit an Sicherheit grenzender Wahrscheinlichkeit nicht entdeckt worden wäre. Die Mängelrüge kann formfrei erfolgen (ggf. aber Formverschärfungen durch Handelsbräuche iSv § 346 HGB möglich, zB Tegernseer Gebräuche), sie muss stets **ausreichend substantiiert** sein, dh, die bloße Mitteilung, dass die Ware nicht in Ordnung ist, reicht nicht aus. Wird die Ware direkt vom Lieferanten an einen Abnehmer des Käufers durchgeliefert (»**Durchlieferung**«), bleibt es grds. bei der Rügeobliegenheit des Käufers aus § 377 HGB. Dieser muss dann dafür sorgen, dass entweder er selbst oder sein Abnehmer eine Untersuchung durchführt, auch wenn der Abnehmer nicht selbst Kaufmann ist.[477] Die Zulässigkeit der **vertraglichen Vereinbarung einer Rügefrist** iSv § 377 HGB zulasten des nichtkaufmännischen Käufers richtet sich nach §§ 309 Nr. 8 b) ee), 475 I 2 BGB. Nach der Rspr. ist danach eine Rügeobliegenheit auch für offensichtliche Mängel unwirksam.[478]

> **Beachte:** »Unverzügliche« Anzeige iSv § 377 HGB meint **idR ein bis zwei Tage** nach Entdeckung des Mangels.

Bei Verletzung der Obliegenheit nach § 377 I, III HGB muss der Käufer den Kaufpreis natürlich zahlen, jedoch sind Gewährleistungsansprüche hinsichtlich des ungerügten Mangels ausgeschlossen (Ausnahme: § 377 V HGB). Dies erfasst auch vertragliche Ansprüche wegen Schäden an anderen Rechtsgütern, die aus dem Mangel resultieren. **Nicht erfasst sind Ansprüche aus §§ 823 ff. BGB** (hier auf § 254 BGB eingehen, wenn keine Untersuchung/Rüge erfolgt ist!). Ein Gegenbeweis zur Genehmigungsfiktion ist nicht möglich, ebenso wenig wie die Anfechtung der Fiktion.

V. Die Handelsfirma, §§ 17 ff. HGB

Die Firma ist der **Name des Kaufmanns**, unter dem er im Handelsverkehr seine Geschäfte betreibt, vgl. § 17 I HGB. Die Rechtsprechung hat rund um §§ 17 ff., 30 HGB einige Grundsätze entwickelt, an denen sich die Firma messen lassen muss (zB Firmenunterscheidbarkeit, Firmenwahrheit, Firmenöffentlichkeit), die jedoch für die Klausur in aller Regel keine Rolle spielen. Für das Examen kann allerdings Folgendes relevant werden: **106**

Problem: Firmenfortführung und Haftung bei Inhaberwechsel

- Bei einem Inhaberwechsel haftet der neue Inhaber grds. nicht für die Altschulden seines Vorgängers. Anders ist dies nur, wenn er das **Handelsgeschäft und die Firma (dh die Firmenbezeichnung = den Namen) fortführt**, vgl. § 25 I 1 HGB. Die Nachhaftung des alten Firmeninhabers ist in § 26 HGB geregelt (dann Gesamtschuldner). Eine ähnliche Regelung wie § 25 I HGB findet sich in § 27 I HGB.
- § 25 I HGB greift schon bei einer tatsächlichen Fortführung des Betriebes, ein wirksames schuldrechtliches oder dingliches Rechtsgeschäft ist nicht erforderlich. § 25 I HGB erfasst auch die sukzessiv erfolgende Unternehmensübernahme oder einen Teilerwerb, wenn dieser den Kern des Unternehmens ausmacht.

---

476 Bei größeren Warenmengen sind aussagekräftige Stichproben ausreichend, aber auch erforderlich! Im Interesse des Verkäufers sind an die Prüfungs- und Untersuchungspflicht nicht unerhebliche Anforderungen zu stellen. So kann sogar die Beiziehung eines Sachverständigen bei mangelnder Sachkunde des Käufers erforderlich und, wenn die Mangelfreiheit nur durch Probeverarbeitung feststellbar ist, auch eine solche durchzuführen sein, vgl. **OLG München MDR 2015, 1310 f.**

477 BGH NJW 1990, 1290 ff.; OLG Köln NJW-RR 2015, 859.

478 So BGH NJW 2013, 1431 ff.; OLG Hamm Urt. v. 24.5.2012 – I-4 U 48/12, BeckRS 2012, 13246; aA Palandt/*Grüneberg* BGB § 309 Rn. 78.

- Eine Fortführung unter der bisherigen Firma liegt auch dann vor, wenn die alte Firmenbezeichnung nicht wortgetreu übernommen wird. Es wird nur darauf abgestellt, ob der Geschäftsverkehr die neue Firma noch mit der alten Firma identifiziert (»**Beibehaltung des prägenden Teils der Firma**« – **Firmenkontinuität**).[479] Unabhängig von § 25 HGB kann eine Rechtsscheinhaftung des neuen Betriebsinhabers zu bejahen sein. Eine solche Haftung kann in Betracht kommen, wenn der Anschein erweckt wird, dass zwei voneinander unabhängige Rechtssubjekte eine Einheit bilden. Paradebeispiel einer Klausurvorlage ist BGH JA 2012, 948 ff.

- § 25 HGB gilt nach hM seinem Sinn und Zweck nach nicht bei Erwerb des Handelsgeschäfts vom Insolvenzverwalter. Wäre dies anders, würde das zur Unveräußerlichkeit eines Unternehmens in der Insolvenz führen, was ersichtlich mit der Norm nicht beabsichtigt ist.

- Dem neuen Inhaber stehen analog § 417 BGB alle Einwendungen des ehemaligen Firmeninhabers zu.

- **§ 28 HGB** regelt den Beitritt einer Person in das Geschäft eines Einzelkaufmanns, wobei das Geschäft dadurch eine neu entstehende Personenhandelsgesellschaft (OHG oder KG) wird. Die OHG/KG haftet dann unabhängig von einer Firmenfortführung für die Altschulden des Einzelkaufmanns (nicht für die Altschulden des anderen Eintretenden! geschützt sein sollen durch § 28 HGB nur die Gläubiger des »alten Ladens«), die Gesellschafter haften daneben persönlich nach §§ 128, 161 II HGB. Bei der neuen Gesellschaft muss es sich um eine OHG oder KG handeln, eine juristische Person oder GbR reichen nicht.[480] § 28 HGB gilt auch nicht analog, wenn ein Handelsgeschäft in eine bestehende Gesellschaft eingebracht wird.[481]

VI. Sonderfragen aus dem Handelsrecht

107 Als **Handelsvertreter** iSd § 84 I HGB gelten die Personen, die als selbstständige Gewerbetreibende ständig damit betraut sind, für einen anderen Unternehmer Geschäfte zu vermitteln oder in dessen Namen abzuschließen. Der Handelsvertreter und der Unternehmer sind idR über einen Dienstvertrag in Form eines Geschäftsbesorgungsvertrags nach §§ 675, 611 BGB verbunden. Zwischen dem Handelsvertreter und den Kunden des von ihm vertretenen Unternehmers kommt idR kein eigener Vertrag zustande. Der wichtigste Anspruch des Handelsvertreters ist der auf **Provision aus §§ 87 ff. HGB**. Wenn der Unternehmer nach Beendigung des Vertrags mit dem Handelsvertreter noch Vorteile aus dessen Arbeit zieht, dann kommt – sofern § 87 III HGB nicht greift – ein (in der Praxis enorm wichtiger) Anspruch auf **Ausgleichszahlung aus § 89b HGB** in Betracht, der analog auch für den Vertragshändler gilt.[482] In derartigen Klausuren geht es oft um den Ausschluss des Ausgleichsanspruches nach **§ 89b III Nr. 1 und Nr. 2 HGB** (lesen!).

Eine Pflicht zum Ersatz von Aufwendungen besteht nach §§ 675, 670 BGB wegen des vorrangigen § 87d HGB nur in Ausnahmefällen, zB bei Aufwendungen außerhalb des regelmäßigen Geschäftsbetriebes. § 670 BGB kann analog bei Ersatz von Zufallsschäden herangezogen werden. Für das Verhältnis von Handelsvertreter und Unternehmer gelten daneben die allgemeinen Vorschriften, vor allem §§ 280 ff., 823 BGB.

108 **Handelsmakler** iSd § 93 HGB ist derjenige, der gewerbsmäßig für andere die Vermittlung von Verträgen über Gegenstände des Handelsverkehrs übernimmt, **ohne** von dem Unterneh-

---

479 Baumbach/Hopt/*Hopt* HGB § 25 Rn. 7 ff. Es ist auch irrelevant, ob im Handelsregister eine völlig andere Firma eingetragen wurde, da es allein auf die tatsächliche Fortführung der Firma ankommt, vgl. BGH NJW 1987, 1633.

480 Umstr., vgl. Baumbach/Hopt/*Hopt* HGB § 28 Rn. 2 mwN; aA OLG Naumburg NZG 2006, 711: § 28 HGB analog, wenn eine GbR entsteht.

481 BGH NJW 2010, 3720 f.

482 Dies gilt auch für **§ 89a HGB** (lesen!). Vgl. BGH NJW 2015, 945 f. zur (hier verneinten) **analogen Anwendung auf Franchisenehmer**. Für die analoge Anwendung von § 89b HGB muss der Vertragshändler (bzw. Franchisenehmer) in die Absatzorganisation des Herstellers (Franchisegebers) eingegliedert gewesen sein und zweitens eine (ggf. konkludente) vertragliche Verpflichtung des Vertragshändlers/Franchisenehmers zur Übertragung des Kundenstamms bei Vertragsende bestanden haben. Die bloß faktische Kontinuität des Kundenstamms nach Vertragsbeendigung reicht nach dem BGH nicht aus.

mer **ständig damit betraut** zu sein. Im Gegensatz zum Zivilmäkler nach § 652 BGB muss der Handelsmakler stets gewerbsmäßig tätig werden und ist als »ehrlicher Makler« grds. den Interessen beider Parteien verpflichtet. Diese Neutralitätspflicht hat jedoch auch seine Nachteile für den Handelsmakler: Bei einer Pflichtverletzung haftet er beiden Parteien, vgl. § 98 HGB. Auf den Handelsmakler sind primär die §§ 93 ff. HGB anwendbar, subsidiär auch die §§ 652 ff. BGB.

Beachte: Beim Handelsmakler müssen die **vermittelten Geschäfte** Gegenstände des Handelsverkehrs betreffen. Nicht erforderlich ist, dass die beteiligten Vertragsparteien Kaufleute sind! Lesen Sie sich einmal die Beispiele durch, die in § 93 HGB genannt sind, um ein Gespür für derartige Fälle zu bekommen.

§ 4 Das Gesellschaftsrecht

A. Einstieg

109 Gesellschaftsrechtsprobleme in Klausuren beschränken sich oft auf Zusatzfragen zu »normalen« Zivilrechtsklausuren wie zB Rechts- und Parteifähigkeit, ordnungsgemäße Vertretung oder Haftungs- u Regressprobleme (vor allem iRd GbR). Reine Gesellschaftsrechtsklausuren sind außerhalb von **Bayern und Hessen** (zur **AWR-Klausur in Hessen** s. oben unser Hinweis am Anfang des Handelsrechts!) nur in Kautelarklausuren (lesen Sie dazu *Kaiser/Kaiser/Kaiser* Anwaltsklausur Rn. 135 ff.!) zu erwarten und dort auch nur in homöopathischen Dosen.

B. Das Wichtigste in Kürze

I. Die Einteilung der Gesellschaften

110 Zu den **Personengesellschaften** werden die GbR, die OHG und die KG gezählt, wobei die OHG und KG auch als Personenhandelsgesellschaften bezeichnet werden, da ihr Zweck auf den Betrieb eines Handelsgewerbes gerichtet ist. Auf der anderen Seite stehen die **Körperschaften**/juristische Personen, zu denen der Verein und vor allem die AG und die GmbH gehören. Es herrscht grds. ein sog. **numerus clausus der Gesellschaftsformen**, dh, die Gesellschafter müssen sich einer der gesetzlich normierten Gesellschaftsformen bedienen.

> **Klausurtipp:** Aus diesem Bereich kann in der Zulässigkeit der Klage das Problem der **irrtümlich falschen Parteibezeichnung** vorkommen. Lesen Sie dazu *Kaiser/Kaiser/Kaiser* Zivilgerichtsklausur I Rn. 314.

II. Rechtsfähigkeit und Vertretung

111 Wenn im Klausursachverhalt eine Gesellschaft gehandelt hat, kann in der Zulässigkeit der Klage uU das Problem der Rechtsfähigkeit (vgl. § 50 ZPO) und der Vertretung auftauchen. Hierzu folgende Übersicht:

- **Eingetragener Verein (»e.V.«), §§ 21 ff. BGB**
  - Rechtsfähigkeit (+)
  - Vertretung durch den Vorstand (§ 26 II BGB)
  - Mögliche Klausurfalle: Die Tatsache, dass die Mitgliederversammlung sich in einem Beschluss ausdrücklich gegen eine Rechtshandlung des Vorstands gestellt hat, dass die Satzung bestimmte Geschäfte verbietet oder dass ein die Rechtshandlung zugrunde liegender legitimierender Beschluss der Mitgliederversammlung unwirksam ist, hat nach hM für die wirksame Vertretung des Vereins durch den Vorstand nach außen idR keinen Einfluss.[483] Allerdings sind die Grundsätze des Missbrauchs der Vertretungsmacht anwendbar (→ Rn. 6).

> **Klausurtipp:** Es gab wirklich schon Examensklausuren, in denen es um **Vereinsrecht** ging (zB Haftung des Vereins ggü. Mitglied nach §§ 280, 823 BGB wg. Pflichtverletzung bei Vereinsausflug, ordentliche Kündigung der Mitgliedschaft nach § 39 BGB oder außerordentliche Kündigung nach § 314 BGB, Feststellungsklage bzgl. der Unwirksamkeit eines Vereinsausschlusses, Feststellungsklage bzgl. der Unwirksamkeit eines Beschlusses der Mitgliederversammlung oder Geltendmachung eines Aufwandsersatzanspruchs durch den Vorstand). Hier nicht verzweifeln! Alle Probleme stehen im Palandt/*Ellenberger*, zB zur Haftung in BGB § 31 Rn. 12, zum Ausschluss unter BGB § 25 Rn. 13 ff., zu Beschlüssen bei BGB §§ 32 ff. und zum Aufwandsersatzanspruch unter BGB § 27 Rn. 4 ff. **Sie müssen nichts auswendig lernen, was Sie schnell im Palandt nachschlagen können!**

---

483 Palandt/*Ellenberger* BGB § 26 Rn. 6; BGH NJW 2008, 69 ff.

Der BGH[484] hat zudem zugunsten des Vereinsmitglieds die Grundsätze des innerbetrieblichen Schadensausgleichs (→ Rn. 116) auf das Verhältnis Verein – Mitglied übertragen (zuletzt **Julitermin 2013!**).

Auch die **WEG** ist teilrechtsfähig, vgl. § 10 VI WEG. Vertreten wird die WEG durch den jeweiligen Verwalter. Bei Klagen gegen eine WEG sind § 17 ZPO und § 23 Nr. 2c GVG zu beachten. Die WEG kann nach neuer Rspr. auch Grundstücke kaufen oder Verbraucher sein, wenn Sie zB Gasversorgungsverträge schließt. Die **akzessorische Haftung** der einzelnen Eigentümer ggü. Dritten ist in § 10 VIII WEG geregelt.

- **Nichtrechtsfähiger Verein, § 54 BGB**
  - Auch der nichtrechtsfähige Verein[485] ist zumindest teilrechtsfähig und damit parteifähig, vgl. § 50 II ZPO.
  - Nach der Rspr. haftet nur der Verein im Rechtsverkehr nach außen, dabei ist die Vertretungsmacht des Handelnden konkludent auf das Vereinsvermögen beschränkt. Die Handelndenhaftung ist in § 54 S. 2 BGB geregelt.
- **Stiftung, §§ 80 ff. BGB**
  - Rechtsfähigkeit (+)
  - Vertretung durch den Vorstand, §§ 86, 26 II BGB
- **Juristische Personen des öffentlichen Rechts**
  - Rechtsfähigkeit (+)
  - Vertretung bei der Gemeinde nach Kommunalrecht idR durch den Bürgermeister
- **Die wichtigsten rechtsfähigen juristischen Personen des Privatrechts**
  - GmbH nach § 13 I GmbHG (Vertretung durch den Geschäftsführer, § 35 I GmbHG)
  - Aktiengesellschaft nach § 1 I 1 AktG (Vertretung durch den Vorstand, § 78 I AktG)
- **GmbH in der Entstehung: 1. Stufe vor notarieller Beurkundung: sog. »Vorgründungsgesellschaft«**
  - Rechtsfähigkeit (+) idR als GbR (mangels Handelsgewerbes keine OHG, da die Geschäfte oft nur die eigene Bedarfsdeckung betreffen!). Die Schulden der Vorgründungsgesellschaft gehen nicht automatisch auf die nach notarieller Beurkundung entstehende Vor-GmbH über.[486]
  - Die Handelndenhaftung nach § 11 II GmbHG gilt nicht. Eine solche kann sich nur aus allgemeinen Regeln ergeben, zB aus § 179 BGB bei fehlender Vertretungsmacht.
  - Vertretung durch die Gesellschafter (nach GbR-Regeln oder nach OHG-Regeln)
- **2. Stufe nach notarieller Beurkundung: sog. »Vorgesellschaft«/Vor-GmbH**
  - Rechtsfähigkeit (+) als »selbstständige Gesellschaft eigener Art«, es können grds. die Vorschriften der GmbH angewendet werden, soweit diese nicht die Eintragung in das Handelsregister voraussetzen oder die Anwendung der Norm in sonstiger Weise mit der Rechtsnatur der Vor-GmbH unvereinbar ist.[487] Die Rechte und Pflichten der Vor-GmbH gehen auf die spätere GmbH über.[488]
  - **§ 11 II GmbHG** normiert eine **Handelndenhaftung** bei der Vor-GmbH. § 11 II GmbHG greift nach hM sowohl bei Handeln im Namen der späteren GmbH als auch bei Handeln für die Vor-GmbH. Die Handelndenhaftung tritt neben die Haftung der Vor-GmbH und erlischt mit Entstehung der GmbH, weil diese dann in die Verpflichtungen eintritt.[489]
  - Vertretung durch den Geschäftsführer, wobei die unbeschränkte Vertretungsmacht iSv § 37 II GmbHG (analog) von der hM hier aber abgelehnt wird.[490] Die Vertretungsmacht erfasst daher idR lediglich alle Handlungen, die mit den Aufgaben des Geschäftsführers

---

484 BGH NJW-RR 2012, 280 f.; NJW 2005, 981 f.
485 **Klausurbeispiele:** Kegelclub, Angelverein, auch einzelne Abteilung eines eingetragenen Spartenvereins wie zB Ruderabteilung oder die »Landesgruppe NRW« eines Hundezüchtervereins, wenn sie entsprechend selbstständig strukturiert ist.
486 BGHZ 91, 148 ff.; BGH ZIP 1998, 646 f.
487 BGHZ 117, 323 ff.; *Rubner* NJW-Spezial 2008, 303 f.
488 BGHZ 80, 129 ff.
489 BGHZ 80, 129 ff.
490 *Rubner* NJW-Spezial 2008, 303 f.

im Gründungsstadium zusammenhängen. Fehlt dem für die Vor-GmbH Handelnden die Vertretungsmacht, so ist **§ 179 BGB nicht anwendbar**, da § 11 II GmbHG eine Sonderregelung auch bei fehlender Vertretungsmacht darstellt.[491] Die Haftung des *falsus procurator* nach § 11 II GmbHG erlischt dann auch nicht bei späterer Entstehung der GmbH.[492]

– Die Gesellschafter haften für die Schulden der Vor-GmbH nicht persönlich im Außenverhältnis. Nur im Innenverhältnis gibt es eine sog. Verlustdeckungshaftung ggü. der Gesellschaft, so zB wenn bei späterer Entstehung der GmbH eine Unterbilanz entdeckt wird. Eine Haftung nach außen nimmt die Rspr. nur an, wenn es sich um eine Ein-Mann-Vor-GmbH handelt oder die Vor-GmbH vermögenslos ist. Auch wenn die Gründungsabsicht nur vorgetäuscht war (sog. »unechte Vor-GmbH«) oder diese später aufgegeben und die Gesellschaft dennoch fortgeführt wird, besteht eine persönliche Außenhaftung der Gesellschafter.[493] Klausuren dazu sind extrem selten.

- **3. Stufe:** Nach Eintragung der GmbH im Handelsregister entsteht die GmbH, vgl. §§ 7, 13 GmbHG.
- **Gesellschaft bürgerlichen Rechts (GbR), §§ 705 ff. BGB**

> **Klausurtipp:** Die GbR kann nach der Erfahrung der letzten Jahre als das **Lieblingskind** der LJPAs aus dem Gesellschaftsrecht bezeichnet werden. Fragen der Haftung der Gesellschaft selbst, deren Gesellschafter und Regressansprüche standen dann, wenn tatsächlich mal eine von Gesellschaftsrecht geprägte Klausur gestellt wurde, idR im Vordergrund. Bevor Sie in Zweifelsfällen vorschnell eine **konkludente GbR** bejahen: Eine solche setzt einen – zumindest konkludenten – Gesellschaftsvertrag, einen gemeinsamen Zweck und die gemeinsame Förderung dieses Zwecks und damit Willenserklärungen mit entsprechendem RBW voraus!
> Wichtig: Bitte machen Sie nicht wie in der Ersten Prüfung lange Ausführungen zur Rechtsfähigkeit der GbR! Das macht man im Assessorexamen – wie in der Praxis – nicht. *»Unnötig die Wissensausbreitung zur Rechtsfähigkeit der GbR, ein konkreter Fall- und Problembezug ist nicht erkennbar.«* Das ist eine Original-Anmerkung eines Korrektors aus einer Prüfungsanfechtung 2014. Der war richtig sauer und das ist kein Einzelfall!

– Die Partei- und Rechtsfähigkeit der GbR ist zu bejahen, wenn sie am Rechtsverkehr teilnimmt (Außengesellschaft). Im Umfang der dadurch begründeten Rechte/Pflichten ist die GbR rechts- und parteifähig.[494]

– Die GbR ist grundbuchfähig, auch alle Gesellschafter der GbR sind aber einzutragen, vgl. § 47 II GBO.

– Für die Vertretung gilt § 714 BGB: Im Zweifel Gesamtvertretung (→ Rn. 6).

– Eine Ausnahme ergibt sich aus **§ 744 II BGB analog**, wonach jeder Gesellschafter die GbR bei Notständen wirksam vertreten kann, egal ob er geschäftsführungs- oder vertretungsbefugt ist.[495]

– EXKURS: Beim gemeinsamen »Halten und Verwalten« einer Sache kann statt einer GbR auch eine bloße **Gemeinschaft nach §§ 741 ff. BGB** vorliegen. Abgrenzungskriterium: Wird über die bloße Nutzung ein darüber hinausgehender Gesellschaftszweck verfolgt (zB zusätzlich gewinnbringende Vermietung gewollt)? Dann GbR, sonst (zB Gemeinsamkeit erschöpft sich im Halten und Verwalten) nur §§ 741 ff. BGB. Hier kann man wunderbar mit dem Palandt bei § 705 und § 741 BGB arbeiten. Relevant zuletzt im **April 2014 in einer Kautelarklausur.**

- **Erbengemeinschaft, §§ 2032 ff. BGB**
    – Die Erbengemeinschaft ist nach hM eine nicht rechts- und parteifähige Gesamthandsgemeinschaft.

---

491 Palandt/*Ellenberger* BGB § 177 Rn. 3.
492 BGHZ 80, 182 ff.
493 BGH NJW 2008, 2441 f. Denn dann bleibt es dabei, dass die Gesellschaft entweder eine GbR oder eine OHG ist, bei der die Gesellschafter persönlich haften.
494 BGH NJW 2001, 1056 ff. (»ARGE Weißes Ross«), einige Prüfer freuen sich ein Bein aus, wenn Sie das zitieren können.
495 Palandt/*Sprau* BGB § 744 Rn. 3.

- Rechtsfähig sind nur die einzelnen Erben. § 2039 BGB gewährt aber eine Einzelklagemöglichkeit jedes Miterben (gesetzliche Prozessstandschaft). Wurde ein Testamentsvollstrecker bestellt, so ist allerdings allein er nach § 2212 BGB prozessführungsbefugt. Er kann aber im Wege der gewillkürten Prozessstandschaft einen der Miterben mit der Prozessführung beauftragen (**komischerweise relativ beliebtes Klausurthema!**).[496]
- **OHG und KG**
  - Rechtsfähigkeit (+) nach § 124 I iVm § 161 II HGB. Die Eintragung im Handelsregister ist nur deklaratorisch, dh, vor Eintragung ist die OHG/KG bereits dann rechtsfähig, wenn sie ihre Geschäfte aufnimmt, vgl. §§ 123 II, 161 II HGB.
  - Vertretung: vgl. §§ 125 ff. HGB (Einzelvertretungsmacht der Gesellschafter bei der OHG), §§ 161 II, 170 HGB (nur die Komplementäre bei der KG, nicht auch die Kommanditisten)

Klausurtipp: In den letzten Jahren ist auch ab und zu eine **GmbH & Co. KG** in den Examensdurchgängen aufgetaucht. Diese wird als KG begriffen, deren einzige Komplementärin eine GmbH ist. Diese Rechtsform ist in der Rspr. anerkannt und wird als **Typenmischung** von KG und GmbH aufgefasst. Daraus ergibt sich auch ihre Rechts- und Parteifähigkeit für den Zivilprozess. In erster Linie ist das Recht der KG maßgebend, bzgl. der Komplementärs-GmbH ist GmbH-Recht anzuwenden. Fungiert eine Unternehmergesellschaft (vgl. § 5a GmbHG) als Komplementärin der KG, liegt eine zulässige sog. »**UG & Co. KG**« vor.[497]

Klausurtipp: In der **Augustkampagne 2013 und identisch verwendet im Januar 2015** musste in jeweils einer Klausur folgendes Problem geklärt werden. Eine GbR schließt einen Zeitmietvertrag über Gewerberäume ab. Dann wächst der Laden, aus der Raupe wird ein Schmetterling – aus der GbR wird eine OHG. Ist der Mietvertrag der GbR auf die spätere OHG übergegangen? Erst nachdenken, dann Fußnote lesen![498]

- **Liquidierte und gelöschte juristische Person/Gesellschaft**
  - Verlust der Rechtsfähigkeit erst mit vollständiger Abwicklung, dh, sie ist noch rechtsfähig, solange sie noch Vermögen oder Forderungen hat, und sei dies nur die im Prozess geltend gemachte Forderung (qualifizierte Prozessvoraussetzung).
  - Ist die liquidierte juristische Person/Gesellschaft Beklagte, gilt das oben Gesagte entsprechend. Zusätzlich muss der Kläger aber schlüssig darlegen, dass noch Vermögenswerte bei der Beklagten vorhanden sind.

Klausurtipp: Im **Julitermin 2013** tauchte eine **englische Limited** auf. Huch, Panik, Horror, Klausurabbruch und sofort zum Amtsarzt! Nein, keine Panik, Idiotenwiese hinten im Palandt. Und Zack, da steht angeblich was im EGBGB Art. 12 Anh. 6. Dann dort gucken. Hier sollte man dann den Begriff »Gründungstheorie« bringen und ein bisschen Text aus dem Palandt abschreiben, fertig ist die Gartenlaube.

III. Zurechnungsfragen

Problematisch ist, nach welchen Grundsätzen das Handeln, das Verschulden oder das Wissen **112** der für die Gesellschaft handelnden Personen der Gesellschaft zugerechnet wird.

---

496 *Kaiser/Kaiser/Kaiser* Zivilgerichtsklausur I Rn. 353.
497 *Hucke/Holfter* JuS 2010, 861 ff.
498 Ja, da die Identität der Gesellschaft bleibt ja, es findet lediglich ein Rechtsformwechsel statt. Das Vermögen der bisherigen GbR ist mit allen Rechten und Pflichten Vermögen der OHG geworden, ohne dass es einer Übertragung im Einzelnen bedarf, vgl. BGH NJW 1967, 821 f.

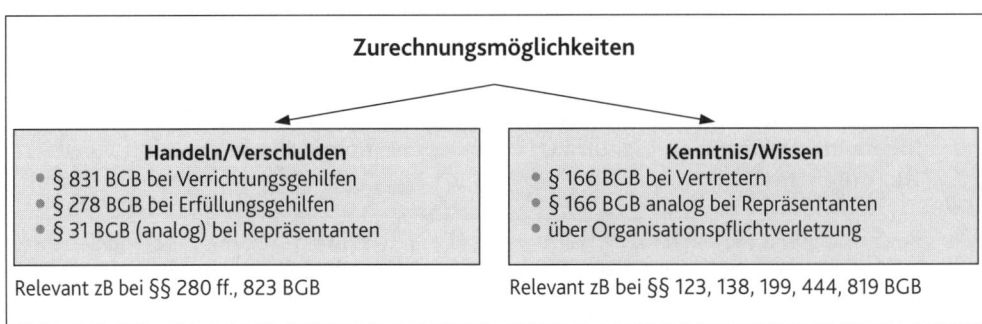

Für die **Zurechnung von Handeln/Verschulden** gilt: Wenn Verrichtungs- o. Erfüllungsgehilfen handeln, dann gelten wie üblich § 831 BGB im Deliktsrecht und § 278 BGB im Schuldrecht. Problematisch ist, wie das Handeln eines Organs der Gesellschaft dieser zuzurechnen ist. § 831 BGB scheidet idR aus, da das Organ kein Verrichtungsgehilfe ist. § 278 BGB findet idR ebenfalls keine Anwendung, da das Organ nicht wie ein Erfüllungsgehilfe eine fremde Verbindlichkeit erfüllt, sondern eine eigene. Übrig bleibt **§ 31 BGB**, der über das Vereinsrecht hinaus für die Zurechnung von Fehlverhalten auf alle juristischen Personen (auch die des öffentlichen Rechts, § 89 BGB) und die OHG/KG und GbR analog angewendet wird. Der deliktisch Handelnde haftet dann ggf. persönlich nach c.i.c. und/oder §§ 823 ff. BGB neben der Gesellschaft.

> **Beachte:** Die Rspr. wendet § 31 BGB **auch** auf **Repräsentanten** an, denen bestimmte Funktionen der Gesellschaft zugewiesen wurden.[499] Auf das Bestehen von Vertretungsmacht kommt es nicht an. Ein Klausurbeispiel (**Julitermin 2013**): Der Leiter des von einem Fallschirmvereins angebotenen Fallschirmlehrgangs macht einen Fehler, ein Teilnehmer stürzt ab – Haftung des e.V. aus §§ 831, 823 BGB (VSP!) und §§ 280, 241 II, 31 BGB möglich.

Handelt bei dem Vorgang ein Vertreter, wird nach **§ 166 I BGB das Wissen des Vertreters dem Vertretenen zugerechnet.** Dies gilt analog § 166 I BGB auch für solche Personen, die ohne Vertretungsmacht eigenverantwortlich als **Repräsentant/Wissensvertreter** der Gesellschaft auftreten (gilt nicht nur im Gesellschaftsrecht!).[500] Die Zurechnung des Wissens von ausgeschiedenen oder solchen Personen, die nicht an dem Rechtsgeschäft beteiligt sind, erfolgt über die Rechtsfigur der sog. »**Informationsorganisationspflichtverletzung**«: Eine Zurechnung wird danach angenommen, wenn es sich um Wissen eines Vertreters/Wissensvertreters handelt, welches bei ordnungsgerechter Organisation aktenmäßig festzuhalten, weiterzugeben und vor Vertragsschluss abzufragen gewesen wäre. Dasselbe gilt auch bei einer GbR.[501]

IV. Die Haftung der Gesellschaft und der Gesellschafter

113 Haftungsfragen treten im Assessorexamen idR bei der GbR und bei den Personenhandelsgesellschaften auf. Besonders relevant ist die Haftung der GbR und der GbR-Gesellschafter.

> **Klausurtipp:** Bei den juristischen Personen gilt das **Trennungsprinzip**. Daher haften zB die Gesellschafter einer GmbH nicht für Verbindlichkeiten der GmbH. Eine persönliche Haftung ist nur nach allg. Grundsätzen (zB § 311 III BGB, Rechtsscheinhaftung → Rn. 102) und in den Fällen der sog. **Durchgriffshaftung** möglich (super für die Klausur: Palandt/*Ellenberger* BGB Einf v § 21 Rn. 12 f.; zuletzt **Januartermin 2013**!). Zudem ist eine Haftung unter den Voraussetzungen von § 823 I, II BGB möglich (»Baustoff-Rspr.«).[502] § 64 S. 3 GmbHG regelt die Insolvenzverursachungshaftung, § 15a InsO iVm § 823 II BGB die Insolvenzverschleppungshaftung.

---

499 Palandt/*Ellenberger* BGB § 31 Rn. 6, ab Rn. 9 ff. mit vielen Beispielen für die Klausur.
500 Palandt/*Ellenberger* BGB § 166 Rn. 6 ff.
501 BGH NJW 1996, 1339 ff. und 2001, 359 f.; zuletzt OLG Nürnberg MDR 2013, 322 ff. zu einer Gemeinde.
502 Für Interessierte: *Schirmer* NJW 2012, 3398 ff. zur neuesten Rspr.

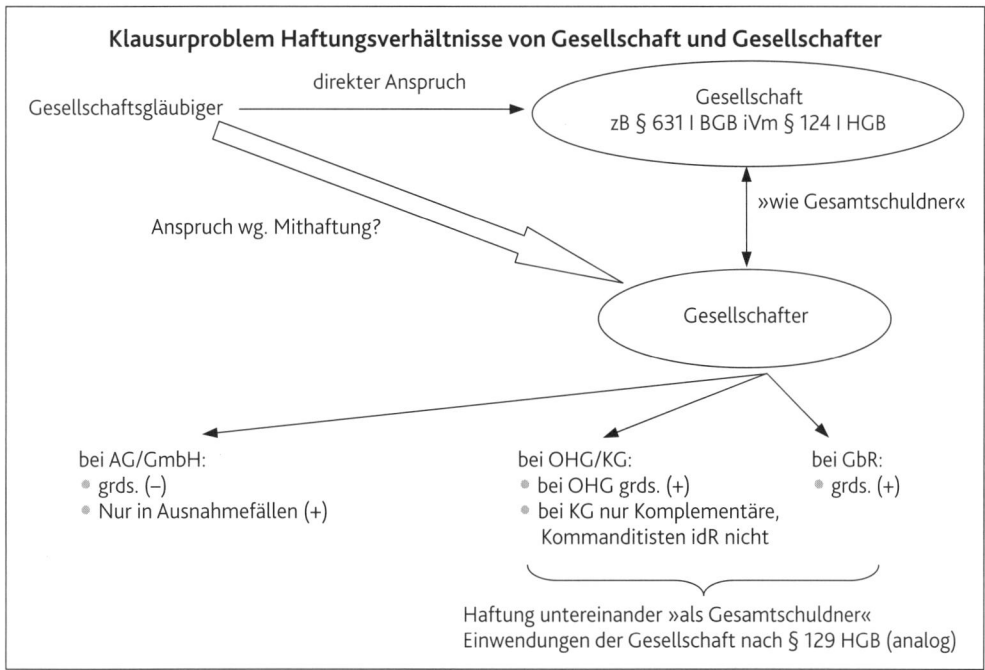

Merke: Denken Sie an die bei allen Gesellschaftsformen mögliche Eigenhaftung des Handelnden aus Rechtsscheingesichtspunkten (sog. »Rechtsscheinhaftung«, → Rn. 102).[503]

Die **OHG** und die **KG** haften als rechtsfähige Personenhandelsgesellschaften für »ihre« Schulden, zB aus § 631 I BGB iVm §§ 124 I, 161 II HGB oder aus § 535 II BGB iVm §§ 124 I, 161 II HGB. **§ 128 S. 1 iVm § 161 II HGB** bestimmen, dass **auch die Gesellschafter für die Verbindlichkeiten der Gesellschaft** als Gesamtschuldner persönlich haften. Bei der KG sind dies die Komplementäre. Die Kommanditisten haften grds. nicht, wenn sie ihre Einlage geleistet haben, § 171 HGB (lesen! Ausnahmen: §§ 172 IV[504], 176 HGB – **beliebtes Klausurproblem vor allem in Bayern!**). Nach §§ 129, 161 II HGB kann sich der Gesellschafter gegen die eigene Inanspruchnahme auch auf die Einwendungen berufen, die der Gesellschaft zustehen. Umgekehrt gilt dies genauso: Ist ein rechtskräftiges Urteil gegen die Gesellschaft ergangen, wirkt dies auch gegen die Gesellschafter, indem es ihnen die Einwendungen nimmt, die der Gesellschaft abgesprochen wurden.[505] Eine Besonderheit gibt es: Durch die Klageerhebung gegen die Gesellschafter wegen einer Schuld der Gesellschaft wird diesen gegenüber die Verjährung gehemmt. Wenn im Laufe des Prozesses gg. die Gesellschafter der Anspruch gegen die nicht mit verklagte Gesellschaft verjährt, können sich die Gesellschafter nach hM[506] entgegen § 129 HGB wegen § 242 BGB nicht auf die Verjährung der Gesellschaftsschuld berufen (Argument: Gläubiger müsste sonst stets die Gesellschaft und die Gesellschafter zusammen verklagen, was umständlich und kostenintensiv wäre). Im umgekehrten Fall, also bei einer Klage nur gegen die OHG oder KG, wird aufgrund der Akzessorietät aus § 129 HGB auch gegenüber den einzelnen Gesellschaftern die Verjährung gehemmt. Die für die Gesellschaftsschuld maßgebliche Verjährung gilt dabei grundsätzlich auch für die akzessorische Haftung der Gesellschafter.[507]

---

503 Palandt/*Ellenberger* BGB § 164 Rn. 3. Teilweise wird neben den »Rechtsscheingrundsätzen« auch § 179 I BGB analog zitiert. Schöne Vorlagen für eine Klausur dazu wären BGH MDR 2012, 1216 f. oder BGH JA 2012, 868 ff.

504 Umstritten ist, ob die Haftung wieder auflebt, wenn die KG nicht die Einlage, sondern das vom Kommanditisten gezahlte Aufgeld an ihn zurückzahlt, vgl. *Lieder* JA 2011, 658 ff. mwN. Wie Sie hier argumentieren ist egal, solange Sie das Problem überhaupt ansprechen.

505 BGH NJW-RR 2006, 1268 ff.

506 BGH NJW 1988, 1976 f.; zuletzt wieder OLG Zweibrücken Urt. v. 28.5.2014 – 4 U 26/13, BeckRS 2014, 12028.

507 BGH JuS 2010, 356 ff. zur GbR.

Beachte: Nach der herrschenden **Erfüllungstheorie** haftet der persönlich haftende Gesellschafter akzessorisch so, wie auch die Gesellschaft haftet. Ausgenommen sind unvertretbare Handlungen iSv § 888 ZPO, bei denen von vornherein nur das Interesse in Geld geschuldet wird.[508]

Die **GbR** kann als rechtsfähige Gesellschaft ebenso haften und im Prozess klagen und verklagt werden. Nach dem BGH haften die Gesellschafter analog § 128 S. 1 HGB für die Verbindlichkeiten der GbR **persönlich, akzessorisch und der Höhe nach unbeschränkt** wie Gesellschafter einer OHG.[509] **Scheingesellschafter** (Klausurbeispiel ist fast immer der angestellte Anwalt auf dem Briefkopf – »Scheinsozius«) haften nach Rechtsscheingrundsätzen (→ Rn. 102) wie echte Gesellschafter (Ausnahme: Forderungen, die nicht die anwaltstypische Tätigkeit betreffen).[510] Eine Haftungsbeschränkung auf das Gesellschaftsvermögen ist nur durch individuelle Vereinbarung mit dem Gläubiger möglich. Gesellschaft und Gesellschafter haften zwar nicht als Gesamtschuldner iSv §§ 421 ff. BGB, weil keine echte Gesamtschuld vorliegt. Jedoch ist bei einer Zusammenverklagung eine Verurteilung »**wie Gesamtschuldner**« anerkannt. Die Gesellschafter haften dagegen untereinander gesamtschuldnerisch iSv §§ 421 ff. BGB.

Klausurtipp: Wird ein Gesellschafter für die Schuld der Gesellschaft persönlich in Anspruch genommen, kann er sich für den Regress zum einen an die Gesellschaft halten **(Regress bei der Gesellschaft)**. Anspruchsgrundlage ist bei der OHG/KG § 110 HGB und bei der GbR § 713 BGB (greift § 713 BGB nicht, kommt ein Anspruch aus § 670 BGB oder GoA in Betracht).[511] Zum anderen kann er auch bei seinen Mitgesellschaftern nach § 426 I, II BGB Rückgriff nehmen, jedoch nur anteilig in Höhe des internen Verlustanteils **(Regress unter Gesellschaftern)**. Die Haftung der Gesellschafter wird **wg. der Treuepflicht** idR als **subsidiär** angesehen: Ein Mitgesellschafter kann nur dann auf Ausgleich in Anspruch genommen werden, wenn ein Regress bei der Gesellschaft nicht möglich ist.[512] Die Subsidiarität soll nach neuer Rspr. zumindest in den Fällen, in denen der Gläubiger der Gesellschaft einer der Gesellschafter selbst ist, nicht gelten.[513] Beruht der Anspruch gegen die GbR, auf den der Gesellschafter gezahlt hat, auf seinem Verschulden, ist ein Regress idR erfolglos: Der Regressanspruch gegen die GbR scheitert an einem gleich hohen Gegenanspruch der GbR aus § 280 BGB, der Regress bei den übrigen Gesellschaftern an § 254 BGB analog.[514] Beim Haftungsmaßstab im Innenverhältnis der Gesellschafter denken Sie bitte an § 708 BGB.

Bezüglich der von der Gesellschaft abgeleiteten Einwendungen der Gesellschafter gilt auch hier – wie bei der OHG und KG – **§ 129 HGB (analog)**.[515] **Anders herum gilt dies nicht:** Nimmt ein Dritter die Gesellschafter einer GbR aus ihrer persönlichen Haftung für eine Gesellschaftsschuld in Anspruch, entfaltet die Rechtskraft des Urteils keine Wirkung in einem weiteren Prozess, in dem er nunmehr den Anspruch gegen die Gesellschaft verfolgt.[516] Die

---

508 Zuletzt BGH MDR 2013, 1415 f., nicht gut im Palandt bei § 714 BGB kommentiert!

509 BGH NJW 2012, 2435 ff.; 2001, 1056 ff.; Argument: Vergleichbarkeit der Außen-GbR mit OHG. Einige Prüfer wollen hier wohl das sog. »Karsten-Schmidt-Argument« hören: *»Fließende Grenze zwischen OHG und GbR.«* Naja …

510 BGH Urt. v. 16.7.2015 – IX ZR 197/14, BeckRS 2015, 13589; NJW 2008, 2330: Dort verneint für den Kauf einer PC-Anlage durch die Sozietät.

511 BGH MDR 2011, 1187: Anders als bei der Bürgschaft finden bei der Zahlung (auf die Gesellschaftsschuld) dann §§ 774 I, 412, 401 BGB keine Anwendung, auch nicht analog!

512 Palandt/*Sprau* BGB § 714 Rn. 16; BGH NJW 2015, 3789 ff.; 2011, 1730 ff.; MDR 2008, 92. Der BGH bejaht sogar einen Regressanspruch analog § 426 BGB gegen Nicht-Mitgesellschafter, deren Stellung als Treugeber den von echten Mitgesellschaftern angenähert war.

513 BGH Urt. v. 8.10.2013 – II ZR 310/12, BeckRS 2013, 19773 zur KG.

514 BGH JA 2014, 150 ff.; WM 2008, 1873.

515 Palandt/*Sprau* BGB § 714 Rn. 24. Von der Gesellschaft abgeleitete Einwendungen kann der Gesellschafter nach rechtskräftiger Verurteilung der Gesellschaft analog § 767 II ZPO nur dann erheben, wenn diese erst nach Schluss der letzten mündlichen Verhandlung im Prozess des Gläubigers gegen die Gesellschaft entstanden sind (vgl. BGH NJW-RR 2006, 1268 ff.).

516 BGH NJW 2011, 2048 ff.; Argument: Weder aus § 129 HGB noch aus § 736 ZPO ergeben sich Anhaltspunkte für eine derartige Erstreckung. Beachte: Die Problematik stellt sich nur, wenn der Anspruchsteller im Vorprozess gegen die Gesellschafter verloren hat. Verklagt er alle Gesellschafter und gewinnt, liegt ein Fall von § 736 ZPO vor. Er kann dann nicht nur in das Privat- sondern auch in das Gesellschaftsvermögen vollstrecken, ohne einen zusätzlichen Titel gegen die GbR zu benötigen, vgl. *Kaiser/Kaiser/Kaiser* Zwangsvollstreckungsklausur Rn. 67.

neue Klage gegen die GbR ist zulässig. Die Gesellschaft kann sich also nicht auf Einwendungen berufen, die (nur) den Gesellschaftern zustehen.

> **Klausurtipp:** Gesellschaft und Gesellschafter sind im Falle der gemeinsamen Verklagung grds. nur einfache Streitgenossen. Lesen Sie dazu das Formulierungsbeispiel bei *Kaiser/Kaiser/Kaiser* Zivilgerichtsklausur I Rn. 345.

Der in die GbR eingetretene Gesellschafter (gilt nach der Rspr. auch für den Eintritt durch Rechtsnachfolge in einen Anteil durch den Erben des gestorbenen Gesellschafters) haftet auch für die **Altschulden der GbR nach § 130 I HGB analog.** § 130 HGB findet auch bei Partnerschaftsgesellschaften Anwendung, § 8 I 2 PartGG. § 130 I HGB wird allerdings nicht **auf Scheingesellschafter angewendet** (Argument: unbillig, weil diese keinen Zugriff auf Gesellschaftsvermögen haben). Für persönliche Altverbindlichkeiten des früheren Einzelanwalts, wenn sich mehrere Anwälte zu einer dann erst entstehenden GbR zusammenschließen, wird nicht gehaftet.[517]

> **Klausurtipp:** Die **Nachhaftung** eines ausgeschiedenen GbR/KG/OHG-Gesellschafters für Altverbindlichkeiten regelt (§ 736 II BGB iVm) **§ 160 HGB** (lesen!). IdR geht es in Klausuren nur darum, diese Norm zu kennen und zu subsumieren.

V. Sonderfragen aus dem Gesellschaftsrecht zur GbR

Zum Teil sind auch gesellschaftsrechtliche Sonderprobleme Gegenstand von Examensklausuren. IdR ging es dabei um die GbR, sodass sich die folgenden Ausführungen auf diese Gesellschaftsform konzentrieren.   **114**

Beim **Tod eines Gesellschafters** erfolgt grds. die Auflösung und Abwicklung der Gesellschaft nach §§ 723 ff., 730 ff. BGB. Der Erbe wird dann Gesellschafter der Liquidationsgesellschaft. Andere Regelungen sind möglich. In der Praxis gibt es idR sog. **Fortsetzungsklauseln.** Zudem kann frei bestimmt werden, ob die Erben des gestorbenen Gesellschafters automatisch Gesellschafter werden (Nachfolgeklausel) oder nur ein Recht haben, Gesellschafter zu werden. Details können Sie dann bei Palandt/*Weidlich* BGB § 1922 Rn. 14 ff. und bei § 727 BGB und § 736 BGB sowie im Kommentar bei § 139 HGB (zur OHG; im Ringtausch als »normale« Z-Klausur seit Jahren des erste Mal wieder **August- u. Novembertermin 2014, in Hessen als AWR-Klausur im November 2015!**) nachlesen.

In manchen Klausuren spielen auch Probleme aus dem Innenverhältnis der GbR eine Rolle. Hier handelt es sich häufig um die Themenbereiche **Sozialansprüche** und **Sozialverpflichtungen.** Sozialansprüche sind die Ansprüche der Gesellschaft gegen ihre Gesellschafter. Wichtige Beispiele sind § 705 BGB (Beitragspflicht), § 709 BGB (Erfüllung der Pflichten durch die Geschäftsführer), die Einhaltung der gesellschaftsrechtlichen Treuepflicht und die Ansprüche im Zusammenhang mit der Verletzung von gesellschaftsvertraglichen Pflichten durch die Gesellschafter. Die Sozialverpflichtungen sind die Pflichten der Gesellschaft gegenüber ihren Gesellschaftern (korrespondierend natürlich ein jeweiliger Anspruch). Darunter fallen zB Informations- und Stimmrechte, der Anspruch auf Gewinnauszahlung nach §§ 721 f. BGB, der Aufwendungsersatzanspruch für Maßnahmen für die Gesellschaft oder der Abfindungsanspruch nach § 738 BGB.

Problem: Die Geltendmachung der Sozialansprüche

- Eine Geltendmachung erfolgt grds. nur durch die Gesellschaft, da es ihre Ansprüche sind.
- Diese Ansprüche können aber im Wege der gesetzlichen Prozessstandschaft für die Gesellschaft auch von jedem einzelnen Gesellschafter im eigenen Namen mit Leistung an die Gesellschaft geltend gemacht werden (sog. **actio pro socio**). Dies wird idR nur dann zugelassen, wenn dafür ein **hinreichender Grund** besteht (zB alle anderen Gesellschafter sperren

---

517 §§ 128, 130 HGB und § 28 HGB sind weder direkt noch analog anwendbar, vgl. BGH NJW-RR 2012, 239 ff. und NJW 2004, 836 ff. Es bleibt daher bei der Einzelhaftung jedes Einzelnen für seine alten Haftungsfälle.

sich ohne Grund), der grds. vom Kläger vorgetragen werden muss. Nach ähnlichen Kriterien erlaubt die Rspr. auch eine Einzelprozessführungsbefugnis für **Ansprüche der GbR gegen Dritte**,[518] was vor allem dann relevant wird, wenn die Voraussetzungen der gewillkürten Prozessstandschaft nicht vorliegen.

Problem: Die Haftung für Sozialverpflichtungen

* Grds. haftet nur die Gesellschaft für die Sozialverpflichtungen, nicht aber die Gesellschafter, weil dies ansonsten entgegen § 707 BGB auf eine Beitragserhöhung hinausliefe. § 128 S. 1 HGB analog gilt dann nicht.
* Eine Ausnahme wird nur gemacht, wenn ein Gesellschafter die Schulden der Gesellschaft beglichen hat und ihm daraus ein Aufwendungsersatzanspruch gegen die Gesellschaft entstanden ist (→ Rn. 113). Hier wäre es ja unbillig, wenn sich der »hilfsbereite« Gesellschafter nur an die Gesellschaft halten könnte.[519]

Problem: Der Inhalt der gesellschaftsrechtlichen Treuepflicht und deren Verletzung

* Grundlage dieser Pflicht der Gesellschafter ist § 242 BGB. Die Treuepflicht gebietet, dass die Gesellschafter bei ihrem Handeln die Interessen der Gesellschaft (und der anderen Gesellschafter) wahren müssen.[520]
* Wenn durch die Handlung des treuwidrigen Gesellschafters (gilt im Übrigen bei jedem Verstoß gegen die Sozialansprüche durch die Gesellschafter) der Gesellschaft ein Schaden entsteht, ist der »böse« Gesellschafter nach **§ 280 I BGB** zum Schadensersatz verpflichtet, wobei stets der Haftungsmaßstab des § 708 BGB zu beachten ist (der aber nicht im Straßenverkehr gilt!). Ggf. kommen auch Ansprüche aus §§ 823, 826, 812 BGB in Betracht, die GoA ist nach der Rspr. gesperrt.[521] Bei Schäden der anderen Gesellschafter steht auch diesen § 280 BGB zu.
* Beispiele: Vertretungsbefugter Gesellschafter tätigt ein Geschäft für die GbR unter Verstoß gegen interne Geschäftsführungsregeln, Gesellschafter hebt unbefugt vom GbR-Konto ab, Gesellschafter schnappt GbR eine Geschäftschance weg (»Grundsätze der Geschäftschancenlehre«): **BGH JA 2013, 548 lesen**. Die Entscheidung lief im **Oktober 2013** und gleich nochmal im **Märztermin 2014** in einigen Bundesländern (Hessen als AWR-Klausur!). Eine weitere schöne Vorlage zur Treuepflicht wäre **BGH NJW 2014, 1107 ff.**

Problem: Sog. »Durchsetzungssperre« während Liquidation der Gesellschaft

* Ansprüche der GbR gegen die Gesellschafter und deren Ansprüche gegen die GbR oder untereinander sind während der Liquidationsphase (§§ 723 ff. BGB) gem. § 730 BGB gesperrt (»**Durchsetzungssperre**«). Derartige Ansprüche sind nämlich nur noch Rechnungsposten iRd Auseinandersetzung und können zur Klarstellung lediglich Inhalt eines Feststellungsbegehrens sein, das darauf gerichtet ist, dass die entsprechende Forderung in die Auseinandersetzungsrechnung eingestellt wird. Allerdings lässt der BGH Ausnahmen zu.[522]
* Liegt keine Ausnahme vor, so kann nach der Rspr. die (unzulässige) Leistungsklage in eine Feststellungsklage ausgelegt werden, ohne dass dafür ein entsprechender Hilfsantrag gestellt werden müsste.[523]

---

518 Palandt/*Sprau* BGB § 714 Rn. 8; BGH NJW-RR 2008, 1484 ff.; OLG Koblenz NJW-RR 2014, 45; OLG Düsseldorf MDR 2013, 1196.
519 Vgl. *Weber* JA 2014, 152 mwN.
520 Vgl. dazu umfassend Palandt/*Sprau* BGB § 705 Rn. 27.
521 Vgl. *Saenger/Scheuch* JA 2012, 651 ff. mwN.
522 Vgl. dazu Palandt/*Sprau* BGB § 730 Rn. 7.
523 BGH NJW-RR 2012, 1179 ff. Dies ergibt sich bereits aus § 308 ZPO!

§ 5 Das Arbeitsrecht

A. Einstieg

115

Nur wenn Sie in einem der wenigen Bundesländer Ihr Examen schreiben, in denen Arbeits-
rechtsklausuren gestellt werden (Bayern, Hessen und Baden-Württemberg), müssen Sie sich
auf das Arbeitsrecht vorbereiten. Hierfür bieten die **Kaiserseminare einen eigenen Crash-
Kurs mit entsprechendem Skript** an. Eine (zusätzliche) ausführliche Darstellung der arbeits-
rechtlichen Fragestellungen in diesem Lehrbuch würde zum einen den Umfang des Buches
sprengen und zum anderen der Intention der Verfasser widersprechen, mit diesem Werk ziel-
gerichtet auf die materiellen Themen üblicher Zivilrechtsklausuren (Richter- u. Anwaltsklau-
suren) vorzubereiten und nicht auf Spezialklausuren in den Nebengebieten. Im Folgenden
wollen wir uns daher **auf das arbeitsrechtliche Thema konzentrieren, welches nach Analyse der Klausuren als einziges in die »normalen« Zivilrechtsklausuren im ganzen Bun-
desgebiet eingebaut wird** und das ist der innerbetriebliche Schadensausgleich. Kennen Sie
noch, oder?

B. Das Wichtigste für die Zivilrechtsklausur: Der innerbetriebliche Schadensausgleich

116

Der sog. innerbetriebliche Schadensausgleich wird bei Schäden im Zusammenhang mit einer
betrieblich veranlassten Tätigkeit des Arbeitnehmers relevant. Wann liegt die vor? Lesen
Sie Palandt/*Weidenkaff* BGB § 611 Rn. 157, das genügt. Folgendes ist der Hintergrund: Das
Haftungsrisiko des Arbeitnehmers, der idR keinen Einfluss auf die Risikofaktoren seiner Tätigkeit hat, steht oft in keinem Verhältnis zum Arbeitsentgelt. Es wäre dann ungerecht, wenn
der Arbeitgeber, der andere (nämlich seine Arbeitnehmer) für sich wirtschaften lässt, sich im
Falle von Schäden stets an den Arbeitnehmer halten könnte. Nach dem **Rechtsgedanken von
§ 254 BGB** nimmt die Rspr. daher eine angemessene Verteilung des Betriebsrisikos zwischen
den Parteien vor (Prüfungsort im Anspruchsaufbau: Höhe des ersatzfähigen Schadens). Im
Zusammenhang mit der Unfallversorgung eines durch einen Arbeitsunfall geschädigten Arbeitnehmers sind zudem die Haftungsprivilegierungen des gesetzlichen Unfallversicherungs-
rechts nach **§§ 104, 105 SGB VII zu berücksichtigen** (abgedruckt in Fußnote zu § 618 BGB
im Schönfelder!).

Problem: Verschiedene Fallkonstellationen beim innerbetrieblichen Schadensausgleich

- **Schaden des Arbeitgebers**: Führt ein Pflichtverstoß des Arbeitnehmers zu einem Schaden,
  kann der Arbeitgeber Schadensersatz aus Vertrag und Delikt verlangen. Grds. richtet sich
  die Haftung nach einer umfassenden **Abwägung der Umstände des Einzelfalles**, wobei in
  erster Linie auf den Verschuldensgrad des Arbeitnehmers und des Arbeitgebers (Organisationsverschulden) abzustellen ist, sowie auf weitere Aspekte wie zB den Wert des geschädigten Rechtsguts, die Höhe des Arbeitslohns sowie die Gefahrneigung der Tätigkeit. Bei
  leichter Fahrlässigkeit des Arbeitnehmers scheidet eine Haftung des Arbeitnehmers idR
  ganz aus. Bei »normaler« Fahrlässigkeit erfolgt idR eine Schadensquotelung. Bei Vorsatz
  oder grober Fahrlässigkeit des Arbeitnehmers haftet dieser idR voll, wobei in Fällen der
  groben Fahrlässigkeit in Ausnahmefällen auch eine Aufteilung der Haftung möglich ist
  (BAG NJW 2011, 1096 ff. ist der Klassiker dazu!). Die Beweislast für das Vorliegen eines
  die Haftung ergebenden Verschuldensgrades des Arbeitnehmers trägt der Arbeitgeber. Beachte: Ein Schaden des Arbeitgebers liegt auch vor, wenn dieser Dritten nach §§ 831, 278
  BGB für die Handlung des Arbeitnehmers einstehen muss.
- **Schaden des Arbeitnehmers**: Der Unternehmer (Arbeitgeber) wird nach **§ 104 SGB VII**
  unter bestimmten Voraussetzungen von der Unternehmerhaftung für von ihm verursachte
  Schäden (zB durch Verletzung der Fürsorgepflicht/Schutzpflicht) freigestellt. Der Arbeitnehmer kann sich bzgl. seines **Personenschadens** in diesen Fällen dann nur an den Träger
  der gesetzlichen Unfallversicherung (Berufsgenossenschaft) wenden. Diese Haftungsfreistellung des Arbeitgebers – egal aus welcher Anspruchsgrundlage – erfolgt zum einen im
  Hinblick darauf, dass der Unternehmer die gesetzliche Unfallversicherung allein aus seinen

Beiträgen finanziert und dadurch die Unternehmerhaftpflicht abgelöst wird (Finanzierungsargument) und zum anderen vor dem Hintergrund, dass den Betriebsfrieden belastende Prozesse zwischen Arbeitnehmer und Arbeitgeber vermieden werden sollen (Friedensargument). Zu beachten ist, dass die Haftungsfreistellung nach § 104 I SGB VII jedoch dann nicht greift, wenn der Unternehmer den Versicherungsfall (Schaden) vorsätzlich verursacht hat oder ein **Wegeunfall** nach § 8 II Nr. 1–4 SGB VII vorliegt. Der Wegeunfall (= Unfall auf dem Weg von und zur Arbeit) ist von dem sog. Betriebsweg (= Weg im Zusammenhang mit einer betrieblichen Tätigkeit – Verwirklichung eines besonderen betrieblichen Risikos?) abzugrenzen, für den als Arbeitsunfall die Haftungsfreistellung gilt.[524] Wenn Streit über die Frage besteht, ob ein Arbeitsunfall/Betriebswegunfall oder ein Wegeunfall vorliegt, so entscheidet der gesetzliche Unfallversicherungsträger bzw. das zuständige Sozialgericht mit bindender Wirkung. Das ggf. angerufene Zivilgericht muss den Rechtsstreit bis zu einer Entscheidung des Sozialgerichts aussetzen, vgl. § 108 SGB VII. Hingegen sind Ansprüche gegen den Arbeitgeber auf **Ersatz von Sachschäden** zB aus § 823 BGB und pVV nicht durch §§ 104 ff. SGB VII ausgeschlossen, weil die gesetzliche Unfallversicherung hier keine Leistungen erbringt. Achten Sie auf die Vermutungsregelung in § 619a BGB (Ausnahme von § 280 I 2 BGB).

> **Klausurtipp:** Greift die Haftungsfreistellung des Arbeitgebers nach § 104 SGB VII, kann der geschädigte Arbeitnehmer auch keine **Schmerzensgeldansprüche** gegen den haftungsprivilegierten Arbeitgeber geltend machen, obwohl die gesetzliche Unfallversicherung selbst kein Schmerzensgeld leistet.[525] Das hört sich nur auf den ersten Blick ungerecht an, denn als Ausgleich für das fehlende Schmerzensgeld hat er mit der Unfallversicherung stets einen solventen Schuldner zumindest für die übrigen Schäden. Schmerzensgeldansprüche von Angehörigen des geschädigten Versicherten aufgrund eines Schockschadens sind nicht von §§ 104, 105 SGB VII betroffen.[526]

- **Arbeitnehmer schädigt seinen Arbeitskollegen:** Nach § 105 SGB VII gilt das Haftungsprivileg des § 104 SGB VII auch für die Haftung anderer **im selben Betrieb** tätiger Personen, wenn sie den Arbeitsunfall durch eine betriebliche Tätigkeit verursacht haben. Für Personenschäden gilt daher die Haftungsfreistellung durch die gesetzliche Unfallversicherung, sodass Ansprüche (auch Schmerzensgeld) gegen den schädigenden Arbeitnehmer ausgeschlossen sind. Bezüglich seiner Sachschäden hat der geschädigte Arbeitskollege Schadensersatzansprüche gegen den Arbeitnehmer in voller Höhe, zB aus Delikt. Der in Anspruch genommene Arbeitnehmer kann jedoch in dem Umfang, der sich aus der oben genannten Verschuldensabwägung ergibt, Rückgriff beim Arbeitgeber nehmen bzw. in dieser Höhe Freistellung verlangen. Dieser Freistellungsanspruch des Arbeitnehmers ist unstrittig, nur über die Anspruchsgrundlage besteht Uneinigkeit: Teilweise wird auf die Fürsorgepflicht des Arbeitgebers iVm § 257 BGB analog abgestellt, teilweise auf die Fürsorgepflicht des Arbeitgebers iVm § 242 BGB und teilweise auf § 670 BGB analog.[527] Wie auch bei einer Schädigungshandlung durch den Arbeitgeber gilt die Haftungsfreistellung für Personenschäden nicht, wenn der Versicherungsfall vorsätzlich (erforderlich ist ein doppelter Vorsatz bezogen auf Handlung plus Schaden) oder auf einem nach § 8 II Nr. 1–4 SGB VII versicherten Weg herbeigeführt wurde, § 105 I SGB VII. Auch bei Unfällen **von Schülern** im Zusammenhang mit dem Schulbetrieb oder unter Kindern im **Kindergarten** gelten §§ 104 f., vgl. § 106 I SGB VII. Gleiches gilt nach § 106 III Alt. 3 SGB VII auch bei Unfällen zwischen betriebsfremden Arbeitern auf einer »gemeinsamen Betriebsstätte« (für Interessierte: *Kampen* NJW 2012, 2234 ff.). **Gruseliges Thema, aber auch dazu gab es bereits Klausuren – zuletzt im April- u. Novembertermin 2014, dann wieder im Apriltermin 2015 und Maitermin 2016 – und jede Menge Aktenvorträge!** Haftet hier ein Schädiger (der Unternehmer wegen Verletzung seiner VSP über § 823 BGB

---

524 **Der Weg zur Arbeit endet am Werkstor, der Weg von der Arbeit beginnt am Werkstor**, vgl. OLG Koblenz NJW-RR 2015, 1306 f.

525 BGH NJW 1952, 462; BVerfG NJW 1995, 1607; *Tempel/Graßnack/Kosziol/Seyderhelm* Materielles Recht 496.

526 Argument: §§ 104 f. SGB VII erfassen nicht eigene Schäden von Angehörigen, Betriebsfrieden ist bei Geltendmachung dieses Anspruches nicht gestört, BGH VersR 2007, 803.

527 *Holbeck/Schwindl* ArbR Rn. 662; *Eufinger* JA 2015, 98 ff.

und/oder über § 831 BGB) unprivilegiert und sein Angestellter/Verrichtungsgehilfe auf der Baustelle dem betriebsfremden geschädigten Arbeiter nach SGB VII privilegiert (dh, er haftet nicht!), kommt es zur Problematik der gestörten Gesamtschuld (→ Rn. 62). Nach dem BGH sind in diesen SGB-Fällen Ansprüche des Geschädigten gegen den nicht privilegierten Unternehmer auf den Betrag beschränkt, der auf diesen im Innenverhältnis zu dem anderen Gesamtschuldner (hier der auf der gemeinsamen Betriebsstätte tätige andere Arbeitnehmer) endgültig entfiele, wenn die Schadensverteilung nicht durch eine sozialversicherungsrechtliche Haftungsprivilegierung gestört wäre. **Lesen Sie zur Übung BGH MDR 2015, 211 und OLG Naumburg MDR 2014, 1253.** Klausuren, bei denen die Besonderheiten eines sog. »Wie-Beschäftigten« iSv § 2 II SGB VII zu prüfen waren, gab es bislang nicht (für Interessierte: *Matz/Baumann* NJW 2016, 673 ff.).

- **Arbeitnehmer schädigte Betriebsfremde:** Der Dritte kann seine Personen- u. Sachschäden nach § 823 I, II BGB in voller Höhe beim Arbeitnehmer geltend machen. Die Haftungsprivilegierung nach §§ 104 ff. SGB VII greift nicht. Der Arbeitnehmer hat jedoch, so wie bei der Schädigung von Arbeitskollegen, gegenüber dem Arbeitgeber einen Freistellungs- bzw. Rückgriffsanspruch (s. oben), dessen Höhe sich nach der oben genannten Abwägung bemisst.

- **Arbeitnehmer schädigt sich selbst:** Hinsichtlich der eigenen Personenschäden besteht ein Anspruch gegen den gesetzlichen Unfallversicherungsträger, versichert sind auch Wegeunfälle (§ 8 II SGB VII). Hinsichtlich seiner Sachschäden hat der Arbeitnehmer **analog § 670 BGB** einen Ersatzanspruch gegen den Arbeitgeber, wenn der Sachschaden dem Betätigungsbereich des Arbeitgebers zuzurechnen ist (häufigster Fall: Unfall mit Privatfahrzeug im Zusammenhang mit betrieblicher Tätigkeit). Auch für diesen Anspruch gilt die oben genannte Verschuldensabwägung, da es keinen Unterschied machen soll, ob der Arbeitnehmer ein Dienstfahrzeug oder ein Privatfahrzeug benutzt. Die Beweislast dafür, dass kein die Haftung ausschließendes grob fahrlässiges eigenes Verschulden vorliegt, trägt hier der Arbeitnehmer.[528]

> **Merke:** Die Problematik ist bei Palandt/*Weidenkaff* BGB § 611 Rn. 152 ff. und Einf v § 823 Rn. 16 kommentiert!

Nachdem nun alle für die Assessorklausuren relevanten »*essentialia*« des materiellen Zivilrechts dargestellt wurden, verbleibt nur noch, Ihnen viel Glück im Examen zu wünschen, verbunden mit der stillen Hoffnung:

Prosit! (lat.: »Es möge nützen«!)

Und wenn Sie tatsächlich einmal nicht mit der Endnote zufrieden sind: Lesen Sie *Klamser* JA **2013, 206 ff.** und machen Sie einen Verbesserungsversuch! Auch hier bieten wir individuelle Hilfe (einen »Schlachtplan«) an, **kontaktieren Sie uns einfach!** Es wäre fatal, »einfach nochmal reinzugehen«, ohne eine vorherige professionelle Fehleranalyse und ohne einen individuellen Plan, wie man was in welchem Zeitraum besser machen kann.

Die Verfasser

---

528 BAG NZA 2011, 406 ff. für Unfallschaden am dienstlich eingesetzten Privatfahrzeug des Arbeitnehmers; ebenso BAG Urt. v. 22.6.2011 – 8 AZR 102/10, BeckRS 2011, 76519 zum Einsatz des Privatwagens im Rahmen der Rufbereitschaft. Gute Klausur dazu von *Boemke* JA 2014, 499 ff.

Stichwortverzeichnis

Die aufgeführten Zahlen bezeichnen Randnummern.

KAISERSEMINARE

JURISTISCHE REPETITORIEN FÜR REFERENDARE

Die Verfasser der bekannten „Kaiser-Skripte" bieten:

- ■ **Wochenendseminare** für alle Klausurtypen aus dem Assessorexamen

- ■ **Aktenvortragstraining** und **Tageskurs für die mündliche Prüfung**

- ■ Umfangreiches **Klausurenangebot** mit über 100 Übungsklausuren

- ■ Unsere **Seminarorte** sind:
  - * Lübeck
  - * Dortmund
  - * Berlin
  - * Hannover
  - * Frankfurt/Main
  - * Leipzig
  - * Stuttgart

> Laut Karrieremagazin **azur** (2/14) gelten wir bei der Vorbereitung auf das Assessorexamen als **Marktführer!**

- ■ Unsere **Dozenten** sind erfahrene Ausbilder, AG-Leiter und z. T. ehemalige Prüfer, u. a.:

  - * VorsRiLG a. D. Horst Kaiser
  - * RA Torsten Kaiser
  - * RiLG Jan Kaiser
  - * StA Dr. Torsten Holleck
  - * RiLSG Thomas Köster
  - * RA Dr. Peter Becker

  - * RA Sascha Lübbersmann
  - * RiAG Tekin Polat
  - * RiOLG Marc Russack
  - * RiBVerwG Dr. Robert Seegmüller
  - * RiLG Axel Feldmann
  - * RA'in Gabriela Alpers

WEITERE INFORMATIONEN & ANMELDUNG:
WWW.KAISERSEMINARE.COM

Würfel: fotolia.de © DeVIce

 Postfach 10 81 65
23530 Lübeck

 Tel. (0 45 03) 70 33 41
Fax (0 45 03) 70 33 42

 info@kaiserseminare.com
www.kaiserseminare.com